元華文創
卓越文庫 EB008

《古微書》研究

以編纂與天文曆法詮釋體系為對象

戴榮冠　著

《古微書》乃中國首部針對讖緯文獻進行
全面輯佚與詮釋之著作，在讖緯研究史、
讖緯發展史上均有特殊之地。

自 序

　　《古微書》是中國首部針對讖緯文獻進行全面輯佚與詮釋之著作，在讖緯研究史、讖緯發展史上均有特殊之地位。然而，該書對於收羅的讖緯本文不標注出處，使後代學者引用甚感不便，於是紛紛另行輯佚讖緯，並批判《古微書》之缺失，使得該書雖為讖緯輯佚專著之濫觴，卻無法得到等同之歷史評價。經筆者歸納清人見解，發現《古微書》之爭議主要在於「注解標明出處，然讖緯本文不注出處」、「編輯體例混亂」、「述而少作，宗旨不明」、「讖緯排序異於各家」等問題，針對上述各項問題進行深入探究，即為本論文欲解決之方向與研究之動機。

　　本書擬以「文獻整理考訂法」，考察《古微書》讖緯本文實際引書狀況，進而以「編書體例探究法」剖析何以《古微書》讖緯本文不注出處之因，以及編輯體例混亂等現象。其次，以「文本研究分析法」，考察《古微書》編纂之宗旨與論述主題，此為《古微書》文本考察之主要內容。最後，以「文本接受考證法」探索《古微書》在清代傳播與接受之面貌，並還原《古微書》應有之價值，是為本論題之研究方法與具體研究步驟。

　　針對《古微書》之研究，至今相關研究成果寥寥無幾，因此《古微書》之研究為吾人亟待開發之領域，以《古微書》研究作為基準，可上通漢代經學面貌，下貫中國數術研究領域，實為學術界應當重視的項目。本論題所含攝範圍遍及經學、讖緯學、文獻學、文本傳播學、文本分析、中國古代天文學與中國古代曆法學，係屬跨學科、跨領域的結合研究，而跨領域的研究乃未來中國學術思想之重要趨勢，故選擇以《古微書》作為研究對象，期望經

　　由思想義理與讖緯數術的結合研究，以契合未來學術研究方展之方向，發揮
自身所學，為中國學術思想盡一己之力。

戴榮冠

目 次

第一章　緒論

一、研究背景及動機

　　讖緯之學，在中國學術的發展中，曾於東漢大行其道，成為官方經學所重視的內容。歷代以來，雖屢經戰火及禁燬，使得讖緯之學幾乎成為廣陵絕響，但讖緯思想在長久的發展中，早已滲透在中國經學及日用民俗之中，而成為中國學術裏不可或缺的重要部分。在讖緯思想中，又以數術學相關知識，如天文曆法、陰陽五行之說，深深影響中國古代學術的演進。過去撰寫碩士論文，題目為《南朝儒經義疏之時代特色》，在處理經學相關問題的過程中，往往涉及經緯交涉議題，因此深感若要妥善處理中國經學問題，則必須深入了解漢代讖緯內容，在解讀文獻上方能取得有效成果。歷代有關讖緯研究，自元明以來，開始有人關注於讖緯資料的搜集，如元陶宗儀《說郛》，對讖緯條文進行收集，但仍屬零星。讖緯輯佚之作，至明代為止，以明人孫瑴《古微書》最為重要，該書乃首次針對古代讖緯資料進行輯佚考辨工作，對於後代讖緯研究以及輯佚學之發展有著重要的影響。因此，《古微書》可說是研究讖緯的重要議題，若不針對《古微書》進行文本解析以及數術相關議題探究，就無法充分掌握明代讖緯輯佚成果及讖緯學發展。然而，針對《古微書》之研究，至今相關研究成果寥寥無幾，因此《古微書》之研究為吾人亟待開發之領域，以《古微書》研究作為基準，可上通漢代經學面貌，下貫中國數術研究領域，實為學術界應當重視的項目。惜乎臺灣及中國，截至目前為止，

僅有零星單篇論文，並無人針對該文本進行全面探究，故選擇以《古微書》
作為研究對象，一方面針對中國思想與數術兩範疇作綜合性的研究，亦即「經」
與「緯」的貫通；另一方面，由《古微書》中所開展之中國古代天文曆算等
科技史成果之研究，則能有效結合思想與科技兩學科，是為學術跨領域之研
究。透過《古微書》之研究，能夠達到思想會通以及學科整合之成果，實能
符合未來學術研究之趨勢。中國古代學術思想，經二十世紀諸多研究者耕耘
之後，以單一面向作為研究切入角度已無法符合現今學術發展趨勢，跨學科、
跨領域的結合研究，乃未來研究中國學術思想之重要趨勢，故選擇以《古微
書》作為研究對象，期望經由思想義理與讖緯數術的結合研究，以契合未來
學術研究方展之方向，發揮自身所學，為中國學術思想略盡棉薄之力。

　　據筆者考察，在讖緯研究史的發展中，自清代以降，對於《古微書》的
研究與關注並不多見，即便是論及《古微書》，也多半批評其體例與內容的缺
失。既為中國首部讖緯輯佚專著，清人首先對於《古微書》的需求，即該書
作為讖緯輯佚參考著作的功能，但該書在收羅內容上，由於未見數部要籍如
《開元占經》、《五行大義》等書，以致輯佚成果差強人意，使得清人多半否
定《古微書》的參考價值，紛紛自行輯佚讖緯條文，這使得《古微書》在重
視經學、讖緯的清代，所受到的關注並不如其「中國首部讖緯輯佚專著」的
地位。

　　首先，《古微書》受到後人批評，最主要在於「讖緯本文不注出處，但引
用注解卻標明出處」的矛盾現象，這使得後人參考《古微書》時，產生了極
大的不便，於是自行輯佚讖緯本文，並對《古微書》「讖緯本文不注出處」的
缺失進行批判。於是《古微書》本身第一個謎團，即「讖緯本文不注出處」
的問題，若不加以釐清，則無法說明《古微書》一書收羅條文的真偽，以及
該書參考價值，因此針對《古微書》讖緯條文之出處進行考證，以及討論《古
微書》「讖緯本文不注出處」的目的何在，是本論文必須解決的第一要務。

　　其次，《古微書》對於篇目之排列迥異前人，歷來對於《六經》先後的概
念，以漢代古文經「《易》、《書》、《詩》、《禮》、《樂》、《春秋》」的時代先後

順序，與漢代今文經「《詩》、《書》、《禮》《樂》、《易》、《春秋》」的教學順序為大宗，然孫瑴排列諸經緯之先後時，竟以「《書》、《春秋》、《易》、《禮》、《樂》、《詩》、《論語》、《孝經》、《河圖》《洛書》」為序，雖然孫瑴在〈說緯〉一文中，說明何以將諸經緯的次序依此排列，但這樣的排列，實際上展現了孫瑴個人的讖緯觀。孫瑴在輯佚讖緯本文時，在體例說明、卷首序文或緯文注解之中，偶有抒發自身對於讖緯之見解，其中蘊含許多獨特的讖緯觀，與歷代各家既有繼承又有創新。從零星的意見中，吾人可提煉出孫瑴對讖緯的整體概念，由孫瑴對讖緯的整體概念中，可窺見《古微書》何以有獨特的編纂方式與呈現方式，這是《古微書》一書編纂的樞要所在，也是筆者所欲探索的主題之一。

　　第三，就現今漢代讖緯的內容中，以災異祥瑞之說的記載最為豐富，災異祥瑞之說即「機祥」之說，《古微書》一書中，同樣以機祥類條義的收集為數最多。然而，《古微書》一書不僅僅作為單純的讖緯輯佚之書而已，更重要的是作者引用大量古籍，作為讖緯條文內容的闡釋，使讀者能清楚「讖緯」的基本面貌。但矛盾的是，《古微書》既然注重讖緯內容的闡釋，而對大量機祥之說，卻常出現存而不論的現象。筆者進一步探究，發現孫瑴所重視的並非災異祥瑞現象的解釋，而是機祥說基礎的建立。在針對孫瑴讖緯觀進行討論後，發現孫瑴讖緯觀中，認為災異祥瑞之說的基礎，在於「天人感應」說，而「天人感應」之說，必先安頓「天」的內容，而後才能進一步論述「天人感應」與「人事變化」，因此《古微書》所重視的是機祥說基礎的建立，而非機祥說內容的逐一解釋。是以針對《古微書》探討機祥說基礎的建立，是筆者所欲發掘的內涵，也是本論文探索的主題之一。

　　最後，《古微書》一書自面世以來，無論是正面或反面意見，持續受到清人的關注，其中不乏直接引用《古微書》讖緯本文，而不加考證揀擇者，同時也有不滿《古微書》呈現面貌而予以糾謬補正者，足見此書在清代的流傳中，具有一定的影響力。並且，《古微書》在清代流傳的過程中，對於《古微書》的內容加以增刪的現象，可視為清人對《古微書》一書傳播與接受的成

果展示。筆者針對此一現象，進行全面探討，以說明《古微書》一書在清代
流傳的過程與影響力，並給予《古微書》一書應有的歷史定位與評價，是本
論文最後所欲討論的重要主題。

二、文獻回顧與評述

有關《古微書》之研究成果評述，過去多分為《古微書》相關研究與讖
緯相關研究二者。若將清代以來全部讖緯研究成果納入《古微書》研究文獻
之述評，則失之迂闊，難免強加附會，與《古微書》研究相去甚遠。若專論
《古微書》研究相關文獻，則相關成果又過於稀少，因此在文獻述評上採折
衷方式，讖緯相關研究成果擇要評述，《古微書》相關研究成果則全部論述。

(一) 清代學者研究成果述評

清代《古微書》相關文獻成果，具體反映在對《古微書》的接受與革新。
如前所述，由於清代對漢代讖緯輯佚的需要，《古微書》成為清人輯佚讖緯必
備的參考書，如朱彝尊《經義考‧毖緯》十之八九參考《古微書》資料，其
影響可見一斑[1]。然而，《古微書》一則讖緯本文不標出處，二則失收讖緯條
文甚多，因此清人使用此書上多半表示不滿。不滿的具體行為，表現在重新
輯佚讖緯條文上，如殷元正《集緯》，收集讖緯條文，並標示條文出處；趙在
翰不滿《古微書》輯佚成果，在《古微書》基礎上重新輯佚《七緯》，遵守四
庫之說，區分讖緯，除七經緯文外，其餘讖語一概不收[2]；陳喬樅不滿《古微

---

[1] 《四庫全書總目‧古微書提要》云：「其採摭編綴，使學者生於千百年後，猶見東京以上遺文，以
資考證，其功亦不可沒。《經義考‧毖緯》一門，其所引據出殼書者八九，則用力亦可謂勤矣。」

[2] 《七緯總敘》：「孫氏所摭，尚有遺文，且畛限不明，雜入諸讖，厥功雖勤，不可無議……復取《古
微書》，補其闕漏，正其踳駁。」

書》對《詩緯》之歸類，在《詩緯集證》中重新編輯論述[3]；顧觀光《七緯拾遺》不滿《古微書》輯佚成果，在趙在翰《七緯》成果上增輯補編[4]；馬國翰《玉函山房輯佚書‧經編緯書類》指摘《古微書》謬誤，並另行編纂，但在收集讖緯條文時，參考許多《古微書》輯佚成果，或有直接引用者[5]；喬松年有鑑於《古微書》內容錯謬，而著《緯攟》加以改正[6]；黃奭《通緯佚書考》也以《古微書》輯佚成果為基礎進行增補。

　　另外，清代針對《古微書》內容缺失進行補充者，以現存文獻考察，共計有三：一為錢熙祚《守山閣叢書》本《古微書》，該本針對孫瑴輯佚讖緯本文，卻未標明出處之失，進行較為全面的出處考訂工作，經錢氏校補，《古微書》讖緯本文引書面貌逐漸為人所瞭解，且錢氏實事求是，遇多重出處者則並舉，遇出處未明者則略過以待考，使後人得以在此本的基礎上，對《古微書》進行更深入的研究，此本可謂清代《古微書》中善本。

　　其次，清人姚東升曾撰《古微書補闕》一書，此書僅存手抄之孤本，今存北京國家圖書館古籍館，筆者曾於 2010 年擔任北京大學交換學生期間，前往現場目驗並謄錄之。該書之序云：「孫氏已編於前，而升又因孫氏遺者補之續之」，由此可知該書乃補充孫瑴未收之讖緯條文，並增補許多孫瑴未收之讖緯類別，如〈垂皇策〉、〈萬形經〉、〈乾文緯〉等篇目，可作為研究《古微書》之參考資料。

　　第三，清人王家璧《古微書輯補箋證》一書，現存湖北省圖書館，該書

---

[3]　《詩緯集證‧自敘》：「明孫瑴蒐輯逸緯為《古微書》，謂〈推度災〉諸篇皆讖類，而不知《隋志》所錄，又有《詩雜讖》，故區別為二也。」

[4]　《七緯拾遺敘》：「《古微書》亦讖緯兼收，然其舛誤複漏，不可殫舉，今悉置之，不再辨駁，以滋費詞云。」

[5]　《玉函山房輯佚書‧論語讖序》：「明華容孫瑴搜輯佚文，載入《古微書》，僅有〈比考〉、〈撰考〉、〈摘輔象〉、〈摘裏（衰）聖〉、〈陰嬉讖〉五篇，其中復有舛錯遺漏，茲詳加補訂，各著所出。」

[6]　劉秉璋〈緯攟序〉云：「喬公遺著有《緯攟》十四卷，乃病孫氏書踳駮而重輯之者，訂譌補闕，可為雙甫諍友。」

針對《古微書》之闕漏進行輯補，補充若干條孫瑴未收之讖緯條文。其次，在編寫體例上，類似《古微書》引書箋證的體例，廣引諸多文獻作為箋注，每條箋注附於讖緯本文之下，使《古微書》內容更為完整，也便於後世學者查閱理解。

清代讖緯研究成果多屬專經讖緯研究，《易緯》有張惠言《易緯略義》、孫詒讓《札迻》、葉德輝《易緯通卦驗節候校文》、吳翊寅《易緯考》；《詩緯》有陳喬樅《詩緯集證》、胡薇元《詩緯訓纂》、廖平《詩緯新解》；《書緯》有皮錫瑞《尚書中候疏證》。此外，尚有蔣清翊《緯學源流興廢考》、姜忠奎《緯史論微》、俞正燮〈緯書論〉、徐養原等〈緯候不起於哀平辨〉等。以上列舉各家之說，雖多與《古微書》無直接關連，但卻能反映清代研究成果。

(二) 現代學者研究成果述評

以清末為界線，筆者考察現代學者有關《古微書》之研究成果並不多見，但當代研究讖緯相關成果卻相當豐富，筆者在此羅列要籍，以作為讖緯研究成果說明，重心仍放在《古微書》研究成果。現代關於《古微書》之研究成果，大抵上可分為讖緯輯佚與《古微書》相關論文二者，以下分項評述，以見梗概：

1. 讖緯輯佚部分

現代有關讖緯輯佚著作，首先必須提及的，是日本‧安居香山、中村璋八所編《緯書集成》[7]一書，該書為安居香山、中村璋八歷數十年之編纂收集。該書以喬松年《緯攟》為底本，參考包含《古微書》在內的中國輯佚成果，並補以若干中國未見之底本，使該書在文獻價值上大為提升，且對於讖緯原文進行標點、校勘等工作，使後來讀者使用上較為方便，為當今研究讖緯所不可或缺的參考文獻。

---

[7] 日本‧安居香山、中村璋八編：《緯書集成》(河北：河北人民出版社，1994年。)

其次，上海古籍出版社於 1994 年編成《緯書集成》一書[8]，該書大部分為複印古籍資料，取材涵蓋陶宗儀《說郛》以下之資料，其中包括《四庫全書》本及《對山問月樓》本《古微書》。該書之編纂，採述而不作，羅列資料涵蓋至今人陳槃之研究成果，並另輯讖緯佚文，可說是百科全書式的原文參考資料，對於比對各版本原文上頗有助益。

關於讖緯輯佚之作，最後應當提到的是山東大學出版社《兩漢全書》[9]三十三、三十四冊二書，二書所採資料極為廣泛，自經、史、子、集、類書等，直至安居香山等《緯書集成》為止，均為參考及收羅之對象，每條下羅列異說，尊重原文，廣度及深度可說目前最佳之成果，為研究讖緯者不可或缺之資料。

2. 《古微書》相關論文

有關現代《古微書》相關論文，首先談專書之作。今人陳槃《古讖緯研討及其書錄解題》及鍾肇鵬《讖緯論略》中，多處援引《古微書》為讖緯篇目解題，並論析正誤，可說是在《古微書》研究成果的基礎上，做進一步論證。另外，安居香山《緯書之成立及其發展》[10]一書中，提到孫轂《古微書》中對讖緯成立時代的看法，並針對其說之謬誤進行辨證。

《古微書》相關研究，應當提到的是山東大學李梅訓，其〈《古微書》版本源流述略〉[11]一文，考證目前文獻著錄所及之《古微書》所有版本，並一一介紹異同，說明存佚及藏處，對於《古微書》研究者，具有不可或缺之參考價值。

另外，其博士論文《讖緯文獻史略》[12]，則在〈《古微書》版本源流述略〉

---

[8] 《緯書集成》（上海：上海古籍出版社，1994 年。）

[9] 《兩漢全書》（山東：山東大學出版社，2009 年。）

[10] 安居香山：《緯書之成立及其發展》（東京：國書刊行會，1979 年。）

[11] 李梅訓：〈《古微書》版本源流述略〉，《文獻季刊》，2003 年 10 月第 4 期，頁 140-146。

[12] 李梅訓：《讖緯文獻史略》(山東：山東大學博士論文，2003 年。)

的基礎上，更進一步探討其成書刊刻過程、版本流傳、內容體例以及價值影響等，對本論題之研究助益甚大。另外，臺灣普義南曾寫〈《古微書》讖緯輯佚研究〉[13]一文，文中統計漢代以來讖緯輯佚與收錄狀況，並探討《古微書》內容體例與得失價值，可供本論題參考之用。

關於今人研究《古微書》相關論文，必須提及的是黃復山〈《古微書》讖緯文獻價值及評議〉[14]一文，該文探討《古微書》成書過程、版本流傳、內容得失，可與李梅訓《讖緯文獻史略》論《古微書》部分相互參照，對筆者本論文的進行，具有相當重要的意義。

此外，筆者論文以錢熙祚《守山閣叢書》本《古微書》為底本，討論《古微書》引書狀況，對於筆者《古微書》讖緯本文引書考之研究開展，具有重要參考價值。然而，若僅根據錢熙祚考訂引書出處，並不能全面考察《古微書》引書出處，因錢氏考證出處，一則有錯誤之處，一則存在許多出處失考者，故筆者可在錢氏及黃復山先生之研究基礎下，更全面及深入分析《古微書》出處來源，以作為《古微書》研究之基礎工作。

3. 讖緯相關研究部分

有關現代讖緯相關研究成果，當先論劉師培。劉師培曾發表〈國學發微〉、〈讖緯論〉[15]，論述讖緯的起源、讖緯的作用及揭示讖緯的補史、考地、測天等價值，可謂現代讖緯研究之發軔。

二十世紀二〇、三〇年代則有顧頡剛《秦漢的方士與儒生》、馮友蘭《中國哲學史》二書。《秦漢的方士與儒生》一書提及讖緯的造作、內容及在東漢的勢力，馮友蘭《中國哲學史》[16]則探討兩漢之際讖緯及象數之學。另外，

---

[13] 普義南：〈《古微書》讖緯輯佚研究〉《問學集》第十一期，2002 年 6 月，頁 59-101。

[14] 黃復山：〈《古微書》的讖緯文獻價值及評議〉，《海峽兩岸古典文獻學學術研討會》，2002 年，頁 555-603。

[15] 收錄於劉師培：《劉師培全集》（北京：中共中央黨校出版社，1997 年。）

[16] 馮友蘭：《中國哲學史》（臺北：臺灣商務印書館，1993 年。）

周予同先生在同一時期，也發表了〈緯書與經今古文學〉、〈緯書中的孔聖與他的門徒〉、〈讖緯中的「皇」與「帝」〉等論文[17]。

　　二十世紀四〇年代左右，最重要的讖緯研究學者為陳槃在《中央研究院歷史語言研究所集刊》中陸續發表的研究成果，其後收錄於《古讖緯研討及其書錄解題》[18]中，內容廣泛探討讖緯淵源、書錄解題、思想流變等，並集中在《河圖》與《洛書》的研究上。

　　二十世紀五〇年代，則有侯外廬《中國思想通史》[19]討論讖緯起源、內容及流變。二十世紀八〇年代有任繼愈《中國哲學發展史》[20]專列〈緯書綜述〉一章，論述讖緯起源、讖緯思想、讖緯與社會政治文化關係。

　　二十世紀九〇年代以來，讖緯研究成果豐碩，鍾肇鵬《讖緯論略》[21]為本時期讖緯研究代表作之一，全面探討讖緯之起源、形成、發展演變、後世變異、輯佚、影響等，亦涉及孫瑴《古微書》讖緯輯佚成果論述。金春峰《漢代思想史》[22]探討讖緯起源、思想內容及與政治社會之關連。其餘專著尚有臺灣鄭均《讖緯考述》[23]、殷善培《讖緯中的宇宙秩序》[24]以及《讖緯思想研究》[25]、呂凱《鄭玄之讖緯學》[26]、蕭登福《讖緯與道教》[27]。其中淡江大學黃復山先生於讖緯研究成果相當豐碩，除《漢代尚書讖緯學述》[28]、《東漢讖

[17] 收錄於周予同：《周予同經學史論著選集》（上海：上海人民出版社，1983年。）
[18] 陳槃：《古讖緯研討及其書錄解題》（上海：上海古籍出版社，2010年。）
[19] 侯外廬：《中國思想通史》（北京：人民出版社，1957年。）
[20] 任繼愈：《中國哲學發展史》（北京：人民出版社，1983年。）
[21] 鍾肇鵬：《讖緯論略》（臺北：洪葉文化事業有限公司，1994年。）
[22] 金春峰：《漢代思想史》（北京：中國社會科學出版社，1997年。）
[23] 鄭均：《讖緯考述》（臺北：文史哲出版社。2000年。）
[24] 殷善培：《讖緯中的宇宙秩序》（臺北：花木蘭出版社，2008年。）
[25] 殷善培：《讖緯思想研究》（臺北：花木蘭出版社，2008年。）
[26] 呂凱：《鄭玄之讖緯學》（臺北：臺灣商務印書館，2011年。）
[27] 蕭登福：《讖緯與道教》（臺北：文津出版社，2000年。）
[28] 黃復山：《漢代尚書讖緯學述》（臺北：花木蘭出版社，2007年。）

緯學新探》[29]二書、若干單篇論文外，尚有諸多讖緯相關國科會計畫研究成果，惜未付梓，無緣得見全貌。

　　大陸學者則有王步貴《神秘文化——讖緯文化新探》[30]、易玄《讖緯神學與古代社會預言》[31]、柏蓮子《中國謠讖文化——古代預言全書》[32]、謝貴安《中國謠讖文化研究》[33]、《從謠言到預言：流傳千年的中國謠讖文化》[34]、李中華《神秘文化的啟示——緯書與漢代文化》[35]、丁鼎、楊洪權《神秘的預言——中國古代讖言研究》[36]、徐興無《讖緯文獻與漢代文化構建》[37]、冷德熙《超越神話——緯書政治神話研究》[38]、蕭宏恩《易緯文化揭秘》[39]等書，在不同角度、不同觀點上，深化讖緯研究。

　　日本學者則仍以安居香山、中村璋八二人研究成果最夥，二人曾合著《緯書の基礎的研究》[40]。安居香山則著有《緯書》[41]、《預言與革命》[42]、《讖緯思想之綜合研究》[43]、《緯書與中國的神秘思想》[44]等書，及發表若干單篇論

[29] 黃復山：《東漢讖緯學新探》（臺北：臺灣學生書局，2000 年。）

[30] 王步貴：《神秘文化——讖緯文化新探》（北京：中國社會科學出版社，1993 年。）

[31] 易玄：《讖緯神學與古代社會預言》（成都：巴蜀書社，1999 年。）

[32] 柏蓮子：《中國謠讖文化——古代預言全書》（吉林：時代文藝出版社，1999 年。）

[33] 謝貴安：《中國謠讖文化研究》（海口：海南出版社，1998 年。）

[34] 謝貴安：《從謠言到預言：流傳千年的中國謠讖文化》（臺北：未來書城，2003 年。）

[35] 李中華：《神秘文化的啟示——緯書與漢代文化》（北京：新華出版社，1993 年。）

[36] 丁鼎、楊洪權：《神秘的預言——中國古代讖言研究》（太原：山西人民出版社，1993 年。）

[37] 徐興無：《讖緯文獻與漢代文化構建》（北京：中華書局，2003 年。）

[38] 冷德熙：《超越神話——緯書政治神話研究》（北京：東方出版社，1996 年。）

[39] 蕭宏恩：《易緯文化揭秘》（北京：中國書店，2008 年。）

[40] 安居香山、中村璋八：《緯書の基礎的研究》（東京：漢魏文化研究會，1966 年。）

[41] 安居香山：《緯書》（東京：明德出版社，1969 年。）

[42] 安居香山：《預言與革命》（東京：探求社，1976 年。）

[43] 安居香山：《讖緯思想之綜合研究》（東京：國書刊行會，1984 年。）

[44] 安居香山：《緯書與中國的神秘思想》（北京：北京人民出版社，1991 年。）

文。中村璋八則有《五行大義の基礎的研究》[45]及若干單篇論文等。

　　由以上所述《古微書》研究成果，可知《古微書》自民國以降，並不如清代一般受到重視，黃復山、李梅訓、普義南等研究成果，對於《古微書》各方面，已著手考察，並取得一定成績。然而，深入《古微書》文本，進行全面探索，則有待更多的關注與開發。其次，現代研究成果，僅以已出版之要籍作為考察，簡單羅列上述各書。事實上，二十世紀八〇年代以來，大陸順應國學熱潮，逐漸出現了許多有關讖緯研究之單篇文章或學位論文，臺灣學界同樣獲得相當之研究成果，如林師金泉曾發表〈齊《詩》學之三基四始五際六情說探微〉[46]、〈《詩緯》星象分野考〉[47]、〈《易緯》「六十四卦流轉注十二之辰」表研究〉[48]等著作，臺灣學者也針對讖緯相關主題，發表許多論文，若集合兩岸之研究成果，累積至今口為數更是可觀，且達到相當之研究高度。然而，此類研究成果僅可作為本論題之研究參考，若　　列舉，則論述上未免失焦，因內容剪裁之考量，在此姑置不論。

三、研究方法之運用

　　考察現今《古微書》及讖緯研究成果後，並思考本論題可切入之方向，針對《古微書》之研究，筆者以為可分為「文獻整理考訂」法、「文本研究分析」法、「編書體例探究」法及「文本接受考證」法等四個層次進行論述。首先，《古微書》之研究，首先必須釐清孫瑴生平世系、成書過程，做為研究之準備，此項研究法，具體運用於第二章「孫瑴生平及《古微書》成書年代考」。

---

[45] 中村璋八：《五行大義の基礎的研究》（東京：明德出版社，1975年。）

[46] 林師金泉：〈齊《詩》學之三基四始五際六情說探微〉，《成功大學學報》，20卷(1985年7月)。

[47] 林師金泉：〈《詩緯》星象分野考〉《成功大學學報》（人文篇），1986年第21卷。

[48] 林師金泉：〈《易緯》「六十四卦流轉注十二之辰」表研究〉，《漢學研究》 第6卷第2期 總第12期(1988年12月)。

在孫瑴生平世系及成書過程得到初步確定後，進而探討版本文字差異、考證引書出處，才能進一步論述引書及內容正誤，因此「文獻整理考訂」為首要工作，此研究法具體運用在第三章「《古微書》讖緯本文引書考證」中。

第二，針對文獻進行考證耙梳後，便能針對《古微書》中何以不注出處，以及其編書體例之特色進行分析。針對《古微書》編纂體例、方法與特色進行探究，試圖釐清《古微書》不注出處之真相，為論文研究之重要項目，此為本論文「編書體例探究法」，該研究法具體運用在第四章「《古微書》詮釋形式、方法與特色」中。

第三，針對《古微書》之編書體例進行探究後，從中揭示《古微書》所展現之讖緯觀，以及探討《古微書》如何建立機祥說之基礎，是為「文本研究分析法」，該研究法具體呈現在第五章「《古微書》的讖緯觀與實踐」、第六章「《古微書》讖緯天文詮釋體系之建立」、第七章「《古微書》讖緯律曆詮釋體系之建立」、第八章「《古微書》天文律曆說與詮釋系統之開展」之中。

最後，《古微書》成書之後，在清代產生相當程度之影響，針對該文本之流傳、接受與批判進行考察，是必須探討的項目，因此筆者擬定「文本接受考證」法，對《古微書》在清代的接受與批判進行研究，以說明《古微書》之價值與影響，此研究方法具體運用在第九章「清人對《古微書》之接受與批判」中。以下分項論述各研究法，作為研究方法之說明。

(一) 文獻整理考訂法

《古微書》之研究，首先必須針對文本正誤、條文出處等方面進行詳實考訂，才能做進一步的研究與論述，而文本之正誤又牽涉到版本考訂問題。關於《古微書》版本問題，李梅訓曾撰〈《古微書》版本源流述略〉一文論述，其中現存《古微書》版本中，有兩份重要版本位於北京，且無印刷出版品流通於臺灣，筆者著手進行《古微書》文本研究時，發現《古微書》存在相當程度的版本差異問題，由於《古微書》涉及天文曆算文獻，屬於客觀數字推算資料，若因版本訛誤，導致客觀論證結果錯誤，對於研究成果之影響甚大。

因此，針對不同文本進行版本異同考辨，實為研究《古微書》之基礎工作。針對此點，筆者曾於 2010 年前往北京大學中文系擔任交換學生，進行《古微書》版本比較及抄錄工作，並針對明崇禎刻《刪微》本及清綠格寫本《刪微》三十六卷與其他各本進行比較，辨析異同，釐清正誤，以作為《古微書》研究之基礎工作。關於古微書版本，李梅訓〈《古微書》版本源流述略〉一文對各本出處進行詳實考訂，為研究《古微書》不可或缺之參考文獻。筆者實際比對各本，發現現行各版本中，除數字、文字上略有出入外，更重要的是，部分通行版本存在重大缺失，如四庫本《古微書》文字，除改動文字外，竟存在不少缺字情形，這對《古微書》的研究是相當不利的。因此，筆者考察各版本《古微書》，參考李梅訓歸納意見，決定以錢熙祚《守山閣叢書》本《古微書》作為本論文研究之底本，該本考訂《古微書》條文出處，並增補《古微書》編書時缺字狀況，逐條附錄於注腳下，使研究者省去不少查閱功夫。

其次，《古微書》自成書以來，最為人所詬病者，在於收錄之讖緯本文不標示出處，導致後來學者使用上極大的不便，因此清代產生了許多補充《古微書》之著作。然而，就筆者觀察發現，現存所有輯佚著作中，有關《古微書》出處之論述，一則未全面考察出處，二則所考察之出處比對文獻不夠豐富，導致常有謬誤。針對此項問題，筆者就《古微書》引書出處進行全面之考察，釐清其出處來源。筆者在《守山閣叢書》本的基礎下，針對明崇禎刊本以來各本文字進行考證，並廣閱古籍、參考今人著作，以補充孫瑴編書時未標出處闕漏之處，並針對《守山閣叢書》本《古微書》、安居相山《緯書集成》、山東大學出版社《兩漢全書》等書中，標示《古微書》條文出處之錯誤，進行全面之考證，以作為《古微書》研究之基礎工作。

(二) 編書體例探究法

經過對《古微書》讖緯本文出處之分析，進而探討《古微書》何以不標示讖緯本文之出處，發現《古微書》在編書體例上有其特殊用意。有關《古微書》之編書體例，曾有李梅訓《讖緯文獻史略》一書及普義南〈《古微書》

讖緯輯佚研究〉一文進行探討，惜乎二者僅略論《古微書》編書體例及內容
進行概要性論述，並未全面考察孫瑴收錄讖緯本文與補充文獻之對應關係。
筆者試圖在《古微書》這本「述而不作」的輯佚專著中，尋求其編書之規律，
以《古微書》編纂之方法與特色為研究之切入角度，揭示其編纂之用意所在，
並批判體例得失，特別在《古微書》讖緯本文不注出處的討論上，加以深入
考察，以期揭示《古微書》編纂之深意。

(三) 文本研究分析法

　　《古微書》所收本文為讖緯條文，讖緯為東漢顯學，其內容駁雜，且事
涉怪誕，歷來研究者多以荒誕不經而忽略。清代漢學大盛，漢代經學的研究
達到新的水平，其中作為漢代經學附庸的讖緯之學，同樣受到清人重視。有
清一代，研究讖緯的成果可分為輯佚與經緯內容研究，其中經緯內容大多屬
於專經論述。自劉師培〈讖緯論〉揭示讖緯有補史、考地、測天、考文、徵
禮等各方面價值後，為讖緯學研究展開新的面貌。筆者以為《古微書》內容
之研究，當借鑑前人之分類，並針對前人未發掘之《古微書》內涵進行研究。
因此，筆者針對《古微書》中較具特色且有研究價值者，如延續「編書體例
探究法」後，可進一步歸納《古微書》所展現之讖緯觀，此為孫瑴對讖緯之
重要觀念，也是《古微書》之中心思想。透過《古微書》讖緯觀之探究，並
與《古微書》編纂之次序相互對照，以期揭示孫瑴編纂及其讖緯觀之深厚關
連。

　　透過對《古微書》讖緯觀之考察，並進一步討論孫瑴對於讖緯本文之主
體－機祥說之探究。由於《古微書》多屬於「述而不作」之作，因此要全面
且完整地探討孫瑴對於機祥之說的態度並不容易，但孫瑴本人的讖緯之說，
多半散見於各篇各條之中，因此筆者以《古微書》中相關讖緯本文及卷首之
凡例、各篇之序言、作者之評注、引用之注解等方面入手，進行反覆辨證，
以考究《古微書》對讖緯中災異祥瑞之說，是如何建構其理論基礎，以作為
《古微書》一書之基礎研究規模。

(四) 文本接受考證法

　　《古微書》成書之後，在清代得到相當程度之重視，其原因大抵為清代漢學大盛。研究漢學者必研究漢代經學，研究漢代經學者必探索漢代經緯交涉之內涵，探索經緯內涵者必重視讖緯本文之收錄，而收錄讖緯本文者，在清代以前以《古微書》為代表，因此自清代以降，參考《古微書》研究成果之學者為數甚多，大儒黃宗羲也曾收藏《古微書》。清人如朱彝尊《經義考‧毖緯》，《四庫全書總目》稱「其所引據出穀書者八九」，其他如殷元正《集緯》、趙在翰《七緯》、顧觀光《七緯拾遺》、馬國翰《玉函山房輯佚書‧經編緯書類》、黃奭《通緯佚書考》、喬松年《緯攟》、陳喬樅《詩緯集證》等，均以《古微書》作為基礎底本，並進行增補。此外，針對《古微書》本身缺失進行補充者亦有數種，如《守山閣叢書》本《古微書》，將未注明讖緯本文出處者，一一考證來源，使《古微書》內容更為完整。喬松年《緯攟》卷十三〈古微書訂誤〉則逐條舉證孫穀謬誤之處，並考訂正確來源。清姚東升《古微書補闕》及王家璧《古微書輯補箋注》二書則針對《古微書》進行輯補及辨證內容正誤。以上略舉諸書，清代對《古微書》之接受情形，其中包含重新輯佚、引用本文與辨析正誤二者，可視為對《古微書》的傳播與接受概況。然而，清人對於《古微書》之補正與糾謬，卻存在許多可議之處，筆者擬就本議題，立章說明並釐清狀況，實際討論清人對《古微書》之接受與誤讀，以重塑《古微書》之價值。

四、研究步驟及章節安排

　　筆者就本論題之研究，具體之進行步驟可分為五項：1.逐條辯證緯文，考訂引書源流。2.分析編書方法，探討輯佚得失。3.考證讖緯觀念，探索機祥基礎。4.條列清人接受，論述輯補變異。以此研究步驟為經，筆者為《古微

書》之研究，設定七大章節，第一章緒論，論述研究動機、回顧文獻、說明
研究方法及步驟、設定論文架構。第二章就孫瑴生平及《古微書》編纂時代
進行深入說明，以補充孫瑴其人研究之不足。第三章針對讖緯本文引書狀況
進行考察，釐清孫瑴引書範圍，作為研究基礎工作。第四章《古微書》詮釋
形式、方法與特色，針對《古微書》全書詮釋之體例、方法與特色進行考察，
並讖緯本文不注出處之因。第五章《古微書》的讖緯觀與實踐，詳論《古微
書》一書中所隱含之讖緯觀，與孫瑴個人的讖緯中心思想，並討論在《古微
書》中如何予以實踐。第六章《古微書》讖緯天文詮釋體系之建立，探究《古
微書》如何建構與詮釋讖緯天文系統，以建立讖緯詮釋體系之基礎。第七章
《古微書》讖緯律曆詮釋體系之建立，旨在探究以天文理論為基礎下，《古微
書》如何闡釋曆法相關議題，以建立讖緯災異占算及詮釋的根本。第八章《古
微書》天文律曆說與詮釋系統之開展，乃《古微書》在天文、曆法的基礎上，
針對讖緯中若干占驗及詮釋體系，進行闡發與說明。第九章清人對《古微書》
之接受與批判，針對清人對《古微書》之接受、評價、批判進行論述，以說
明《古微書》在清代接受之發展。第十章結論，總論本論題研究之成果、價
值及未來可發展之方向，以作為本論文之總結。

　　由於本論文為首次嘗試針對《古微書》之引書面貌、輯錄內容、編纂體
例及傳播接受等方面進行全面研究，故透過本論文之論述，期待能夠對《古
微書》進行全面的考察，以彰顯《古微書》之價值。透過論文各章之討論，
本計畫預期完成之工作項目、創見及貢獻，具體說明如下：

（一）梳理《古微書》讖緯本文引書來源，彰顯明代讖緯輯佚
成果

　　在本論題完成之前，過去對於《古微書》出處進行較為全面之考察者，
計有《守山閣叢書》本《古微書》、喬松年《緯攟》、安居香山等《緯書集成》、
山東大學《兩漢全書》等四種，但筆者考察四種著作，發現四種著作在成果
上均無法全面地檢視《古微書》引書來源。筆者嘗試在前人的研究基礎上，

更進一步考察《古微書》引書之面貌，發現《古微書》實際引用之書，較前人成果更為廣泛。透過本項考察工作，一方面能更真實地還原《古微書》引書狀況，另一方面也能揭示明代讖緯輯佚之成果與引書之範圍，並藉此補充明代文獻學研究成果。

(二) 探討《古微書》編書體例，釐清讖緯本文不注出處原因

在研究《古微書》引書內容範圍與得失，與讖緯內容之探究的基礎下，可進一步論述《古微書》編纂之體例與得失，並從中探討何以《古微書》注解標明出處，而讖緯本文不注出處的原因，使《古微書》自面世以來最大的謎團得以釐清，是為本論題之第二工作與貢獻。

(三) 考察《古微書》讖緯內涵，探究《古微書》所欲闡發之讖緯奧旨

筆者在《古微書》讖緯內容之研究上，主要在於研究讖緯內涵與《古微書》之關連性。孫瑴編纂該書，雖多「述而不作」，但從中亦可釐析、歸納出孫瑴之讖緯觀。從孫瑴對於讖緯的觀念與態度，可以得知何以《古微書》在讖緯本文刻意不注出處之因。同時，以孫瑴之讖緯觀為基礎，亦能考察孫瑴如何在天文、曆法的基礎上建構讖緯占驗及詮釋的體系。透過針對讖緯最重要的主體，即災異祥瑞說，做奠基的工作，使讀者能理解讖緯的內涵，是孫瑴《古微書》的重要工作，此乃本論題之第三工作項目與具體貢獻。

(四) 羅列清人接受狀況，評述《古微書》在清代之影響

《古微書》在清代受到相當程度之重視，清人在各種著作中，不斷引用《古微書》內容，其中有沿用成說者，有補充內容者，有匡謬辨誤者，至今未有相關文章，針對《古微書》在清代之接受進行全面探討者。因此，本論題最後將逐一羅列清人引用《古微書》之狀況，並重新分析清人批判《古微書》之內容，列舉清人批判成果，以及清人錯謬之處，以重新評估《古微書》

之價值，使吾人得以重新認識《古微書》之價值所在，是為本論題之第四工
作項目與貢獻。

第二章
孫瑴生平及《古微書》成書年代考

　　歷來有關孫瑴《古微書》之研究及討論，以《古微書》輯佚文獻之得失為數最多，對於筆者探究該書之內容，具有相當大的參考價值。然而，針對孫瑴個人之世系、生平及成書過程，相關研究資料卻極為缺乏，綜觀清代以來學者論述，可說具體研究成果僅有李梅訓《讖緯文獻史略》一書中所提及之內容。經筆者詳加核對研究資料後，發現本書有關孫瑴之論述，仍有可補充及商討之若干項目。所謂「知人論世」，欲知《古微書》其書，當先問其人、其事，而後可以探索撰書之緣由，進而研究《古微書》編纂之體例，因此筆者針對《古微書》作者孫瑴生平世系進行考察，以確定孫瑴家世藏書豐富之源由，並透過明清之際文人相關文獻，釐清孫瑴之生平及交遊。另外，筆者為求《古微書》研究之完整，根據李梅訓《讖緯文獻史略》所述，前往北京國家圖書館抄錄明崇禎刻本《古微書》，核對該本是否有相關參考資料，以提供《古微書》撰寫及成書之相關證據，以做為《古微書》成書年代之佐證，是為本章研究之重點。透過本章之研究，得出孫瑴家世藏書豐富之源由，肇因於華容先祖累世多有詩賦，及多世為官，至其兄甚至官至遼東巡撫。至於《古微書》成書之時間，最遲可上推至崇禎九年，以下分就各項進行考證說明，以做為《古微書》研究之基礎。

一、《古微書》作者世系與生平

　　至於當代研究孫瑴生平最完備的資料，僅見李梅訓《讖緯文獻史略》中對於孫瑴生平的敘述，李梅訓首次針對孫瑴之生平及著作進行考究，提供筆者進一步研究的契機。然而，經筆者比對明清之際相關史料後，發現《讖緯文獻史略》此段論述存在許多可商榷之處，對於孫瑴其人、其書的理解，難免有所缺漏。所謂「前修未密，後出轉精」，因此筆者擬以《讖緯文獻史略》有關孫瑴生平的敘述為基礎，考證補充其缺漏，以完善孫瑴生平的論述。

(一) 學者研究成果

　　筆者曾檢視孫瑴相關研究資料，發現談論孫瑴生平者，多半屬明清之際人士為孫瑴所撰寫之相關資料，其中詳略、正誤互見，不可執一為準。針對與孫瑴有關之人士作品中，透過交叉比對的方式，可以逐步推求孫瑴生平世系的輪廓，並逐一釐清《讖緯文獻史略》所呈現的問題。有關《讖緯文獻史略》論述孫瑴生平，其文如下：

> 孫瑴的生平情況，史書闕載。我們僅就所掌握的材料作以下考證，以約略勾畫其大概狀況。《守山閣叢書》本《古微書・范景文序》稱：「子雙為楚名家子，祖父四世積有詩賦客。」孫瑴〈自序〉稱：「余不佞，家世藏書，稍有異本」；又云：「余貧夫也」，末題：「南郡貴居子孫瑴雙甫氏識。」又《四庫進呈書目・浙江採集遺書總錄》記：「《古微書》三十六卷（刊本），明華容孫瑴輯。」由上可知，孫瑴字子雙，號貴居子，明末南郡華容（約今湖南華容縣）人，家世富而好詩書，積有藏書，至孫瑴時恐已衰落。孫瑴的著作除《古微書》

外，還有《盤譜集》和《藜床集》等詩文集。[1]

　　以上對於孫瑴生平的論述，可知李氏是以《古微書・范景文序》為基礎進行論述，其中提到「祖父四世積有詩賦客」，可見孫瑴家學淵源以詩賦見長，但「四世」的確切內容為何，因李氏非專攻《古微書》之研究，因此付之闕如。筆者考察古籍時發現，孫瑴生平之交遊頗多，且亦如前文「祖父四世積有詩賦客」般，與諸多文人有詩文之往來，因此筆者從明清之際詩文選集中，檢視孫瑴與其他文人交遊之狀況，並試圖勾勒其家世端倪。再者，李氏指出孫瑴作品集中有「《盤譜集》和《藜床集》等詩文集」，這樣的敘述也不完全屬實，必須加以澄清。有關孫瑴的生平，雖然史書缺載，但從其他文獻，如地方志《華容縣志》，以及明清之際詩文選集中可略見孫瑴世系、生平之概況，故筆者以《地方志》及詩文選集等兩種資料，作為探究孫瑴生平之主要資料。

(二) 孫瑴世系之探討

　　首先，對於孫瑴家世背景敘述最為詳盡者，見明人陸可教為孫瑴祖父孫斯億所撰寫之墓誌銘，見明・陸可教《陸學士遺稿》卷十二〈雲夢山人孫兆孺墓誌銘〉：

先是孫兆孺先生以書遺予，道其家世甚悉，蓋其先大父學憲公……按狀先生諱斯億，兆孺其字，別號雲夢山人，遠祖有諱釗者，自江右之進賢，徙華容為楚人。釗生處州，二守榮[2]，榮生繼芳，舉正德辛未進士，歷官以文行見稱，所謂學憲公者也。繼芳生孝廉宜，益工古文詞，師事何舍人仲默，晚步驟李獻吉而頡頏之，世稱洞庭漁人，先生父也……詩宗盛唐，尤工漢魏古樂府，所著有《雲夢山人

---

[1] 見李梅訓：《讖緯文獻史略》，山東大學博士學位論文，2003 年，頁 75。
[2] 筆者按：「守」當作「子」，即孫處州之二子孫榮。

集》、《園屋集》、《鳴鋏集》、《浮湘南岳中州北游諸稿》，所編緝有《岳
州府誌》、《華雄縣誌》、《劉氏族譜》、《金石總錄》諸書。生嘉靖己
丑，卒於萬曆庚寅，得年六十有二。娶張氏，子一即庶吉士羽侯，
娶謝氏、袁氏女二，一歸蕭文穆，一歸蕭以茂。孫男二，長穀，次
孫穀，孫女三。[3]

　　文中最後提到「孫男二，長穀，次孫穀」，「穀」即孫穀，因此以本文為
基礎，可以推敲孫穀之世系。本文「孫兆孺」者，即孫穀之祖父孫斯億，字
兆孺，號「雲夢山人」，以賦詩見長。從文中可發現孫氏最早移居華容者為先
祖孫釗，即「遠祖有諱釗者，自江右之進賢，徙華容為楚人」，孫釗生孫處州，
孫處州生二子，第二子為孫榮。此處有問題者為「釗生處州，二守榮」，就語
意推敲，孫釗生孫處州並無疑義，然而特別指出「二守榮」者，首先筆者以
為「守」乃「子」之訛誤，此處有兩種可能，一即孫釗二子為孫榮，其二為
孫處州之二子為孫榮，筆者認為當屬後者，因陸可教欲說明孫斯億之世系，
從孫釗、孫處州乃至孫繼芳、孫宜、孫斯億為止，語法上均敘述世系之單一
支流，並無旁及兄弟者，僅最後論及孫穀之時有談及三人，因此孫榮當為孫
處州之二子。

　　孫榮生孫繼芳，為正德辛未進士，除刑部主事，改兵部歷員外，官終雲
南提學副使，人稱「學憲公」[4]。范景文所謂「祖父四世積有詩賦客」即自高
祖父孫繼芳始，孫繼芳著有詩集《石磯集》。

　　其後孫繼芳生孫宜，字仲可，為孫穀之曾祖父，「孝廉宜」即孫宜曾中舉

[3] 見明・陸可教：《陸學士遺稿・卷十二》，收錄於《四庫禁毀書叢刊》集部 160 冊（北京：北京出
版社，2000 年），頁 455-456。

[4] 清・陳田《明詩紀事・戊籤卷十一》孫繼芳：「繼芳字世其，華容人，正德辛未進士，除刑部主事，
改兵部歷員外，諫南巡廷杖，尋遷郎中，出為雲南提學副使，有《石磯集》」，收錄於楊家駱編
《歷代詩史長編》第十四種《明詩紀事》第三冊（臺北縣：鼎文書局，1971 年），頁 1603。

人，經筆者考證為為明嘉靖戊子舉人，以詩文見長，號「洞庭漁人」[5]，有詩集《洞庭漁人集》，符合范景文之論述。

　　孫宜生孫斯億，字兆孺，號「雲夢山人」，生於明嘉靖己丑（1529），卒於萬曆庚寅（1590），得年六十二，即孫瑴之祖父，據〈雲夢山人孫兆孺墓誌銘〉記載，孫斯億著作甚豐，詩文集著作有《雲夢山人集》、《園屋集》、《鳴鋏集》、《浮湘南岳中州北游諸稿》等，並編有《岳州府誌》、《華雄縣誌》、《劉氏族譜》、《金石總錄》等書，在當時為文壇名家，符合范景文之論述。

　　孫斯億生孫羽侯，即孫瑴之父，筆者考證孫羽侯字鵬初，號「湘山太史」，萬曆己丑（1589）進士，官庶吉士，歷官禮科、刑科給事中，有《遂初堂集》十一卷，亦以詩文見長[6]，符合范景文之論述。

　　據〈雲夢山人孫兆孺墓誌銘〉所述，孫羽侯生二子一女，長男為孫瑴，次男即孫瑴，另有三女名字未知。筆者考證孫瑴之長兄孫瑴，字子穀，為明萬曆丁未（1607）進士，授杭州推官，累遷副都御史，官至遼東巡撫[7]。

---

[5] 清・錢謙益《列朝詩集》丙集卷十二「孫舉人宜」序：「宜字仲可」，見《列朝詩集》（上海：新華書店，1989 年），頁 367。又清・李瀚章等編《（光緒）湖南通志》人物志：「孫宜，字仲可，繼芳子……嘉靖戊子舉於鄉」，收錄於《續修四庫全書》史部 665 冊（上海：上海古籍出版社，2002 年），頁 324。

　　清・陳田《明詩紀事・戊籤卷十一》孫繼芳：「其曰《洞庭漁人集》五十三卷者，副使（孫繼芳）之子宜也」，見《明詩紀事》第三冊，頁 1603。

[6] 清・鄧顯鶴《沅湘耆舊集》卷二十一「孫給事羽侯四首」序：「羽侯字鵬初，華容人。萬曆己丑進士，歷官禮科、刑科給事中，有《遂初堂集》十一卷」，收錄於《續修四庫全書》集部 1690 冊，頁 692。又明崇禎刻本《古微書》管紹寧〈序〉言：「孫生為楚湘山太史之仲子，聞其王父雲夢山人，其曾父洞庭漁父，世以詩名」，可知孫羽侯號「湘山太史」。

[7] 清・鄧顯鶴《沅湘耆舊集》卷二十二「孫副都瑴一首」序：「瑴字子穀，華容人，羽侯子。萬曆丁未進士，授杭州推官，累遷副都御史，巡撫遼東。孫氏自世其至子穀五世，皆以文學顯。子穀與弟瑴少齊名，瑴字子雙，著書尤富，子穀詩僅見一首，頗不入格，爲節存之。」據此可知孫瑴與孫瑴在當時文壇齊名，孫瑴尤以著述豐富著稱。見《續修四庫全書》集部 1690 冊，頁 704。

二、孫瑴之生平交遊與系譜建立

　　由上文討論可知，孫瑴自其先祖孫釗遷居華容以來，至孫瑴均定居華容，因此《四庫全書總目提要・五經總義類》記載：「《古微書》三十六卷，明孫瑴編。瑴字子雙，華容人」[8]，符合孫瑴之家世出身。另外，從筆者為孫瑴考證其祖譜世系，可知從孫釗遷居至華容開始，至孫瑴時已歷經八代，其中從高祖父孫繼芳開始，歷曾祖父孫宜，祖父孫斯億，父親孫羽侯，四代均以善於詩文著稱，此即清・鄧顯鶴《沅湘耆舊集》卷二十二「孫副都瑴一首」〈序〉所說：「孫氏自世其至子穡五世，皆以文學顯，子穡與弟瑴少齊名」，以及范景文所謂「祖父四世積有詩賦客」之意，即孫氏自孫繼芳至孫穀、孫瑴為止，五代均以文學為名。

(一) 孫瑴「家世中落說」商榷

　　由前文論述可知，從孫繼芳開始，孫氏均功名顯著，至孫瑴長兄甚至官至遼東巡撫，因此李梅訓所謂「至孫瑴時恐已衰落」的說法仍須斟酌一番。孫瑴雖自稱「余貧夫也」，但從其友人嚴首昇所述，知孫瑴當為有微薄功名，見《瀨園詩文集》文集卷二〈黎子方遺稿敘〉：「亂離已來，山中蕭械，座右為亾友置木主……八人中，子雙以大學生老……」[9]，「子雙」為孫瑴之字，孫瑴與嚴首昇甚為友好，常賦詩唱和，詳見《瀨園詩文集》。從嚴首昇之敘述，可知孫瑴功名至「大學生」，即當為監生、貢生之屬，未及舉人，奉祿亦屬微薄。

　　對於孫瑴之際遇，管紹寧〈古微書序〉亦曾提及，其文云：「昔云《詩》

---

[8] 見清・紀昀編：《四庫全書總目提要》（河北：河北人民出版社，2000年），頁887。

[9] 見清・嚴首昇《瀨園詩文集》文集卷二〈黎子方遺稿敘〉，載於《四庫禁燬書叢刊》集部147冊，卷2，頁161。

三百篇，大抵聖賢發憤之所作，發憤者，鬱之稱也。使孫子不鬱極，而早試於圭紱通顯，則亦久已為世味所饘世情所驚，無暇此迂僻之耽，以成是書矣！」[10]因此可知，孫瑴早年曾用心於科舉，然並不得意，不如其兄孫穀功名顯著，因而發憤著書，故當世皆以著述豐富作為孫瑴之定位。

有關孫瑴之生平，較為詳盡者為《華容縣志》所記載，見清·孫炳煜等編纂光緒《華容縣志》〈人物志〉：「孫瑴字子雙，羽侯次子，與兄穀、第（當作「弟」）愨有三珠之譽。瑴無書不讀，閉戶著述以終，有《古微書》四種行世。朱太史彝尊《經義考》〈忞緯〉本之。愨著《唐紀》七十卷」[11]，從《華容縣志》的記載可知，孫瑴一生「無書不讀，閉戶著述以終」，並以《古微書》為其代表作。

至於孫瑴之生卒年，歷來並無定說，李梅訓《讖緯文獻史略》亦無考證，筆者從其交遊狀況切入，大抵可將孫瑴之卒年縮小範圍。前文提及，孫瑴嚴首昇私交甚篤，從嚴首昇《瀨園詩文集》中述及孫瑴之作品，即可推敲孫瑴之卒年，如《瀨園詩文集》詩集後集（戊寅詩，崇禎十一年1638）有〈寄懷孫子雙〉一首，由「寄懷」詩題，可知當時孫瑴並未亡故，因此嚴首昇作詩以表友誼之思念。然而，到了清順治二年時（1645）《瀨園詩文集》詩集後集（乙酉詩，順治二年1645）有〈和黎子見贈韻。時予南歸，為子雙、士先、仲清、席之、文伯、柱河、子來亡友七人作木主，置座側，忽黎子歸自燕京，辛苦賊中，同歡不已〉一詩，從詩題來看，「為子雙」即紀念孫瑴，因此可以確定在順治二年以前，孫瑴已亡故，所以從《瀨園詩文集》中可將孫瑴卒年範圍縮小到崇禎十一年（1638年）到順治二年（1645年）之間。

---

[10] 由引文可知孫瑴在科舉上並不得意，孫瑴用心於科考，除本文之外，可見明·黃汝亨《寓林集》卷三十〈題孫雙甫制秇〉：「流俗人之文，以浮浪聲色媚人，此七足論……非能知雙甫者已。阿兄子齊，擅名文苑，不可一世，人覽雙甫此編，恐元方難為兄也。」論述孫瑴制藝之文別出心裁，而不為時人所能理解，載於《續修四庫全書》1369冊、卷30，頁515-516。管紹寧〈序〉為筆者前往北京國家圖書館所抄錄，尚未出版。

[11] 見光緒《華容縣志》卷十〈人物志〉，收錄於《中國地方志集成·湖南府縣志輯》（南京：江蘇古籍出版，2002年），頁223。

　　另外，從上文資料顯示，在孫瑴之兄弟系譜上似乎有所矛盾，據〈雲夢山人孫兆孺墓誌銘〉所顯示者為「孫男二，長瑴，次孫瑴，孫女三」，即孫羽侯生孫瑴、孫瑴及三妹共三人。然而，《（光緒）華容縣志》〈人物志〉卻說：「孫瑴字子雙，羽侯次子，與兄瑴、第（「第」即「弟」）愨有三珠之譽」，即孫羽侯所生為長男孫瑴、次男孫瑴、三男孫愨，究竟何者為是？

　　筆者考證，除〈雲夢山人孫兆孺墓誌銘〉外，其餘史料均顯示出，孫羽侯所生為三子，而非二子一女，如清人蔣超伯《南漘楛語》卷五：「《舊唐書》前半係吳兢稿本……明人孫愨《唐紀》似為勝之。愨兄瑴著《古微書》」[12]，文中顯示孫瑴之弟為孫愨，撰有《唐紀》一書。清人嵇璜《續文獻通考‧經籍考》亦載「孫愨《唐紀》無卷數。愨字士元，華容人」[13]，由此可初步推知，孫愨字士元，華容人。

　　其次，從《瀨園詩文集》中亦可發現，嚴首昇除與孫瑴友善外，更與其弟孫愨交誼更深，從《瀨園詩文集》文集卷一〈後三代史序〉中，除可確定孫愨為孫瑴之弟外，尚可知當初孫愨作《唐紀》之源由，其文云：

　　崇禎丁丑春（1637），予一夕思此時，與同學孫愨讀書城闉，燈殘薄醉，談言偶及，則二人同心矣。明日，予以《宋史》，孫子以《唐史》始事，兩人每日捐半，共定兩漢。數月而愨仲氏瑴自白門歸，乃以兩漢為己任。凡以三代後獨漢、唐、宋為正統，特舉此為後三代史焉。[14]

---

[12] 見清‧蔣超伯：《南漘楛語》卷五，收錄於《四部要籍》子部《筆記小說大觀》（臺北：新興書局，1960 年），頁 2975。

[13] 見清‧嵇璜：《續文獻通考‧經籍考》，收錄於《文淵閣四庫全書》630 冊，頁 226。

[14] 除本條資料外，清‧鄧顯鶴《沅湘耆舊集》卷三十八「嚴平子首昇二十二首」〈序〉中，同樣提及孫瑴、孫愨、嚴首昇撰寫後三代史之事，其文云：「同邑孫愨兄弟作漢、唐、宋後三代史書，不傳」，載於《沅湘耆舊集》，《續修四庫全書》1691 冊，卷 38，頁 117。

這段文獻提供了孫瑴、孫慤與嚴首昇在交誼與學術上重要的資料。從上述資料中，一方面確定在明崇禎十年春時，嚴首昇與「同學」孫慤讀書於城闕，「燈殘薄醉，談言偶及，則二人同心」，可見嚴首昇與孫慤不僅交誼深厚，且為同學關係。另一方面，兩人議定重新撰寫後三代史，即漢、唐、宋三代史，嚴首昇撰《宋史》，孫慤撰《唐史》，孫瑴則負責兩漢部分，由此可知孫瑴著述豐富確實其來有自。再者，從「慤仲氏瑴」可知，孫瑴在家中為「仲氏」，即排行老二，孫慤為其弟。

此外，孫慤所著《唐紀》五十卷，目前全本尚可見於《四庫全書存目叢書》之中，在〈唐紀序〉中孫慤曾提到「余仲氏瑴有言：『孔子刪《尚書》，斷自三代。繼周者，漢與、唐與、宋與？亦後之三代矣。盍（蓋）相與為三代正史乎？』因與友人嚴子首昇謀其式廓，度其荒原，而定為此體也。三人者，分而治之，仲氏營漢，嚴子營宋，而余倚男祺鼎營唐」[15]，孫慤所說的這段話與嚴首昇所記之事正好吻合，且能互補其事，文中指出孫慤之二兄孫瑴，曾論上古夏商周三代盛事，並推崇三代以降，以漢、唐、宋三代最能紹繼前代，足以稱為「後之三代」。由於曾孫瑴提倡此說，因此其弟孫慤與嚴首昇才「謀其式廓，度其荒原，而定為此體」，可以說孫慤撰寫《唐紀》之由，與孫瑴之論有相當人的關係，藉由〈後三代史序〉、〈唐紀序〉兩條資料相互對照，除了明白孫瑴、孫慤兄弟之關係外，更能說明孫慤撰寫《唐紀》與孫瑴之關連。

有關上述〈後三代史序〉的記載，在《湖南方志》中曾經引述，因此得知《湖南方志》編纂曾參考《瀨園詩文集》，然《湖南方志》卻將文中「慤仲氏瑴」視為孫瑴為孫慤之弟，此為大謬，見清・李瀚章等編《(光緒)湖南通志》〈藝文志〉三：

---

[15] 見明・孫慤：《唐紀》，收錄於《四庫全書存目叢書》史部 33 冊（臺南縣：莊嚴文化事業有限公司，1996 年），頁 4。

> 《瀨園文集》首昇自序……崇禎丁未與同里孫慤始事，子以宋史，
> 孫子以唐書，適慤弟轂自白門歸，乃以兩漢為已任。凡以三代後，
> 獨漢、唐、宋為正統，特舉此以為後三代史焉。[16]

《湖南通志》的錯誤，使得孫轂、孫慤兄弟的關係變得混淆。然而，《湖南通志》的錯誤，基本上是延續《四庫全書總目提要》之說，見《四庫全書總目提要》卷五十《唐紀》，其文云：「明孫慤撰，慤字士先，華容人。作《古微書》之孫轂，即其弟也」[17]，因此可知，從《四庫全書總目提要》對於「慤仲氏轂」的誤解，導致後來諸多文獻對於孫轂三兄弟的關係產生混淆，在此筆者需重新定義一番。

另外，有關孫轂、孫慤之混淆，尚有著作一事，如將《唐紀》視為孫轂所作，見清人鄧顯鶴《沅湘耆舊集》卷三十八「孫子雙轂一首」〈序〉云：「轂字子雙，華容人，著述甚富，嘗雜採舊文，分為四部，名《微書》……統謂之《古微書》，又著《唐紀》七十卷」，從前文種種論證可知，《唐紀》確為孫轂三弟孫慤所作，而鄧顯鶴不辨甲乙，逕將《唐紀》視為孫轂所作。諸如此類說法，均不求甚解，以致著作內容混淆，需加以梳理辨證，才能還原孫轂著作之真實面貌。

(二) 孫轂及其家族系譜

最後，李梅訓敘述孫轂相關著作中，提及「孫轂的著作除《古微書》外，還有《盤譜集》和《藜床集》等詩文集」，此說也有釐清的必要，清人鄧顯鶴《沅湘耆舊集》卷三十八「孫子雙轂一首」〈序〉云：「先生有《盤譜》、《藜牀》二集亦未見」[18]，此說非是，據前文考證，鄧氏之說錯誤屢出，不可作

---

[16] 清·李瀚章等編，《（光緒）湖南通志》〈人物志〉：「孫宜，字仲可，繼芳子……嘉靖戊子舉於鄉」，載於《續修四庫全書》665 冊（上海：上海古籍出版社，2002），頁 324。

[17] 見《四庫全書總目提要》卷五十，頁 1394。

[18] 清·鄧顯鶴，《沅湘耆舊集》，載於《續修四庫全書》169 冊，卷 38，頁 119。

為孫轂資料之主要參考。嚴首昇為孫轂、孫愨之好友，其說可信度較高，《瀨園詩文集》文集卷五〈雲夢山人傳〉中曾提到孫轂兄弟三人之著作，其文云：「孫轂官開府，有《盤譜》、《藜床》諸集。轂著《古微書》行于世，愨著《唐紀》」[19]，由此可知，「《盤譜集》和《藜床集》」當為孫轂所作，並非孫轂的作品。

　　自此，可以確定孫轂一族之世系及其官位，見次頁表列以便閱覽。

三、《古微書》成書年代與補充考證

　　有關《古微書》成書時間之討論，以李梅訓《讖緯文獻史略》所論最詳，李氏根據孫轂〈古微書略例〉、〈古微書自序〉及《古微書》所述內容進行考證，如引述《古微書略例》中「邇年坊肆翻刻古書，汗牛充棟，如《古今逸史》、《漢魏叢書》、《古書十九種》、《秘冊匯函》，每一部中各百十家，皆是流行篇卷，故於此集絕不雷同。至於《百川學海》、《百家名書》、《古今說海》、《歷代小史》、《稗海》小說等，又皆唐宋以後耳目近事，亦此中所不贅也」一文[20]，進而推論《漢魏叢書》有萬曆二十年（1592）《廣漢魏叢書》刻本、《古今逸史》約略同時。《秘冊匯函》有萬曆三十一年（1603）刻本，其後，毛晉汲古閣匯為《津逮秘書》，於「崇禎庚午七夕後一日」刊行。透過孫轂已見《古今逸史》，但卻未見《津逮秘書》，推論《古微書》應在崇禎庚午三年（1630）之前竣稿。另外，孫轂見《秘冊匯函》，則成書就可能在萬曆三十一年（1603）之後。李氏綜合以上刊行時間，初步推敲《古微書略例》的編寫有可能在萬曆三十一年以後到崇禎初年間，這是極為可靠的推論。[21]

---

[19] 見清・嚴首昇：《瀨園詩文集》文集卷五，收錄於《中國基本古籍庫》。

[20] 見《守山閣叢書》本〈古微書略例〉，頁3-4。

[21] 李梅訓：《讖緯文獻史略》，頁70。

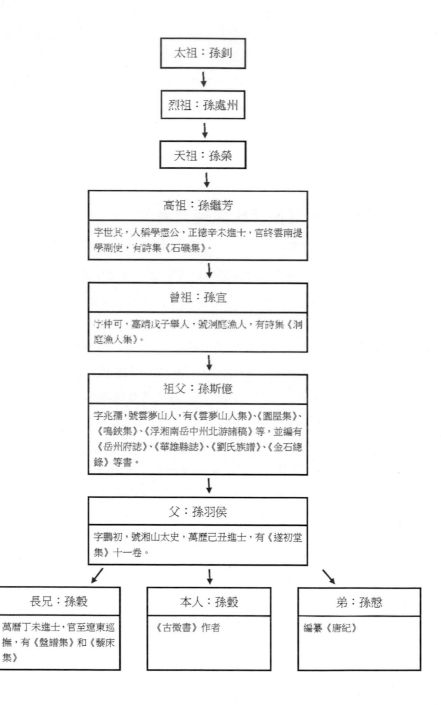

太祖：孫釗

烈祖：孫處州

天祖：孫榮

高祖：孫繼芳

字世其，人稱學憲公，正德辛未進士，官終雲南提學副使，有詩集《石磯集》。

曾祖：孫宜

字仲可，嘉靖戊子舉人，號洞庭漁人，有詩集《洞庭漁人集》。

祖父：孫斯億

字兆孺，號雲夢山人，有《雲夢山人集》、《園屋集》、《鳴鋏集》、《浮湘南岳中州北游諸稿》等，並編有《岳州府誌》、《華雄縣誌》、《劉氏族譜》、《金石總錄》等書。

父：孫羽侯

字鵬初，號湘山太史，萬曆己丑進士，有《遂初堂集》十一卷。

長兄：孫轂

萬曆丁未進士，官至遼東巡撫，有《盤譜集》和《藜床集》

本人：孫轂

《古微書》作者

弟：孫慤

編纂《唐紀》

(一) 孫瑴《古微書》成書時間商榷

在前文的基礎上，李氏根據孫瑴《古微書》卷十九《禮斗威儀》自述：「瑴記萬曆丙申冬游南都，步謁孝陵」[22]，萬曆丙申即萬曆二十四年（1596），進而推測「《古微書》之輯佚必在此年之後，這進一步證明了上文的說法。因而可以肯定《古微書》之成書至少在萬曆末年。[23]」李氏此處推論則可斟酌，若根據孫瑴自述，推論《古微書》成書至少在萬曆二十四年以後則可，但說輯佚必在萬曆二十四年，則未必為是，孫瑴「游南都，步謁孝陵」之時，也未必不能進行編纂。

再者，李氏根據孫瑴沒有引用《唐開元占經》中佚文進而推論成書年代。李氏考察《開元占經》是「萬曆四十四年（1616），安徽歙縣程明善在給古佛像裝金時發現《開元占經》的一部抄本。是則《古微書》有可能是在萬曆四十四年《開元占經》重出之前編成的」[24]，且又根據其《自序》云：「余苦心於茲且十年」，進而推論編輯《古微書》的十年就有可能是在萬曆三十一年至四十四年之間。這樣的推論仍需商榷，孫瑴〈自序〉中曾云「家世藏書，稍有異本」，對於《古微書》收輯讖緯的材料，必然多有依賴「家世藏書」之處。又根據《華容縣志》所說，孫瑴「無書不讀，閉戶著述以終」，雖孫瑴廣泛讀書，但不能根據孫瑴《古微書》未見《開元占經》，便斷定《古微書》必然成書於《開元占經》復出之前。針對此點，筆者擬就新見資料進行說明。

(二) 明崇禎刻本〈序〉之線索

在《讖緯文獻史略》一書中曾提及明崇禎刻本《古微書》，並指出該書藏於北京國家圖書館，筆者曾實地前往考察，並抄錄該書。抄錄過程中，除發

---

[22] 見《守山閣叢書》本《古微書》，頁 371。

[23] 李梅訓：《讖緯文獻史略》，頁 70。

[24] 李梅訓：《讖緯文獻史略》，頁 70-71。

現文字與後期版本略有不同外，最大的特色，在於明崇禎刻本較其他各本多
出管紹寧所寫之〈序〉，此篇〈序〉存在著孫瑴《古微書》成書時間極重要的
資料，足以做為孫瑴《古微書》成書年代的具體指標。筆者在此，將該〈序〉
有關《古微書》成書年代資料節錄於下，其文云：

> 丙子（1636）初秋，偶遇於雜課中，得一異卷，能古能今，亦奇亦
> 確，知為多讀書人……則楚生孫子瑴也……因招致與談，落落穆穆，
> 似煙霞氣者，絕口不道及世事。至於古異文異書，輒津津不置。因
> 手出其笈四編，曰《古微書》……問其書何歲之成？則廿年以來，
> 嘗發其累世之藏本，燃松焠掌，句累字貫而後成書。噫！此其志亦
> 良苦矣……崇禎丁丑（1637）夏四月蘭陵管紹寧題於會香公署。友
> 弟文震亨書。[25]

　　管紹寧在〈序〉中自稱，崇禎丙子（即崇禎九年，1636 年）年時，於「雜
課中，得一異卷」，此書乃孫瑴所寫，具體所指是何書不得而知，但就全文觀
之，應非《古微書》。其後機緣偶遇孫瑴，見其人「落落穆穆，似煙霞氣者」，
而孫瑴之為人「絕口不道及世事。至於古異文異書，輒津津不置」，與《華容
縣志》所說「無書不讀，閉戶著述以終」的形象相吻合，是一位飽讀古籍，
勤於筆耕，並不管世事之人。管紹寧與孫瑴聊至投機處，孫瑴猶如遇故知，
欣喜之下便「手出其笈四編，曰《古微書》」，根據這句話，可以推測一事，
管紹寧當時，即崇禎九年（1636），孫瑴《古微書》尚未出版，因為根據李梅
訓之考證，《古微書》之初版即崇禎刻本，而崇禎刻本以管紹寧之說為〈序〉，
因此在本篇〈序〉文完成前，《古微書》尚未付梓，所以根據本文，可以將《古
微書》出版年份往後推，至於往後推至何時？筆者以為當在崇禎十年（1637）
之後，因本〈序〉文乃管紹寧所作，文震亨所書寫，是完成於「崇禎丁丑（1637）

---

[25] 見明崇禎刻本《古微書》，尚未出版，為筆者抄錄自北京國家圖書館。

夏四月」，由管紹寧撰於「會香公署」，因此《古微書》的刊刻，至少在崇禎十年同時或以後，因寫〈序〉年份未必等同於刊刻年份，但至少在刊刻年份同時或之前。李梅訓《讖緯文獻史略》中提到：「關於此書的刊刻時間雖難以確定，但至少應該在崇禎十七年之前」，結合李氏研究，與筆者所獲得之材料，可將明崇禎刻本《古微書》刊刻年份，範圍縮小到崇禎十年到崇禎十七年間。

《古微書》刊刻時間已初步推得，但關於管紹寧與孫瑴見面之地點仍不得而知。據管紹寧〈序〉中自述，僅有崇禎十年「會香公署」字樣，無進一步佐證。然而，根據明人盧上銘《辟雍紀事》十五記載，管紹寧在崇禎九年（丙子，1636）二月時，被任命為南京國子監司業，其文云：「丙子九年二月陞編修……管紹寧為南司業」[26]，此年正為管紹寧自述與孫瑴見面之年，因此可以推知，管紹寧於崇禎九年時，與孫瑴見面於南京，並見到《古微書》初稿，進而為之作〈序〉。

至於《古微書》的成書時間，本〈序〉中有更為精確的描述，因文中管紹寧曾當面詢問孫瑴《古微書》完成於何時，即「問其書何歲之成？則廿年以來，嘗發其累世之藏本，燃松焠掌，句累字貫而後成書」，這裡有兩個重要訊息，第一，孫瑴輯佚《古微書》主要的參考材料是「累世之藏本」，因此當代新出之材料，如《開元占經》之類，孫瑴有可能在撰寫之時《開元占經》就已經問世，但卻無緣參考，因此並不能以《開元占經》的問世與否，作為《古微書》成書年代之依據。

第二，孫瑴自稱「則廿年以來」，根據本句進行推敲，則當是在本年（1636）之前上推二十年，亦即從明神宗萬曆四十四年（1616）開始，乃至於明思宗崇禎九年（1636），孫瑴「廿年以來，發其累世藏本，燃松焠掌，句累字貫而後成書」，因此可以推知孫瑴在《古微書》上耗費二十年功夫才得以完成巨著，其用力之深，筆耕之勤，令人驚嘆！

然而，在〈敘刪微〉中，孫瑴曾提到「予苦心於茲且十年」，如此看似與

---

[26] 見明・盧上銘：《辟雍紀事》十五，收錄於《四庫全書存目叢書》史部 271 冊，頁 305。

管紹寧〈序〉中所云「廿年以來」互相矛盾，但仔細推敲，則二者完全無衝突。因〈敘刪微〉是孫瑴對於《古微書》中之《刪微》一部份所撰寫之〈序〉，《古微書》除《刪微》外，尚有《焚微》、《綫微》、《闕微》等部分，不能根據本〈序〉以推測《古微書》全書成書之時間，李氏將〈敘刪微〉當作是《古微書》之《自序》，並推估《古微書》成書時間在萬曆三十一年至四十四年之間，顯然並非考量全書之成書時間，以此說做為成書年代之佐證，則不無可議。若核對管紹寧之〈序〉，則孫瑴《古微書》當自萬曆四十五年（1617）始，至崇禎九年（1636）而成此巨著，並且在成書不久之後即呈閱管紹寧，以求其撰〈序〉。

根據上文論述，可發現一事，若管紹寧所論為確，則孫瑴編纂《古微書》之起始點，恰好萬曆四十四年也是《開元占經》復出之後一年，若孫瑴當時已見此書，必然不會擱置不管，但在《古微書》中完全不見《開元占經》蹤影，足以證明孫瑴輯佚之時，主要是參考家中「累世藏本」，而無緣顧及外界書籍狀況，這正與他「絕口不道及世事」的形象相符合，因此根據本〈序〉，可推論孫瑴編纂《古微書》時間，在《開元占經》復出之後，並且孫瑴《古微書》成書時間最遲應可定於崇禎九年。

若管紹寧之〈序〉具有如此重要之參考價值，那麼何以清代各版本《古微書》之中，竟完全不見管紹寧〈序〉之蹤影？於理似乎完全不通！然而筆者進一步推敲，這應當與管紹寧在明末時期的敏感身份有關。管紹寧之生平，據清人溫睿臨《南疆逸史》所述，管紹寧字泰階（或有稱字「謐如」，號「誠齋」），為明末武寧人（或有作「武進」者），崇禎元年進士，授翰林院編修，擢為少詹事。明亡後，南明福王即位，升管紹寧為禮部右侍郎，後因遭埋伏，不願配合清廷剃髮而遇害[27]。因此管紹寧屬明末抗清之要員，以清廷之統治立場，及文字獄之嚴密，在清代出版品中，如管紹寧這類文人之相關資料，自然必須予以列管刪除，這也導致後代無法根據管紹寧〈序〉文，推測《古

---

27 清・溫睿臨，《南疆逸史》，載於《續修四庫全書》332 冊，卷 7 列傳第 3，頁 228。

微書》成書及刊刻之確切時間。

小　結

　　經本文搜尋相關文獻，並詳加核對，逐條考證後，對於孫瑴之世系生平及《古微書》成書、刊刻等相關資料，已獲得基本結論，具體成果如下：

　　一、透過本章研究，得知自孫瑴之七世祖孫釗遷居華容以來，孫氏一脈多有功名，高祖孫繼芳為正德辛未進士，官至雲南提學副使；曾祖孫宜為嘉靖戊子舉人；父孫羽侯為萬曆己丑進士，兄孫穀為萬曆丁未進士，官至遼東巡撫，累世功名造就孫氏一家藏書豐富，提供孫瑴編纂《古微書》之客觀條件。

　　二、經本章研究，追溯孫瑴博學之淵源，孫氏一脈除功名官位外，尚以文學為名，高祖孫繼芳、曾祖孫宜、祖父孫斯億、父親孫羽侯除功名外，均以詩賦文學著稱，即如范景文所說「祖父四世積有詩賦客」，有孫氏一脈累世書香之薰陶，才能造就孫瑴「無書不讀」的博學廣識，也才能孕生出上白天文，下至草木無所不包的《古微書》巨著。

　　三、本文以李梅訓《讖緯文獻史略》之研究為基礎，進一步收羅孫瑴相關生平事蹟，補足了《古微書》作者生平交遊之空缺。並且，藉由明崇禎刻本《古微書》中管紹寧〈序〉之線索，為《古微書》之具體成書及刊刻時間，做了更進一步的推測，使身為中國首部讖緯輯佚之專著《古微書》，其成書及刊刻之線索得以確定，是為本章論題之具體貢獻。

第三章
《古微書》讖緯本文引書考證

　　明人孫瑴所著《古微書》，乃中國首部讖緯輯佚專著，在讖緯研究史上，具有不可磨滅的地位，對於後代讖緯學之發展有一定之影響力。然而，孫瑴輯佚本書時，讖緯本文並不註明出處，僅在讖緯本文下之補充資料中，說明引用資料之來源，導致後世學者尋找讖緯條文時，缺乏讖緯文獻材料之依據。孫瑴不說明讖緯本文出處，迫使後世學者必須重新輯佚讖緯條文，於是清代以降，許多輯佚學家紛紛重新收集讖緯條文，如殷元正《集緯》、趙在翰《七緯》、顧觀光《七緯拾遺》與《河洛緯》、黃奭《通緯佚書考》、馬國翰《玉函山房輯佚書》、王仁俊《玉函山房輯佚書續編》、喬松年《緯攟》、安居香山、中村璋八《緯書集成》、山東大學出版社《兩漢全書》等，對於輯佚讖緯條文各有貢獻。由於孫瑴《古微書》在讖緯輯佚問題上，主要在於不註讖緯本文之出處，讖緯本文下之補充資料中則多半說明文獻來源，因此筆者擬就《古微書》讖緯本文為討論對象，參考前人研究成果[1]，逐條探究讖緯本文之出處，歸納《古微書》輯佚讖緯本文之條例，並考訂《古微書》輯佚讖緯本文之正誤，以期對讖緯學研究貢獻薄力。

---

[1] 關於《古微書》引書研究，過去有黃復山：〈《古微書》的讖緯文獻價值及評議〉一文，載於《海峽兩岸古典文獻學學術研討會》，2002 年，頁 555-603。

一、引書考證方法的確立

(一) 聯集法

　　筆者考證《古微書》讖緯本文出處，乃以守山閣叢書本《古微書》（以下
簡稱「守本」）做為考據基礎，該版本詳細考察《古微書》讖緯本文之出處，
為《古微書》讖緯本文之出處建立了基礎的規模。然而，此本之中仍存在著
部分需改進之處，如若干緯文不注出處、出處錯誤等，因此筆者將以守本之
研究為基礎，進一步推論《古微書》讖緯本文之真實出處。

　　就常例而言，若守本之中，標示讖緯本文出處為單一文獻，並且經過筆
者比對後無誤者，筆者便認定該條出自該文獻，例如《古微書》卷四〈尚書
運期授〉「房四表之道」條[2]，經確認後，出處確實為《史記索隱》，因此將該
本納入《古微書》本文出處範圍。

　　然而，若守本之中，存在兩個以上文獻出處，且各文獻文字與守本所收
均同，此時筆者採取「聯集」法則，即該條「兩個以上文獻」，筆者搜尋守本
之中，是否有其他讖緯本文的出處各別屬於這「兩個以上文獻」，如《古微書》
卷七〈春秋元命包〉「龍之言萌也，陰中之陽也，故言龍舉而雲興」[3]條，，
守本出處作「初學記三十、御覽九百廿九」，筆者考證後，該條文字確與《初
學記》、《太平御覽》相同，因此筆者根據此條緯文出處，分別搜尋《古微書》
中若干緯文出處僅為《太平御覽》或《初學記》者，如《古微書》同卷「蟾

---

[2] 本條全文為「房四表之道宋均云：四星開有三道，日月五星所從出入也」，見《古微書》卷四，頁
　81。經筆者比對，確實與司馬貞《史記・天官書》索隱所載相同，因此本條出處標示為唐・司馬
　貞《史記索隱》。

[3] 見《古微書》卷七，頁 145。

蛤陰精流生」[4]條，守本出處作「《御覽》五」，經筆者比對後亦同。《古微書》卷八〈春秋合誠圖〉「蒼帝之為人，望之廣，視之專，而長九尺一寸」[5]條，守本出處作「《初學記》九」，經筆者比對後亦同。根據以上出處分屬於《太平御覽》、《初學記》之讖緯本文，推論「龍之言萌也」條必出自《太平御覽》、《初學記》二者之一，且證明《古微書》必然引用《太平御覽》、《初學記》二書，此為聯集法。

本章研究「本文出處」，最主要之目的在於考察並統計孫瑴收集讖緯本文時，所引用書籍之數量、範圍、內容為何，因此採「聯集法」即能到此一目的。進一步說，本章並非針對每一條讖緯本文，計較其準確出處，因為這樣的切入角度在統計《古微書》讖緯本文出處上既無意義，也無法實際完成。

(二) 互校法

若《古微書》中收錄某條讖緯本文，參考守本所錄出處，以及筆者比對之後，發現該條緯文見於多份文獻之中，且各文獻間文字與孫氏所收互有出入時，此時筆者所採取之方式為「互校法」，即針對守本以及筆者尋找之各出處文獻進行交叉比對，以釐清《古微書》收錄讖緯本文確切出處。如《古微書》卷一〈尚書考靈曜〉「地有四遊」條[6]，守本出處作「《御覽》三十六」，經筆者考察各文獻，本文有引自〈尚書考靈曜〉及〈河圖〉二說，引〈尚書考靈曜〉者見晉·張華〈博物志〉卷一、唐·瞿曇悉達《開元占經》卷四、宋·李昉《太平御覽》卷三十六及宋·吳淑《事類賦》卷六，其中孫氏未見《開元占經》，因此予以刪除。其餘三本中以《博物志》及《太平御覽》語最近似，《博物志》卷一引〈考靈曜〉，「譬如」以下作「譬如人在舟而坐，舟行而人不覺」，《太平御覽》卷三十六「而東」下有「復」，「春秋二分其中」作

---

[4] 見《古微書》卷七，頁144。

[5] 見《古微書》卷八，頁157。

[6] 本條全文為「地有四遊，冬至地上北而西三萬里，夏至地下南而東三萬里，春秋二分其中矣。地恆動不止而人不知，譬如人在大舟中，閉牖而坐，舟行而人不覺也」，見《古微書》卷一，頁6。

「春秋分則其中」,「不止」下無「而」字,「舟行而人不覺」作「舟行不覺」,二本與孫氏所輯近似而互有出入,筆者推斷孫氏本條當參考《博物志》、《太平御覽》二文編綴而成,而非守本所說僅參考《太平御覽》。

另外,在對照文獻出處的過程中,偶有發現《古微書》體例混亂的情形,如《古微書》卷七〈春秋元命包〉「太陰水精為月,日行十三度,常胐任而受明受陽精也,陽精在內,故金水內景」[7]條,守本出處作「《書鈔》百五十、《御覽》四」,若依照「聯集法」的方式針對兩文獻出處進行推敲,則發現孫瑴所錄本文,與兩文獻均有出入。筆者校對《北堂書鈔》卷百五十原文,發現「太陰水精為月」緯文確實出現於該書之中,並且經搜尋後,未見於其他文獻,然本文《北堂書鈔》卻顯示本文出處為〈春秋漢含孳〉。《太平御覽》卷四收錄本文,「太陰水精」作「陰精」,出處為〈春秋元命包〉。若孫氏本條參考以上兩種文獻而成,則《北堂書鈔》部分竟將〈春秋漢含孳〉之文誤植於〈春秋元命包〉之中,究竟實際情形為何?

以上情形有兩種可能,第一是錢泰吉守山閣本《古微書》搜尋錯誤,第二是孫瑴收羅讖緯本文存在收錄標準不一的情形。首先,經實際比對,發現在《古微書》中,存在著大量緯文合併的情形,亦即孫氏因某些緯文論述內容相近,而將若干緯文聚於一處;或若干緯文所論為同一事,便收於同一條之下,這是《古微書》的固定編書體例,筆者稱之為「以義相求」。

其次,孫瑴是否會因若干緯文意義相近,而不顧某些緯文應屬別卷之中,直接將這些緯文併入別卷?答案是肯定的。在守山閣叢書本中,多次舉出某些緯文本屬於其他各卷,但卻納入該卷之中,如《古微書》卷十五〈易坤靈圖〉「天地成位,君臣道生,粵有天皇」條,守本下注「〈周禮疏序〉、《路史・天皇紀》注並以為〈通卦驗〉文」[8],這種「別卷」緯文相聚於「某卷」之中的情形,主要是由於這些緯文意義相近,因而孫瑴將之聚合一處,但如此卻

---

[7] 見《古微書》卷七,頁131。

[8] 見《古微書》卷十五,頁295。

違反了依卷次收羅的原則，也因此清人喬松年《緯攟》之中，曾針對上述情形，大肆批判《古微書》編書體例之混亂。

(三) 辨偽法

延續上文討論孫瑴之編書體例，在守本、《緯攟》中，多次舉出《古微書》收羅讖緯的卷次安排問題，即收錄他卷之文入本卷之中，雖旨在「以義相求」，但卻使緯文卷次真偽難辨。類似情形，透過各家辨證的過程，除能釐清真相外，更能從中找出《古微書》該條緯文之文獻出處，此為「辨偽法」，如《古微書》卷二十二〈樂稽耀嘉〉將「鎮星不逆行則鳳凰至」、「焦明至為雨備焦明水鳥」[9]二文併為一條，前者守本下注「《類聚》九十九、《御覽》九百十五，並以為〈動聲儀〉文」，後者守本下注「《御覽》十一以為〈動聲儀〉文」，本條喬松午《緯攟》同樣指出「此兩語皆是〈動聲儀〉，已入彼卷」，經守本、《緯攟》等辨證後，除釐清該緯文原始卷次外，也同時得知該文出於《藝文類聚》或《太平御覽》。

第二種情形，即守本標示孫瑴某條讖緯本文出處，但推論卻非事實者，如《古微書》卷七〈春秋元命包〉「水者天地之包幕，五行之始焉，萬物之所由生，元氣之津液也」[10]條，守本搜尋出處為「《水經河水注》、《初學記》六」，然《水經河水注》載〈春秋元命包〉語，其文云：「五行始焉，萬物之所由生，元氣之滕液也」，與孫氏所收不盡吻合。《初學記》卷六載〈春秋元命包〉語，其文云：「水者天地之包幕，五行之始焉，萬物之信由生」，與孫氏所收亦有出入。經筆者考證，孫氏所收，與《天中記》卷九全同，因此筆者斷定該條原文當收錄自《天中記》

第三種情形，即守本所標示出處，與孫氏收錄卷次相違，但孫氏仍有參考守本所載出處者，如《古微書》卷十五〈易坤靈圖〉「伏羲方牙精，作易無

---

[9] 見《古微書》卷二十二，頁 416。

[10] 見《古微書》卷七，頁 134。

書，以畫事，此畫之始」條[11]，守本出處作「《御覽》七十八、《路史・太昊
紀》注並以為〈通卦驗〉文，無「此畫之始」四字」，依據《太平御覽》、《路
史》所載，孫瑴收錄本文本已將《易通卦驗》之文誤收入〈易坤靈圖〉中，
且又加上「此畫之始」四字，似乎是偽上加偽，然經筆者考證，廣博物志卷
三十錄此文，有「此畫之始」四字，但無「方牙精」三字，並以為本文為通
卦驗文，因此透過此孫氏「誤收」案例，可推知當初收錄本文時，應當同時
參考《太平御覽》、《路史》、《廣博物志》三書。

透過辨偽的方法，主要在藉由孫瑴或守本等「誤區」，再經辨證真偽，進
而推敲《古微書》讖緯本文真實出處，而非在於批判《古微書》編書體例之
謬誤。經此法檢驗後，對於《古微書》讖緯本文參考文獻之範圍，能有更精
準的掌握，以呈現孫瑴編書之初的面貌。

(四) 刪去法

根據守本讖緯本文出處考證顯示，某條讖緯本文之下，存在一種或多種
文獻出處，但其中偶有僅出現一次的文獻，以考證的角度來說，孤證不為證，
該書是否為孫瑴所引用有待進一步的考察。因此筆者所採用的方法有二，一
即透過搜索該本引用文獻中，是否存在其他讖緯文獻，倘若存在其他讖緯文
獻，那麼為何孫瑴沒有同時引用該條緯文，因此能反過來證明孫瑴沒有參考
該書。第二，若守本該條讖緯本文之下，除了此「出現一次」之文獻外，尚
有其他文獻出處，且此「其他」文獻又見於守本各條之中，筆者也能據此推
斷孫瑴應當參考此「其他」文獻，而非此「出現一次」之文獻。根據以上原
則，筆者基本上排除守本中標示《開元占經》、《新唐書》、《詩地理考》、《武
備志》、《玉燭寶典》、《焦氏筆乘續集》、《類雋》、《職官分紀》、《古樂苑》、《顏
氏家訓》等十書，具體考證結果，容下文詳論。

---

[11] 見《古微書》卷十五，頁 296。

二、《守山閣叢書》本與《緯攟》引書辨正

　　孫瑴於明代晚期輯佚《古微書》時，許多讖緯相關資料在當時並未面世，如《永樂大典》所收《易緯》，當時並無流通於坊間，而《開元占經》等重要讖緯輯佚參考資料，雖在明末被發現，但孫瑴卻無緣面見，以致收集讖緯條文時，孫瑴必須廣泛收羅讖緯相關材料，才能求其全備，其中不免有所錯謬，如《古微書》存在許多收錄非緯條文的狀況，但誠如孫瑴於〈古微書略例〉中自述收輯讖緯條文原則「*茲所遇圖緯諸家，雖細錄也，雖偽收也，雖斷章者亦取焉*」[12]，凡是能作為讖緯收集之參考文獻，即便有所偽收，但只要能有助於瞭解讖緯，孫瑴便盡其可能網羅，這固然不違背作者編纂《古微書》的準則，但卻給後世學者帶來許多麻煩。

　　經實際比對，發現孫瑴收羅讖緯條文時，確實存在許多偽收緯文的弊病，歷來專門針對《古微書》之錯謬及讖緯本文出處進行鈎稽探索者，至今僅有喬松年《緯攟》及守山閣叢書本《古微書》二者，因此筆者對於《古微書》讖緯本文引書之出處，多以二書為基準進行討論。有關喬松年《緯攟》一書，在卷十三〈古微書訂誤〉及卷十四〈古微書存考〉中，針對《古微書》之謬誤、出處有無進行一番校正工作，其用力之深，對筆者之後續研究助益甚多。但就「引書出處」此點而言，〈古微書訂誤〉所完成的程度，並不足以全面考察《古微書》讖緯本文引書出處，而〈古微書存考〉一篇中，更因喬氏在各條中無法求得其引書出處，並進行評論，因而採「存而不論」的方式。因此，在《古微書》引書出處上，《緯攟》的工作僅作了部分考證，並未全面考察，仍須待守山閣叢書本《古微書》的出現，對於《古微書》讖緯本文的引書出處，才有全面性的搜尋與評論。

---

[12] 見〈古微書略例〉，頁1。

　　孫瑴《古微書》中，以守本堪稱善本，較《緯攟》特出之處，除了全面考察《古微書》讖緯本文引書出處，也針對《古微書》缺字、訛誤、誤收、錯簡、重出等輯佚謬誤進行全盤討論，對於《古微書》的研究上，有著舉足輕重的影響。〈古微書存考〉一篇中所羅列不詳出處的部分，在幾乎在守本中都得到了解答，且〈古微書訂誤〉中批判《古微書》之處並非全數正確，從守本考證中，也能加以釐清，因此筆者研究《古微書》讖緯本文之出處，基本上以守本作為研究之底本。

　　雖然守本堪稱善本，但在讖緯本文引書出處的成果上，也並非全然完備，即便比對守本與〈古微書存考〉後，發現守本幾乎將〈古微書存考〉引書空缺處補齊，但在守本中，仍舊存在許多不注出處的情形。因此，欲求孫瑴《古微書》引書之面貌，必須針對守本不注出處之部分進行出處搜尋，方能得《古微書》出處之全貌。

　　針對守本不注出處之處，筆者統計共 46 條，其中部分出處之尋找，乃借重《緯攟》卷十三〈古微書訂誤〉糾謬之功，如卷五《尚書中候》：「堯之長子」條[13]，守本無出處，喬松年《緯攟》認為本條出自「《路史・國名紀》，是羅泌語，非緯也」[14]，《路史》卷二十七〈國名紀〉云：「堯之子十，其長考監明先死而不得立，故堯有殺長之誣。監明之嗣式封于劉，其後有劉累，事存漢紀。朱又不肖，而弗獲嗣」[15]，喬氏當指此條，但《路史》未言是緯，或為孫氏誤入。本條出處之考證，藉助《緯攟》考證之功得以釐清。守本 46 條未標出處者，筆者共有 8 條藉助《緯攟》之考證而釐清出處，詳見〈表一〉所示。

　　另外，透過筆者實際比對，也發現《緯攟》考證《古微書》引書出處時，

---

[13] 卷五《尚書中候》：「堯之長子監明蚤死，不得立。監明之嗣封於劉，朱又不肖，而弗獲嗣。」

[14] 見《緯書集成》，頁 1538。

[15] 見宋・羅泌：《路史》卷二十七，收錄於《中國基本古籍庫》。

偶有錯謬出現，如卷五《尚書中候》：「契後十三世生主癸」條[16]，守本無出處，喬松年《緯攟》以為語出《宋書‧符瑞志》，未言是緯[17]。然經過實際比對，孫氏所引本文，與《天中記》卷十二文全同，因此《古微書》本條當抄於此，《緯攟》以為出自《宋書》者為非。在守本不注出處的 46 調之中，《緯攟》考證錯誤者共計 6 條，詳見〈表一〉所示。

除了借助《緯攟》的成果作為基礎外，其餘出處則是經由反覆比對古籍的方式，確定《古微書》引書之出處，如卷五《尚書中候》：「太公釣于磻溪」條[18]，守本無出處，《兩漢全書》引文小異，以為本條緯文出處為《魏書‧術藝列傳》，然筆者比對《兩漢全書》與《古微書》文字，發現並不全然相同，因此並非係出同源。另外，在明人董斯張《廣博物志》卷二中，輯錄此文，出處作《尚書中候》[19]，《古微書》所收文字與之全同，因此推斷《古微書》本條文字當出於此。如上條緯文一般，在 46 條緯文中，透過筆者自行比對，確定出處者共佔 32 條，詳見〈表一〉所示。凡表中所標示之卷數及頁碼，均以守山閣叢書本《古微書》為準，表列如下：

表一 守山閣叢書本《古微書》未標出處考證表

卷次/頁碼	讖緯本文	《緯攟》辨證(卷次/頁碼)	筆者考證
5/88	堯之長子監明蚤死，不得立。監明之嗣封於劉，朱又不肖，而弗獲嗣。	《路史‧國名紀》是羅泌語，非緯也。（13/1538）	《路史》卷二十七〈國名紀〉云：「堯之子十，其長考監明先死而不得立，故堯有煞長之誣。監明之嗣式封于劉，其後有劉累，事存漢紀。朱又不肖，而弗獲嗣。」《緯攟》

---

[16] 卷五《尚書中候》：「契後十三世生主癸，主癸之妃曰扶都，見白氣貫月意感，以乙日生湯，號天乙。」

[17] 見《緯書集成》，頁 1538。

[18] 卷五《尚書中候》：「太公釣于磻溪，夜夢北斗神，告以伐紂之意。」

[19] 《廣博物志》卷二：「太公釣於磻溪，夜夢北斗神，告以伐紂之意尚書中候。」

卷次/頁碼	讖緯本文	《緯攟》辨證(卷次/頁碼)	筆者考證
			為是。
5/93	契後十三世生主癸，主癸之妃曰扶都，見白氣貫月意感，以乙日生湯，號天乙。	（契作桀）此文是《宋書·符瑞志》，無桀字，以文論之，當作「契後十三世」，孫氏作桀，疏舛甚矣。（13/1538）	語出《宋書·符瑞志》，「契」作「商」，未言是緯。考《天中記》卷十二文全同，筆者以為當抄於《天中記》，非宋書，引作〈河圖〉。守本、四庫本作「契」，《緯攟》誤。
5/95	紂末年雨石，皆大如甕。	鄭漁漈《通志》七十四災祥類內，羅長源《路史》，發揮石類皆有此語，皆未言是緯。（13/1538）	文全同《廣博物志》卷三，作〈尚書中候〉，《緯攟》誤。
5/96	太公釣于磻溪，夜夢北斗神，告以伐紂之意。		文全同《廣博物志》卷二，作〈尚書中候〉。
6/121	成王時西方獻孔雀。	《御覽》引《周書》，未言是緯。今本《逸周書》作「方人獻孔雀」。（15/1539）	見《類聚》卷九十一：「〈春秋元命苞〉曰：『火離為孔雀。』《周書》曰：『成王時西方人獻孔雀。』」孫氏合二文以為〈元命包〉說，誤。《緯攟》為是。
7/143	酒者乳也。王者法酒旗以布政施天，乳以哺人。		（酒者乳也…）文全同《廣博物志》卷四十一、《說略》卷二十五引「春秋緯」。考《初學記》卷九宋均注有「酒者乳也……」等字，為〈春秋元命包〉文之注，疑孫氏合併二

卷次/頁碼	讖緯本文	《緯攟》辨證 (卷次/頁碼)	筆者考證
			文均以為〈元命包〉。
9/185	彗星見委曲象旗,王者征伐四方。長竟天,人主失天下。	存考（不詳出處）。 （14/1558）	《武經總要》後集卷十七云:「〈運斗樞〉曰:『彗星見後曲象旗,則王者伐四方』」,文小異。《史記‧天官書》云:「彗而後曲象旗,見則王者征伐四方」,文小異,未言是緯。「長竟」以下,兩漢全書引《五行類事占徵驗》卷七云:「彗星長竟天者,人主亡。」孫氏合併兩處。
11/218	為國家者,亂五行之度,失五常之性,則填星為動而地震矣。地震則陰類應之,人心恐懼,當為寇至,臣專女橫,其災大喪,而社稷憂也。	存考（不詳出處）。 （14/1559）	明人《大元土曆祥異賦》作「〈春秋災異〉曰:『地之體頹然而靜,其動,則氣有以沴之也。水火木金須土而成,仁義禮智須信而行。為國家者,落亂五行之序,先五常之德,悖陰之氣,以傷坤元,則填星為之動而地震矣。』」孫氏或有參考此處,尚待考。
11/223	盛陽之氣溫煖為雨,陰氣薄而脅之,則合而為雹。盛陰之氣凝滯為雪,陽氣薄而脅之,則散而為霰。	存考（不詳出處）。 （14/1559）	見明人楊慎《丹鉛總錄》卷一、顧起元《說略》卷一引〈春秋緯〉。
11/224	孔子言曰:七變入臼米出甲,謂磑之為糲采也,舂之則粺米也,㫘之則鑿米也㫘音普各切齊調舂為㫘之則毇米也,又蘗擇之,賜嗟音蕩蓮之,則為晶米	（孔子曰）此文見《丹鉛錄》十六,但言緯書,未言何緯,「七變入臼米出甲」一句見〈運斗樞〉。 （13/1541）	「孔子言曰」以下,全抄《丹鉛總錄》卷十六,但言是緯書,喬言為是。（《兩漢全書》出處只作《古微書》）〈春秋運斗樞〉言「粟四變入臼米出甲」,《緯攟》誤。

卷次/ 頁碼	讖緯本文	《緯攟》辨證 (卷次/頁碼)	筆者考證
12/233	諸侯上象四七，三公寅亮參兩。四七，二十八宿也，參兩，天地也。	存考（不詳出處）。 （14/1559）	文全抄明人楊慎《秌林伐山》卷十二，楊慎作〈春秋緯〉，未言是〈佐助期〉。
13/246-247	人皇氏依山川土地之勢，財度為九州，謂之九圍。圍各居其一，而為之長，人皇居中州以制八輔。		本條全出自明楊慎《丹鉛總錄》卷二，楊慎引《通鑑外紀》，以為本文出自〈春秋命歷序〉。
14/283	又曰：條風至而楊柳津。景風至而搏勞鳴，蝦蟆無聲。涼風至而鶴鳴。閶闔風至而蜻蛚吟。日至而泉躍。		明焦竑《焦氏筆乘續集》卷五、楊慎《升菴集》卷四十四、《丹鉛總錄》卷二十四，「又曰」作「〈易通卦驗〉亦載節候，而其書今亡，類書所引若」。
15/300	鸑必匹飛，鴲必單栖。		見楊慎《古音略例》。
15/301	降陽為風。降陽之風，動不鳴條。		四庫本無此條，見《法苑珠林》卷七引〈易稽覽圖〉，無第二「風」字，《兩漢全書》同，孫氏當參考自此。殷元正《緯書·易緯稽覽圖》以為出自《佩文韻府》七陽。
16/303	一與六同宗，二與七為朋。	存考（不詳出處）。 （14/1559）	語見《太玄經》卷十：「一與六共宗，二與七共明」宋陳淳《北溪大全集》卷十一：「故〈河圖〉之位，必以一與六同宗而居乎北，二與七為朋而居乎南」，孫氏或參考此處，尚待考。
16/303	五運皆起於月初，天氣之先至，乾知大始也。六氣皆起於月中，地氣之後應，坤作成物也。	此文亦見《丹鉛錄》，其上明著「醫家」二字。 （13/1542）	見楊慎《丹鉛總錄》卷三、《升菴集》卷七十五，《緯攟》為是。
16/315	日再中，烏連嬉，仁聖出，		《玉海》卷百九十五「烏」作「鳥」，

卷次/ 頁碼	讖緯本文	《緯攟》辨證 (卷次/頁碼)	筆者考證
	握知時。		出處作《易辨終論》，此文未見四庫本《易緯》，為補遺文，《兩漢全書》引作《古微書》。孫氏全同明陳耀文《天中記》卷一，出處〈易辨終備〉。
16/315	煌煌之耀，乾為之岡，合凝之類，坤握其方。雌雄呿近，六節搖通，萬物孚甲，日營始東。		見《困學紀聞》卷一引作〈易辨終備〉。
17/330	周爵五等：凡南面之君五者，法五行之剛日。凡北面之臣五者，法五行之柔日。 鄭注：是其總法五行也。分之則法五剛甲、丙、戊、庚、壬，其諸侯之臣法五柔乙、丁、己、辛、癸是也。	此文及鄭注皆是〈元命包〉，孫氏列入〈含文嘉〉誤也。 （13/1543）	「南面之君五者，法五行之剛日。北面之臣五者，法五行之柔日」，為《禮王制疏》文，孫氏增「周爵五等凡」字進行解說。「鄭注」以下，為《禮王制疏》引〈春秋元命包〉「周爵五等法五精」文之鄭玄注，《緯攟》小誤。
18/341	二皇三正，伏羲建寅，神農建丑，黃帝建子。至禹建寅，宗伏羲，商建丑，宗神農，周建子，宗黃帝，所謂正朔三而改也。		語見楊慎《升菴集》卷四十八「神農本草」，前有「考緯書謂。」《兩漢全書》僅作《古微書》卷十八。
19/361	春：斗為天關，軫為地梁。夏：角為天關，參為地梁。		出自《廣博物志》卷二，作〈禮斗威儀〉，第二個「天」作「北」。
20/391	先王制樂所以節百事。		《漢書・藝文志》十(卷三十)，《兩漢全書》考證《唐類函》卷九十六引作《樂緯》，當是。
21/406	春宮秋律，百卉必凋。秋宮春律，萬物必勞。夏宮冬律，雨雹必降。冬宮夏律，雷必發聲。	此文見應劭《風俗通》引劉韶〈鍾律書〉。 （13/1545）	應劭《風俗通義》卷六、《北史》卷七十二、《隋書》卷四十九、《太平御覽》卷五百六十五、《玉海》卷六、《冊府元龜》卷五百六十八、《天中記》卷六引劉韶（當為歆）

卷次/頁碼	讖緯本文	《緯攟》辨證(卷次/頁碼)	筆者考證
			〈鍾律書〉，然本條全同《丹鉛總錄》卷二十二，故孫氏引自此，《緯攟》誤。
21/407	天效以景，地效以響，律也。天有五音，所以司日，地有六律，所以司辰。	《丹鉛錄》二十二有此語未言及緯，孫氏摭作動聲儀亦妄也。上三句又見《後漢書・律曆志》。（13/1545）	(天效以景地效以響律也)出自《漢書・律曆志》(天有五音所以司日，地有六律所以司辰)出自《新唐書・曆志》。《丹鉛總錄》卷二十二、《升菴集》卷六十五併二文為一，孫氏抄此，《緯攟》為是。
22/419	君臣之義生於金，父子之仁生於木，兄弟之序生於火，夫婦之別生於水，朋友之信生於土。	愚按首句見《御覽》。（14/1560）	《御覽》卷八百十一作「〈樂說稽熠嘉〉曰：『君臣之義生於金』」，卷四百一十九作「〈樂嘉耀稽〉曰：『仁者有惻隱之心，本生於木。』」可參考下條輯錄緯文。本條應為孫氏湊合〈稽耀嘉〉與《孟子・滕文公》：「父子有親、君臣有義、夫婦有別、長幼有序、朋友有信」二文，並附以五行配五常，《緯攟》為是。
22/424	東方春，其音角，樂當宮於夾鍾，餘方各以其中律為宮。		《隋書・音樂志》下引〈樂稽耀嘉〉，「音」作「聲」。
23/438	少室之山巔亦有白玉膏，得服之即得仙道，世人不得上也。		郭璞《山海經傳》中山經第五云：「此山巔亦有白玉膏，得服之即得仙道，世人不能上也，〈時合神霧〉云。」
24/457	鄖國為結蝓之宿，營室之精也。		《丹鉛總錄》卷五作「〈詩緯推災度〉云。」

卷次/頁碼	讖緯本文	《緯攟》辨證(卷次/頁碼)	筆者考證
24/467	彗孛出箕，東夷有為亂者。		《觀象玩占》卷十一云：「彗孛出箕，若守東夷下濕臾，水軍將為亂」，本文前條末有「〈詩含神露〉曰」五字，孫氏當引此，誤置為〈汎歷樞〉文。
25/487	堯修壇河洛，擇良議沈。率舜等升首山，道河渚，五老游焉，相謂：「河圖將來」，告帝以期。		本文見《水經注》卷五，《路史》卷二十作〈論語讖考〉。孫氏當抄《路史》文。
27/513	又曰：大雪後玉衡指壬，冬至指癸，小寒指丑，大寒指艮，立春指寅，雨水指甲，驚蟄指卯，春分指乙，清明指辰，穀雨指巽，立夏指巳，小滿指丙，芒種指午，夏至指丁，小暑指未，大暑指坤，立秋指申，處暑指庚，白露指酉，秋分指辛，寒露指戌，霜降指乾，立冬指亥，小雪指壬。玉衡，北斗柄也。	存考（不詳出處）。（14/1560）	《歲時廣記》卷首引〈孝經緯〉，王當作子，《古微書》刊刻之誤。
27/516	伏羲氏畫地之制，凡天下山五千三百七十，居地五十六萬四千五十六里。出水者八千里，受水者八千里。出銅之山四百五十七，出鐵之山三千六百九。	（「盡」作「畫」，「九」下有「十」）此文分見張楫《博雅》〈釋地〉、〈釋山〉兩篇，羅泌《路史》乃合引之，皆未言是緯。（13/1548）	全文抄《路史》卷三十二，未言是緯。「出水者」之後文出《管子·地數篇》，乃管子言，非緯，《緯攟》為是。

卷次/ 頁碼	讖緯本文	《緯攟》辨證 (卷次/頁碼)	筆者考證
32/616	太行山天下之脊。		明人楊慎《丹鉛總錄》卷二、顧起元《說略》卷二作「〈河圖括地象〉云：『太行天下之脊。』」
32/622-623	河導崑崙山，名地首，上為權勢星，一曲也。東流千里，至規其山，名地契，上為距樓星，二曲也。祁南一作北流千里至積石山，名地肩，上為別符星，三曲也。邠南千里入隴首山間，抵龍門首，名地根，上為營室星，四曲也。龍門上為王良星，為天橋，神馬出河躍。南流千里，抵龍首，至卷重山，名地咽，上為卷舌星，五曲也。東流貫砥柱，觸閱流山，名地喉，上為樞星，以運七政，六曲也。西距卷重山，千里，東至雒會，名地神，上為紀星，七曲也。東流至大伾山，名地肱，上為輔星，八曲也。東流至絳水千里，至大陸，名地腹，上為虛星，九曲也。		《丹鉛總錄》卷二作〈河圖絳象〉，孫氏當引此。
32/624	邠之隩，上為扶桑，日所升。宣陸之阻，上為吳泉，月所登。		十萬卷樓叢書本《乙巳占》卷三引「〈圖緯降象河圖〉云」，「日」作「曰」，「升」作「陳」「泉」下注「或曰虞泉」。《丹鉛總錄》卷二、《秇林伐山》卷一、《升菴集》卷七十四引〈河圖緯象〉，《說略》卷三引〈河圖絳象〉，故應引用自《說略》。
33/636	大星流入月中無光，有兵	存考（不詳出	(太星流入月中無光有兵)《武經總

卷次/頁碼	讖緯本文	《緯攟》辨證(卷次/頁碼)	筆者考證
	死。又曰：使星入月，主失其地，若星入月中，無光將戮。	處）。(14/1561)	要》後集卷十七引〈河圖帝覽嬉〉，「太」作「大」。後「使星」以下，《觀象玩占》卷四云：「使星入月，女主疾，又曰君失地，又曰將軍戮死」，孫氏或併二者。
33/636	彗星在月，胡兵大起。	存考（不詳出處）。(14/1561)	《武經總要》後集卷十六引〈河圖帝覽嬉〉云：「彗星在月中兵大起」，《兩漢全書》引作《禮記‧月令正義》，誤。
33/636	彗出東方，河逆決，將相有謀。	存考（不詳出處）。(14/1561)	「東方」以下見《靈臺秘苑》卷十五「彗星」條下，未言是緯，《兩漢全書》引作《禮記‧月令正義》，誤。
33/637	月犯南斗，兵起國中。	存考（不詳出處）。(14/1561)	《觀象玩占》卷十一云：「月犯南斗，大臣誅大將反，近臣去，主凶。一曰將死。陳卓曰：風雨不時。兵起」，未言是緯，《兩漢全書》引作《禮記‧月令正義》，誤。孫氏或引自《觀象玩占》。
33/637	月犯心，有亂臣，王者惡之，又曰：宮中有亂。		《觀象玩占》卷十云：「月犯心，其國大臣憂，有大喪郄萌曰：大人憂。《海中占》曰：月犯心中星，天子惡之，宮中有亂。《乙巳占》曰：有內亂，宮中有逆臣」，未言是緯，《兩漢全書》引作《禮記‧月令正義》，誤。孫氏或參考《觀象玩占》，尚待考。
33/637	月暈胃，民多腹疾，貴臣死。若熒惑在胃中，則有兵。歲令在暈中，有德令。火入大微中留止，為兵火起。	存考（不詳出處）。(14/1561)	(民多腹疾貴臣死)《觀象玩占》卷十五引〈帝覽嬉〉。(熒惑在胃……有德令)《觀象玩占》卷十五云：「月暈胃，熒惑在其中，則有兵。歲星在其中，則有德令」，未言是緯。

卷次/頁碼	讖緯本文	《緯攟》辨證(卷次/頁碼)	筆者考證
			（火入大微……）《觀象玩占》卷二十云：「〈河圖帝覽嬉〉曰：火留止太微中為兵。」
33/653	帝文止二十八字，景刻于陽虛之石室，李斯止識八字曰：「上天垂命，皇辟迭王」，今已不可尋矣。	（虛作墟）（文止以下）此是《路史》文，非緯也。孫氏強連於「倉頡為帝」一條之下，攦作〈玉版〉，大誤。《通志》亦有此語，亦未指為〈玉版〉。（13/1554）	《路史》卷六載八字云：「李斯辨其八字云：上天作命，皇辟迭王」，《緯攟》為是。
34/655	古越俗祭防風神，奏防風古樂，截竹，長三尺，吹之如嘷，三人披髮而舞。	此文見《通志・禹紀》下案語。非緯也。（13/1554）	見《述異記》卷上，未言是緯，《緯攟》所言《通志》為雍正《浙江通志》，誤。
34/669	七月七日，取赤小豆，男吞一七，女吞二七，令人畢歲無病。又七月七日曬曝革裘，無蟲。又七月七日取烏雞血，和三月三日桃花末，塗面及遍身三二日，肌白如玉。		《太平御覽》卷三十一作〈龍魚河圖〉。

　　經上文檢視後，可發現，無論是守本或是《緯攟》，對於孫㲄《古微書》所收讖緯本文之出處未明者，均以「存而不論」的方式處理，以待後學考證，筆者也順此脈絡進行考證，而得出以上結果，以作為《古微書》引書出處考

證之補充。

　　然而，無論是守本或《緯攟》均存在一個現象，即針對《古微書》讖緯本文的出處考證工作，均有標注錯誤的情況發生，這對於探討《古微書》讖緯本文引書出處的考證，有著不利的影響，因此筆者在上文的基礎中，另外針對《古微書》內每條讖緯本文，進行地毯式考證。筆者所採用之方法，先以守本為底本，考證《古微書》讖緯本文出處是否與守本所標示之出處相合，若相合則不加贅述，但若有矛盾者，則討論其中差異，並追尋讖緯本文實際出處。此法除了以守本作為底本外，另外參考《緯攟》卷十三〈古微書訂誤〉的研究成果，經筆者交叉比對後，發現無論是守本或是〈古微書訂誤〉，兩者在《古微書》讖緯本文之考證上，均存在不同程度的錯謬，因此透過筆者反覆校對後，得出守本、《緯攟》在標示讖緯本文出處上，二者取其聯集，共出現 58 條謬誤，筆者以下略舉數例說明，以作為本節之成果介紹。

　　《古微書》讖緯本文出處考證上，比對守本及《緯攟》後發現，有些條目是守本考證出錯，有些則為《緯攟》之錯誤，但也有二者並誤之處，如《古微書》卷十四《易通卦驗》：「荔挺不出，則其國多火災」條，因此條並見於《易通卦驗》及《易統驗玄圖》中，因此引發討論。守本認為此條當為《易統驗玄圖》文，筆者比對清人殷元正《緯書》，乃輯錄自《顏氏家訓》，顧觀光《七緯拾遺・易緯通卦驗逸文》出處作《太平御覽》末卷，引《易統驗玄圖》文。喬松年《緯攟》本文中則輯錄自《五禮通考》二百。黃奭《通緯逸書考》出處作《顏氏家訓・書證篇》、《太平御覽》卷一千、《古微書》等。

　　守本在《易統驗玄圖》中，標注此條出自《御覽千百》，與顧觀光《七緯拾遺・易緯通卦驗逸文》相同，然筆者以為各家標注出處，或站在自身輯佚時所見之古本，或憑一己之推斷，均不足以作為孫瑴引用本條出處。喬松年所輯錄《五禮通考》乃清代書籍，非孫瑴參考書籍，固可不論。其餘各家，若非出自《太平御覽》，則出自《顏氏家訓・書證篇》，但凡引用《顏氏家訓・書證篇》者，均在同篇收錄同出於《顏氏家訓》中另一條《易統通卦驗玄圖》緯文「苦菜生於寒秋」條。然而，孫瑴《易統驗玄圖》並無收錄「苦菜生於

寒秋」條，且除此條之外，《古微書》並無引用《顏氏家訓》者，孤證不為證，因此推論孫㲄並無引用《顏氏家訓》。筆者認為，孫㲄輯錄本條，並同時互見於《易通卦驗》與《易統驗玄圖》中，乃因同時參考《太平御覽》與楊慎《升菴集》兩者，《太平御覽》引此文作《易統驗玄圖》，無「其」字，《升菴集》卷四十四收錄此文，孫㲄與之全同，孫㲄輯佚《古微書》時多次引用楊慎著作，故孫㲄本文當引自此書。然而，《升菴集》本文出處作《易通卦驗玄圖》，《太平御覽》出處則作《易統驗玄圖》，孫㲄當是參酌兩書，為求其全，於《易通卦驗》及《易統驗玄圖》中互見此文。

以上所述是守本、《緯攟》並誤的情形，若單純為守本之誤者，如《古微書》卷十五《易坤靈圖》：「伏羲立九部，而民易理，蓋九州之始也」條，守本以為出自《路史太昊紀注》，並云「按下一句乃羅氏語，非易緯本文，《御覽》七十八引此文亦無下一句」，然《廣博物志》卷五載此文作「伏羲立九部，而民易理易卦坤靈圖，蓋九州之始也」[20]，孫㲄所錄之文與《廣博物志》幾近全同，僅「蓋九州」前有「易卦坤靈圖」字樣，本文其他各本出處均不作《易坤靈圖》，僅此處標示，孫㲄當引用自《廣博物志》卷五無疑。

另外，守本不誤而《緯攟》錯誤者，則筆者以守本為底本，進而探討讖緯本文出處之其他可能，如《古微書》卷七《春秋元命包》載「古司怪主卜司怪星名，近觜星」一條，守本出處作「《初學記二十》」，然《緯攟》認為「此語見《路史・後紀三注》內，未言是緯」，經筆者考證，古籍之中除《初學記》外，另有《記纂淵海》卷八十七、《事文類聚前集》卷三十八、《天中記》卷四十、《廣博物志》卷二十二等《古微書》常參考書籍，收錄本文，且出處作〈春秋元命包〉，因此筆者推斷守本為是，《緯攟》為誤。

經由上文討論，可知守本、《緯攟》之錯誤共有三種型態，然而除以上三種之外，守本與《緯攟》考證出處時，均犯了一個共同的錯誤，即「以今律古」之謬，如守本考證孫㲄《古微書》引書出處時，竟參考《開元占經》，然

---

[20] 見明・董斯張：《廣博物志》卷五，收錄於《中國基本古籍庫》。

孫瑴並未見《開元占經》，而《緯攟》考證孫瑴引書出處謬誤時，也同時引用清代書籍《格致鏡原》，這是沒有考量孫瑴所處時代背景所犯的錯誤。

　　經上述討論，以下〈表二〉中，羅列筆者考證 58 條守本及《緯攟》出處謬誤之討論，以作為本節之成果展示。凡表中所標示之卷數及頁碼，均以守山閣叢書本《古微書》為準，表列如下：

表二　守本、《緯攟》出處謬誤考證表

卷數/頁碼	原書條目（守本）	守本出處	緯攟出處（卷次/頁碼）	筆者校記
1/6	二十八宿之外，各有萬五千里，是為四游之極，謂之四表。	語見《禮月令疏》	此亦是《孔疏》，非〈考靈曜〉本文，《天中記》、《唐類函》及孫氏皆引作考〈靈曜〉，誤也。（13/1537）	非緯文，比對文字，孫氏當引用自《天中記》卷一，守本出處誤。
5/89	禹理洪水，觀於河，見白面長人魚身，出曰：「吾河精也。」授禹河圖而還於淵。	語見《水經河水注》	此是《水經注》。（13/1538）	語見《水經注》卷五，「理」作「治」，未言是緯。然《太平御覽》卷八百七十二云：「〈尚書中候〉曰：『堯使禹治水，禹辭天地重功，帝欽擇人。帝曰：出爾命圖，爾乃天。禹臨河觀，有白面長人魚身，出曰：吾河精也，表曰文命治滔水，臣河

卷數/頁碼	原書條目（守本）	守本出處	緯攟出處（卷次/頁碼）	筆者校記
				圖去入淵。』」孫氏或據此以為〈中候〉之文。《天中記》卷九引此文作〈中候〉，孫氏當引自此，守本、《緯攟》出處並誤。
5/93	契後十三世生主癸，主癸之妃曰扶都，見白氣貫月意感，以乙日生湯，號天乙。	無出處	（契作桀）此文是《宋書·符瑞志》，無「桀」字，以文論之，當作「契後十三世」，孫氏作桀，疏舛甚矣。（13/1538）	語出《宋書·符瑞志》，「契」作「商」，未言是緯。《天中記》卷十二文全同，當抄於此，然引作〈河圖〉。守本、四庫本作「契」，《緯攟》出處誤。
5/95	紂末年雨石，皆大如甕。	無出處	鄭漁滐《通志》七十四災祥類內，羅長源《路史》，發揮石類皆有此語，皆未言是緯。（13/1538）	文全同《廣博物志》卷三，作〈尚書中候〉，《緯攟》出處誤。
5/98	文王廢考立發為太子	《白虎通·爵篇》。按此句已見上條中。		孫氏引用《御覽》卷百四十六，出處〈尚書中候〉，守本出處誤。

卷數/頁碼	原書條目（守本）	守本出處	緯攟出處（卷次/頁碼）	筆者校記
5/98	文王曰：我終之後，恒稱太子。**河洛復告、尊朕稱王** 原刻脫此八字，今校增。	《詩文王疏》以為〈中候我應篇〉		孫氏引用《御覽》卷百四十六，出處作〈尚書中候〉，守本出處誤。
5/101	周公旦即攝七年，鸞鳳見，蓂莢生，青龍銜甲，元龜背書。	此〈中候摘洛戒〉文，又見後		《廣博物志》卷四十九作〈尚書中候〉，孫氏當引此書，守本出處誤。
6/115	乂土造之而未遂，武王遂之而未成，周公旦總少主而成之，故曰成王。	《類聚》十二「總」作「抱」	語見《呂氏春秋‧下賢篇》，禾言是緯。《唐類函》引作〈元命包〉無據，孫氏之誤亦同。（13/1539）	《呂氏春秋》卷十五下賢篇，未言是緯。《藝文類聚》卷十二引此文做〈春秋元命苞〉，孫氏當引此書，守本為是，《緯攟》出處誤。
6/117	神農生三辰而能言，五日而能行，七朝而齒具，三歲而知稼穡般戲之事。	語見《路史‧炎帝紀》		《廣博物志》卷九出處作〈元命包〉，守本出處誤。
6/122	王者置廷尉讞疑，刑者官之平，下之信也。尉者尉民心，撫其實也。	《說郛》		（王者置廷尉…不可無死也）《職官分紀》卷十九作

卷數/頁碼	原書條目（守本）	守本出處	緯攟出處（卷次/頁碼）	筆者校記
	安立字，士垂一人，詰屈折著為廷尉，「示」戴「尸」首以「寸」者，為言寸度治法數之分，示惟尸稽於寸舍，則法有分，故為尉，「示」與「尸」、「寸」宋均注曰：士，事也。垂，係也。尸，人死也。人死不可無，乃戴之者，示天下不可無死也。			〈春秋元命苞〉，《天中記》卷三十三作〈春秋元命包〉，孫氏當引此書，守本以為出處為《說郛》，誤。「尉」字據《兩漢全書》補，「惟」《兩漢全書》作「帷」，「寸」作「十」。
7/138	立三台以為三公，北斗九星為九卿，二十七大夫內宿部衛之列，八十一紀以為元士，凡百二十官焉，下應十二子。	桓八年《公羊傳疏》引《春秋》說	《周禮・匠人營國疏》引此文作〈孝經援神契〉，已入彼卷，孫氏列入〈元命包〉誤也。（13/1539）	《緯攟》以為此文引自《周禮》，經比對文字，《緯攟》出處當誤，守本為是。（引《春秋》說，而未指為〈春秋元命包〉）
7/142	古司怪主卜司怪星名，近觜星。	《初學記》二十	此語見《路史・後紀三注》內，未言是緯。（13/1539）	《初學記》卷二十、《記纂淵海》卷八十七、《事文類聚前集》卷三十八、《天中記》卷四十、《廣博物志》卷二十二引本文作〈春秋元命包〉文，

卷數/頁碼	原書條目（守本）	守本出處	緯攟出處（卷次/頁碼）	筆者校記
				守本為是，《緯攟》出處誤。
8/154	孟子生時，其母夢神人乘雲自泰山來，將止於嶧。母凝視久之，忽片雲墜而寤，時閭巷皆見有五色雲覆孟子之居焉。	語見《拾遺記》及《宋書·符瑞志》	《天中記》有此義，未言是緯。（13/1539）	見明《岱史》卷二引《通志》說，《天中記》卷三十九、《廣博物志》卷十四，《緯攟》出處是，守本出處誤。
8/157	赤帝之為人視之豐，長八尺七寸《初學記》九，《路史·陶唐紀注》豐下兌上，龍顏日角，八采三眸，鳥庭荷勝，琦表射出，握嘉履翌，鞶息洞通語見《路史·陶唐紀注》。		（「伏羲」「赤帝」）此兩條皆是《路史》語，非引緯，因其下皆別有引〈合誠圖〉他義，孫氏遂并此，亦攟作〈合誠圖〉，大誤。（《緯攟》以為本條唯「赤帝之為人視之豐長八尺七」為合誠圖語），此赤帝謂堯，非神農。（13/1539）	全文抄自《廣博物志》卷二十五，因《初學記》將「赤帝……七寸」出處作〈春秋合誠圖〉，故孫㲄以為《廣博物志》所錄均是，實則「豐下……」非緯文，守本、《緯攟》出處並誤。
9/181	黃金千歲生黃龍，青金千歲生青龍，赤金千歲生赤龍，白金千歲生白龍，玄金千歲生玄龍。	此條又見〈河圖挺佐輔〉篇	《初學記》引此文作〈河圖〉。（13/1540）	《藝文類聚》卷九十六、《初學記》卷三十、《太平御覽》卷九百二十九並作〈河圖〉，然

卷數/頁碼	原書條目（守本）	守本出處	緯攟出處（卷次/頁碼）	筆者校記
				《御覽》於此條前云「〈春秋運斗樞〉同」，再接「又云」二字，故孫瑴取自《太平御覽》可證。守本云「又見〈河圖挺佐輔〉篇」誤，當為〈河圖握矩記〉。
11/227	孔子曰：德合元者稱皇，皇象元逍遥術無文字，德明諡，合天者稱帝。河洛受瑞，可放仁義，合者稱王，符瑞應，天下歸往。	此條見成公八年《公羊傳注》惟「孔子曰：皇象元逍遙術無文字，德明諡」十五字為《春秋》說文，餘皆何休語也。孫氏并取之誤。	此文見《公羊傳何休注》，「孔子曰」三字在「皇象元」之上，「皇象元」至「明諡」十二字，正義解作《春秋》說文，未指為說題辭。其「德合元者稱皇」一句，及「合天者稱帝」以下各句，皆何休之語，孫氏將「孔子曰」三字移於「德合元者稱皇」之上，並指為緯文，大誤。（13/1541）	此文全出自《天中記》卷十一，然文稱「公羊成公八年傳註疏春秋說」，非緯文，守本、《緯攟》出處並誤。
12/241	江充之害，其萌反舌鳥入殿一作保乾曜篇。	《類聚》九十二、《御覽》九百二十三	《御覽》引此文作〈保乾圖〉。（13/1540）	《玉燭寶典》卷五作〈春秋保乾圖〉、《藝文類聚》卷九十二、《天中記》卷五十九作春秋保乾、《廣博物志》卷四十五作《春秋保乾

卷數/頁碼	原書條目（守本）	守本出處	緯攟出處（卷次/頁碼）	筆者校記
				曜》，與孫轂所收最近，故孫氏必引用《廣博物志》，守本、《緯攟》出處並誤。
12/243	神農地過日月之表。	語見《帝王世紀》		《升菴集》卷四十二引《春秋緯》，守本出處誤。
13/262	桀無道，地吐黃霧此句已見〈尚書中候〉篇。夏隕霜，冬下露《御覽》十四又八百七十八、《路史·夏后紀注》。			守本出處誤，全文抄《廣博物志》卷三，注曰：「〈命歷序〉以下霧」，孫氏誤將上文併為〈命歷序〉文。
14/270	春分明庶風至，雷雨行，桃始華《類聚》三、《書鈔》百五十五。立夏清明風至，暑鵲鳴，播谷飛。電見，龍升天宋均注：龍，心星名。《初學記》三。夏至景風至，蟬始鳴，螳蜋生，鹿角解，木槿榮。夏至、小暑蝦蟆無聲《初學記》三、《御			由「立夏清明風至暑，鵲鳴，播谷飛，電見，龍升天」，對照武英殿本《易緯》八種，可知文字不同，武英殿本作「立夏，清明風至而暑，鵲聲蜚，電見早出，龍

卷數/ 頁碼	原書條目 （守本）	守本出處	緯攟出處 （卷次/頁碼）	筆者校記
	覽》廿三、又《禮月令疏》。立秋涼風至，白露下。秋分摯鳥擊，玄鳥歸。立秋日腐草化為螢《初學記》三又三十、《御覽》十二又二十五。立冬不周風至，水始冰，薺麥生，雀入水為蛤《類聚》三、《御覽》二十八。十一月廣莫風至，則蘭射干生，麋角解《後漢書陳寵傳注》、《書鈔》百五十六、《御覽》九百八十三又九百二十二。			升天」，孫氏收此條文字全同《初學記》，故孫氏收自《初學記》無疑，守本需釐清。
14/275	冬至之日，立八神，樹八尺之表。日中視其晷，晷如度者其歲美，人民和順，晷不如度者則歲惡，人民多譌言，政令為之不平。晷進則水，晷退則旱，進一尺則日食，退一尺則月食。月食則正臣下之行，日食則正人主之道。	《周禮馮相氏疏》、《續漢書律曆志注》、《御覽》四又二十八		考守本三書均誤，孫氏引文，見《天中記》卷五、《廣博物志》卷四，文字僅差一「者」字最接近，守本出處均誤。
14/281	荔挺不出，則其國多火災。	此〈易統驗玄圖〉文，又見後。（四	此文見〈通卦驗〉，孫氏立〈驗玄圖〉之名，只列此一條，妄也。（四庫本無〈易統驗玄圖〉）	語出《顏氏家訓》卷下作「〈易統通卦

卷數/頁碼	原書條目（守本）	守本出處	緯攟出處（卷次/頁碼）	筆者校記
		庫本無易統驗玄圖，守本置於易通統圖後）	（13/1542）	驗玄圖〉云：『荔挺不出，則國多火災』」，《升菴集》卷四十四無「統」字，孫氏並取二題，無妄。《御覽》卷一千錄此文，出處作〈易統驗玄圖〉，筆者以為孫氏參考自《升菴集》，因《顏氏家訓》另條〈通卦驗玄圖〉：「苦菜生於寒秋」孫氏未輯(《升菴集》亦無)，《升菴集》孫氏卻多次引用，守本、《緯攟》出處並誤。
15/295	天地成位，君臣道生，粵有天皇《周禮疏序》、《路史天皇紀注》並以為〈通卦驗〉文。天皇氏之先，與乾曜合元，君有五期，輔有三名宋均注：君之用事，五行更王			「天地成位…輔有三名」，趙氏《七緯》文小異，以為本文為〈通卦驗〉文。「地皇出於……」文抄《廣博物志》

卷數/頁碼	原書條目（守本）	守本出處	緯攟出處（卷次/頁碼）	筆者校記
	者，亦有五期、三輔、公、卿、大夫也。《周禮疏序》、《禮記疏序》、《路史・天皇紀注》並以為〈通卦驗〉文。地皇出於熊耳、龍門之嶽，人皇出於刑馬山、提地之國《類聚》十一以為〈遁甲開山圖〉文。			卷七，僅「熊」作「雄」，出處作〈易緯通卦驗〉，與守本不同，由此推知孫瑴引用《廣博物志》，守本出處誤。
15/296	伏羲立九部而民易理，蓋九州之始也。	《路史・太昊紀注》，按下一句乃羅氏語，非《易緯》本文，《御覽》七十八引此文亦無下一句		《七緯拾遺》出處同守本。《廣博物志》卷五錄此文，孫瑴當引用自此。，守本出處誤
15/299	正其本，萬事理，差之毫釐，謬以千里，故君子必謹其始。	《大戴禮保傅篇》引〈易說〉		語見《漢書》卷六十五〈東方朔傳〉，經比對，文全抄楊慎《古音略例》，出處作〈逸易〉，守本出處誤。
16/303	龜取生數一、三、五、七、九，筮取成數二、四、六、八、十。	語見《周禮校人疏》	此文見《丹鉛錄》二十二，是楊升菴之語，謂〈河圖〉之意如此，非引〈河圖〉之文，孫氏乃造一〈易河圖數〉之名而摭此條以實之，妄甚。	考《周禮校人疏》生數為一、二、三、四、五，成數為六、七、

卷數/頁碼	原書條目（守本）	守本出處	緯攟出處（卷次/頁碼）	筆者校記
			（13/1542）	八、九、十，守本出處誤。文全抄楊慎《升菴集》卷六十五、《丹鉛總錄》卷二十二，《緯攟》為是，守本出處誤。
16/303	東方、南方生長之方，故七為少陽，八為少陰。西方、北方成熟之方，故九為老陽，六為老陰。	語見《周禮校人疏》	此文亦見《丹鉛錄》，亦是升菴解說〈河圖〉之語。（13/1542）	見《周禮校人疏》文，非緯文，《丹鉛總錄》卷二、《升菴集》卷四十二文後云：「皆本於〈河圖〉也」，孫氏當據楊慎之說輯錄，《緯攟》為是，守本出處誤。
13/315	人君不好士，走馬被文繡，犬狼食人食，則有六畜談言。	《宋書・五行志》「談」作「妖」		當為《晉書・五行志》，《晉書》作「談言」，守本出處誤。
18/346	古者以五靈配五方，龍，木也；鳳，火也；麟，土也；白虎，金也；神龜，水也。其五行	此《昭廿九年傳疏》引左氏說，非緯文。	此文見《左傳》昭二十年疏，謂是漢先儒所說，未言是緯，且無爇、炪、北、潨、液五字，而本文作視明禮脩而麟至，貌恭體仁則鳳凰來，禮運疏所引	筆者比對文字，文全同楊慎《丹鉛總錄》卷二，《緯攟》為是，守

卷數/頁碼	原書條目（守本）	守本出處	緯攟出處（卷次/頁碼）	筆者校記
	之序，則木爇生火，火炪生土，土卅生金，金澤生水，水液生木。五者修其母則致其子，水官修，龍至。木官修，鳳至。火官修，麟至。土官修，白虎至。金官修，神龜至。故曰：視明禮修，麒麟來；游思睿信立，白虎馴擾；言從文成，而神龜在沼；聽聰正知，而名川出龍；貌恭體仁，鳳凰鳴桐。		正同。楊升菴《丹鉛錄》引此文，乃增爇、炪、卅、澤、液五字，又改麟至為來游，鳳皇來為栖桐以為叶韻。升菴好異，往往竄改古書，然亦未指為緯。（13/1544）	本出處誤。(丹鉛「毋」作「母」，「擾」作「優」)
19/361	玉衡北兩星為玉繩。玉之為言溝刻也，瑕而不掩，折而不傷此條已見〈春秋元命包〉篇。春：斗為天關，軫為地梁。夏：角為天關，參為地梁無出處。			二條全出自《廣博物志》卷二，出處作〈禮斗威儀〉，第二個「天」作「北」。
20/384-385-386	夫聖人之作樂，不可以自娛也。所以觀得失之效者也。故聖人不取備於一人，必從八能之士，故撞鐘者當知鐘，擊鼓者當知	《續漢書·禮儀志注》	此文見《丹鉛錄》二十三，先引〈叶圖徵〉「宮為君」一段，其終有「陰樂以成天文作，陽樂以成地理」之語，〈叶圖徵〉之語畢矣。以《後漢書·禮儀志》所引證之可見也。升菴於其末綴此兩句，蓋以己意釋陽	筆者比對文字，孫氏當併《漢書》、《丹鉛總錄》語，《緯攟》為是，守本出處誤。

卷數/頁碼	原書條目（守本）	守本出處	緯攟出處（卷次/頁碼）	筆者校記
	鼓，吹管者當知管，吹竽者當知竽，擊磬者當知磬，鼓琴者當知琴，故八士曰：或調陰陽，或調律歷，或調五音，故撞鐘者以知法度，鼓琴者以知四海，擊磬者以知民事。鐘音調則君道得，君道得則黃鍾、蕤賓之律應。君道不得，則鐘音不調，鐘音不調則黃鐘、蕤賓之律不應。鼓音調則臣道得，臣道得則太簇之律應。管音調則律歷正，律歷正則夷則之律應。磬音調則民道得，民道得則林鍾之律應。竽音調則法度得，法度得則無射之律應。琴音調則四海合歲氣，百川以合德，鬼神之道行。祭祀之道得，如此則姑洗之律應。五樂皆得，則應鍾之律應，天地以和。氣至則和氣應，和氣不至，則天地和氣不應。鐘		樂陰樂，如作注然，孫氏不查，鈔《丹鉛錄》入緯，遂併此兩語，鈔作正文，大誤。（13/1546）	

卷數/頁碼	原書條目（守本）	守本出處	緯攟出處（卷次/頁碼）	筆者校記
	音調，下臣以法賀主。鼓音調，主以法賀臣。磬音調，主以德施於百姓。琴音調，主以德及四海。八能之士，常以日冬至成天文，日夏至成地理。作陰樂以成天文，作陽樂以成地理，陽樂黃鍾也，陰樂蕤賓也。			
21/401	宮唱而商和是謂善，太平之樂。角從宮，是謂衰世之樂，羽從宮，往而不返，是謂悲，亡國之樂也。應相生，應即為和，不相生，應則為亂也。孔子歌云：「違山十里，蟪蛄之聲，猶尚在耳。政尚靜而惡譁也」語見《續博物志》。頌者王道太平，功成治定而作也《書鈔》百二。	（「應相生應」作「音相生應」）《禮‧樂記疏》、《隋書‧音樂志》	（作「音相生應」）此是《樂記疏》中孔穎達語，孫氏連上文，認作〈動聲儀〉，誤也（13/1545）	此文連上文，楊慎《丹鉛總錄》卷二十三、《升菴集》卷四十四併為一條，出處作〈動聲儀〉，孫氏當取自此，守本出處誤。經文字比對，孫氏本文當抄自馮惟訥《古詩紀》卷一，出處作〈詩含神霧〉，守本出處誤。
24/456	契母有娀浴於玄丘之水，睇玄鳥銜卵，過而墜之，契母得而吞之，遂生	《史記‧三代世表》，褚先生引詩傳文小異		全抄自《丹鉛總錄》卷十七、《升菴集》卷四十二，守

卷數/頁碼	原書條目（守本）	守本出處	緯攟出處（卷次/頁碼）	筆者校記
	契。			本出處誤。
24/467	箕為天口，主出氣。尾為逃臣，賢者叛。十二諸侯列於庭《史記·天官書索隱》、《御覽》一又五。彗孛出箕，東夷有為亂者無出處。			（慧孛……）見《觀象玩占》卷十一云：「彗孛出箕，若守東夷下濕呉，水軍將為亂」，本文前條末有「〈詩含神露〉曰」五字，孫氏或引此，誤置為〈汎歷樞〉文。
25/472	又堯在位七十年，將以天下禪舜，乃潔齊修壇場于河雒，率舜等升首山，遵河渚，有五老游焉，蓋五星之精，相謂曰：「〈河圖〉將浮于是，龍銜玉苞，刻版題命可卷，金泥玉檢封書成，知我者重瞳黃姚」，視五老飛為流星，上入昴。	《文選·宣德皇后令注》	此文見《宋書·符瑞志》，固是采之於緯，而未可指為〈比考〉也。（13/1546）	見《天中記》卷十二，出處作「《宋書》，〈比考讖〉互見星門」，孫氏當抄《天中記》，《天中記》「精」下有「也」，無「于是」，作「飛流星上上入昴。」守本、《緯攟》出處並誤。
25/474	殷惑妲己，玉馬走宋均曰：女妲己有美色也。玉馬，喻賢臣奔去也。任昉牋云：	（兆作去）《文選·勸進今上牋注》	此是孫氏注語，當明引任昉〈勸進牋〉，乃用「牋云」二字連於宋均之注下，似任昉為緯作牋，如鄭康成之牋詩者疏謬。	文全抄自《天中記》卷十一(喪作表，兆作去)，非孫氏注

卷數/頁碼	原書條目（守本）	守本出處	緯攟出處（卷次/頁碼）	筆者校記
	玉馬駿奔，喪微子之兆。		（13/1546）	語，守本、《緯攟》出處並誤。
25/484	孔子讀易，韋編三絕，鐵摘三折，漆書三滅。	《御覽》六百十六誤以為《史記》文		考本文，明萬曆刻本《天中記》卷三十七作《論證讖》（當為《論語讖》）、楊慎《古音略例》作論語讖，故當出自《古音略例》，守本出處誤。
26/493	仲尼素王，以顏淵為司徒，子貢為司空御覽二百七。又左丘明為素臣。語見杜預〈左傳集解序〉。			「仲尼」至「司空」，文全同《廣博物志》卷二十，守本出處誤。
27/526	元氣混沌，孝在其中，天子孝，天龍負圖，地龜出書，妖孽消滅，景雲出游《類聚》一又九十八、《御覽》一又四百十一並以為〈孝經左契〉文。庶人孝則澤林茂，浮珍舒，怪草秀，水出神魚《初學記》十七、《御覽》四百十一。		（元氣……出游）此文是〈孝經左契〉。（13/1548）	全文抄《初學記》卷十七或《天中記》卷二十四，出處作〈孝經援神契〉，守本、《緯攟》出處並誤。

卷數/頁碼	原書條目（守本）	守本出處	緯攟出處（卷次/頁碼）	筆者校記
29/561 -562	魯哀公十四年，孔子夜夢三槐之間，豐沛之邦，有赤烟氣起。乃呼顏淵、子夏往視之，驅車到楚西北范氏街，見芻兒摘麟，傷其左前足，薪而覆之。孔子曰：「兒來，汝姓為誰？」兒曰：「吾姓為赤誦，名子喬，字受紀。」孔子曰：「汝豈有所見耶？」兒曰：「見一禽巨如羔羊，頭上有角，其末有肉。」孔子曰：「天下已有主也，為赤劉，陳項為輔，五星入井從歲星。」兒發薪下麟示孔子，孔子趨而往，麟蒙其耳，吐三卷圖，廣三寸長八寸，每卷二十四字，其言：「赤劉當起曰周亡，赤氣起，火燿興，玄丘致命帝卯金。」	語見《宋書·符瑞志》、又〈隸釋史晨碑〉引末七字以為〈援神契〉文與孫氏合	（禽作獸，興作與）此文當入〈右契〉。（13/1549）	干寶《搜神記》卷八、《宋書·符瑞志》或引《搜神記》，均未言是緯。然〈史晨碑〉中有「《孝經援神契》曰：玄丘制命，帝卯行」一文，但《文選》卷四十八引此文作〈春秋演孔圖〉，《廣博物志》卷四十六引此文略異，出處作〈孝經援神契〉，筆者推斷，孫氏參考《宋書》、〈史晨碑〉、《廣博物志》三文，斷定為〈孝經援神契〉。
30/579	堯夢乘青龍上泰山，舜夢擊鼓，桀夢黑風破其宮，紂夢大雷擊其首。	《白帖》二十三以為《夢書》文	此文見《天中記》引作《夢書》，未言是緯。（13/1549）	全文抄《廣博物志》卷十，守本、《緯攟》出處並誤。

卷數/頁碼	原書條目（守本）	守本出處	緯攟出處（卷次/頁碼）	筆者校記
32/616	巛德布精，上為眾星後漢書光武紀注御覽七。河精上為天漢《詩小雅大東疏》、《大雅·雲漢疏》、《史記天官書索隱》、《文選·魏文帝雜詩注》		（川作巛，為下有列）《御覽》引此文，但作〈河圖〉，未指為〈括地象〉。（13/1550）	文全抄《天中記》卷二，出處作〈河圖括地象〉，守本、《緯攟》出處並誤。
32/618	黃河出崑崙東北角剛山，東以北行千里，折西而行，至蒲山。南流千里，至文山。東流千里，至秦澤。西流千里，至潘澤陵門。東北流千里，至華山之陰。東流千里，至於植雍。南流千里，至於下津。然河水九曲，其長九千里，入於渤海。《水經注》：「黃河百里一小曲，千里一曲一直。」	《初學記》六引〈河圖〉無「至文山」以下二十四字，似於水道為合。又「植雍」下，「南」作「北」，「下津」下無「然」字與〈絳象篇〉同。		經比對，當出自《玉海》卷二十，引作「河始闓圖」，守本出處誤。
32/625-626	太湖中洞庭山，林屋洞天即禹藏真文之所，一名包山。吳王闔閭登包山之上，命龍威丈人入包山，得書一卷，凡一百七十四字而還。吳王不識，使問仲尼，詭云：「赤烏啣書以	塗去出處	此文雜取〈甄正論〉、《吳越春秋》、《越絕書》、《靈寶要略》成之，孫氏妄作無疑。〈甄正論〉見《天中記》。（13/1550-1551）	文全出自楊慎《山海經補注》，可上溯元趙道一《歷世真仙體道通鑑》卷二(真行子)，未言是緯，《緯攟》出處誤。

卷數/頁碼	原書條目（守本）	守本出處	緯攟出處（卷次/頁碼）	筆者校記
	授王。」仲尼曰：「昔吾遊西海之上，聞童謠曰：『吳王出遊觀震湖，龍威丈人名隱居，北上包山入靈墟，乃造洞庭竊禹書。天帝大文不可舒，此文長傳六百初，今強取出喪國廬。』丘按謠言，乃龍威丈人洞中得之，赤鳥所啣，非丘所知也。」吳王懼，乃復歸其書。			
33/635	月未當望而望，是謂從兵，宜攻他人。月當望而不望，攻他人者有殃，所宿之國亡地。	《占經》十一		常為《觀象玩占》卷三，孫氏未見《開元占經》，守本出處誤。
33/635-636	月暈而珥六十日，兵起。不暈而珥，人主有喜，兵在外亦喜原刻「人主」二字誤作「全字」亦誤作「面」，並依《占經》改正。月不暈，有四璚者，臣有謀不成。月暈三重，天下受兵。赤雲貫之，其下亡地。月暈四重，其下亡國，凶。月暈			(月暈而珥……謀不成)出處見《武經總要後集》卷十六太陰占（月暈三重……其下亡地）〈天元玉曆祥瑞賦〉引《宋志》，《武經總要》引〈河圖帝覽嬉〉作「暈三重主

卷數/頁碼	原書條目（守本）	守本出處	緯攟出處（卷次/頁碼）	筆者校記
	六重，其下亡國。月暈九重，其下兵起流亡。五月中暈有九重以上者，道上有熱死人，地將動。月犯太白《占經》「犯」作「暈」，其野受兵，戰不勝。又云：所守之國兵起。月暈太白，與日共其分，主憂。星出月陰，負海國勝。列星貫月，陰國可伐《占經》十二、又十三又十五。			兵」，孫氏或合二者。（月暈四重，其下亡國）出處見《武經總要後集》卷十六〈太陰占〉。（月暈六重其下亡國）當為孫氏筆誤，見《武經總要後集》卷十六〈太陰占〉。（月暈九重其下兵起流亡）出處見《武經總要後集》卷十六〈太陰占〉。（月犯太白……國兵起）見《武經總要後集》卷十六〈太陰占〉，「犯」作「暈」。（星出月陰負海國勝）見《觀象玩占》卷二引〈河圖〉。（星貫月陰國可伐）見《武經總要後集》卷十六，守本出處

卷數/頁碼	原書條目（守本）	守本出處	緯攟出處（卷次/頁碼）	筆者校記
				誤。
33/637	月食從上始，謂之失國，國君當之。從旁始謂之失令，相當之。從下始謂之失律，將軍當之。	《占經》十七「失」國作「失道」		文見《觀象玩占》卷三〈月食占〉，守本出處誤。
33/637	從上下始謂之赤子，食其陰為女，其陽為男。	《占經》十七引「從上始為君親，從下始為赤子」，此首句有脫文		見《觀象玩占》卷三〈月食占〉，「子」下有「食」，守本出處誤。
33/637	月行南河，兵旱並起，男子喪。	《占經》十四		孫氏或參考自《乙巳占》卷二，「南河」作「南戒之南」，「男子」後有「多」，守本出處誤。
33/637	月犯太白，強侯作亂，以戰不勝。	《占經》十二		見《武經總要後集》卷十六「亂」作「難」，守本出處誤。
33/637	月暈辰星，春夏民有寒熱疾；秋，兵起；冬，其下並憂。	《占經》十五		此是《靈臺秘苑》卷八語，無秋字，「並」作「主」，守本出處誤。
33/639	〈錄圖〉曰：「潭	《文心雕	此文見《文心雕龍‧封禪篇》，	見《玉海》卷

卷數/ 頁碼	原書條目 （守本）	守本出處	緯攟出處 （卷次/頁碼）	筆者校記
	渾噩噩，棼棼雉雉，萬物盡化。」	龍・封禪篇〉	明著〈錄圖〉，未定為〈挺佐輔〉。（13/1552）	百九十六，本文前有「風后受〈河圖〉」，孫當據此引為〈河圖〉文，守本、《緯攟》出處並誤。
33/650	勾金之壇，其間有陵，兵病不起，洪波不登〈真誥〉十一「起」作「往」。又曰：乃有地脉真誥作「地」，土良水清。勾曲之山，金壇之陵此四句又見《御覽》百七十，可以度世，上昇曲城〈要元篇〉蓋漢世緯書，《後漢書志註》不載其目，今見《茅山志》。〈真誥〉十一以為〈河圖內元經〉文。			（勾金之壇……茅山志）文全引《廣博物志》卷五，出處作〈河圖要元篇〉，守本出處誤。
33/651	秦王政以白璧沉河，有黑頭公從河出，謂政曰：「祖龍來授天寶開」，中有尺二玉牘。	《初學記》六、《御覽》八百六	（無玉字）《御覽》八百六引此文作〈河圖天靈〉。（13/1554）	全文抄《事類賦》卷七，引〈河圖考靈耀〉，守本、《緯攟》出處並誤。
33/653	倉頡為帝，南巡登陽虛之山，臨于玄扈洛汭之水。靈龜		（虛作墟）（文止以下）此是《路史》文，非緯也。孫氏強連於「倉頡為帝」一條之下，	文見《皇霸文紀》卷一云：「〈河圖玉

卷數/頁碼	原書條目（守本）	守本出處	緯攟出處（卷次/頁碼）	筆者校記
	負書，丹甲青文以授之《水經洛水注》。帝文止二十八字，景刻于陽虛之石室，李斯止識八字曰：「上天垂命，皇辟迭王」，今已不可尋矣無出處。		攟作〈玉版〉大誤。《通志》亦有此語，亦未指為〈玉版〉。（13/1554）	版〉云：倉頡為帝，南巡登陽虛之山，臨于玄扈，洛汭之水，靈龜負書，丹甲青文，以授之。文（木足）二十八字，景刻于陽虛之石室，李斯只識八字」，又《路史》卷六載八字云：「李斯辨其八字云：上天作命，皇辟迭王」，孫氏當綜合《皇霸文紀》、《路史》文而成，守本、《緯攟》出處並誤。
34/658	少室山其上有白玉骨，一服即仙矣。	《山海經·西山經注》	《格致鏡原》引此文但作〈河圖〉，未指為〈玉版〉。（13/1555）	見郭璞《山海經傳·西山經》第二云：「〈河圖玉版〉曰：『少室山其上有白玉膏，一服即仙矣』」，守本為是，《格致鏡原》為清代書

卷數/頁碼	原書條目（守本）	守本出處	緯攟出處（卷次/頁碼）	筆者校記
				籍，孫氏未見，《緯攟》出處誤。

三、《古微書》讖緯原文引書統計

　　經上文分析比對孫瑴《古微書》撰書凡例及針對守本、《緯攟》錯誤之辨正後，可初步推知孫瑴引書之廣泛，遠超過〈古微書略例〉中所述之範圍，且引用之條文往往穿插於各讖緯本文之中。筆者透過逐條比對，歸納出《古微書》各卷引書之狀況，茲條列餘下，以作說明：

卷一（尚書考靈曜）：《周禮注疏》、《禮記注疏》、《爾雅注疏》、《太平御覽》、《博物志》、《北堂書鈔》、《白虎通德論》、《周髀算經》

卷二（尚書考靈曜）：《太平御覽》、《禮記注疏》、《藝文類聚》、《路史》、《初學記》、《北堂書鈔》、《昭明文選》、《隋書》、《後漢書》

卷三（尚書帝命驗）：《駁五經異義》（或《周禮注疏》、《天中記》）、《駁五經異義》（或禮記注疏）、《初學記》、《太平御覽》、《藝文類聚》、《路史》、《昭明文選》、《後漢書》、《北堂書鈔》

卷四（尚書五行傳）：《儀禮經傳通解續》、《太平御覽》

卷五（尚書中候）：《初學記》、《太平御覽》、《藝文類聚》、《路史》、《左傳注疏》、《論語注疏》、《水經注》、《禮記注疏》、《詩經注疏》、《廣博物志》、《周禮注疏》、《公羊傳注疏》、《白虎通德論》、《昭明文選》

卷五（尚書璿璣鈐）：《太平御覽》、《藝文類聚》、《後漢書》、《晉書》（或為《事詞類奇》、《類雋》）、《藝文類聚》（或《史通》）

卷五（尚書刑德放）：《太平御覽》（或《藝文類聚》、《北堂書鈔》）

卷五（尚書運期授）：《太平御覽》（或《路史》）、《北堂書鈔》（或《白氏六帖
　　　　　　　　　事類集》卷四、《初學記》卷二十五、《北堂書鈔》卷百
　　　　　　　　　三十六、《廣博物志》卷三十九作《帝命期》，《北堂書
　　　　　　　　　鈔》卷二十二、《天中記》卷十一作《尚書帝命驗期》，
　　　　　　　　　《路史》卷二十三作《尚書帝命驗》）、《史記》、《玉海》

卷五（中候握河紀）：《路史》、《詩經注疏》（或《周禮注疏》）、《禮曲禮上疏》
　　　　　　　　　（或、《周禮師氏疏》）

卷五（中候考河命）：《路史》、《太平御覽》

卷五（中候摘洛戒）：《詩周頌譜疏》（或《路史》餘論六）

卷五（中候運行）：《太平御覽》

卷五（中候洛予命）：《禮檀弓卜疏》

卷五（中候擿雒貳）：《詩十月之交疏》

卷五（中候義明）：《周禮師氏疏》

卷五（中候勅省圖）：《詩譜序疏》（或《史記》五帝本紀卷一正義、《禮記注
　　　　　　　　　疏》卷一、《玉海》卷二）

卷五（中候稷起）：《詩生民疏》

卷五（附洪範緯）：《後漢書郎顗傳》

卷五（中候準纖哲）：《禮記注疏》卷一、卷十一

卷六（春秋元命包）：《隱元年穀梁傳疏》、《文選東都賦注》、《隱公元年公羊
　　　　　　　　　傳疏》、《文選咏懷詩注又策秀才文注》、《御覽十九》、《禮
　　　　　　　　　表記疏》、《初學記》九、《文選西京賦注》（或《初學記》
　　　　　　　　　九、《御覽》七十六）、《類聚十二》（《呂氏春秋》卷十
　　　　　　　　　五下賢篇，未言是緯。《藝文類聚》卷十二引做《春秋
　　　　　　　　　元命苞》）、《路史》、《北堂書鈔》、《天中記》卷三十三
　　　　　　　　　（或《職官分紀》卷十九）、《白氏六帖事類集》卷九

卷七（春秋元命包）：《太平御覽》、《藝文類聚》、《白虎通五行篇》、《文選蜀

都賦注又七命注》、《初學記》、《周禮大宗伯疏》（或禮
月令疏、僖三十一年穀梁傳疏）、《史記天官書索隱》、《晉
書地理志》、《公羊傳疏》、《後漢書馬融傳注》（或《北
堂書鈔》百五十）、《廣博物志》、《北堂書鈔》、《隋書天
文志》（或《北史袁充傳》）

卷八（春秋演孔圖）：《太平御覽》、《藝文類聚》、《初學記》、《路史》、《哀
十四年公羊傳注》（或《藝文類聚》九十八）、《水經
泗水注》（或《藝文類聚》九十又九十九、《御覽》
九百十四又九百二十二）、《天中記》卷三十九（或
《廣博物志》卷十四）、《後漢書陽賜傳注》（或《後
漢書五行志》）

卷八（春秋合誠圖）：《廣博物志》（或《路史太昊紀》）、《初學記》、《文選典
引注》、《太平御覽》、《藝文類聚》、《路史》、《文獻通考》、
《漢書》、《史記天官書索隱》（或《文選》西都賦注、甘
泉賦注、大將軍讌會詩注）、《後漢書李固傳注》

卷九（春秋文耀鈎）：《史記天官書索隱》、《周禮大宗伯疏》（或僖三十一年《穀
梁傳疏》）、《太平御覽》、《觀象玩占》、《文選西都賦注西
征賦注登樓賦注閒居賦注》、《禮曲禮疏》、《續漢書律曆
志》、《事詞類奇天類》、《初學記》

卷九（春秋運斗樞）：《風俗通皇霸篇》（或《初學記》九、《御覽》七十六）、
《路史》、《太平御覽》、《藝文類聚》、《史記天官書索隱》、
《初學記》、《北堂書鈔》、《昭十七年公羊傳疏》、《荊楚
歲時記》、《抄本書鈔》、《昭明文選》、《續漢書律曆志》、
《禮記注疏》、《觀象玩占》、《武經總要後集卷十七》（或
《開元占經》、《史記天官書》）

卷十（春秋感精符）：《太平御覽》、《藝文類聚》、《初學記》、《宣三年公羊傳
疏》、《後漢書》、《白虎通日月篇》、《左傳序疏》（或文選

月賦注、又元皇后哀策文注、御覽四）、《昭明文選》、《北
堂書鈔》

卷十（春秋考異郵）：《晉書天文志》、《周禮注疏》、《太平御覽》、《初學記》、
《御覽二十五又九百四十九》（或文選古詩十九首注）、
《水經河水注》（或御覽六十一）、《藝文類聚》、《續漢書
五行志注》、《定元年穀梁傳疏》、《北堂書鈔》、《鈔本書
鈔百五十九》、《齊民要術卷五》

卷十一（春秋潛潭巴）：《太平御覽》、《北堂書鈔》、《白虎通災變篇》、《觀象
玩占》、《續漢書五行志注》、《昭明文選》、《廣博物
志》、《初學記》、《抄本書鈔百五十九》、明人《天元
玉曆祥異賦》

卷十一（春秋說題辭）：《水經洛水注》（或《易繫辭傳疏》）、《藝文類聚》、《初
學記》、《太平御覽》、《北堂書鈔》、《詩經注疏》（或
《書鈔》九十五、《御覽》六百九）、《公羊傳注疏》、
《廣博物志》、《爾雅注疏》、《禮記注疏》、《水經注》、
《丹鉛總錄》（或《說略》）、《天中記》

卷十二（春秋漢含孳）：《初學記》、《太平御覽》、《公羊傳注疏》、《昭明文選》、
《史記天官書索隱》、《北堂書鈔》、《後漢書》、《抄本
書鈔百五十九》、《皇霸文紀》

卷十二（春秋佐助期）：《秋林伐山》、《毛詩古音考》、《初學記》、《抄本書鈔
百五十》、《太平御覽》、《廣博物志》（或**《玉燭寶典》**）、
《後漢書》、《藝文類聚》、《漢書五行志》、《昭明文選》

卷十二（春秋保乾圖）：《太平御覽》、《藝文類聚》、《後漢書》、《隱元年左傳
疏》、《丹鉛總錄》（或《升菴集》）、《尚書注疏》、《爾
雅注疏》、

卷十二（春秋握誠圖）：《初學記》、《太平御覽》、《後漢書》

卷十二（春秋內事）：《路史》、《太平御覽》、《升菴集》、《藝文類聚》、《奇字

韻》

卷十三（春秋命歷序）：《文獻通考卷百七十四》、《藝文類聚》、《路史》、《昭
明文選》、《北堂書鈔》、《太平御覽》、《禮記注疏》、《詩
經注疏》、《水經注》、《後漢書書律曆志》、《晉書律曆
志》、《隋書律曆志》

卷十四（易通卦驗）：《周禮注疏》、《藝文類聚》、《北堂書鈔》、《太平御覽》、
《左傳注疏》、《初學記》、《後漢書》、《詩經注疏》、《禮
記注疏》、《顏氏家訓》、《丹鉛總錄卷二十四》（或焦竑《焦
氏筆乘續集》卷五、楊慎《升菴集》卷四十四）

卷十五（易通卦驗）：《後漢書書律曆志》

卷十五（易坤靈圖）：《周禮注疏》、《路史》、《藝文類聚》、《周易注疏》（或《書
序疏》、《周禮疏序》、《禮記疏序》又《昏義疏》、《文選》
策秀才文注、《御覽七十八》）、《太平御覽》、《初學記》、
《昭明文選》、《禮記注疏》、《漢書東方朔傳》、《後漢
書》、楊慎《古音略例》（或《古樂苑》卷四十三）

卷十五（易稽覽圖）：《太平御覽》、《法苑珠林》

卷十六（易河圖數）：《丹鉛總錄》（或《升菴集》）、《太玄》、《周禮注疏》

卷十六（易筮謀類）：《太平御覽》、《路史》、《周易鄭康成注》

卷十六（易九厄讖）：《後漢書》

卷十六（易辨終備）：《玉海》、《困學紀聞》

卷十六（易萌氣樞）：《宋書》

卷十六（易運期）：《三國志》

卷十六（易通統圖）：《太平御覽》

卷十六（易統驗玄圖）：《太平御覽》

卷十七（禮含文嘉）：《風俗通》、《禮記注疏》、《周易注疏》（或《路史》）、《太
平御覽》、《藝文類聚》、《白虎通》、《後漢書》、《北堂書
鈔》、《大戴禮記注》、《公羊傳注疏》、《初學記》

卷十八（禮稽命徵）：《初學記》、《太平御覽》、《藝文類聚》、《北堂書鈔》、《禮
記注疏》、《論語注疏》、《升菴集》、《左傳注疏》、《公羊
傳注疏》、《後漢書》、《穀梁傳注疏》、《周禮注疏》、《周
易注疏》

卷十九（禮斗威儀）：《太平御覽》、《藝文類聚》、《禮記注疏》、《廣博物志》、
《昭明文選》、《初學記》、《事詞類奇》、《後漢書》

卷二十（樂叶圖徵）：《太平御覽》、《藝文類聚》、《初學記》、《後漢書》、《丹
鉛總錄》、《北堂書鈔》、《白氏六帖事類集》、《漢書》（或
《初學記》、《書鈔》、《御覽》）、《昭明文選》、《史記天官
書索隱》

卷二十一（樂動聲儀）：《禮記注疏》、《太平御覽》、《白虎通》、《後漢書》、《風
俗涌》、《丹鉛總錄》（或《漢書律曆志》、《新唐書曆
志》）、《藝文類聚》、《唐類函》

卷二十二（樂稽耀嘉）：《禮記注疏》、《論語注疏》、《太平御覽》、《白虎通》、
《宋書》、《詩經注疏》、《藝文類聚》、《隋書音樂志》、
《初學記》、《公羊傳注疏》

卷二十三（詩含神霧）：《太平御覽》、《初學記》、《後漢書》、《山海經》、《藝
文類聚》、《續博物志》、《藝文類聚》、《禮記注疏》、《路
史》、《史記》

卷二十三（詩推度災）：《太平御覽》（或《廣雅》）、《詩經注疏》、《史記》、《丹
鉛總錄》、《三國志》（或《宋書》）、《禮記注疏》、《初
學記》、《鈔本北堂書鈔》

卷二十四（詩汎歷樞）：《詩經注疏》、《後漢書》、《太平御覽》、《初學記》、《史
記》、《觀象玩占》、《六語》

卷二十五（論語比考讖）：《路史》、《昭明文選》、《後漢書》（或《水經注》、《類
聚》、《御覽》）、聚珍版《水經注》（或《詩地理考》）、
《博物志》、《白虎通》、《天中記》、《太平御覽》、《續

博物志》(或《焦氏類林》)

卷二十五（論語譔考）：《禮記注疏》、《周禮注疏》、《初學記》、《太平御覽》、《路史》、《藝文類聚》

卷二十六（論語摘輔象）：《聖賢群輔錄》、《太平御覽》、《左傳注疏》、《昭明文選》、《後漢書》

卷二十六（論語摘衰聖）：《太平御覽》、《孔叢子》(或《公羊傳注疏》)、《初學記》

卷二十六（論語陰嬉讖）：《太平御覽》、《昭明文選》

卷二十七（孝經援神契）：《太平御覽》、《北堂書鈔》、《歲時廣記》、《初學記》、《禮記注疏》、《昭明文選》、《路史》、《周禮注疏》、《後漢書》、《白虎通》、《藝文類聚》、《史記》、《水經河水注》(或《博物志二》、《初學記六》、《類聚八》、《御覽》八又六十一)、《左傳注疏》

卷二十八（孝經援神契）：《太平御覽》、《北堂書鈔》、《藝文類聚》、《廣博物志》、《文獻通考》、《路史》、《禮記注疏》、《周禮注疏》、《通典》(或《初學記十三》、《類聚三十九》、《御覽》三十又五百三十二)、《後漢書》、《昭明文選》、《詩經注疏》(或《爾雅釋言疏》)、《白虎通》、《公羊傳注疏》

卷二十九（孝經援神契）：《詩經注疏》、《太平御覽》、《初學記》、《公羊傳注疏》、《北堂書鈔》、《宋書》、《隸釋史晨碑》、《宋書符瑞志》、《禮記注疏》、《抱朴子》

卷三十（孝經鉤命訣）：《白虎通》、《後漢書》(或《書鈔五》、《御覽七十六》)、《公羊傳注疏》、《周禮注疏》、《禮記注疏》、《太平御覽》、《路史》、《白氏六帖事類集》、《北堂書鈔》、《六家詩名物疏》

卷三十（孝經中契）：《太平御覽》(或《路史》)

卷三十（孝經右契）：《初學記》（或《太平御覽》）

卷三十（孝經左契）：《太平御覽》（或《文選》卷四十六、《初學記》卷十三、
　　　　　　　　　　《北堂書鈔》卷九十一、《文獻通考》卷八十四）

卷三十（孝經威嬉拒）：《太平御覽》

卷三十一（孝經內事圖）：《太平御覽》、《史記》、《後漢書》

卷三十二（河圖括地象）：《初學記》、《爾雅注疏》、《太平御覽》、《後漢書》、
　　　　　　　　　　　《藝文類聚》、《北堂書鈔》、《周禮注疏》、《禮記注
　　　　　　　　　　　疏》、《昭明文選》、《博物志》、《水經注》、《說略》、
　　　　　　　　　　　《史記》

卷三十二（河圖始開圖）：《太平御覽》、《玉海》、《博物志》、《初學記》

卷三十二（河圖絳象）：《丹鉛總錄》、《樂府詩集》、《乙巳占》、《歷世真仙體
　　　　　　　　　　　道通鑑》

卷三十二（河圖稽耀鉤）：《太平御覽》、《晉書》、《後漢書》、《宋書》

卷三十三（河圖帝覽嬉）：《禮記注疏》、《爾雅注疏》、《觀象玩占》、《武經總
　　　　　　　　　　　　要後集》、《靈臺秘苑》、《史記》（或《開元占經》、
　　　　　　　　　　　　《觀象玩占》）、《宋書》（或《武備志》）

卷三十三（河圖挺佐輔）：《太平御覽》、《文心雕龍》、《藝文類聚》、《初學記》、

卷三十三（河圖握矩記）：《太平御覽》、《山海經》、《路史》、《昭明文選》、《詩
　　　　　　　　　　　　經注疏》、《禮記注疏》、《北堂書鈔》、《史記》

卷三十三（河圖秘徵）：《後漢書》、《觀象玩占》、《太平御覽》

卷三十三（河圖帝通紀）：《太平御覽》

卷三十三（河圖著命）：《初學記》、《太平御覽》

卷三十三（河圖真紀鉤）：《初學記》（或《類聚三十九》、《書鈔九十一》、《御
　　　　　　　　　　　　覽五百三十六》）

卷三十三（河圖要元篇）：《廣博物志》

卷三十三（河圖考靈耀）：《初學記》（或《御覽》、《廣博物志》）

卷三十三（河圖提劉篇）：《藝文類聚》

卷三十三（河圖稽命徵）：《太平御覽》

卷三十三（河圖會昌符）：《藝文類聚》、《昭明文選》、《後漢書》

卷三十四（河圖玉板）：《皇霸文紀》、《山海經》（或《博物志二》、《書鈔百五十九》、《御覽》三百七十七又八百一十八）、《博物志》、《述異記》

卷三十四（龍魚河圖）：《太平御覽》、《藝文類聚》、《北堂書鈔》、《史記》、《齊民要術》、《初學記》

卷三十五（雒書靈准聽）：《初學記》、《易前鑿度》、《路史》、《藝文類聚》、《宋書》、《史記》、《後漢書》、《觀象玩占》

卷三十五（洛書甄曜度）：《太平御覽》、《晉書天文志》、《後漢書律曆志》

卷三十六（洛書摘六辟）：《路史》、《初學記》、《易緯乾鑿度》

卷三十六（洛書錄運法）：《初學記》、《路史》、《北堂書鈔》、《太平御覽》、《昭明文選》

卷三十六（孔子河洛讖）：《宋書符瑞志》

卷三十六（錄運期讖）：《三國志注》

卷三十六（甄曜度讖）：《三國志注》、《鈔本北堂書鈔》

　　以上歸納各卷引用書籍中，《開元占經》孫瑴未見，因此必須排除。其中《新唐書》、《詩地理考》、《武備志》、《玉燭寶典》、《焦氏筆乘續集》、《類雋》、《職官分紀》、《古樂苑》八書，由於僅出現過一次，且同樣讖緯本文同時見於他書，而他書之引用率較八書中之任一本為高，因此初步將此八書排除在孫瑴《古微書》引書範圍之外。

　　透過比對文獻資料，並除去重複引書之書目，初步得知孫瑴《古微書》輯佚讖緯本文基本上共採用 77 種古籍，以下分列各書：

　　《周易注疏》、《尚書注疏》、《詩經注疏》、《周禮注疏》、《儀禮經傳通解》、《儀禮經傳通解續》、《禮記注疏》、《公羊傳注疏》、《穀梁傳注疏》、《左傳注疏》、《論語注疏》、《爾雅注疏》、《周易鄭康成注》、《駁五經異義》、《毛詩古音考》、《廣雅》、《史記》、《漢書》、《後漢書》、《三國志》、《晉書》、《宋書》、

《隋書》、《史通》、《通典》、《通志》、《文獻通考》、《太平御覽》、《北堂書鈔》、《抄本北堂書鈔》、《藝文類聚》、《初學記》、《玉海》、《唐類函》、《博物志》、《廣博物志》、《續博物志》、《白虎通德論》、《周髀算經》、《路史》、《昭明文選》、《山海經》、《水經注》、《事詞類奇》、《白氏六帖事類集》、《天中記》、《齊民要術》、《孔叢子》、《太玄》、《風俗通》、《皇霸文紀》、《淮南子》、《觀象玩占》、《荊楚歲時記》、《歲時廣記》、《武經總要》、《天元玉曆祥異賦》、《丹鉛總錄》、《升菴集》、《秔林伐山》、《古音略例》、《說略》、《奇字韻》、《法苑珠林》、《困學紀聞》、《聖賢群輔錄》、《史晨碑》、《抱朴子》、《樂府詩集》、《乙巳占》、《歷世真仙體道通鑑》、《靈臺秘苑》、《述異記》、《焦氏類林》、《五行類事占徵驗》、《六家詩名物疏》、《六語》

小 結

　　由以上書目可推斷，孫瑴輯佚讖緯時，所採用之書籍遠多於〈古微書略例〉中所說「《十三經注疏》、《廿一史》書志，及《太平御覽》、《玉海》、《通典》、《通考》、《通志》」等項目，收羅範圍涵蓋經、史、子、集，時代遍及先秦至明朝。另外，在守本、《緯攟》考證的基礎上，發現孫瑴所援引的書籍中，出現大量明人典籍，如《天中記》、《廣博物志》、《說略》等書，其中又以明人楊慎之作最多，如《丹鉛總錄》、《升菴集》、《古音略例》、《古今諺》、《秔林伐山》、《奇字韻》等書。

　　《古微書》之編輯，除本文之外，其他引證及參考資料均有標明引書出處，將讖緯本文與引證參考資料兩相對照，發現兩者引書之範圍不盡相同，兩者並不能相互涵蓋。因此，透過本文逐條考察，主要在針對現今《古微書》引書研究成果進行糾謬，考察最接近於原書樣貌的引書狀況，盡可能還原《古微書》編書之樣貌。

　　其次，從前文分析也同時發現，孫瑴收羅讖緯條文，未必條條皆如孫瑴

所說的「皆真璚珞，非贗琬琰」，其中也存在著不少贗品，但無論孫瑴所採讖緯條文為真或假，可以斷定的是，孫瑴無論是合併非讖緯條文，或是收集非讖緯條文於某篇讖緯中，凡是孫瑴認為能夠幫助理解讖緯本文，或讖緯條文間意義接近的，都在他有意編輯，即「前所見者，俟後續之。後所得者，徵前冠之。中有異同者，詰前後絡之」的範圍之內，因此產生如〈表一〉、〈表二〉中同條之內多處出處的情形。另外，將孫瑴所說「《十三經注疏》、《廿一史》書志，及《太平御覽》、《玉海》、《通典》、《通考》、《通志》」對照以上書目，確實《古微書》輯佚讖緯本文時，大量運用文中所提諸書，可知孫瑴所言不虛，只是採用的書籍更加豐富，遠超出孫瑴自己舉例的範圍。

孫瑴之所以在編輯凡例中僅介紹十三經、正史、知名類書及政書類，無非是為了增加《古微書》引書之信度，意圖使讀者相信本書所收均為有所根據之典籍。然而，孫瑴既以這類書為輯佚之引書範圍，又何以讖緯本文不注出處？從本章所呈現的結果來看，明顯是孫瑴在經典書籍之外，因求內容之豐富，而必須求助於各類書籍，即便涉及「唐宋縷紲所盛傳」、「唐宋以後耳目近事」，也為孫瑴所吸收採用，但這與《古微書》編纂時宣稱「是集多得之《十三經注疏》、《廿一史》書志，及《太平御覽》、《玉海》、《通典》、《通考》、《通志略》諸大部」的體例有所衝突，因此產生了《古微書》在讖緯本文不注出處，而注解卻詳細標明出處的情形。

更令人意外的是，從考察《古微書》讖緯本文出處的過程中，比對清人糾謬成果，及自行考證出處後，發現孫瑴在輯佚讖緯本文時，存在大量偽收文獻的情形，這樣的現象一經清人如喬松年《緯攟》揭發後，《古微書》作為讖緯輯佚著作的文獻參考價值就變得更低了。孫瑴當時或許是為了增加全書篇幅，又或者為了解釋讖緯的需要，而將大量並非讖緯的文獻納入《古微書》讖緯本文之中，使得該書無論在體例或內容上，均顯得更為混亂，此處留待後章〈《古微書》詮釋方法與特色〉中加以詳論。

第四章
《古微書》詮釋形式、方法與特色

　　《古微書》為中國首部讖緯輯佚專書，對於後世讖緯輯佚之學影響頗鉅，《四庫全書總目》曾讚許其文獻之價值，後代研究者也多肯定其創始之功。然而，就後代輯佚之書的體例來看，《古微書》並不能稱為「標準」的輯佚之作，以清代讖緯輯佚著作來說，「輯佚」主要在輯古之佚文，各家對於所輯佚的內容，除文獻出處、版本、正偽之外，並不針對輯佚內容多做說明，意即清代輯佚之書是作為讖緯研究者的「工具之書」，而非詮釋讖緯之書，舉凡喬松年《緯攟》、馬國翰《玉函山房輯佚書》、黃奭《漢學堂叢書》等，僅為輯佚讖緯條文之作，而不針對讖緯條文本身進行說解。清代諸家乃至今日讖緯研究者，針對《古微書》之研究，多半著眼於其文獻纂輯之得失進行探討，對於該書詮釋讖緯之方式、內涵乃至風格之討論，均付之闕如。

　　各家不就《古微書》詮釋內容進行探討者，究其可能有二：一者認定《古微書》詮釋讖緯多引用各家注解，一如解經之「集解」方式，其中罕見孫瑴個人觀點，因此並無研究之必要。二者是多聚焦於《古微書》輯佚文獻的得失，卻忽略孫瑴輯佚本書之宗旨，導致《古微書》編書目的為人所忽略，孫瑴輯佚本書所追求「義」也不被後人所重視，如此則不啻買櫝還珠，僅關注輯佚內容之正誤，而忽略孫瑴輯佚之苦心。筆者以為，《古微書》作為首部中國輯佚專著，其價值不僅限於文獻參考之用，在詮釋義理也確有其可取之處。

　　本章之撰寫擬以《古微書》之文本，聚焦討論孫瑴對於讖緯之詮釋，依次以詮釋之形式、內容、特性三類進行全面的檢視與討論。則完成此章，期待能透過分析《古微書》詮釋讖緯內容之面貌，補充前人研究之所輕，揭示

《古微書》之相關內涵。

一、《古微書》詮釋讖緯形式

　　孫瑴苦心十載編纂《古微書》[1]，在〈古微書自序〉中曾表明，《刪微》
之纂輯乃為「旌讖緯之伏遁」，即表彰久已散佚之讖緯，而表彰之意，一者收
羅遺文，使讀者可略窺讖緯文獻之概況；二者彰顯義理，透過讖緯之解說，
使後人能重新理解讖緯之義理。然而，為何孫瑴需苦心孤詣，費力收羅讖緯
遺文？其用意究竟為何？孫瑴在〈敘刪微〉中曾云：

> 夫經之尊，譬帝王也，圖緯雖纖陋，譬之猶騶、貫、奄、奚，而日
> 環伺帝也。今欲親識帝之面，而日必屏而騶、貫，卻而奄、奚，則
> 帝難見矣。欲見孔子，而不欲見其親授受者之謦欬、之光容，孔子
> 可見乎？然則，唯孔宜刪，非孔烏得刪？且非孔而欲識孔，又烏得
> 刪也？[2]

　　孫瑴以為，讖緯之所以必須存在，在於為「經」服務、解釋的用途上。
自漢武帝獨尊儒術後，孔子成為政治與學術上的典範，作為傳孔門之學的「經」
也成為中國傳統文化之典範與政治指導，具有不可磨滅之地位，如《文心雕
龍・宗經》云：「經也者，恆久之至道，不刊之鴻教也。」然而，「經」的詮
釋往往因時代需求不同而各異其趣，孫瑴以為讖緯的重要在有助於解釋「經」
說，且讖緯去古未遠，多為孔子「親授受者」所作，因此欲得孔聖之義旨，
必須了解讖緯的內涵。更進一步地，孫瑴認為若僅識經說而不解讖緯，便只

---

[1] 〈敘刪微〉云：「予苦心於茲且十年。」
[2] 見《古微書》〈敘刪微〉，頁1。

能理解孔子義理之一半，即〈古微書略例〉中所云：「地南北為經，東西為緯，今也經存而緯亡，是有南北而無東西也。聖人之言，理數具舉，既師其理，安遺其數？」「經」載明「理」，而讖緯紀錄「數」，需兼得兩者，才能識得孔門之堂奧。基於此，孫瑴對於讖緯便不止於收輯讖緯佚文，更對於其義理加以詮釋，使讀者能深入讖緯內涵，進而加深對於「經」的理解。

　　孫瑴解說讖緯的方式，並非單純引用他人注解，在〈古微書略例〉中，孫瑴大略敘述注解之方式：

> 一是集文多聱軋，理或寞實，故每卷之首，輒有小引為之論次，其
> 中篇目，間有難曉者，竊以數語疏釋之，至本文中有古注者錄其原
> 注，無原注者復拾異說，與之旁通，使讀者開卷而豁然，則又貧居
> 子苦心之餘事也。[3]

　　有鑑於讖緯文字聱牙，且文義難曉，孫瑴採用數種方法針對讖緯進行解說，倘若已有古注者，如漢鄭玄、宋均等人為讖緯原文作注，則孫瑴在該條緯文下列出註釋；若緯文缺乏註釋者，則孫瑴收羅歷代文獻中與該文有關之文獻，列於文後，以便讀者對照，使讀者「與之旁通」；若為篇目或緯文詞語古奧，則孫瑴「以數語疏釋之」，以便讀者理解讖緯內涵。綜上觀之，兼以筆者觀察《古微書》之註釋方式，孫瑴詮釋讖緯之篇目、本文，大抵可歸納為三種方法：一者引注，即引用他人注解、說法以理解讖緯。二者自注，即孫瑴為解釋篇目、緯文之難曉者，自下注解為之說明。

(一) 引注

　　欲得知《古微書》引注方法，必先瞭解作者收集讖緯條文之邏輯。孫瑴輯佚讖緯條文時，所面對者乃散佚之讖緯遺文，諸多遭到禁燬的讖緯殘文，

---

[3] 見〈古微書略例〉，頁4。

散見於古籍之中，欲收羅讖緯，必先分別門類。孫瑴所採用的方式首先為分別讖緯種類，如《易緯》、《春秋緯》等，其次標示各緯篇目，如〈尚書考靈曜〉、〈尚書帝命驗〉等，最後根據各篇讖緯中義類相近者，聚集成文，其中文獻真偽必須經過多方辨證，孫瑴在〈敘刪微〉中提到「考其班部，攉其宗旨，蕘其訛闕，聚其落離」即採用此法，簡而言之即篇目先採取「同類相聚」，緯文則採「以義相求」的收羅原則，將同篇之中義類相近的緯文聚於同處，以便讀者瞭解。因此，每篇讖緯之中，所呈現的是主題式的呈現方式，即不同主題分屬各區，而不採用諸多古代文獻中匯聚緯文的方式，此即〈敘刪微〉中所說：「雖非本卷本文之後先，要亦可以大義徵，以文律準也」的編輯原則。在這種編纂原則下，孫瑴為了便於注解，引用注解時採用若干式，一為引用該條讖緯原注或收羅相關說法，二為不逐條註釋，加上《古微書》中「說已見前」的凡例，一般而言共有三種形式，以下舉例說明之。

1. 引用該條讖緯原注或收羅相關說法

孫瑴收輯讖緯佚文時，如遇緯文之前後有相關註釋者，均予以羅列，如〈尚書考靈曜〉：「日道出於列宿之外萬有餘里。正月假上八萬里，假下十一萬四千里」之後，列出鄭玄注〈尚書考靈曜〉：「夏至之時，日上極與天表平[4]」、「冬至之時，日下至於地八萬里，上至於天十一萬三千五百里」等兩條註釋，語見《禮記月令疏》、《爾雅釋天疏》，是「正月假上八萬里，假下十一萬四千里」緯文之古注，孔穎達疏「所以有假上假下者，鄭注〈考靈曜〉之意，以天去地十五萬三千五百里，正月雨水之時，日在上假於天八萬里，下至地一十一萬三千五百里。夏至之時，日上極與天表平也，後日漸向下」則疏釋緯文及鄭注之意，此即引用該條讖緯原注。引用原注時，孫瑴除採取在緯文之後逐條羅列的方式外，也同時有在緯文之內附上注釋者，如〈尚書中候〉：「帝堯即政七十載，景星出翼，鳳凰止庭鄭注：景，大也。翼，朱鳥宿也。朱草生郊，嘉禾孳連，甘露潤液，醴泉出山朱草可以染服者。嘉，美也。〈書序〉曰：『唐叔得

---

[4] 本條文字當為孔疏，並非鄭玄注，見《古微書》卷一，頁 9-10。

禾，異畝同穎』」其中「景，大也。翼，朱鳥宿也」、「朱草可以染服者。嘉，美
也。〈書序〉曰：『唐叔得禾，異畝同穎』」[5]等，即讖緯原文之古注，孫瑴所
以將之置於緯文之內者，一者方便讀者理解文義，二者此類注解多半為解釋
詞義之用，而非通篇詮解，因此置於緯文內注釋即可。

　　然而，在前文所說〈尚書考靈曜〉緯文中，除引用本注外，孫瑴同樣羅
列鄭注「夏日道上與四表半，下去東井十二度為三萬里」，但注文並非本條緯
文之本注，而是鄭玄註釋讖緯中「四表[6]」的文字，因文中有「日道」，可藉
以補充說明「日道出於列宿之外萬有餘里」緯文，因此孫瑴將之羅列於下。
同樣的情形也在本條緯文的孔穎達〈疏〉中，「所以有假上假下……後日漸向
下」為詮釋本條緯文文字，但之後「則是夏至之日……日下至東井三萬里也」
則為疏釋鄭注「冬至之時，日下至於地八萬里，上至於天十一萬三千五百里」
之文，與讖緯本文無直接關連；「計夏至之日……日下去東井三萬里也」則為
疏釋〈尚書考靈曜〉「萬世不失九道謀」文字。兩條疏文本不應繫於本條讖緯
之下，但孔穎達疏文說明「日下去東井三萬里」，可作為鄭玄注的補充說明，
使讀者能更深入了解讖緯「日道」之說，因此一併繫於此處。由此可知，孫
瑴引用原注或收羅相關說法，是採「以義相求」的方式，凡是古籍中足以幫
助理解某讖緯觀念者，孫瑴便聚合一處，以使讀者理解，而不堅持某疏釋出
於某條讖緯之下，就不能挪做他解。由此可知，對於孫瑴所謂「考其班部，
摧其宗旨」[7]，可以理解為孫瑴對於引用註釋解說讖緯的原則在於「以義相
求」，而不限於文獻出處，這正符合〈古微書略例〉中所說：「蒐羅輯綴，累
年窮月，故其首尾都無倫次，正不必苛其端緒，摘其挂漏」[8]的編書原則，讀
者無須計較引注之出處，重點在能幫助讀者理解讖緯內涵。另外，由此條範

---

[5] 見《古微書》卷五，頁 84-85。

[6] 見《禮記月令疏》：「〈考靈曜〉云……然二十八宿之外，上下東西各有萬五千里，是為四遊之極，
　謂之四表」，鄭玄之語原為註釋本條讖緯。

[7] 見《古微書》〈敘刪微〉，頁 2。

[8] 見〈古微書略例〉，頁 3。

例，同時也可見孫瑴在羅列相關說法時，未必全為該條讖緯註釋，也常有為「注」進行補充說明的情形，這在《古微書》中時常可見，可說是《古微書》解說之通例。

2. 聚集相關緯文進行注解

　　《古微書》引注的另一通例，即《古微書》並非每條讖緯皆附上注解，因孫瑴收輯讖緯採用「考其班部，摧其宗旨，叕其訛闕，聚其落離」的方式，將同篇讖緯中同類、同主題的緯文相聚，之後再引注解說，這在《古微書》中為普遍現象，除非某條緯文本有古注，孫瑴才將注釋置於其後，其餘注釋皆以主題式呈現，即若干注文一併解說若干同類緯文。如〈尚書中候〉：

> 帝堯即政之十載，景星出翼，鳳凰止庭鄭注：景，大也。翼，朱鳥宿也，
> 朱草生郊，嘉禾孳連，甘露潤液，醴泉出山朱草，可以染服者。嘉，美
> 也，書序曰：唐叔得禾，異畝同穎，修壇河洛，仲月辛日昧明，禮備，
> 榮光出河，休氣四塞休，美也。榮光五色從河水出，美氣四塞，炫耀熠熠
> 也。白雲起，回風搖，龍馬銜甲，赤文綠色龍形象馬也，赤熛怒之使也。
> 甲所以藏圖，赤文色而綠地也，臨壇止齎，吐甲圖而蹛齎亦止也，蹛音帶，
> 去也。
> 堯時龍馬銜甲，赤文綠色，臨壇上，甲似龜背，廣袤九尺，圓理平
> 上，五色文，有列星之分，斗正之度，帝王錄紀興亡之數。
> 堯率羣臣，東沉璧於洛，退俟，至於下稷，赤光起，玄龜負圖出，
> 背甲赤文成字，止壇稷讀日側。
> 堯即政七十載，稷為大司馬，舜為太尉。德政清平，比隆伏羲，鳳
> 凰巢於阿閣、驪林。
> 堯即政七十載，鳳凰止於庭。伯禹拜曰：「昔帝軒提象，鳳凰巢阿閣。」
> 堯祇德匪懈，醴泉出，文命盛德，俊乂在官，醴泉出山醴，甘也取名
> 醴酒。
> 文命盛德，俊乂在官，則朱草在郊。

堯沉璧於洛，赤光起，有玄龜負書出，背甲赤文成字，止壇上。堯
沉璧於河，黑龜出，赤文題。

按：《述異記》：「堯為仁君，一日十瑞，宮中芻化為禾，鳳凰止於庭，
神龍見於宮沼，歷草生堦，宮禽五色，烏化白，神木生蓮，萐莆生
廚，景星耀於天，甘露降於地，是為十瑞。」〈兔園策〉註：「堯時
三年耕，餘一年之食，謂之升平。九年耕，餘三年食，謂之登平。
二十年耕，餘七年食，謂之太平。」[9]

　　本組緯文，孫瑴依「帝堯」的主題，一共自古籍中收集八條同篇之中相
關緯文，八條文字記載堯時執政天地祥瑞屢見，雖然各類祥瑞不盡相同，但
均為歌頌帝堯之美德與政事，於是孫瑴針對「帝堯祥瑞」主題，引述《述異
記》及〈兔園策〉註，說明堯時所見祥瑞種類，以及祥瑞所代表的太平盛世，
讀者以主題式閱讀讖緯並依循注解內容，便能漸次理解讖緯內涵。如前所說，
孫瑴編輯《古微書》時，先確立篇目，其後從古籍中將同篇緯文逐漸收羅聚
集，但由於同篇讖緯本文之中，存在許多內容類似之條文，因此孫瑴並不針
對每條緯文進行注解，而是以「主題式」將緯文聚集一處後，再引用各家注
釋進行注解，如此能簡省篇幅，且便於讀者理解，《古微書》全書之編纂，大
致上以此方式進行，范景文在〈古微書序〉中云：「其述《刪》也近乎《傳》」，
所謂的「傳」即解經之傳文，在此即有助於理解讖緯本文的古籍資料。綜合
上述，倘若以傳統經學注釋觀點對《古微書》進行考察，則《古微書》的編
纂既有引用各家之說的「集注」性質，也有引用他人說法以疏釋「經」、「傳」
文字的「注疏」性質，並不純粹以某種體裁進行編纂，因其目的之一在於幫
助讀者理解讖緯意義。

3.「說已見前」的凡例

　　在《古微書》若干篇目中，偶有出現孫瑴針對個別或若干條緯文，既不

---

[9] 見《古微書》，頁 84-87。

標示古注，也不群聚條文後給予注釋者，僅用「說已見前」或「其說皆見」
等詞語，如《古微書》卷二十四〈詩推度災〉：「契母有娀，浴於玄丘之水，
睇玄鳥銜卵，過而墜之，契母得而吞之，遂生契」，孫瑴注云：「說已見前」[10]；
《古微書》卷二十五〈論語讖考識〉：「堯修壇河洛，擇良議沈，率舜等升首
山，道河渚，五老游焉，相謂河圖將來，告帝以期」，孫瑴注云「說已見前」
[11]。〈詩推度災〉及〈論語讖考識〉兩條緯文，孫瑴僅說「說已見前」，實則
兩條緯文的內容，在《古微書》卷五〈尚書中候〉中已經提及並給予注解，
因此孫瑴在此不重複注釋。

　　除「說已見前」外，若讖緯本文所述及內容，多半聚集若干卷時，孫瑴
集中在卷之中進行解釋，其他散見條文便以「其說皆見」等做說明，如《古
微書》卷四〈尚書璿璣鈐〉：「日旁氣白者為虹，日旁赤青者為霓」、「太白經
天，水決江」、「流星色青赤名天雁，其所墜處兵起。天雁，軍甲之精華也」[12]
等緯文之後，孫瑴云：「其說皆見《春秋緯》。」此《春秋緯》當指卷六、卷
七〈春秋元命包〉，而〈尚書璿璣鈐〉在卷四，位置在前的條文本應優先解說，
但因〈春秋元命包〉多述及日、月、星名等災異現象，因此孫瑴在此處不逐
條說明，提醒讀者翻閱至《春秋緯》一窺究竟。另外，如《古微書》卷十五
〈易坤靈圖〉：「德合天地，在正不在私曰帝」、「易之帝乙為成湯，書之帝乙
六世王」二條，其下孫瑴注云：「其說出〈乾鑿度〉，已錄于〈中候〉篇」[13]，
同樣在本條下省略解釋，指引讀者翻閱前卷自行理解。

---

[10] 見《古微書》卷五〈尚書中候〉：「玄鳥翔水遺卵」條。

[11] 見《古微書》卷五〈尚書中候〉：「帝堯即政之十載」等八條緯文。

[12] 見《古微書》，頁77。

[13] 二條緯文見《古微書》卷十五，頁298。「已錄于〈中候〉篇」者，當指卷五〈尚書中候〉：「契
後十三世生主癸」條，該條緯文後孫瑴引〈乾坤鑿度〉注云：「孔子曰：自成湯至帝乙，帝乙，
湯玄孫之孫也」。

(二) 自注

　　《古微書》中，凡是遇解釋篇目、詞句或其他義理待補充之處，孫瑴往往以「瞶居子」、「瞶居」、「按」、或直接註釋，而不採「引注」形式，可說是對《古微書》文義的直接補充。如卷十二〈春秋漢含孳〉載《春秋》西狩獲麟之事，其文云：

> 經十有四年春，西狩獲麟，赤受命，倉失權，周滅，火起薪，采得麟。孔子曰：「丘覽史記，援引古圖，推集天變，為漢帝制法，陳叙圖錄。」又丘水精，治法為赤制功。又黑龍生為赤，必告爾象，使知命。　有人握卯金刀，在軫北，字季，天下服。卯在東方，陽所立，仁且明。金在西方，陰所立，義成功，刀居右，宇成章，刀擊秦，枉矢東流，水神哭，祖龍死。[14]

　　根據〈春秋漢含孳〉篇名，可知該篇緯文載漢代興起之符命，而漢代讖緯往往以孔子為素王，為漢代之興起製作圖錄讖語。本文載「赤受命，倉失權」即周朝命數已衰，漢朝代之而起。孔子為黑帝水精，撰寫預言「治法為赤制功」，其文即「有人握卯金刀，在軫北，字季，天下服」等暴秦將衰，劉季將起的讖語。孫瑴針對該條緯文，自注於下，其文云：

> 諸如此說，皆疑于夫子之不王也，不知自商瞿一卦曰：「子有聖智而無位，夫子已歎訖而息志矣。」瞶居子曰：「昔夫子適周見老聃，意欲相招，以力挽氣運，更始太平也。老氏一見夫子，目營四海，心竊鄙之，遂望望焉，西去而不顧。于是聖人之氣，不在於中夏而集于遠夷矣。故夫子亦欲遊九夷，從鳳嬉焉。及聞太子晉之上賓也，

　　睠然嗟曰:『明王不作,天下其莫能宗,予此以感於鳳不至也。』使
　　子晉無死,將法堯禪舜與?曰聖人亦不能為。時子晉之語,師曠已
　　云,一姓不再興矣。然則夫子亦安能為東周哉?惟有作《春秋》已
　　耳。」[15]

　　孫瑴注文,首先不標「賁居子」、「賁居」、「按」,自行論述孔子有聖王之
智,而無聖王之位。其後以「賁居子」之號進行評論,論述孔子見老子,欲
相招以扶周朝命數,老子不屑,遂西去不顧,此段文字與《老子化胡經》西
去之說相近,孫氏當是借用此說。其後評論即便周靈王太子不死,而能禪讓
與孔子,因時勢不再,周朝同樣無法再興,因此孔子僅能退而作《春秋》。孫
瑴本段文字述孔子作《春秋》之源由,結合本條緯文內容,可知孫瑴乃補充
孔子之所以為素王,撰《春秋》,為漢代製作圖籙讖語之因。

　　孫瑴自行施以注解,用意在使文義通順,或補充說明,有時因緯文中解
釋名義之需,孫瑴同樣加以注釋,如《古微書》卷六〈春秋元命包〉:「神農
世,怪義生白阜,圖地形脈道怪義,帝妃名,生子白阜,為神農圖畫地形,通水之
脈」[16],神農之妻怪義生子白阜,輔佐神農圖畫地理,孫瑴在本條下注云:「按:
神農有子曰柱,七歲而佐神農,以名百藥,種百穀,豈即白阜耶?」[17]《路
史•炎帝紀下》記載「炎帝柱,神農子也」,孫瑴以為白阜輔佐神農氏治理,
又見《路史》記載,是否「白阜」即「柱」?孫瑴根據古籍推論,藉以幫助
解釋讖緯名義,雖未必如孫瑴揣測,但有名義的解釋助於讀者理解讖緯內容。

---

[15] 見《古微書》,頁 230-231。

[16] 見《古微書》,頁 119。

[17] 見《古微書》,頁 119-120。

二、《古微書》詮釋讖緯方法

　　《古微書》的編纂，除了上述詮釋方法外，在讖緯詮釋上則分為「詮釋之正例」與「詮釋之別體」。「詮釋之正例」包含「解說名義」、「闡釋義理」二者；「詮釋之別體」則分為「引伸發揮」與「羅列異說」等方法，透過上述方式，以幫助讀者理解讖緯之內涵，以下分別就各方法舉例說明之。

(一) 詮釋正例

1. 解說名義

　　孫瑴解釋讖緯內容時，曾提到「有古注者錄其原注」，因此在輯錄讖緯之時，若古籍中已有為讖緯進行注解者，則直接引用，這在《古微書》為讖緯「解說名義」時最為常見，孫瑴在徵引時直接挪用，以作為解釋詞義之用，如《古微書》卷六〈春秋元命包〉：「代殷者為姬昌姬昌之言基始也，昌兩日重見，言明象，生於岐，立於豐，精翼日為日精所羽翼，故遂以為名也，衣青光木神以其方色表衣，遷造西，十刻消遷造西，蓋文王為西伯時，西方造意東入討紂，十刻之間即消滅之，言聖人所向無前也」[18]，本條讖緯散見於各古籍中，但《太平御覽》卷八十四在緯文中附有「姬昌之言基始也，昌兩日重見，言明象」、「為日精所羽翼，故遂以為名也」、「木神以其方色表衣」、「造西，蓋文王為西伯時，西方造意東入討紂，十刻之間即消滅之，言聖人所向無前也」等解釋名義文字，孫瑴經過選擇後予以引用[19]，以助讀者理解讖緯內涵。

　　此外，若徵引之古籍中，未見解釋名義，且孫瑴認定有必要解釋者，則

---

[18] 見《古微書》，頁 120-121。

[19] 孫瑴引用古書注解時，並非全部採用，如本條「生於岐，立於豐」下有「岐，雍州之山最大者也，豐亦大」等注語，孫瑴判斷後刪去不用。

在該條文字之後，便援引各家說法予以解說，如《古微書》卷三〈尚書帝命驗〉

> 天有五號，尊而君之則曰皇天，元氣廣大則曰昊天，仁覆閔下則稱
> 旻天，自上監下則稱上天，據遠視之蒼蒼然，則稱蒼天。
> 按《說文》云：「天，顛也。」
> 劉熙《釋名》云：「天，顯也，又云坦也。」
> 《白虎通》：「天之為言鎮也，居高理下，為人鎮也。」
> 楊泉《物理論》：「天者，旋也、均也，積陽純剛，其體迴旋，羣生
> 所大仰。」[20]

　　如以上引文一般，在緯文後特別羅列各家說法解說名義，這在《古微書》中並不常見。首先需說明的是，孫瑴收錄本條文字並非緯文，而是古籍引「尚書說」之論，錢熙祚考訂本條文字出自於《五經異義》[21]，並非緯文，筆者以為孫瑴收錄本文時，當明瞭本條文字非讖緯，之所以刻意收錄者，用意在於本條文字有助於理解讖緯，在《古微書略例》中已明言：「茲所遇圖緯諸家，雖細錄也，雖偽收也，雖斷章者亦取焉」，凡是能幫助理解讖緯內涵者，即便非讖緯本文，也可能在其收羅範圍，這說明了為何《古微書》標注徵引書籍時，僅標注注語出處，而不標注緯文出處，筆者以為，這是孫瑴編纂時刻意為之的結果。另外，孫瑴之所以特別收錄此文以解說「天」之意涵，究其原因，當與《古微書》緯文內容多談及「天」、「天人相應」、「災異」等內容有關。孫瑴編纂《古微書》之初，有其基本邏輯，其安章配置，在在顯示其讖緯思想，這在〈說緯〉之中言之甚詳，其云：「緯之興，其興於符命乎？五德

---

[20] 見《古微書》，頁49-50。

[21] 筆者考訂本條除見於《五經異義》外，同時見於《周禮注疏》卷十八，《天中記》卷一。

承運，遞有感生，故首《尚書》焉」[22]，《尚書緯》若干篇侈論天人感應、帝王符命及災異祥瑞等，而感應、符命、災異的根源則來自於「天」，故孫瑴於安章時置卷一、卷二〈尚書考靈曜〉於首，因卷一、卷二多以解說「天」之運行為主，其後卷三〈尚書帝命驗〉以下，多論感應、符命、災異，而這些也是讖緯的大部分內容，因此孫瑴說「緯之興，其興於符命乎」可謂其來有自。正因感應、符命、災異源於「天」，孫瑴收錄本條以說明「天」之意涵，並置於〈尚書帝命驗〉篇首，以便讀者理解「天」之意涵，由「仁覆閔下」彰顯天之施化，並降生聖哲以代天行化；由「自上監下」說明天網恢恢，疏而不漏，若人不尊「天道」，則降以災異。在此脈絡下，逐漸展開對讖緯中各種感應、符命、災異之說，如此則層次分明，有助於讀者逐步理解。由此可知，孫瑴編纂《古微書》，意在使讀者依卷閱讀的過程中，逐漸理解讖緯義理，因此就編者的角度而言，若欲使用《古微書》理解讖緯，則應逐卷讀下，不可躐等逾次，如此才能「使讀之者開卷而豁然」，漸次瞭解讖緯義理。

2. 闡釋義理

　　《古微書》做為中國首部讖緯輯佚的專著，其實在內容上並非單純輯佚之書，孫瑴在輯佚讖緯的過程中，以輯佚為基礎，目的在使讀者能逐漸明白讖緯的義理，因此才會在讖緯本文前後，置入大量的題解、注解及評語，透過這樣的編排方式，試圖使湮沒千年的讖緯義理，再重新為人所理解。在解釋的方法上，如前所述，《古微書》的注釋形式為「以類相聚」，則孫瑴往往在同篇之中，聚集意義相近的緯文後，引用各家注解闡明義裡，試圖幫助讀者理解艱深晦澀的讖緯內容。如卷十四〈易通卦驗〉所載十條緯文，為〈易通卦驗〉中述及節候及其對應物類，其說云：

　　驚蟄：〈大壯〉初九，桃始華，不華，倉庫多火……[23]

---

[22] 見《古微書‧說緯》，頁 1。

[23] 見《古微書》，頁 281。

又曰：條風至而楊柳津；景風至而搏勞鳴，蝦蟆無聲；涼風至而鶴鳴；閶闔風至而蜻蚓吟；日至而泉躍。[24]

　　從卷 14 頁 281 到頁 283，共聚集 10 條記述 72 候的緯文，該群組所記載的物類與今本所見 72 候小異，因此孫瑴在同卷頁 270 條列今本所見 72 候緯文，與本群組分開討論。本群組 10 條緯文，部分記載與明代曆法 72 候的差異，孫瑴施加按語進行說明，其說如下：

按：呂不韋〈月令〉自「東風解凍」至「水澤腹堅」，後魏始入歷為七十二候，其所載與《夏小正》、〈淮南時則訓〉、《管子》與《汲冢書》互有出入。及閱楊升菴所引王冰注《素問》亦引呂氏〈月令〉七十二候。與今歷中所載不同，如「桃始華」為「小桃華」；「雷乃發聲」下有「芍藥榮」；「田鼠化為駕」下有「牡丹華」；「王瓜生」作「赤箭生」；「苦菜秀」作「吳葵華」；「麥秋至」作「小暑至」；「半夏生」下有「木槿榮」；「蟄蟲坏戶」下有「景天華」，可考古今節候之異。[25]

　　孫瑴比對明代曆法 72 候與緯文記載物候，發現古今紀錄節候物類的差異，所謂 72 候所載物類，自《呂氏春秋・十二紀》有記錄以來，歷代各家記載均小有差異，如《夏小正》、〈淮南時則訓〉、《管子》、《汲冢書》等紀錄的物候差異。其中《呂氏春秋・十二紀》所載完備且年代久遠，與明代所載物候，在文字上或物類上均有不同。孫瑴藉由比對歷代各家差異，以說明「古今節候之異」，使讀者能明白緯書所記載節候物類的意義及沿革，有助於讀者理解讖緯義理。

---

[24] 見《古微書》，頁 283。

[25] 見《古微書》，頁 283-284。

此外，孫瑴除了援引歷代各家說法之外，也有自行注解，以幫助闡釋讖緯義理，如卷二十二〈樂稽耀嘉〉論及古代帝王功業：

> 德象天地為帝，仁義所生為王。
> 禹將受位，天意大變，迅風靡木，雷雨畫冥以明，將去虞而適夏也。
> 武王承命興師，誅于商，萬國咸喜，軍渡盟津，前歌後舞，克殷之後，民乃大安，家給人足，酌酒鬱搖鬱搖喜悅也。
> 召公賢者也，明不能與聖人分職，常戰慄恐懼，故舍於樹下而聽斷焉。勞身苦體，然後乃與聖人齊，是〈周南〉無美，而〈召南〉有之。
> 狄人與衛戰，桓公不救，於其敗也，然後救之。[26]

以上五條緯文，為孫瑴聚合〈樂稽耀嘉〉中引述仁君聖王事蹟者。首先孫瑴引「德象天地為帝，仁義所生為王」緯文，為「帝王」二字下定義，凡德行與天地匹配者稱「帝」，凡為領袖而舉措皆符合仁義者稱為「王」。以下列舉歷代「帝」與「王」的典範，如大禹治水安民，德行足配天地，因而將受命禪讓時，天象異常，象徵天命之轉移；武王姬發克殷，建功立德，使萬國喜悅安寧；召公輔政，勞心勞力，與聖人同德，堪為經典；齊桓公尊王攘夷，救衛免於覆滅，為王者典範。孫瑴聚合〈樂稽耀嘉〉中論述古聖先王遺德之緯文，作為一個「主題」進行說解，但孫瑴對該主題並非「引注」解說，而是自行注解，其說云：

> 賁居曰：此四段錯引三代盛事，皆關於〈風〉，始者禹將禪位，即《竹書》，及《伏傳》〈大唐之歌〉、〈慶雲爛兮〉二篇也。武王克殷，正述〈大武〉之六成，本於民情大悅也。召公聽斷，則謂二〈南〉分

陝之義，所以先周次召也。桓公救衛，楚丘諸什所自賦與？故〈邶〉、
〈鄘〉、〈衛〉以次二〈南〉也。當時必有全文，而今不覩矣。[27]

　　孫瑴指出，〈樂稽耀嘉〉引述夏、商、周三代古聖先王盛德事蹟，均與古
代民歌，即「風」有所關連，如此則扣合《樂緯》主題。首先〈大唐之歌〉
即《尚書大傳》卷一記載〈大唐之歌〉歌謠，為堯將帝位禪讓給舜之事[28]；〈慶
雲爛兮〉即《今本竹書紀年》所載「慶雲爛兮，糾縵縵兮……」的歌謠，為
舜將帝位禪讓給大禹之事[29]。周武王滅商之盛事，記載於《詩經·周頌》中
六首歌謠，是本乎民心，順應天命之舉[30]。召公奭輔佐周朝，並聽訟決斷於
甘棠樹下，有「甘棠遺愛」之譽，〈詩·召南·甘棠〉即傳誦召公美德。周公、
召公分別輔佐治理陝東及陝西，以周公為先，召公為次，故〈國風〉先〈周
南〉後〈召南〉[31]。當狄人攻衛，殺衛懿公，齊桓公舉兵救衛，立衛文公，
並安置衛人於楚丘，此事載於〈詩·鄘風·定之方中〉，即孫瑴所說「楚丘諸
什」所記載之事[32]。

　　孫瑴以為，古詩、《詩經》的編排順序是有特定意義的，總括而言即載古
聖先王之盛德。以《詩經》而言，〈周南〉、〈召南〉的順序象徵輔佐周朝的開
國功臣周公與召公，因周公功高，故〈周南〉置於首，召公輔周有功，故〈召

---

27 見《古微書》，頁 423。

28 語見《尚書大傳》卷一：「舟張辟雍，珊珊相從，八風回回，鳳皇喈喈」，該詩內容為堯將禪讓
　 與舜之事。

29 語見《今本竹書紀年》：「慶雲爛兮，糾縵縵兮。日月光華，旦復旦兮……」該詩內容為舜將禪
　 讓與禹之事。

30 〈大武〉之六成，即《詩經·周頌》中〈昊天有成命〉、〈武〉、〈酌〉、〈桓〉、〈賚〉、〈般〉
　 等六詩，詳見高亨〈周代「大武」樂的考釋〉，《山東大學學報》，1955 年第 2 期。

31 「二〈南〉分陝」，即周召分陝，《春秋公羊傳注疏》卷三：「自陝而東者，周公主之。自陝而
　 西者，召公主之」，當指此事。

32 見〈詩·鄘風·定之方中〉：「定之方中，作於楚宮」，朱熹《詩集傳》云：「楚宮，楚丘之宮
　 也……衛為狄所滅，文公徙居楚丘，營立宮室」，孫瑴所指當為此詩。

南〉為次。而「〈邶〉、〈鄘〉、〈衛〉」次於〈召南〉，則是彰顯齊桓公尊王攘夷、一匡天下的豐功偉業。由此可知，孫轂認為《詩經》篇名的排列無不與先王德業功勳緊密相關，這呼應了緯文「德象天地為帝，仁義所生為王」，而緯文闡釋經說，足以輔翼經學，如召公德政「勞身苦體，然後乃與聖人齊」，故次於〈周南〉，載召公之事見於〈召南〉，即「是〈周南〉無美，而〈召南〉有之」。

(二) 詮釋別體

1. 引伸發揮

　　《古微書》解說讖緯內容，如前所說，有針對名義解釋者，有就通篇義理加以闡釋者，總之皆直接針對讖緯本文進行詮釋。然而，該書偶有脫離直接解釋讖緯本文者，之所以偏離主題，這與孫轂「好古尚奇」的注釋傾向有關，讖緯文獻中記載許多奇詭希見之軼事，孫轂對此多所關注，且孫轂閱書豐富，所引述之範圍也異乎常人[33]，若緯文中志怪者，孫轂則旁徵博引歷代異說，以作為引伸發揮，如《古微書》卷十一〈春秋說題辭〉：

> 「孔子謂子夏曰：「得麟之月，天當有血書魯端門：『孔聖沒，周室亡。』子夏往觀，逢一郎云：『門有血，飛為赤鳥，化而為書』」。[34]

　　本條為闡釋孔子作《春秋》及「西狩獲麟」之事，漢代讖緯對此多有論述，《古微書》除〈春秋說題辭〉外，在〈春秋演孔圖〉、〈論語摘衰聖〉、〈孝經援神契〉中也有所記載[35]，孫轂於本文後云：

---

[33] 見黃復山：〈《古微書》的讖緯文獻價值及評議〉，收入《海峽兩岸古典文獻學學術研討會》，2002年，頁555-603。

[34] 見《古微書》，頁220。

[35] 見《古微書》卷八〈春秋演孔圖〉：「得麟之後，天下血書魯端門」條，卷二十六〈論語摘衰聖〉：「帝不先義任道德」條，卷二十九〈孝經援神契〉「孔子作《春秋》、制《孝經》」、「魯哀公十四年，孔子夜夢三槐之間」條。

按：《拾遺記》：「浮提之國獻神通、善書二人，乍老乍少，出肘間金壺四寸，壺中有黑汁如淳漆，洒地及石皆成篆、隸、科斗之字，記造化人倫之始，佐老子撰《道德經》，及金壺汁盡，二人刳心瀝血以代墨焉。遞鑽腦骨，取髓代為膏燭，及至經成工畢，二人亦不知所往。」顧孔子之書，何以莫贊一辭也？安知顏淵、冉牛輩，不即浮提善書之神，而人特不知測耶！[36]

孫瑴引用《拾遺記》之說，載浮提之國神通、善書二人助老子撰寫《道德經》一事，與孔子作《春秋》及「西狩獲麟」之事並無關連，孫瑴僅因二者同時描述神異、撰寫與經典三者，因此孫瑴引用此段文字，以作為引伸發揮之用。

2. 羅列異說

孫瑴在〈古微書略例〉中曾云：「有古注者錄其原注，無原注者，復拾異說與之旁通」，原意為注解時原則上引用原注，但若無原注者，則選擇相關說法羅列之，以幫助理解，此為該書之編纂通例。然而，面對某些讖緯相關議題，若歷代文獻記載差異太大者，孫瑴採取的方式即同時呈現，以供讀者參考及自行判斷，如《古微書》卷九〈春秋運斗樞〉云：「伏羲、女媧、神農是謂三皇，皇者天，天不言，四時行焉，百物生焉，三皇垂拱無為，設言而民不違，道德玄泊，有似皇天，故稱曰皇。皇者中也，光也，宏也，含宏履中，開陰布綱，上合皇極，其施光明，指天畫地，神化潛通，煌煌盛美，不可勝量」[37]，本條讖緯以「伏羲、女媧、神農」為三皇，但關於「三皇」，歷來說法不一，孫瑴因此引用歷代各家說法，羅列在本條讖緯之下：「鄭玄《六藝論》以伏羲、女媧、神農為三皇，引〈運斗樞〉之說也。宋均引〈甄耀度〉數燧人、伏羲、神農為三皇，《禮・含文嘉》、《尚書大傳》、譙周《古史考》並同，

---

[36] 見《古微書》，頁220-221。

[37] 見《古微書》，頁173。

惟《白虎通》取伏羲、神農、祝融為三皇，而孔安國則以伏羲、神農、黃帝為三皇，皆與鄭異。」[38]讖緯內容除記載災異、感應、符命之外，也多有論及上古帝系、神話之說，然諸帝系因限於傳說，無史可考，人各異說，孫瑴對此類議題則廣採各家說法，以增廣讀者見聞，而不妄自推斷。在《古微書》中，凡採用「羅列異說」的解說方式，除該問題說法歧異，無標準答案外，若古籍中記載與讖緯內容相關者，孫瑴也同樣採錄，如《古微書》卷十一〈春秋潛潭巴〉：「鳳行鳴曰歸嬉，止鳴曰提扶，夜鳴曰善哉，晨鳴曰賀世，飛鳴曰郎都」，其後孫瑴收羅古籍中各家說法：「按《宋書・瑞應志》：『鳳晝鳴曰滿昌，昏鳴曰固常，夜鳴曰保長』，又何法盛《徵祥記》：『鳳晨鳴曰發明，晝鳴曰保長，舉鳴曰上翔，集鳴曰歸昌，昏鳴曰固常，雄鳴曰即即，雌鳴曰足足」[39]，鳳凰本為古代神話瑞禽，相傳為聖王在世之瑞兆，孔子曾有「鳳鳥不至」之嘆，而漢代讖緯尊崇孔子，且好文飾、誇大經說，因此自漢代以降，對於鳳凰形象多所著墨，連帶其鳴叫聲也是討論對象之一。歷代對鳳凰鳴叫聲說法不一，孫瑴並拾異說，以提供讀者相關資訊，是為《古微書》編纂通例之一。

(三) 《古微書》引用文獻檢討

以解說體例而言，凡是引用各家說法以解釋讖緯者，都應歸類為「闡釋義理」，但在《古微書》中，偶有出現引用他人解說而不知剪裁的情形，如《古微書》卷二〈尚書考靈曜〉：「冬至，日月在牽牛一度，求昏中者，取六項加三旁，蠡順除之。斗二十二度無餘分，冬至在牽牛所起」，下引鄭玄注云：「『盡行十二項，中正而分之，左右各六項也。蠡猶羅也，昏中在日前，故言順數也；明中在日後，故言卻也。』據此則旁羅乃測天度之器，如今之日晷、地

---

[38] 見《古微書》，頁 173-174。

[39] 見《古微書》，頁 215。

羅也。十二項者,十二時分為十二方也,此可補《史記》注之遺」[40],本文
引鄭玄注解,說明「求昏中者,取六項加三旁,蠡順除之」,乃源自於古代將
天分為十二區,如計時之頃刻般,欲求昏中及明中位置當如是推求。但孫瑴
在鄭玄注後下按語:「據此則旁羅乃測天度之器,如今之日晷、地羅也。十二
項者,十二時分為十二方也,此可補《史記》注之遺」[41],文中提及「旁羅」、
「《史記》注」等,但本條讖緯並無關於「旁羅」及「《史記》注」等內容,
按語中出現兩條詞彙實為突兀。經筆者考證,本注解及按語並非孫瑴所作,
而是孫瑴照抄《升菴集》卷七十四〈旁羅〉條,該條文字如下:

> 《史記》黃帝「順天地之紀」、「旁羅日月星辰。」《文選・陸佐公新
> 刻漏銘》:「俯察旁羅,登臺升庫。」〈尚書考靈曜〉曰:「冬至日月
> 在牽牛一度,求昏中者,取六項加三旁,蠡順餘之。」鄭玄注曰:「盡
> 行十二項,中正而分之,左右各六項也。蠡猶羅也,昏中在日前,
> 故言順數也,明中在日後,故言却也。」據此則「旁羅」乃測天度
> 之器,如今之日晷、地羅也。十二項者,十二時分為十二方也,此
> 可補《史記》注之遺。[42]

　　孫瑴編纂《古微書》時,援引讖緯本文之參考書籍中,有相當程度來自
於楊慎著作,《升菴集》本條文字從「〈尚書考靈曜〉」開始,直至「可補《史
記》注之遺」為止,可說與孫瑴所述一字不差,由此可見孫瑴本條文字援引
自楊慎《升菴集》。然而,楊慎本條在於解釋《史記・五帝本紀》及《文選・
陸佐公新刻漏銘》中「旁羅」之意,並引用〈尚書考靈曜〉文字及鄭玄注,
最後才給予「此可補《史記》注之遺」的結論。因此,由本條引用楊慎《升

---

[40] 見《古微書》,頁45。

[41] 見《古微書》,頁45。

[42] 見明・楊慎《升菴集》卷七十四,收錄於《中國基本古籍庫》。

薈集》文字來看，孫瑴借用他人文字以進行解說時，或有剪裁不當，直接引用而未考慮前後文脈者。

三、《古微書》詮釋讖緯的特色

本章對於《古微書》的基本詮釋體例，包含形式與方法，上文已進行說明。然而，在《古微書》的編纂上，卻存在某些與上述體例截然不同的特殊面貌，在此以「詮釋特色」一語概括之。在《古微書》的詮釋特色上，除了一般內容的統一體例外，更存在著若干矛盾的現象，如「崇尚奇詭」與「辨偽求真」的矛盾現象，「收羅求真」與「偽收緯文」的矛盾現象。究竟為何《古微書》呈現此般面貌，是值得探索的議題，以下分別就各項議題，詳論其成因，以窺見《古微書》一書編纂的真實目的。

(一) 崇尚奇詭與辨偽求真

透過「引注」、「白注」兩項詮釋形式的介紹，以及「解說名義」、「闡釋義理」、「引伸發揮」、「羅列異說」等四項詮釋方法的說明，可知孫瑴在《古微書》的編纂上，對於讖緯的詮釋，基本上有一定的體例與方法，藉由這些方法，期待「使讀者開卷而豁然」，以期讀者較容易理解讖緯的內涵，由此可明瞭孫瑴編纂《古微書》之苦心。

然而，《古微書》在詮釋讖緯義理時，並非全然依照固定邏輯進行，亦即有時常發現《古微書》詮釋讖緯，前後內容往往有看似矛盾之處，這不免讓人對於《古微書》編書宗旨的一致性產生質疑，也就是說，對於緯文中奇詭怪異之記述，孫瑴時常有前後矛盾的說法，有時既認同奇詭怪異之事，有時卻又大力批判。

《古微書》編纂之時，面對讖緯之中大量災異符命、神話傳說之異說，孫瑴的基本態度是肯定的，如〈說緯〉論「緯之興，其興於符命乎？五德承

運，遞有感生」[43]，在《古微書》中，常見孫瑴對於奇詭怪異之事感到好奇，並試圖為之詮釋，如前文〈春秋·說題辭〉載孔子述「血書魯端門」之事，孫瑴順著緯書邏輯，引用《拾遺記》載「神通、善書」二人撰寫《道德經》一事，進而將「顏淵」、「冉牛」比附為神通、善書二神，隨伺孔子身旁，為孔子謄寫《春秋》。緯書中喜好神話孔子，或以為素王，並撰寫符命，為漢朝承天命撰寫預言，或以為黑龍感生，如卷二十五〈論語·讖考讖〉載：「叔梁紇與徵在禱尼丘山，感黑龍之精，以生仲尼」，載孔子之父叔梁紇與徵在祈禱求子於尼丘山，而其母徵在感黑龍之精，遂有身孕。對此孫瑴施加按語於下：

> 按崔鴻《北燕錄》：「昔魯人有浮海而失津者，至于亶州，見仲尼及七十子遊於海中，與魯人一杖，令閉目乘之使歸，告魯侯築城以備寇。魯人出海，投杖水中，乃龍也。具以狀告魯侯，不信。俄而羣燕數萬銜土培城，魯侯乃大城曲阜城。迄而齊寇至，攻魯不克而還。」[44]

孔子的形象，自漢武帝獨尊儒術後，便成為後世經學的代表，加諸漢代好談災異符命，不斷神化孔子，於是「先師」的形象變成了「感黑龍之精」的「素王」。原先樸素的「刪詩書」、「道不行，乘桴浮於海」，成了後世編纂神話的題材。崔鴻《北燕錄》載魯人乘舟海上，迷途失路，忽見「仲尼及七十子遊於海中」，並給予魯人枴杖，指引歸家路途及通報魯侯禦寇。孔子及弟子「遊於海中」，故事原型即《論語·公冶長》：「道不行，乘桴浮於海，從我者，其由與」，而魯人「出海，投杖水中，乃龍也」，也能上推孔子「黑龍之精」的讖緯神話。在引述崔鴻《北燕錄》後，孫瑴又加註說明：

---

[43] 見《古微書·說緯》，頁1。

[44] 見《古微書》，頁487-488。

> 貫居子曰：夫子生不及浮海，而死乃遊之乎？雖然，亦適以見明德
> 之遠矣。黑龍之感，五老之降，三十二表之狀，豈虛也哉？[45]

　　孫瑴以為孔子生時感嘆「道不行」，將欲「乘桴浮於海」，生不能成行，竟於死後遂願，且能變杖為龍，告魯侯禦敵，足見「明德之遠」，如神祇般德行遠播，感應殊勝，進而推論緯書記述孔子所謂「黑龍之感，五老之降，三十二表之狀」，或許真有其事。孫瑴引用崔鴻《北燕錄》，串連讖緯神化孔子的事蹟，一方面可以補充讖緯故事之流變，一方面也說明孫瑴對於奇詭之事的好奇，甚至對這類事蹟下了「豈虛也哉」的評論，足見孫瑴對怪異奇詭事蹟之喜好。

　　除了針對讖緯內容進行討論外，孫瑴也常引述後世怪異之事，補充讖緯相關事蹟，如卷九〈春秋文耀鉤〉：「庶人爭權，赤帝之精庶人謂劉、項也」條，即緯書記載庶人劉邦、項羽一爭天下之事，而「赤帝之精」即赤帝了劉邦，為劉邦之母與赤龍交而生，因此劉邦上應赤帝。對此孫瑴引述後代事蹟云：

> 貫居子曰：按太星之貴，亦有遊戲人間，如長乳星為女子，浴于渭
> 河，而張寬知之。又太乙星不見，東方朔令迎于海中，會稽太守果
> 見一人，丫角坐卧一紅蓮，長丈餘，而手持一黃書。至于太白竊織
> 女侍兒，為天帝所捕，抑愈怪矣。唐開元中，北斗為羣豕，入渾天
> 寺，僧一行伺而掩之甕中，尤可大噱。要之，神物變化，亦復何常？
> 窮理未至其眇者，未可以輕訶古人也。唐史之術，直其一端耳。[46]

　　孫瑴引述古代有星宿下凡而為人者，如「長乳星為女子」，「太乙星」降為海中巨人。唐開元年間，北斗星不見，傳聞變為豬群，而為僧人一行法師

---

[45] 見《古微書》，頁 488。

[46] 見《古微書》，頁 172-173。

所補，藏於甕中，孫轂雖認為一行之事「尤可大噱」，不足為信，但總結古代
星宿降生諸事，卻又認為「窮理未至其眇者，未可以輕訶古人」，對於未知的
領域，採寧可信其有的態度，至若楚國史官唐氏以葭灰遺於地，並拂滅以去
除殃雲，也僅是神異之一端而已。由是可知，孫轂對於讖緯中災異符命、奇
詭怪異之事，基本上採取較為開放的態度，且針對緯文進行補充注解。

那麼，孫轂既然詮釋讖緯上不反對奇詭怪異之事，何以在《古微書》中
又常見對於災異符命之事的批判？如卷八〈春秋合誠圖〉：

> 堯坐舟中，與太尉舜臨觀，鳳皇負圖授堯，圖以赤玉為柙，長三尺，
> 廣八寸，黃金檢，白玉繩，封以兩端，其章曰：「天赤帝符璽」五字。
> 又赤龍負圖，以出河見，堯與太尉舜等百二十臣集發，藏之大麓。

諸如上文這類鳳凰、龍、龍馬、龜等瑞獸祥禽奉獻圖書，獻與古聖先王
之事，在讖緯中可說是屢見不鮮，一般而言，孫轂對於上文「災異」、「符命」
等緯文有較高的包容力，然而孫轂對本條緯文的評價如下：

> 上古之圖錄亦何數數也，不直有畫，且有字有語，如《述異志》所
> 載，陶唐之世，越裳國獻千歲神龜，方三尺餘，背上有文科斗書，
> 記開闢已來，帝命錄之，謂之龜歷，此科斗書跡，皆從何來？倘亦
> 理之不可詰也。[47]

孫轂認為讖緯記載「上古之圖錄」數量猥多，且不僅有圖畫，且又顯示
文字，如鳳凰負圖獻堯，於彌封處有「天赤帝符璽」五字。又《述異志》載
陶唐氏時「越裳國獻千歲神龜」，背甲有蝌蚪文，記載天地開闢以來歷史。諸
如此類，孫轂認為「此科斗書跡，皆從何來」，在邏輯上說不通。孫轂對於災

異、符命的態度，看似部分支持，部分批判，似乎有自相矛盾之嫌，但其實
細究孫瑴所批判的災異符命，可發現孫瑴是針對記載事蹟有「造假」嫌疑，
或前後條文「不合邏輯」者進行批判，並非孫瑴採用雙重標準。

　　首先針對「造假」，即上文〈春秋合誠圖〉所引讖緯，孫瑴對於讖緯中珍
禽異獸等祥瑞是認同的，態度一如〈春秋文耀鉤〉：「庶人爭權，赤帝之精」
的崇尚奇詭，但若上古圖籙，備載開闢以來歷史，且書以蝌蚪文，則孫瑴認
為此事有造假嫌疑。對於緯文事蹟有造假嫌疑，孫瑴無論在何篇讖緯，均採
質疑批判態度，其中特別針對「文字」之造假，如卷三〈尚書帝命驗〉：「赤
爵啣丹書，止於昌戶，民踰山穿穴，老幼相扶歸者八十萬戶」條，孫瑴評曰：

> 賁居子曰：「河不圖，鳳不至，孔子以為悲，信帝王運數之不偶也。
> 顧〈河〉、〈洛〉雖著，有圖無文，今周室丹書，則灼灼七十八字。
> 夫倉頡初作書，鬼且夜哭，是天帝惡人之作書也。天既惡人之書，
> 此七十八字必將如雲龍之篆，幻不可識，又誰為束皙而識奇字耶？
> 使在後世，則以為魚腹書、狐鳴書，甚則為天書之謅而已矣。古之
> 世帝何其神，而民何其愚易惑也？然以雁帛書、燕足書推之，則此
> 丹書，毋亦當時有幻術畸人繫書赤雀，偶炫其奇，而此雀偶集于昌
> 之戶，遂以為神聖之符未可知也。又不然，便佞臣皆能為之爾。[48]

　　孫瑴同意古代祥瑞徵兆，因孔子曾因「河不圖，鳳不至」象徵聖王不出，
因而感到悲傷，孫瑴尊孔，以讖緯傳孔聖之學，因此認同聖王之出，必有祥
瑞符命。然而，〈河圖〉、〈洛書〉僅有圖像，而無文字，但「周室丹書」卻明
示 78 字，以作為姬昌應天命之符瑞，則為孫瑴所批判。孫瑴以為「古之世帝
何其神，而民何其愚易惑」，若圖籙符命為圖像尚可解釋為祥瑞，但如「丹書」
等文字顯著，則應為「幻術畸人」以方術技巧繫書於赤雀腳上，偽稱姬昌受

---

[48] 見《古微書》，頁 64-65。

命。又或「佞臣」為求榮祿，以詐術惑人耳目罷了。由是可知，孫瑴針對讖緯所「辨偽」者，在「理之不可詰」及「偶炫其奇」的造假資料。

其次，孫瑴在《古微書》中針對緯文內容進行批判辨偽者，在於緯文中「物類」相應之說，若對照讖緯前後文，或對比古今事蹟，發現同一現象，在古則為祥瑞，於今則為妖孽者，此為孫瑴不能接受而需「辨偽」者。古代讖緯文獻中，對於「異物」、「異象」的詮釋，往往緊扣天人感應之說，且示警或嘉美的對象往往就是統治者本身，可以說讖緯本文在「天人感應」的內容上充滿著對國君的警示或褒美。類似的「異物」、「異象」，一般而言有明確的對應關係，若為明君、治世，多半配以祥瑞天象、物候、瑞獸如景星、祥雲、麒麟、大龜、龍、嘉禾、靈芝等象徵，而昏君、亂世必然配以天災、人禍、怪物、飢荒如彗星、日蝕、降雹、水旱、麑生鹿、鶂無頭等象徵，但緯文中同時存在許多明君配「異物」的現象，如卷五〈尚書中候〉：「黃帝時，麒麟在囿，鸞鳥來儀」條，孫瑴在緯文下注解：

> 貫居子按：「黃帝有土德之瑞，黃龍地螾見也。螾，土精，大五六圍，長十餘丈，螾即蚓也。〈河圖說徵篇〉：『黃帝起，大螾見』，《帝王世紀》：『黃帝時，螾大如虹。』使在後世，豈不為災怪之尤，而聖世輒以為瑞。要之，天亦何心也？然則石虎時之芝草數萬，蒼麟十五，吾未知其不為祥也。」[49]

同樣為「大螾」，在黃帝時為祥瑞之兆，象徵「土德之瑞」，但若反映在不同對象上，詮釋則大異其趣，若「大螾」見於後世，則將歸類為「災怪之尤」。同樣的物類，在聖王治世被解讀為祥瑞，在後世卻可能被解讀為災異之甚者，對於「物類」解讀的矛盾，是孫瑴所不能認同的，因此針對此類緯文，《古微書》往予以批判或質疑。另外，即便眾所公認的祥瑞之物如「芝草」、

「蒼麟」，按理來說此等瑞物當應聖王而生，但卻見於後趙石虎之時，石虎之政兇殘暴虐，實不應得祥瑞。由是可知，孫瑴解釋讖緯時，對於奇詭軼事的崇尚是基本的傾向，但若緯文中存在可能的造假，或邏輯上的矛盾，無論孫瑴如何支持詮釋讖緯義理，也無法認同這類緯文。

在《古微書》中，除「辨偽」與「崇尚奇詭」的二元性外，也同樣存在著「考辨求真」與「崇尚奇詭」的二元性。孫瑴編纂《古微書》，雖本意為闡釋讖緯義理，使讀者能豁然開解，但若詮釋時遇到內容偏頗，或言不成理之處，孫瑴並不強加註解，而是採實事求是的「求真」態度進行說解，如卷二十五〈論語比考讖〉云：

> 水名盜泉，仲尼不漱。里名勝母，曾子斂襟。
> 邑名朝歌，顏淵不舍，七十弟子掩目，宰予獨顧，由蹳墮車。宋均
> 曰：子路惡宰予顧視凶地，故以足蹳之。

〈論語比考讖〉載孔子曾因有泉水名「盜泉」，因而拒絕漱洗其下；曾子至孝，曾路過鄉里，僅因名為「勝母」，因而迴避；城邑名為「朝歌」，與商國都同名，顏淵便不居住，其餘七十弟子掩目不觀，而宰予因觀覽該城邑而被子路踢下車。有關這兩條緯文，孫瑴回應如下：

> 賁居子曰：「昔之地形名迹，有關人事者，貫高以柏人敗，而眭固以射兔圍。吳隱之一歠，貪泉不害其為潔，而王陽驅九折之阪，不傷其為孝，各有以耳。」[50]

孫瑴認為所謂地理、物貌並不因其名稱而有好壞之分，如貫高欲謀殺劉邦，卻敗於柏人一處，此處本為古聖堯之故鄉，足見聖人之鄉未必全然順遂。

---

[50] 見《古微書》，頁 475-478。

三國時期，眭固字白兔，欲投奔袁紹，但卻在射兔（當為「射犬」）一地被曹操軍隊所圍而亡，當時占卜之人曾告誡「將軍字兔而此邑名犬，兔見犬，其**勢必驚，宜急移去**」，眭固不聽，果然應驗而死。《晉書・吳隱之傳》載吳隱之任廣州刺史，為官廉潔，當地一泉名為貪泉，相傳清廉之人飲之亦為貪，但吳隱之引後卻不妨其廉潔。漢代琅邪王陽為益州刺史時，行經邛郲九折阪，因不忍損傷軀體以虧孝道，因而折返。其後王尊到此處，以「**王陽為孝子，王尊為忠臣**」，驅而過阪，如是例證，均不因地名而害人之名節。孫瑴認為因地因物而拘泥，並不足以為式，因此反對緯書記載之事，而列舉歷代事證，證明地名不影響個人本質。

由上文論證可推知，孫瑴編纂《古微書》時，明瞭讖緯之內容存在許多雜蕪之處，但又必須詮釋讖緯義理，因此注解態度上無法如注解十三經般「疏不破注」，完全依照讖緯的內容為之詮釋。孫瑴既需為讖緯內容進行注解，但遇到讖緯荒誕之處，也不能無視，必須予以反駁辨證，因孫瑴編纂《古微書》的主旨，在於幫助讀者正確理解讖緯內容。

在此前提下，《古微書》的詮釋風格，呈現出既幫助多數讖緯疏釋，又反對部分讖緯內容的面貌，在引注、自注時呈現出看似矛盾的二元性，追根究底乃肇因於漢代讖緯內容的駁雜與正誤並存，使孫瑴解說讖緯時不得不採用此法。清代解經者之所以不需面對此問題，在於清人僅需從讖緯中提取自身所需內容，或客觀解說內容即可，但孫瑴《古微書》的編纂，用意在於使讀者容易理解讖緯內容，因此除了解釋內容外，還需針對讖緯內容進行評價。因之，在進行逐項進行說解時，針對緯文的參差不齊，產生出詮釋內容的二元性是可以理解的。

(二) 收羅求真與偽收緯文

由前章《古微書》引書考的結論得知，孫瑴輯佚讖緯條文，所參考的古籍數量眾多，遍及經、史、子、集、類書等書籍，在當時的讖緯輯佚上達到前所未有的規模，即便清代學者對於這樣的收集成果仍舊是不滿意的，但仍

不可忽略《古微書》在歷代讖緯研究中所佔有的關鍵地位。孫瑴在〈古微書
略例〉中曾自述收集古籍之條例，基本上以「求真求備」為收集文獻之根本
原則：

> 是集多得之《十三經注疏》、《廿一史》書志，及《太平御覽》、《玉
> 海》、《通典》、《通考》、《通志略》諸大部……皆真瓊珞，非贗琬琰。
> 蒐羅輯綴，累月窮年，故其首尾都無倫次，正不必苛其端緒，摘其
> 挂漏也。[51]

就《古微書》讖緯文獻的徵引來源考察，確實孫瑴在收集文獻時，大量
參考「《十三經注疏》、《廿一史》書志，及《太平御覽》、《玉海》、《通典》、《通
考》、《通志》」等歷代大部經、史、類書，而收集的方法雖然因為讖緯的散佚
殘缺，常有「首尾都無倫次」的缺憾，也同時提醒讀者無須針對編排上的錯
亂而「苛其端緒，摘其挂漏」。但就總原則上，務必以「皆真瓊珞，非贗琬琰」
的求真態度完成緯文收集以及讖緯注解，由此可明白孫瑴編輯《古微書》的
大概體例。不過，在〈古微書略例〉中，針對〈刪微〉（即現存《古微書》）
的編排體例，竟提到「所遇圖緯諸家，雖細錄也，雖偽收也，雖斷章者亦取
焉」，《古微書》的編纂在總原則上強調「求真」，但在《刪微》的編書體例上
卻同時允許「偽收」的狀況，這種體例混亂的情形使清代讖緯研究者普遍感
到不滿意。孫瑴《古微書》的編輯，對於清代讖緯的廣大影響，《四庫全書總
目》已詳盡評論，此處無須贅述，但清人譏評《古微書》之處，不外乎收羅
緯文數量過少，關鍵輯錄讖緯書籍如《開元占經》當時孫瑴並未得見，以致
掛一漏萬。另一受人非議之處，即孫瑴偽收非讖緯之文字，逕自立篇或置入
某篇讖緯之中，如《尚書五行傳》、《易河圖數》、《易九厄讖》等，此外尚有
許多零星的讖緯條文屬於「偽收」的狀況，這對於清代的讖緯研究來說是一

---

[51] 見〈古微書略例〉，頁3。

大阻礙，因此清人紛紛自行輯佚讖緯殘文，並對《古微書》進行批判。

　　從清代至今，對於《古微書》偽收緯文的批判並不罕見，但讓人好奇的是，卻從沒有人認真研究過，為何孫瑴需要，或刻意偽收緯文的原因，筆者以為既然在〈古微書略例〉中提到「偽收」的可能，那是否「偽收」也可以作為《古微書》編纂的體例之一？《古微書》既要「求真」，何以又必須自我矛盾的強調「偽收」？要解決這個問題，必須針對《古微書》全書偽收的狀況進行通盤檢討。

　　孫瑴《古微書》偽收條文，始於卷一〈尚書考靈曜〉：「天如彈丸，圜圓三百六十五度四分度之一」，終於卷三十六〈洛書摘六辟〉：「孔子曰……效紀承餘以著當」，可以說整部《古微書》充斥著偽收緯文的狀況。然而，筆者經過全書逐條考證後，發現所謂偽收緯文，並不只限一種原因，細論之，可分為「誤收錯置」、「篇目未定」、「增減字」、「摻入非緯」、「重出」等五種狀況。

　　首先「誤收錯置」，是指古籍文獻中該條應為甲篇緯文，但孫瑴將之置於乙篇，如卷二〈尚書考靈曜〉：「春夏民欲早作，故令民先日出而作，是謂寅賓出日。秋冬民欲早息，故令民候日入而息，是謂寅餞納日。春迎其來，秋送其去，無不順矣」[52]守本考證本條應為〈尚書帝命驗〉文，但孫瑴逕自置入此處。「誤收錯置」的狀況，可能是孫瑴筆誤，這屬於編纂體例不週的部分，又或者是刻意為之，這類緯文即孫瑴刻意置入，這便需要特別關注。

　　第二為「篇目未定」，這類偽收緯文的狀況，大抵即歷代古籍中，凡收羅該條緯文者，並未明確指出此條緯文隸屬哪篇之中，多半出處僅標以「緯書」、「春秋緯」、「易緯」、「禮緯」等大概方向，這些緯文在《古微書》中屢見不鮮，但孫瑴當初卻依照某種「原則」或「慣例」，將這些緯文分別置入各篇之中，如卷三〈尚書帝命驗〉：「堯夢長人，見而論治，舉舜於服澤之陽」條[53]，守本考證本條出處為「《路史‧有虞紀》注引《書緯》」，古籍之中僅說明為《書

---

[52] 見《古微書》，頁37-38。

[53] 見《古微書》，頁55。

緯》，並未指為何篇，孫瑴自行編入，使輯佚的體例看起來十分混亂，也為清人所詬病。

第三為「增減字」，即孫瑴所收錄之若干緯文，經清人考證古籍，部分內容與孫瑴收錄樣貌不同，其中一部份為孫瑴所徵引的古籍版本與清人不同，或各家傳抄《古微書》上的文字差異，另一部份則屬於孫瑴自行增減字，如〈春秋演孔圖〉：「紫極宮內，諸侯為外蕃，三公為中輔」[54]，守本考證「《書鈔》五十無『紫極宮內』四字」，由此可知孫瑴在收錄緯文的過程中，存在自行增減文字的情形。

第四為「摻入非緯」，即該段文字本非讖緯本文，但孫瑴卻自行將之加入本文之中，使真偽難以辨認，如卷七〈春秋元命包〉：「左角理物以起，右角將率而動，故曰：左角理，右角將」，「左角理，右角將」條[55]，乃孫瑴引用《漢書·天文志》，並非讖緯本文，但意義與緯文相通，故孫瑴自行加上「故曰」，將六字納入緯文之中。這樣的情形在《古微書》中屢見不鮮，清人為此大力批評孫瑴刻意造假，也因如此，使得《古微書》的文獻參考價值大大地減低許多。

第五為「重出」，即該條文字本屬於甲篇，卻又同時出現於乙篇之中，如卷四〈尚書運期授〉：「桀失玉鏡，用其噬虎」條[56]，本條文字《路史》卷二十三作〈尚書帝命驗〉，且卷三〈尚書帝命驗〉中也錄有此文，是為重出之文，這種情形在清人眼中，同樣是體例混亂且難以理解。

以上五種偽收條例，使得《古微書》每每受到後人詬病，但詳細觀察後，筆者發現無論是何種「偽收」現象，實則有條例可尋。經筆者整理後，針對《古微書》中「偽收」條目，以《叢書集成初編》本中，守山閣叢書本《古微書》之卷次、頁碼製表如下：

---

[54] 見《古微書》，頁155。

[55] 見《古微書》，頁139-140。

[56] 見《古微書》，頁81。

《古微書》研究
以編纂與天文曆法詮釋體系為對象

	誤收錯置	篇目未定	增減字	非緯文	重出
卷次/頁碼	2/37-38、3/52、3/66、3/66、3/66、4/77、4/77、4/81、5/85-86、5/86、5/93、5/93、5/94、5/96、5/97、5/106、8/149、10/191、10/191、10/191、10/191、10/192、10/192、11/214、12/231、12/239、12/241、12/241、13/246、15/295、15/296、15/297、18/343-344、19/376、22/416、22/422-423、24/458、24/459、27/516、28/544、28/544、30/585、31/596、31/597、31/598-599、31/600、31/602、33/639、	3/55、4/77-78、4/79、4/80、5/88、6/112、9/181、11/223、11/224、12/233、12/233、12/234、12/238、12/239、12/239、12/240、12/243、12/244、13/245、13/259、14/274-275、15/298、15/299、15/300、15/302、17/329、18/341、18/344、19/378、20/391、20/391、20/391、22/416、22/417、25/481、25/484、27/512、29/555、32/608、32/608、32/612、32/614、32/623-624、33/630、33/630、33/630、33/630、33/630、33/630-631、33/643、33/643、33/644、33/644、33/644、33/644、33/646、33/646、33/646、33/646、33/647、33/647、33/647、33/648、33/648、33/652、35/675、35/677-678、35/678、35/689、35/689	7/131-132、7/138、7/139、8/155、10/189、10/189、14/281、15/296、15/296、17/331、22/416、22/419、25/484-485、30/581	1/3、1/6、1/13、3/49、3/50、3/52、3/58、4/80、5/88、5/89、5/108、6/112、6/113、6/121、7/138、7/138、7/139、8/154、8/156、8/157、9/170、10/199、10/200、10/204、11/210、11/210、11/220、11/222、11/227、12/230、12/239、12/243、12/243-244、13/246、13/262、14/283、15/299、15/299、16/303、16/303、16/303、16/303、16/312、16/313、16/313-314、17/318、17/322-323、17/326、17/330、18/341、18/341、18/342、18/342、18/344、18/346、18/346、18/351、20/382、20/384-385-386、21/406、21/406、21/407、22/416、22/422、22/427、22/427、23/443、24/453、25/478、25/480、25/481、25/484、25/485、26/493、26/504-505、27/516、27/519、27/519-520、27/530、28/533、28/538、28/539、28/543、	4/81、7/146、9/174、9/181、11/224、12/233、14/281、15/298、19/361、23/443-444、24/468、24/468、25/487、30/585、31/598-599、33/643、33/644、33/644、33/651、35/679、35/685

誤收錯置	篇目未定	增減字	非緯文	重出
33/639、 33/640、 33/640、 33/652、 34/655、 35/677-678			29/560、29/561-562、 29/562、30/576、 30/576、30/579、 30/581、32/614、 32/625-626、 33/632-633、33/639、 34/655、34/655、 35/677-678、35/678、 35/679、35/679、 35/683、35/685、 35/687、35/687-688、 35/688、35/694、 36/696、36/707	

　　以上條目為《古微書》偽收緯文之初步整理，全部共 250 條，其中「誤收錯置」56 條、「篇目未定」70 條、「增減詞」14 條、「非緯文」107 條、「重出」21 條，因部分條文兼有兩種以上偽收現象，故並列於各項之中。以偽收種類來說，可分為五項，似乎顯得輯佚編排的體例是十分混亂的。然而，若針對偽收原因進行考察，其實可以發現五種偽收現象皆有「共相」。就「誤收錯置」這項考察，筆者考察孫瑴所誤收的 56 條讖緯本文，全部都為「刻意誤收」的狀況，也就是說孫瑴是有意將甲篇讖緯本文置入乙篇。那麼，為何需要如此？這必須比對讖緯前後文的安排才能明白。

　　經觀察，孫瑴編纂《古微書》時，所收的讖緯條文是經過整理，並群聚類分的，即〈敘刪微〉中提到「考其班部，摧其宗旨，叢其訛闕，聚其落離」，將各卷中讖緯本文進行分門別類，並聚合各類緯文一併說解，如卷一〈尚書考靈曜〉，所收條文為天文類，且全為天文度數的類別，卷二〈尚書考靈曜〉則同屬天文類，但讖緯本文則依照天文分野→璿璣→星宿感應→四時節候→曆法節氣等順序依序排列讖緯條文。到了卷三〈尚書帝命驗〉，則以天之定義→帝王定義→歷代帝王（堯→舜→禹→桀→姬昌→劉邦→秦朝）為排列順序，首先以帝王時代先後為順序，若同時代則以聖王為先，暴君為後，且內容涉及歷代帝王之符命災異之事，因此〈尚書帝命驗〉讖緯本文的排列則依據義

理的廣狹層遞羅列，「天」為最尊，置於最前，個別帝王之事範圍較小，置於卷後。因此，《古微書》對於讖緯本文的編排有嚴謹的邏輯，並非隨意置入，〈敘刪微〉中所謂「以大義徵，以文律準」的收集原則，正是孫瑴收集、排列讖緯本文的重要原則。

　　然而，在卷三〈尚書帝命驗〉中，孫瑴將〈尚書考靈曜〉中「卯金出軫，握命孔符」（3/66）、「秦失金鏡，魚目入珠」（3/66）、「河圖子提期地留，赤用藏，龍吐珠」（3/66）等三條緯文併入〈尚書帝命驗〉「天鼓動，玉弩發，驚天下，賤類出，高將下，賊起輩，卯生虎」（3/66）之下，守本考證三條出處均為〈尚書考靈曜〉，經比對各家後，出處並無作〈尚書帝命驗〉者。考察三條緯文，一者為讖語，謂秦朝失去治國要道，如失「金鏡」般，政事荒淫如「魚目入珠」；「卯金出軫，握命孔符」即象徵承繼天命的「卯金」劉邦，其帝王氣顯現於東南方，對應在二十八宿中「軫」宿；「河圖子提期地留，赤用藏」即河圖載劉邦為赤帝子，應天之運將受天命，這三條緯文均屬「災異」、「符命」、「讖語預言」的種類。這類論述在〈尚書帝命驗〉中屢見不鮮，也是該篇主旨，但在〈尚書考靈曜〉中，主題分別為卷一「天文度數」以及卷二「天之定義→帝王定義→歷代帝王」，對於災異、符命、讖語預言的主題上，孫瑴僅收到這三條緯文，在條目上與其他主題不成比例，且隔卷（卷三）多述災異符命，因此孫瑴逕自將這三條讖緯文獻置入〈尚書帝命驗〉之中，以作為讖緯義理上的補充說明。

　　這種刻意「誤收錯置」的情形，在《古微書》中並非巧合，而是必然的安排，凡是上表中「誤收」56 條中任何一條，經對比前後文，狀況與上文〈尚書帝命驗〉的狀況完全相同，且多為同一經之緯文，如將《書緯》甲篇緯文置於《書緯》乙篇。其中例外者，僅有〈春秋命歷序〉：「天地初立」（13/246）條置入〈尚書璿璣鈐〉緯文，〈禮斗威儀〉：「周成王觀於河」（19/376）條置入〈尚書中候〉緯文。因此，可以說每一條「誤收錯置」幾乎均為刻意為之，目的在使讖緯義理的解釋上更為聚焦，由此也能推知孫瑴本人注重解釋讖緯義理，更甚於遵從編排的原則。

　　其次，就「篇目未定」70 條考察，與「誤收錯置」的情形相同，幾乎都因應解釋讖緯義理的需要，將這類緯文插入某篇之中，以便進行注解及評論，如〈尚書璿璣鈐〉：「孔子求書……」（4/77-78）條，本為解釋孔子刪書定為《尚書》之事，守本考證出處作「尚書疏序引書緯」，並未確定為何篇緯文，但本條下有「尚者上也，書者如也」條緯文，為解釋《尚書》名義之緯文，孫瑴因「孔子求書」條緯文同樣為解釋《尚書》名義及由來，因此將本條緯文置於〈尚書璿璣鈐〉之下。在 70 條緯文中，少數並非依據讖緯解釋的需求而排入，如〈禮斗威儀〉「顓頊有三子，生而亡去，為疫鬼……」（19/378）條緯文，本文說明顓頊三子死去變為各種鬼，古人以各種方法鎮壓驅鬼，與上條緯文並無意義上連結，而孫瑴將此條置於《禮緯》之末，或許即考量《禮緯》緯文並無與之義義相符者，因此將之置於最後。在「篇目未定」70 條中，與「誤收錯置」相同，將同一經之緯文聚於一處，如《春秋緯》緯文僅置於《春秋緯》，其中僅〈春秋說題辭〉：「孔子言曰」（11/224）、〈春秋保乾圖〉：「女媧氏命娥陵氏」（12/240）、卷十二〈春秋內事〉：「太黃負山」（12/244）及卷十三〈春秋命歷序〉：「入元三百四歲為德運」（13/259）等四條，僅提到出自「緯書」、「緯文」，並無標明為何種讖緯，但同樣依照讖緯前後文的解釋需求排入這四條緯文，因此這類偽收緯文，也同樣採「以義相求」的方式編排「篇目未定」的緯文。由此可知，孫瑴並非隨意穿插「篇目未定」的緯文，而是有解釋上的需求，才將之排入。

　　第三，針對「增減字」13 條，據守本考證，孫瑴收輯讖緯本文時，常添入非緯文字，而這些文字與「非緯文」的不同是，並非孫瑴引書的古籍上本有的文字，根據守本推測，應當為孫瑴自行添入說明的文字，如〈春秋元命包〉：「紫宮之垣：上將建威武……」（7/138）守本考證出處為《史記天官書索隱》，但說明「《史記天官書索隱》無『紫宮之垣』四字」。對照前後文，孫瑴收羅本段緯文共五條，在五條之後加註「以上皆紫宮星」，說明五條緯文皆為「紫宮星」類緯文。由前文說明《古微書》詮釋形式可知，孫瑴編排讖緯條文採「同類相聚」的形式，因此孫瑴收集這類緯文時，自行加入「紫宮之

垣」說明五條文字為「紫宮星」類文字,「增減字」其餘十二條均與本條原因相同。由此可知,「增減字」同樣為孫瑴因應讖緯解釋的需要,而自行加入的解釋語。

第四,「非緯文」107 條中,多半是為了讖緯解釋之需而置入,如〈尚書考靈曜〉:「天如彈丸,圍圓三百六十五度四分度之一」(1/3),按此為《禮記月令注疏》孔穎達疏語,並非緯文,但本條上承「天從上臨下八萬里,天以圓覆,地以方載」,本條述「天」上至太陽位置,下至地表,距離為八萬里,而「天」形狀如圓球,這是對於「天」的形象的解釋。本條「天如彈丸」則接著針對「天」的形狀、度數進行解釋。在本條文字後,緊接「一度二千九百三十二里千四百六十一分里之三百四十八」,用以解釋前條「三百六十五度」的計算數據。由此可見,前後三條解釋邏輯是相當緊密的,孫瑴之所以將「非緯文」插入本文之中進行解釋,乃鑑於讖緯殘文字句、意義斷離割裂,且該條文字的重要性足以貫穿前後文義理解釋之邏輯,透過將該條「非緯文」置入本文後,讖緯的義理也就較容易理解。在「非緯文」107 條中,僅有少部分文字不是為了讖緯解釋之需而闌入本文,大多條文均與〈尚書考靈曜〉條文目的相同,為求讖緯義理能夠較為通順,因而置入非緯條文。

第五「重出」21 條,中,多為孫瑴根據讖緯解釋之需求,將甲篇之緯文,重複置於乙篇,如〈春秋運斗樞〉「黃龍從雒水出,詣虞舜,鱗甲成字,舜令寫之,寫竟去」(9/174),守本考證「此文又見〈河圖挺佐輔〉篇」[57],本文記載舜為帝王時,臨觀於黃河,黃龍負圖出河,舜命人記載圖書文字之事。本條文字孫瑴將之插入「舜以太尉之號即位天子」緯文中,對照前後文,均為記載舜觀河,龍負圖而出之事,因此推斷孫瑴此文本為〈河圖緯〉之文,但在此處重出,用意在幫助解釋讖緯義理。其餘緯文,多半與此條用意相同,僅 14/281、24/468 等三處緯文狀況不同。〈易通卦驗〉:「荔挺不出,則其國多

[57] 本條《藝文類聚》卷 98、《文苑英華》卷 85 以為出自〈龍魚河圖〉,《太平御覽》卷 929、《玉海》卷 83、《事類賦》卷 28 以為出自〈河圖〉。

火災」（14/281），孫瑴參考楊慎《升菴集》卷44，出處作「〈易通卦驗玄圖〉」，及《太平御覽》卷1000同樣錄此文，出處作「〈易統驗玄圖〉」，於是孫瑴同時參考二者，使本條並見於〈易通卦驗〉、〈易統驗玄圖〉，〈詩汎歷樞〉：「擿雒謠曰……」（24/468）狀況與前條相同[58]。

　　經過表列整理歸納後，發現孫瑴偽收緯文的五種條例之中，多數是因「闡釋義理」之需，因而刻意誤收、安排篇目未定者、增減字、置入非緯文以及緯文重出，雖然這些額外誤收的條文，導致《古微書》的體例大亂。然而，從五種偽收條例中歸納出此一共相，足見《古微書》全書最高指導原則為「解釋讖緯義理」，所有《古微書》編排的形式及方法，最終均需為解釋讖緯義理而服務。

　　如此終於能理解〈敘刪微〉所謂「雖非本卷本文之後先，要亦可以大義徵，以文律準」的意義為何，此即孫瑴在收集讖緯本文採「以義相求」的方式，收羅主題相近、意義相近緯文，並針對該群組進行引注或自注說解。即便其中存在著大量偽收緯文，最終仍以幫助理解讖緯內容為依歸。

　　然而，既然以解釋義理為依歸，則把諸多偽收緯文納入注解之中進行說解即可，為何需要將之提高至「本文」的位置？以上文歸納情形，筆者推測當為意義連貫之需。考察偽收緯文249條中，凡在緯文中摻入偽收緯文者，原因幾乎是為了使孫瑴「以類相聚」所收羅的緯文主題，在意義上能夠更為連貫，透過意義的連貫，才能在施加註解時，較清楚地進行注解，說明讖緯意義何在。若將諸多偽收緯文置於注解之下，一來使得已殘缺不堪的讖緯本

---

[58] 〈詩汎歷樞〉：「擿雒謠曰：剗者配姬以放賢，山崩水潰納小人，家伯罔主異哉震」，守本考證出處為「《詩十月之交》疏，以為《中候擿雒貳》文」，喬松年《古微書訂誤》亦云：「此文見中候摘洛貳，孫氏已收入彼卷，何故重出？」本條之下尚有「昌受符，屬倡嬰，期十之世權在室」，守本及喬松年同樣認為是孫瑴已將本條置入《中候擿雒貳》，何故重出於此？實則本條孫瑴參考《毛詩注疏》外，尚參考郭子章輯《六語》，卷一載「〈詩緯擿雒貳謠〉：『昌受符，屬倡嬰，期十之世權在室。剗者配姬以放賢，山崩水潰納小人，家伯罔主異哉震。剗者指艷妻也。孔穎達曰：剗艷古今字耳』」，郭氏本條同時納入《古微書》兩條緯文，出處並作〈詩緯擿雒貳謠〉，筆者以為孫瑴或根據此書，而使兩條緯文並見於兩處。

文意義更加模糊,緯文與其他各條緯文間意義的相關性降低,二來偽收文字若置於注解之下,則較不易讓人注意該條文字在意義上的重要性,這是孫瑴自行「打破常規」,偽收緯文的原因所在。

就《古微書》全本考察,在注解之處詳細標注出處,但在本文卻隻字未提出處為何,這在編書體例上是十分矛盾的,但透過上文分析,該問題同時能迎刃而解。實則《古微書》本文不注出處是一種「刻意為之」的結果,只有透過讖緯本文不注出處,才能將五種偽收緯文類型,依照孫瑴解釋讖緯義理的需求,依次排入各篇之中。倘若比照注解般標注出處,固然是顧及了體例的完整性與使用的方便,但卻使讖緯義理變得殘缺而不連貫,這並非孫瑴編纂此書的目的。前文多次提到,《古微書》的編纂,無論是詮釋形式、詮釋方法或是詮釋特色的二元性,目的皆為了使讖緯義理得以彰顯。

固然一本書在編輯體例上,必須是統一的,若注文及孫瑴評語所引述的文獻皆清楚標注原文出處,那麼孫瑴沒有理由在最重要的讖緯本文不標注出處,這必然是因孫瑴解釋讖緯義理的需求,才採取了本文不注出處,而注文、評語標明出處的「統一體例」。

小 結

綜上所述,《古微書》本乎「以義相求」、「以類相聚」的原則收集讖緯本文,使讖緯本文得以群聚類分,並能針對各主題施加註解。其次,透過引注、自注兩種詮釋形式,使讖緯的解釋有了基本的架構,讀者經由兩種詮釋形式,一方面可較快速理解讖緯義理,另一方面則透過歷代相關文獻的閱讀,得以增廣見聞。

在解說方法上,透過解說名義詮釋字詞,考訂制度;經由闡釋義理,深化讖緯內涵;藉由引伸發揮,擴大讀者視野;憑藉羅列異說,併陳諸說,方便讀者比較異同。《古微書》以四種詮釋方法,對於《古微書》讖緯內容進行

全面性的闡發，其志向不僅在於編纂輯佚之作而已，更重要的是深化讖緯內涵。藉由深化內涵，在讀者理解讖緯要義後，加上經學的理解，經緯會通後，便能掌握孔聖之學的奧旨，這正是孫瑴編纂《古微書》苦心孤詣之處。

　　《古微書》詮釋之特性，因讖緯內容的駁雜，使解說的原則不易統一，而呈現崇尚奇詭與辨偽求真的二元性，但也同時呈現出孫瑴解說讖緯上，重視邏輯統一，以及反對讖緯內容造假的特性。至於收羅求真與偽收緯文的二元性，則凸顯孫瑴為求讖緯義理解說的完備，不惜偽收緯文，透過刻意誤收、安排篇目未定者、增減字、置入非緯文以及緯文重出等五種條例，使得讖緯意義的呈現更加完備。另外，由二元性的探討，也同時發現，孫瑴《古微書》之所以在注文中標明文獻出處，但在讖緯本文中不注出處，究其理由，均肇因於讖緯義理解釋的完整性，因而採取注文標注出處，本文不注出處的「統一體例」。

第五章
《古微書》的讖緯觀與實踐

　　《古微書》既為中國首部讖緯輯佚專著，其地位與影響力當不容忽視，然書中因讖緯本文不注出處、編排混亂等若干因素，受到清人的批判，以致本書之價值隱晦不彰。在《古微書》中，孫瑴不只一次針對讖、緯之間的不同進行論述，而這樣的論述不僅影響了《古微書》全書篇目的編排，也連帶使得孫瑴讖緯觀產生出特殊的面貌，既有繼承古人之說，卻又獨樹一格。後人對於這種獨特的讖緯觀念並未深入了解，便大力批評孫瑴在收錄讖緯本文的標準，如喬松年《緯攟》之論，這對於孫瑴在讖緯研究史的歷史評價及定位來說，是極為不公平的。因此，筆者欲就孫瑴對讖緯異同之論述，進而探索《古微書》讖緯觀之建立，以釐清《古微書》編纂之核心思想。

一、讖緯觀的建立

　　筆者以《古微書》為研究主體，深入探索《古微書》之編纂與內容，發現《古微書》讖緯輯佚之法異於前人，也與清人之說大不相同，究其原因，當在孫瑴讖緯觀之特殊見解。對於《古微書》讖緯觀的探討，首先必須探討孫瑴對於讖與緯的概念究竟為何。因此針對孫瑴在讖、緯之別等論點的探討，以及讖緯觀如何形成上有何特點，確實有待吾人予以釐清。以下分就各項詳細論述，以探索該書真實面貌。

（一）異於前人的說法

　　對於《古微書》讖緯觀的探討，首先必須探討孫瑴對於讖與緯的概念究竟為何。在《古微書》中，孫瑴不只一次針對讖、緯之間的不同進行論述，，而這樣的論述不僅影響了《古微書》全書篇目的編排，也連帶使得孫瑴讖緯觀產生出特殊的面貌，既有繼承古人之說，卻又獨樹一格。後人對於這種獨特的讖緯觀念並未深入了解，便大力批評孫瑴在收錄讖緯本文的標準，這對於孫瑴在讖緯研究史的歷史評價及定位來說，是極為不公平的，因此探討孫瑴在讖、緯之別的論點，以及讖緯觀如何形成上有何特點，確實有待吾人予以釐清之處。

（二）孫瑴讖緯觀與《隋書‧經籍志》的關係

　　首先針對《古微書》中讖與緯的定義，孫瑴在《古微書‧尚書緯》序中提到《尚書緯》與《尚書》讖文的區別，其文云：

> 《隋史‧經籍志》《尚書緯》三卷，其目凡五，曰〈璇璣鈐〉、曰〈考靈曜〉、曰〈刑德放〉、曰〈帝命驗〉、曰〈運期授〉……其〈中候〉諸讖，別自為篇。[1]

　　孫瑴根據《隋書‧經籍志》記載，將收錄自古籍的〈尚書璇璣鈐〉、〈尚書考靈曜〉、〈尚書刑德放〉、〈尚書帝命驗〉、〈尚書運期授〉五類，歸入《尚書緯》三卷本文之中，而〈尚書中候〉等讖緯文獻，則被歸為讖，而不列入緯文。這樣的評判標準，並非孫瑴個人主觀評斷，而是根據《隋書‧經籍志》記載推演而成。《隋書‧經籍志》記載《河圖》、《洛書》共本文十五篇，及九聖之所增演的三十篇緯文，合計四十五篇，「又有七經緯三十六篇……并前合

---

[1] 見《古微書》，頁1。

為八十一篇」[2]，《河圖》、《洛書》等四十五篇，加上《七經緯》三十六篇，共八十一篇，此即東漢光武帝於建武三十二年封泰山刻石之文中，八十一篇經讖的正文[3]，《隋書‧經籍志》認定此為《緯書》本文，孫瑴遵循此說。其後《隋書‧經籍志》又提到「而又有〈尚書中候〉……雜讖等書」[4]，《尚書中候》在《隋書‧經籍志》中被認定為非「八十一篇」的讖書，因此孫瑴根據此說，將〈尚書中候〉定為讖書，而非緯書，此說又見《古微書》卷五〈尚書中候〉序言，其義云：

> 謹按：《隋志》《河》、《洛》、《七經緯》合八十一篇，又有〈尚書中候〉、〈洛罪級〉、〈五行傳〉、雜讖等書，則〈中候〉屬讖不屬緯矣。
> 其說云：「孔子求《尚書》，以其十八篇為〈中候〉」，以故漢世之學，緯候並稱。[5]

孫瑴繼承《隋書‧經籍志》之說，認為讖、緯意義不同，文中「緯」為緯書，「候」即〈尚書中候〉等讖書。既然孫瑴對於緯、讖的分類概念源自《隋書‧經籍志》，那麼對於讖緯篇目中何者為讖，何者為緯的標準，也必然受其影響。

在《古微書》篇目編排時，有一特別現象，即孫瑴收羅文獻時，於《詩緯》僅得〈詩含神霧〉、〈詩推度災〉、〈詩汎歷樞〉三種，但卻在編輯《詩緯》

---

[2] 見《隋書‧經籍志》，其文云：「《河圖》九篇，《洛書》六篇，云自黃帝至周文王所受本文。又別有三十篇，云自初起至于孔子，九聖之所增演，以廣其意。又有《七經緯》三十六篇，並云孔子所作，并前合為八十一篇」頁941。

[3] 見《後漢書‧祭祀志》：「《河》、《洛》命後，經讖所傳……建武元年已前，文書散亡，舊典不具，不能明經文，以章句細微相況八十一卷，明者為驗」，東漢光武帝封泰山刻石之文中，說明「八十一卷」為《河圖》、《洛書》、經讖的正文，在光武帝定八十一卷讖緯正文後，其後增益者被《隋書‧經籍志》視為雜讖，孫瑴因襲此說，將〈尚書中候〉視為雜讖。

[4] 見《隋書‧經籍志》，頁941。

[5] 見《古微書》，頁83。

之時，將三者同時視為讖書。另外，如〈孝經援神契〉、〈孝經鉤命決〉等篇章，除了當作是緯書外，也同樣被視為讖書，即〈古微書・孝經緯序〉所說「今所傳〈援神契〉、〈鉤命訣〉，又率與《詩》三緯等之雜讖，則緯之亡佚已多矣」[6]，將這五篇緯書視為與「雜讖」相等的讖書。所謂「又率與《詩》三緯等之雜讖」，這種判準明顯不是孫瑴個人認定，而是孫瑴遵循某種說法。

就現今讖緯文獻觀之，無論是〈詩含神霧〉、〈詩推度災〉、〈詩汜歷樞〉，或是〈孝經援神契〉、〈孝經鉤命決〉，都是緯書篇目，且是東漢光武帝所編定之八十一篇之內容，在《後漢書・樊英傳》李賢注中有明確羅列《七經緯》的篇目，確實有將這五篇納入八十一篇之中[7]。那麼，孫瑴視這五篇為讖書的說法，很明顯是受到《隋書・經籍志》的判斷，該文內容提到「又有〈尚書中候〉、〈洛罪級〉、〈五行傳〉；《詩》：〈推度災〉、〈汜曆樞〉、〈含神務〉；《孝經》：〈鉤命決〉、〈援神契〉、雜讖等書」[8]，將《詩緯》三篇，《孝經緯》兩篇緯書正文視為「雜讖」，雖無法推知此說有何根據，但孫瑴對讖、緯的定義，乃至《古微書》篇目的安排，深受《隋書・經籍志》的影響，因而將這五篇緯書視為讖書，且連「雜讖」術語也照搬不誤。由此也能得知，孫瑴對讖緯篇章的認知，並沒有接受《後漢書・樊英傳》李賢注的影響，甚至孫瑴本人可能並未見過此段文字。

---

[6] 見《古微書》，頁 511。與〈孝經緯序〉同樣的說法，又見〈古微書・詩經緯序〉，其文云：「《隋志》云《七經緯》八十一篇之外，別有〈詩雜讖〉，則〈含神霧〉、〈推度災〉、〈汜歷樞〉皆讖類也」，見《古微書》卷 23，頁 429。

[7] 李賢注《七經緯》篇目如下：「《七緯》者，《易緯》：〈稽覽圖〉、〈乾鑿度〉、〈坤靈圖〉、〈通卦驗〉、〈是類謀〉、〈辨終備〉也；《書緯》：〈旋機鈐〉、〈考靈曜〉、〈刑德放〉、〈帝命驗〉、〈運期授〉也；《詩緯》：〈推度災〉、〈記歷樞〉、〈含神務〉也；《禮緯》：〈含文嘉〉、〈稽命徵〉、〈斗威儀〉也；《樂緯》：〈動聲儀〉、〈稽耀嘉〉、〈汁圖徵〉也；《孝經緯》：〈援神契〉、〈鉤命決〉也；《春秋緯》：〈演孔圖〉、〈元命包〉、〈文耀鉤〉、〈運斗樞〉、〈感精符〉、〈合誠圖〉、〈考異郵〉、〈保乾圖〉、〈漢含孳〉、〈佐助期〉、〈握誠圖〉、〈潛潭巴〉、〈說題辭〉也」，見《後漢書》卷 82〈方術列傳〉，頁 2721。

[8] 見《隋書》卷 32〈經籍志〉，頁 941。

(三) 孫瑴對於讖、緯的定義及內涵

　　根據上述推論，在篇目的界定上，則《古微書》對「緯」與「讖」的判別，是以《隋書・經籍志》為標準的。在篇目界定之外，對於「緯」與「讖」的定義又是如何？孫瑴認為，所謂「緯」是與「經」並存的，「緯」的存在是為「經」服務的，在《古微書》中，曾多次提及緯與經之間的關係，如：

　　緯有七，儷經而行。〈敘刪微〉[9]
　　地南北為經，東西為緯，今也經存而緯亡，是有南北，無東西也。〈古微書略例〉[10]
　　緯以配經也。〈樂緯序〉[11]
　　緯依經者也。〈論語比考讖序〉[12]

　　將緯定義成「配經」、「依經」、「儷經而行」，則所謂緯書，基本上是依附於「經」的，它的作用在於為「經」服務，旨在闡釋經說義理，由《古微書》對於經與緯之論述，可知孫瑴原則上認定「經」為主，「緯」為副。那麼，緯書的作用主要呈現在哪方面？孫瑴曾引用漢代鄭玄對緯書的解釋做說明，見《古微書》卷九〈春秋運斗樞〉：「夏不田」條，注文中孫瑴引用鄭玄之說，其說云：

　　按《禮記》疏鄭玄釋之云：「四時皆田，夏殷之禮……孔子雖有聖德，不敢顯然改先王之法以教授於世，若其所欲改，其陰書於緯，藏之

9　見《古微書・敘刪微》。
10　見〈古微書略例〉。
11　見《古微書》，頁381。
12　見《古微書》，頁471。

以傳後王,《穀梁》四時田者,近孔子故也。」[13]

在這段文字中,鄭玄說明了「經」、「緯」與孔子之間的關係。孔子刪詩書,整理前代文獻,確定了儒家經典的規模,所依據者乃「先王之法」。鄭玄認為,孔子既為聖之時者,對於三代禮樂之因革損益瞭解甚深,其中必有不合時用者,然孔子既尊先王,不敢擅改先王之法,因此若有所增益改定者,則一律「陰書於緯,藏之以傳後王」,這就是緯書最早的定型。經雖僅有六種,但孔子「志在《春秋》,行在《孝經》」[14],因此連同《孝經》,孔子均有「其所欲改」的隱語,於是產生了「配經」的七緯,此即「緯有七,儷經而行」。由此可知,孫瑴對於「緯」的定義,大致以鄭玄之說為主,而在篇章的安排上,以《隋書・經籍志》之說為主。

對於《古微書》「緯」的定義既已明瞭,那「讖」的定義又是什麼?在《古微書》中,常以「圖讖」、「讖圖」、「讖書」、「讖文」、「讖詞」稱呼「讖」,在意義上,「讖」除了《隋書・經籍志》所指的篇章之外,另外有預言之意,在《古微書》中屢次提及,其文云:

初,黃帝之世,讖言曰:「西北為王,期在甲子……」[15]
夫鵬與蛇不祥物也,尚以為賢人之讖。[16]
今讀其文,大類讖詞,豈《河圖》主緯,《洛》主讖耶?[17]

---

[13] 此為鄭玄注《禮記・王制》篇文,見《古微書》卷9,頁182-183。

[14] 孫瑴引述《隋書》之說,認為《孝經》是作為六《經》之總歸,凡《經》之萌,必本乎孝者,其文云:「按《隋書》:孔子既敘六《經》,題目不同,指意差別,恐斯道離散,故作《孝經》以總會之,明其枝流雖分,本萌於孝者也」,見《古微書》卷30,頁587-588。

[15] 見《古微書》,頁62。

[16] 見《古微書》,頁505。

[17] 見《古微書》,頁675。

　　引文中所提及的「讖」，與《四庫全書總目》所言「詭為隱語，預決吉凶」的預言意義相同，這是讖緯篇章中時常存在的論述。由此處推而廣之，可以說無論是緯書或讖語，大部分的內容都是「詭為隱語，預決吉凶」的，從隱諱的言辭預示吉凶，到附會渺茫的天道、天象、物候、人事，以暗示國運的興衰，都是緯書與讖語共通的內容。以「隱語」式的「預言」作為「讖」的意義，這是《古微書》中「讖」的第二個內涵。

　　「讖」除了以隱語的方式預告吉凶外，在《古微書》中，「讖」另外有以某種方式推算、排列大運乃至國運的意義，例如：

六季南北朝遂妄引圖讖五德之運，各祀太微感生帝，可發盧胡。[18]
凡言讖者皆依於數，數積九、六而必窮，故天地有刼災，世運有屯厄，古之智人於是衍讖。[19]
此其書亦必有關運位，蓋隱讖存焉，而世不聞耳。[20]

　　如引文所說的這類讖語，並非空穴來風，或上天偶降的《河圖》、《洛書》式預言，而是透過精密的數字推算所得，而這些推算法，最早、最完整被保存在讖緯之中，如《易緯》中存在以堯世軌、文王世軌推算歷代各朝在位年數，無論是緯書或讖語，均有相關之論述。就此角度來說，無論是緯書或讖語，均存在一定篇幅的推算未來的內容，這是《古微書》中「讖」的第三個內涵。

　　透過上述討論，可知《古微書》對「緯」、「讖」二者界義上的同與異，因此可初步得出以下結論：一、《古微書》中劃分緯書、讖書篇章的界線，大抵遵循《隋書‧經籍志》的定論。二、「經」與「緯」是並存的概念，緯書的

---

[18] 見《古微書》，頁 299。
[19] 見《古微書》，頁 313。
[20] 見《古微書》，頁 708。

存在是為「經」而服務。三、無論是「經」的定型,或「緯」的初步規模,
均完成於孔子之手,經為顯學,緯為隱說。四、無論是緯書或讖語,均共同
存在「隱語式預言」與「推算未來」的意義。

二、自成一格:孫瑴讖緯源流論

由上文分析得知,「讖」、「緯」的定義,在《古微書》中,既有共相,亦
有殊相,至於讖、緯之間的相互關係及其起源之說,在《古微書》中也進行
了一番說明。基本上孫瑴讖緯源流之論,本於鄭玄,同時融合各家,並產生
出「緯為經源」的獨特面貌,以下分別就各項進行討論,以釐清《古微書》
讖緯源流論。

(一) 以鄭玄說為基準的讖緯源流論

孫瑴對於讖緯源流之認定,可從《古微書》、《刪微》等書名求得線索。
所謂《古微書》者,古乃古代典籍,微者隱微、幽微之意,《古微書》意在收
羅古籍中近乎泯滅失傳之文獻,孫瑴分別收集《刪微》、《焚微》、《綫微》、《闕
微》四種,其中《刪微》即今存《古微書》,孫瑴在〈古微書自序〉中指出「伯
之以刪,曰以旌讖緯之伏遁」,即《刪微》旨在表彰沉潛隱遁已久的讖緯,因
此《刪微》內容專以收羅讖緯佚文為主。然而此「刪」究竟所指為何?孫瑴
在《古微書・敘刪微》中明白指出「緯有七,儷經而行,顧其文皆刪餘也。
相傳孔子既述《六經》,知後世不能稽同其意,別立緯及讖八十一首,以遺來
世,故東漢謂之古學」[21],「刪」與孔子刪定《六經》連屬而言,因此「刪」
所指即孔子「刪詩書」之「刪」,亦即孫瑴認為《刪微》中所收集的讖緯本文,
乃是孔子刪定《六經》後,因明白後世無法依循儒家經典教化,因而別立緯

---

[21] 見《古微書・敘刪微》,頁1。

書，以作為「經」之附庸，並垂示於後代。

　　追溯此說法，其實源自鄭玄，即《禮記・王制》疏之內容，前文已述及，孫瑴採納鄭玄對於讖緯來源之解釋，將讖緯文獻的源頭，上推至孔子「刪詩書」之後，並將作者定為孔子，也因此范景文〈序〉文中提及「《古微書》約有四部，周季為《刪》」，將年代斷為東周末年孔子所作，范景文同時述及《刪微》的性質，指出「其述刪也近乎〈傳〉」，即讖緯乃孔子用以配儒家經典，如解釋《經》的《傳》一般，作為解釋發揮經義的文獻。

(二) 孫瑴「緯書所由來非一世」說

　　孫瑴論讖緯之起源，固然遵循鄭玄之說，認為基本上定型孔子之手，但也同時參考各家說法，列舉歷來對於讖緯產生時代的各種論述，如《古微書・敘刪微》中提到「一以為起於中興之前，終張之徒，皆借仲尼，雜以己說。一以為盛于建武之代，俗儒趨時，篇卷第日，轉加增廣」[22]，對於讖緯的起源，有主張源於西漢成、哀之際，至王莽之時大量方士編造讖緯，即讖緯最早起源；有主張讖緯盛於東漢光武帝中興之後，八十一篇讖緯定型之後，民間俗儒趨時附勢，編造新的讖緯，使得讖緯篇日轉加增廣。對於這些說法，孫瑴並不全然接受，僅在鄭玄所說的框架下，採納部分說法而已。

　　對於認為緯書出於漢代之說，孫瑴自有回應之道，即便諸家說法各異，孫瑴仍舊主張緯書出自先秦，且初步定型於孔子之手，如〈尚書考靈曜序〉云：

> 學莫大於稽天，自堯歷象，舜璣衡，於是禮、樂、兵、刑，一祖以天矣……自漢張衡鑄為銅儀，迄唐之梁令瓚、李淳風，以至許衡、郭守敬莫能外焉，而不知其祕，皆原於緯書。漢儒窮緯，故談天為

---

[22] 見《古微書・敘刪微》，孫瑴所謂中興之前的「終張之徒」，所指乃西漢成、哀之際方士，考王莽時有方士田終術，助王莽編造讖緯，此「終張」或許是「終術」之誤。

至精，此〈考靈曜〉所繇名也。孔門之學，揆合唐虞，以故其傳天
官亦最密云。謂緯書不出於孔門者，漢儒亦何自而溯其術哉？此亦
可為闡緯者抉疑。[23]

〈尚書考靈曜〉一篇，專講讖緯中的天文之學，孫瑴認為「學莫大於稽
天」，暗合司馬遷所強調，著書立說旨在「究天人之際」[24]。學既以「稽天」
為最，同時也是《古微書》重要的讖緯觀，影響其編書及立論。孫瑴認為歷
代天官之學，始於堯舜「歷象日月星辰，敬授民時」，帝王據此頒佈政令，考
察得失，是為政的核心。孔子繼承堯舜天官之學而能「揆合唐虞，以故其傳
天官亦最密」，孔門既傳天官之學，密書於讖緯之中，而漢儒繼承此學，因此
「談天為至精」。孫瑴認為後代傳天官之學者皆繼承堯舜以來天官之學，且關
鍵在於緯書的紀錄，與漢儒的演說，後世「不知其秘，皆原於緯書」，導致有
認為緯書內容出自西漢成哀之際或東漢之時者。孫瑴藉由學術的傳衍，以強
調緯書出自孔門，上承先聖，漢儒在讖緯的內容上，關於「天」的討論十分
精粹，若非繼承孔門之學，在學術的傳衍如何說明？這樣的說法在邏輯上並
不可通，因實際上「孔門」所強調的進德修業之學，與古代天官之學是兩種
不同的範疇，未必孔子能「傳天官亦最密」。但透過這番論述，可發現孫瑴基
本上是遵循鄭玄之說，主張經與緯皆作於孔子。

既然緯書成於孔子之手是孫瑴所主張，則其他說法理當一律排斥，但實
際情形並非如此，孫瑴在《古微書》中，不斷說明在孔子之後增演讖緯的狀
況，如《古微書・春秋漢含孳序》云：

昔翁難、雄乙卜於白若之龜，猶知夏之後有商，商之後有周，謂孔
子之後，不應知有漢，亦誤也。顧可以言漢，亦可以言晉魏；可以

---

[23] 見《古微書》，頁2。

[24] 見《漢書》卷62〈司馬遷傳〉，頁2735。

言晉魏，亦可以言唐，若宋、若今日、若無窮際矣。謂書出漢儒，
又不應如是之膚，固知是商瞿、馯臂輩偶然而推，故詫於漢。[25]

　　《春秋漢含孳》的緯文，主要在說明孔子有聖王之德，而無聖王之位，
因而敷演讖緯，預示漢代之將興。孫瑴〈序〉文主要圍繞著「預示」之說進
行論說，認為夏朝翁難雉乙（或作「翁難乙」，為大禹之卜官）曾以白若之龜
進行推算，知夏、商、周三代[26]，如此則以孔子之至聖，讀《易》之精，要
推算漢代之將興，甚至推至魏晉、唐、宋、元、明，也非不合情理。孫瑴據
此，認為憑藉著緯書中涉及漢代將興的預言，就認為緯書是漢人所作，這並
非有力的證據。那麼，孫瑴進一步推斷，又何以推算年代僅止於漢朝？孫瑴
將問題推給孔門弟子，認為這些推算漢代將興的讖緯內容，應當是傳孔子易
學的商瞿，與再傳弟子馯臂子弓等人，偶然推算，才止於漢代，否則若由孔
子推算，當可推至「無窮際矣」。
　　經由《古微書》本段論述，可以發現孫瑴認為在讖緯本文中，存在由孔
門弟子所作的內容，在〈敘刪微〉同樣存在類似論述，文中論述「經」如帝
王，而「緯」如環侍帝王的「嗣、賁、奄、臭」等下人，若欲求孔子談經之
義旨，則必需參照緯書中所記錄的孔子微言，不然便是「欲見孔子，而不欲
見其親授受者之聲欬、之光容，孔子可見乎？」其中「親授受者」即孔門弟
子。在《古微書》中每每以「孔門」傳讖緯之學，此「孔門」便已包含孔門
弟子。
　　對於讖緯的作者，除了孔子、孔門弟子外，孫瑴認為其中存在部分漢人
著作，如《古微書》卷八〈春秋演孔圖〉「聖人在後日望陽，苞懷至德，據少
陽……光中再，仁雄出，日月角」條，孫瑴指出「光中再」者，是漢人摻入
之語句，其說云：

---

[25] 見《古微書》，頁229。

[26] 語見《墨子・耕柱》，收錄於《中國基本古籍庫》。

「光中再」者，即本方士新垣平「日卻復中」之誑，而附以其說。
故知緯書多雜于漢儒，不盡孔門。[27]

新垣平相關事蹟，見《漢書‧郊祀志》，當時以方術欺君，詐言「日卻復中」，獲得君王寵幸，此段事蹟摻入讖緯本文之中，為孫瑴所不取，孫瑴據此推論緯書成書之後，因時代變遷，到漢代大行其道時，已摻入許多漢人之說。這是在鄭玄之說的框架下，補充說明漢代讖緯的面貌。

除此條外，尚有緯書雜有漢人之說的論述，如《古微書》卷十〈春秋感精符〉「失陽事則無雲而雨」條，孫瑴在該條下注曰：

為此書皆憂世之士也……西漢之季憂女謁矣，故于女黨之戒三致意焉，此必京房、翼奉之流，而托于緯書，以重其說。[28]

孫瑴認為，緯書之中，存在許多漢人寄託之語，西漢末年外戚干政，國家傾危，京房、翼奉等人倍感憂心，因而將希望寄託於緯書之中，因而緯書之中存在許多影射外戚干政而導致天象紊亂的紀錄。此諸人等，藉由己說摻入讖緯，以加重自身份量，這些人都是所謂「憂世之士」。

除《春秋緯》外，孫瑴同時也認為《詩緯》某些篇章為漢人經說遺跡，如《古微書》卷二十四〈詩推度災序〉云：

漢儒窮經，多主災異……而獨無及于《詩》者，逮翼奉受齊《詩》，始得五際六情之說以行災異，而其術竟無傳矣。《漢志藝文》亦不存其目，緯書所列〈推度災〉，則或齊《詩》授受之遺，惜其不著耳。[29]

---

[27] 見《古微書》，頁149-150。

[28] 見《古微書》，頁193。

[29] 見《古微書》，頁449。

　　漢代說經，自董仲舒以下，多以災異解經，其中以《春秋》為大宗，而以災異解《詩經》者，則齊《詩》為代表，自漢初轅固生傳夏侯始昌，夏侯始昌傳后蒼，后蒼傳翼奉等人，至翼奉以齊《詩》五際六情說進行吉凶占測，受到帝王重視[30]。但齊《詩》泯滅已久，「其術竟無傳」而難以窺見其全貌。有關五際六情之說，零星見於《詩推度災》之中，孫瑴因此推測《詩推度災》中五際六情、吉凶占斷之說，或許即齊《詩》所傳授的內容，因此在《詩緯》之中存在著漢人的說法。

　　因孫瑴意識到緯書之中存在許多漢人之說的痕跡，因此孫瑴將緯書源於孔子，源於七十子之徒，以及緯書出於漢代等說法，進行折衷的調整，即緯書最初的規模成於孔子，其後由七十子之徒及其再傳弟子增廣之。到了漢代，緯書又摻入漢人之說，導致篇目更為繁複。孫瑴曾為緯書的源流下一定論，其說曰：「要之，緯書所由來非一世也」[31]即認為現存緯書雖源自孔子，但究其文獻來源，並非一人一時一地之作，而是自上古累積至漢代的文獻。

　　一般來說，現今對於讖緯的形成，均以張衡「圖讖成於哀平之際」說為共識，對於其他如讖緯源於《河圖》、《洛書》，源於《易經》，源於古史，源於太古，源於周代，源於春秋之世，源於孔子，源於七十子，源於戰國末年源於秦朝，源於鄒衍等說法均已詳加駁斥[32]，然而孫瑴考察歷代各說後，並不放棄各家說法，反而將之雜揉為一說，將源流推至《河圖》、《洛書》，並以孔子為讖緯定型者，其後七十子、春秋季世、漢人之說，是作為增補與擴充內容之用，這樣的讖緯源流與定型說，不見於歷代各說法，是屬於孫瑴所特有的系統，這與《古微書》極盡收羅讖緯內容與詮釋，以致異說併陳的狀況是相呼應的。

---

[30] 見《漢書・翼奉傳》，頁 3167-3174。

[31] 見《古微書》，頁 238。

[32] 見《讖緯論略》，頁 12-21。

(三)《漢書‧五行志》的影響

孫毅讖緯觀的建立，除了《隋書‧經籍志》外，明顯受到《漢書‧五行志》影響，認為《河圖》影響了《易經》的創作，《洛書》影響了《洪範》的撰寫，《漢書‧五行志》云：「劉歆以為伏羲氏繼天而王，受《河圖》，則而畫之，八卦是也。禹治洪水，賜《雒書》，法而陳之，〈洪範〉是也」[33]，劉歆認為，伏羲之時，天降祥瑞《河圖》，於是伏羲受命為王，並依據《河圖》演繹八卦，此為《易經》之源；大禹之時，天降祥瑞《洛書》，大禹因此受命為王，並依據《洛書》推演《尚書‧洪範》，根據劉歆之說，無論是《易經》或《尚書》，與《河圖》、《洛書》之關係均十分密切。

回頭檢視《古微書》之說，孫毅推論讖緯根源時，吸收了劉歆之說，如《古微書》卷十六〈易河圖數〉云：「易『大衍之數』原起〈河圖〉，故〈河圖〉雖自有緯，而未嘗言數，此傳《易》者窮其數之原也」[34]，承繼劉歆《漢書‧五行志》之說，說明《易經》「大衍之數」五十與《河圖》的關係，將「大衍之數」上推至《河圖》數，因此孫毅此說，等同於將《易經》之祖上推至《河圖》，同於劉歆之說。

另外，如《古微書》卷四〈尚書五行傳〉云：「此篇《伏生大傳》引以傳〈洪範〉，班固〈五行志〉因祖之以徵五行，遡其來自緯書，則大禹之文也，緯書獨此為完簡耳」[35]，從文意中可知，孫毅引用「班固〈五行志〉」「禹治洪水，賜《雒書》，法而陳之，〈洪範〉是也」的說法，從而產生「遡其來自緯書，則大禹之文也，緯書獨此為完簡耳」之說，也是根據《漢書‧五行志》的說法而來。然而，本段文字歷來極受後人詬病，認為孫毅將伏生《尚書大傳》的〈洪範五行傳〉當作是讖緯本文收錄，實為荒謬，此說代表為《四庫

---

[33] 見《漢書》卷二十七，頁 1315。

[34] 見《古微書》，頁 303。

[35] 見《古微書》，頁 69。

全書總目》，其說云：「又摘伏生《尚書大傳》中〈洪範五行傳〉一篇，指為神禹所作，尤屬杜撰」[36]，即批評孫瑴對於〈尚書五行傳〉的說明，認為孫瑴將〈洪範五行傳〉指為大禹所作，且收入讖緯本文，實屬個人杜撰之說，並非事實。對於孫瑴將〈洪範五行傳〉視為讖緯本文為荒謬之舉，已屬定論，無須贅述，然而《四庫全書總目》並未正確理解孫瑴所指為何，因此對孫瑴的批評部分實屬誤讀。

　　綜觀《古微書》全書對於讖緯源流的理解，首先孫瑴指出「班固〈五行志〉因祖之以徵五行」，所指為《漢書・五行志》的撰寫參考了〈洪範五行傳〉的內容，而〈洪範五行傳〉是伏生用以闡釋《尚書・洪範》篇的篇章。其次，孫瑴認為《尚書・洪範》為大禹所作，因此說此篇為「大禹之文」，且孫瑴吸收了劉歆的說法，認為大禹依據《洛書》推演《尚書・洪範》，即劉歆主張「禹治洪水，賜《雒書》，法而陳之，〈洪範〉是也」，加上孫瑴在《洛書緯》中曾強調「漢儒傳〈洪範〉，以『初一五行』六十五字，徑為《洛書》本文」[37]，即漢儒傳承解說大禹所作的《尚書・洪範》時，認為「初一五行」等六十五字為《洛書》本文。是以結合劉歆說法，即漢儒認為〈洪範〉中「初一五行」等文字為《洛書》本文，大禹根據《洛書》文字推演《尚書・洪範》。因此，正確的理解孫瑴所說「遡其來自緯書」的緯書，應當是指《洛書》[38]，並非如《四庫全書總目》所說，將「〈洪範五行傳〉一篇，指為神禹所作」。

(四) 讖緯出於「春秋季世」說商榷

　　上述有關《古微書》論讖緯起源的斷代之外，孫瑴在《古微書》中曾舉證，認為讖緯成書應當在漢代以前，而非西漢成、哀之際，更非東漢光武帝時期，但說法卻受到質疑，此說紀錄在《古微書・洛書緯序》中，其文云：

---

[36] 見《四庫全書總目提要》，頁888。

[37] 見《古微書》，頁675。

[38] 根據《後漢書・郊祀志》，東漢光武帝刻石泰山時，將《河圖》、《洛書》本文，《七經緯》等文獻，視為緯書的主體，因此稱《洛書》為緯書。

漢儒傳〈洪範〉，以「初一五行」六十五字徑為《洛書》本文[39]，既有本文，又何云戴履肩足，白文二十五，黑文二十也？雖然，緯書若出漢世者，便應演〈洪範〉之文，而語不及〈範〉，固知出春秋季世矣。[40]

　　本段文字主要分為兩大部分，第一部份論及《洛書》本文的內容，第二部分則談到讖緯成立的年代。在第一部份，孫瑴主張「漢儒傳〈洪範〉，以「初一五行」六十五字徑為《洛書》本文，既有本文，又何云戴履肩足，白文二十五，黑文二十」，認為若漢儒將「初一五行」等《尚書‧洪範》文字視為《洛書》本文，又何來所謂《洛書》內容為「戴九履一」等圖式？歷史上將《洛書》視為「戴九履一」的圖式者，起於北魏關朗，盛於宋代理學，因此這番話明顯是針對宋儒《洛書》說而發。有關《洛書》內容，歸有光《震川集》卷一言之甚詳，其文云：

以《洛書》為九疇者，孔安國之說；以「初一」至「六極」六十五字為《洛書》者，二劉之說；以「戴九履一」為《洛書》者，關朗之說。關朗之說，儒者用之。[41]

　　歸有光簡要分析歷來對於《洛書》內容的認定，主要分為三說：
　　一、以《尚書‧洪範》中「洪範九疇」全文作為《洛書》本文者，此乃孔安國之說。
　　二、以《尚書‧洪範》的「洪範九疇」中，作為綱領的「初一曰五行……

---

[39] 據《漢書‧五行志》記載，漢儒認為《尚書‧洪範》篇中「洪範九疇」等六十五字為「洛書本文」，其文云：「天乃賜禹洪範九疇……凡此六十五字，皆洛書本文」，見《漢書》卷27〈五行志〉，頁1315-1316。

[40] 見《古微書》卷35，頁675。

[41] 見明‧歸有光《震川集》卷一，收錄於《中國基本古籍庫》。

次九曰嚮用五福，畏用六極」等六十五字，將之視為《洛書》本文者，是劉向、劉歆父子所主張，此說為東漢班固所繼承，並記載在《漢書‧五行志》之中。

三、以「戴九履一」之說為《洛書》本文者，此為北魏關朗之說[42]，其後宋儒論《洛書》採用此說。探究此說根源，可上推《大戴禮記‧明堂》中「二九四，七五三，六一八」之文，鄭玄注曰：「記用九室，謂法龜文，故取此數以明其制也。」

孫瑴認為，漢儒主張《尚書‧洪範》中「初一曰五行」等字為《洛書》本文，何以宋儒採關朗之說，將《洛書》解釋為「戴九履一，左三右七，二四為肩，六八為足，五居中宮」的圖式？雖然歷來對《洛書》內容討論各執其說，但孫瑴明顯站在漢儒觀點，反對將《洛書》視為「白文二十五，黑文二十」的圖式。

此外，第二部分有關孫瑴推論讖緯成書的年代，主要在「緯書若出漢世者，使應演〈洪範〉之文，而語不及〈範〉，固知出春秋季世矣」這段文字，但此論點似乎不為後人所接受，這點值得加以討論。本段文字就字面上的意義來說，似乎孫瑴認為，倘若認為緯書是出於漢代，則應當演繹《尚書‧洪範》的文字，因《尚書‧洪範》是大禹根據緯書本文《洛書》所闡發的篇章，但孫瑴所收錄的讖緯文獻並無演繹闡發〈洪範〉本文者，因此推論緯書並不出於漢代，最少出於春秋季世，亦即現今所言「先秦時期」。若這麼理解，實在毫無邏輯可言，也難怪鍾肇鵬先生在《讖緯論略》之中批評此說「是沒有什麼根據的」[43]。

首先，若以字面意義理解，則鍾肇鵬先生之說可作為定論，無須再議。但仔細考究這段文字，與《古微書》中其他論述是相互矛盾的，如「語不及〈範〉」的「〈範〉」，果真是指《尚書‧洪範》這篇文字嗎？因《古微書》卷

---

[42] 關朗之說，可參見宋‧金履祥《通鑑前編》卷二，其文云：「關子明曰：『《洛書》之文，九前一後，三左七右，四前左，二前右，八後左，六後右』」，收錄於《中國基本古籍庫》。

[43] 詳見鍾肇鵬《讖緯論略》（臺北：洪葉文化，1994 年 9 月），頁 15。

四所收的〈尚書五行傳〉,孫瑴在〈序〉中即明言此篇為漢人伏生「引以傳〈洪範〉」,而此篇正是漢人傳《尚書‧洪範》之文,何來漢儒「語不及〈範〉」?

其次,孫瑴此段論說,是以著作的「時代」先後作為立論依據,因孫瑴依據收羅的緯書中,並未談及「〈範〉」這篇文章,進而推論緯書成書年代至少在「春秋季世」,而非漢朝,這樣說來,孫瑴所指的「〈範〉」,成書時代至少是在秦漢時期,這樣的邏輯才符合《古微書》編纂的實際狀況。然而,前文提及,孫瑴根據劉歆等人之說,認為《尚書‧洪範》是大禹藉由《洛書》本文所推演的篇章,故知此處的「〈範〉」,並非指《尚書‧洪範》。那麼,哪篇「〈範〉」文是作於漢代呢?筆者以為,孫瑴此處所指應當是伏生《尚書大傳》中的〈洪範五行傳〉,因伏生為秦漢時人,又撰寫〈洪範五行傳〉以闡發《尚書‧洪範》義蘊,即《古微書‧尚書五行傳》序所說的「**此篇伏生《大傳》引以傳〈洪範〉**」,如此則《洛書緯》序文的前後邏輯才能統一。

(五) 緯為經之源說

順著孫瑴的邏輯,還可以發現一件事,即孫瑴在吸收劉歆說法之時,對劉歆之說做了增補與改變,這主要呈現在經與緯的關係上。劉歆之說僅強調《河圖》、《洛書》為《易》、《尚書》等群經的根源,這點上孫瑴繼承劉歆之說,即《古微書‧說緯》所提到的「**惟《河》與《洛》,天諄諄命,羣聖以闡,諸經以祖焉**」[44]。然而,孫瑴對於劉歆說法的增補與改變,在於視《河圖》、《洛書》為緯書。在《古微書》目錄中,孫瑴在最後羅列了《河圖緯》、《洛書緯》,是根據《隋書‧經籍志》之說進行增改,將《河圖》、《洛書》本文,連同增演的「三十篇」,一同視為緯書,此說見孫瑴《河圖緯》序言,其文云:

> 貫居子曰:緯候之興,其生於「河出圖」一語乎?自前漢世有《河圖》九篇、《洛書》六篇,云自黃帝至周文王所受本文。又別三十篇,

---

[44] 見《古微書》目次頁 1-2。

云自初起至於孔子九聖增演，以廣其意，蓋《七緯》之祖本也。[45]

　　孫瑴認為讖緯的興起，可上推孔子所說「河不出圖」一語的由來，亦即「七緯」的起源，與上古《河圖》、《洛書》的出現有著密切關係。下文自「前漢」至「以廣其意」，則全抄《隋書‧經籍志》語，主要在說明「《河圖》九篇、《洛書》六篇」，為黃帝至周文王等聖王受天之命的本文，而古代聖王受此符命之後，又根據《河圖》、《洛書》本文，繼而增演出三十篇文章，合併《河圖》、《洛書》十五篇，共計四十五篇，也就是《後漢書‧張衡傳》李賢注引《張衡集‧上事》云：「《河》、《洛》五九」。追溯其源，將《河圖》與《洛書》定為讖緯本文，始見於《後漢書‧祭祀志》，其中提到「《河》、《洛》命後，經讖所傳……以章句細微相況八十一卷，明者為驗」，即讖緯八十一篇最早的記載，孫瑴繼承《後漢書‧祭祀志》光武帝泰山刻石之文，及《隋書‧經籍志》的說法，認為這五九四十五篇，實為《七緯》之祖本。

　　《隋書‧經籍志》中，《七經緯》稱緯，《河圖》、《洛書》卻不稱緯，是因為「經」與「緯」本為連屬的關係，有縱向的經，才有橫向的緯，並無所謂《河圖經》、《洛書經》，因此沒有所謂《河圖緯》、《洛書緯》，也因此漢代並不以「緯」這個名詞概括這八十一篇，而是以「圖緯」、「圖讖」等詞彙稱述。

　　其次，《河圖》、《洛書》首先作為諸經的起源，後來才被東漢光武帝納入讖緯八十一篇之中，這與孫瑴也在《古微書》中不只一次稱說「緯以配經」的概念並無二致。然而，孫瑴與《隋書‧經籍志》的不同在於，《隋書‧經籍志》中《河圖》、《洛書》不稱緯，僅與《七經緯》並列，但孫瑴將《河圖》、《洛書》本文與其後增演的三十篇，直接稱為《河圖緯》、《洛書緯》，這一來不僅《河圖緯》、《洛書緯》沒有與之相配的「經」，孫瑴「緯以配經」的基本架構便產生了改變，緯書之中，存在著不必為「經」服務的內容，除了《河

[45] 見《古微書》卷32。頁607。

圖緯》、《洛書緯》外，尚有《論語緯》，容後詳論。更值得注意的是，結合「《河圖》、《洛書》本文為群經根源」，與「孫瑴編排《河圖緯》、《洛書緯》篇目」兩個概念，一個新的結論便產生了，就是作為緯書篇目的《河圖》、《洛書》本文，反而成了群經的根源，經與緯的關係不完全是「緯以配經」，反而有「緯為經源」的概念產生。

另外，從孫瑴視《河圖》、《洛書》為「七緯之祖本」，可讀出兩項訊息：

一、《河圖》、《洛書》作為群經之根源，而群經定於孔子之手，孔子又將所欲告示、刪改者「陰書於緯」，進而產生《七緯》，因此說《河圖》、《洛書》本文為「七緯之祖本」，這是就文獻產生先後的角度進行推論。

二、《河圖》、《洛書》本文的性質為上天降示之符命預言，其後三十篇根據《河圖》、《洛書》本文增演，也同樣存在符命預言的特質，這些篇章之所以成為「七緯之祖本」，除了年代之先，更重要的是，《七緯》的內容主體，也以符命預言及其衍生的災異譴告為主，作為《七緯》之祖的《河圖》、《洛書》，不僅在時代上為《七緯》之祖，恐怕在「符命預言」此一本質上的傳承，才是作為「七緯之祖本」最主要的因素。

(六) 孫瑴讖緯源流觀的歸納

據上文推論，可知《古微書》在讖緯產生年代的議題上，與現今認同張衡「圖讖成於哀平之際」說大不相同，孫瑴以《河圖》、《洛書》為讖緯產生根源之說，乃吸收劉歆之說。其後揉合歷代讖緯起源論，而以鄭玄之說為主，認為讖緯初步定型於孔子之手，之後經由孔門後學加以增益。到了漢代不斷的補充、附會，而產生出許多「八十一篇」以外的讖緯篇目。直至東漢光武帝確定讖緯篇目為「八十一篇」，讖緯的篇章及內容才得以確定，這便是孫瑴讖緯淵源論的具體內容。關於孫瑴讖緯源流論，可簡單條列如下：

上天降命，書於《河圖》、《洛書》

↓

《河圖》、《洛書》緯書本文，聖王據以受命

↓

九聖增演，群《經》祖焉（伏羲據《河圖》演《易》，大禹據《洛書》撰〈洪範〉）

↓

孔子整理文獻，刪定《詩》、《書》，六《經》確立

↓

密不可宣之義理，陰書於緯，以解釋《經》，緯書初步規模完成

↓

孔門後學推演讖緯，增益篇目

↓

漢儒據讖緯增演經說

↓

西漢末方士矯稱圖讖，妄加增益，以致讖緯篇目寖多

↓

東漢光武帝泰山刻石，八十一篇讖緯確立。

三、獨特的讖緯次序論與讖緯觀的實踐

(一) 孫瑴讖緯次序論

　　對於《古微書》中讖、緯定義，及讖緯源流之說，經由上述說明，既已有所瞭解，大體上是根源於古人，如《隋書·經籍志》，而又有所新變。然而，《古微書》有一點與《隋書·經籍志》，乃至後代討論讖緯篇章內容大相逕庭者，即讖緯篇目的次序安排，之所以呈現出迥異於前人的獨特面貌，乃在孫瑴是首度以「讖緯」為主體，對讖緯次序進行重新編排，以下詳論。

1. 異於前人的讖緯篇目排序

　　前文曾多次提及，《古微書》無論是對於讖、緯篇章的定義，或是讖緯源流的理解，均受到《隋書·經籍志》深刻的影響，要說《古微書》讖緯觀的建立，是根植於孫瑴對《隋書·經籍志》內涵的理解也是不為過的。歷來有關讖緯篇目的排列、敘述，在《古微書》之前，最詳盡者即《隋書·經籍志》、《後漢書·樊英傳》李賢注、元·陶宗儀《說郛》三者，但孫瑴《古微書》篇目的次序安排上，卻與前三者相差甚遠，以下羅列三者與《古微書》讖緯篇目次序，以窺歷代讖緯觀之演進，四者異同表列如下：

出處	緯書排序
《隋書·經籍志》	《河圖》（附《洛書》）、《易》、《書》、《詩》、《禮》、《樂》、《春秋》、《孝經》
《後漢書》李賢注	《易》、《書》、《詩》、《禮》、《樂》、《孝經》、《春秋》
《說郛》	《易》、《書》、《詩》、《春秋》、《禮》、《樂》、《孝經》、《河圖》、《洛書》

出處	緯書排序
《古微書》	《書》、《春秋》、《易》、《禮》、《樂》、《詩》、《論語》、《孝經》、《河圖》、《洛書》

　　從《隋書‧經籍志》的排列方式，可見受到漢代古文經學說的影響，漢代古文經學認為《六經》的排列，當以時代先後為次序，因此《六經》次序的排列為《易》、《書》、《詩》、《禮》、《樂》、《春秋》，《隋書‧經籍志》繼承此說，以時代先後為次，將遠古聖王承受天命的《河圖》（附《洛書》）本文置於篇首，而漢代才列為「經」的《孝經》置於篇末。

　　至於唐朝太子李賢注《後漢書》，基本上遵循古文經學之說，但將《孝經》置於《春秋》之前，這或許是受到唐代重視《孝經》的緣故，唐人重《孝經》，乃至唐玄宗御注《孝經》，李賢曾一度繼承太子之位，為治國做準備，對孝道之重視自然不言而喻，但仍舊不出漢代古文經學的基本架構。

　　到了元代陶宗儀《說郛》時，狀況有了改變，在漢代古文經學的框架下，《易》、《書》、《詩》三緯的排列是不變的，但《春秋緯》卻置於《禮》、《樂》之前，筆者推估這當與《春秋緯》篇幅遠超《禮》、《樂》二緯有關，對於編纂者而言，文之精彩豐富者置於卷前，貧少者列於卷後，是合情合理的安排。但值得注意的是，《說郛》首次將《河圖》、《洛書》置於諸經之後，這就不只是時代先後的概念，還融入了經緯關係的元素，陶宗儀編纂讖緯文獻，以「經類」文獻為先，「讖緯類」文獻為後，便是加入了「經先緯後」的概念，此一概念也為後出的《古微書》所繼承。

2. 以天為首的讖緯篇章排序

　　從表中篇章排列次序發現，《古微書》的篇章排列方式與前人大不相同，其中必有孫瑴個人讖緯觀在其中。從《古微書》目錄中所反映的讖緯觀，被完整記錄在《古微書‧說緯》一文之中，其文云：

　　　緯之興，其興于符命乎？五德承運，遞有感生，故首《尚書》焉。

符命之替也，災異滋多，獲麟而經，亦孔子之龍與馬也，故次《春秋》。有災有異，天人之道洽，《易》數幽玄乃可證。嚮也《易緯》至博而《傳》尚存，故又次之。《禮》行變化，《樂》動神示，皆倚《易》而滋矣，又次之。久矣！夫《樂》之不作也，蓋後《詩》而亡也，故《詩》次《樂》焉。正《樂》刪《詩》復為誰？孔子也。孔子邁九聖而無其遇，迄為素王，諸賢悼惜，故《論語緯》又次之。語莫大乎孝，孝至通天，北落為降紫，麟事來，而孔子之玄命亦可知也，《孝經緯》又次之。嗟！嗟！此以悲河不圖也，惟《河》與《洛》，天諄諄命，羣聖以闡，諸經以祖焉，是不可以無述，終之以《河》、《洛》緯。[46]

在讖緯本文中，以災異、符瑞等記載最多，亦即讖緯以天人感應作為基本內容。前文提及，孫瑴認為《河圖》、《洛書》之所以成為「七緯之祖本」，其本質在於《河圖》、《洛書》作為上天符命預示的文獻，此一特質為後來的讖緯文獻繼承發揮，以致讖緯文獻中充滿了符命預示的紀錄，及其衍生出反面的災異譴告之說。

在上述引文中，孫瑴指出讖緯紀錄天人感應，以作為人事、朝代更迭之依據，凡政權之興起，上天必降祥瑞以示更替，而所降之祥瑞，又以五德生剋的承運之說為本，如對應火德者往往以赤色、鳳凰、朱鳥、朱草等祥瑞示現，其餘四者各依五方物類對應。諸如這類記載多見於《尚書緯》之中，因此孫瑴排列讖緯次序，以《尚書緯》為首。又孫瑴排列緯文邏輯，先天文後人事，而《尚書緯》談天文之文獻數量最夥，因此列《尚書緯》為首。

然而，讖緯紀錄祥瑞，必與災異並舉，稱為災祥，相較於祥瑞之說，讖緯更多見災異記錄，但凡國君執政有失，政局不穩，乃至於國祚將盡，均有災異之記錄，在緯書之中，《春秋緯》記錄最為廣泛，漢人郗萌所收錄「圖緯

讖雜占五十篇」，就是以《春秋災異》為名，由此可見《春秋緯》記錄災異數量之夥。儒家與災異之關連，可上推《春秋》紀錄「西狩獲麟」之事，當時孔子以為周德將衰，孫瑴以此為《春秋緯》災異之說之代表，因此將《春秋緯》置於《尚書緯》之後。

　　孫瑴進一步論述，災異乃上天之警示或懲戒，由此可見天人相應之實有，而災異之產生，實本於天地運數推演，運數之推演又以《易》為最，而《易》之推演吉凶，乃源於大衍之數五十。由數字變化得以推知吉凶禍福的奧秘，必然源自於上天，由此可知《易》之幽玄精深，欲考察《春秋緯》災異紀錄之奧旨，必須根本於《易》說，因此孫瑴將《易緯》置於《春秋緯》之後。

　　將《禮緯》、《樂緯》排在《易緯》之後，乃因古者禮、樂並舉，禮樂的具體內容代表一朝之政事教化，讖緯紀錄災異，多半指涉國家之政事，因此與禮樂有著高度關連。孫瑴云「《禮》行變化，《樂》動神示，皆倚《易》而滋」，認為禮樂之制定均源於《周易》推演，此說當源於《易‧繫辭傳》之論，其說云：「聖人有以見天下之動，而觀其會通，以行其典禮」[47]，因此孫瑴將《禮緯》、《樂緯》置於《易緯》之後。

　　至於《詩緯》被置於《樂緯》之後，《論語緯》之前，實肇因於《詩經》之本質。《詩經》本為民歌總集，而收錄民歌，旨在考察政事得失，因此可說是《禮》、《樂》政事的具體落實，「言之者無罪，聞之者足以戒」，國君透過《詩》，以調整政事之內容。孫瑴云「夫《樂》之不作也，蓋後《詩》而亡也」禮樂象徵一國政事，而古代頌詩必配樂，《樂》亡而《詩》存，象徵周朝之衰頹，因此《詩緯》置於《樂緯》之後。周德之衰，採詩觀政之風已息，孔子每每興發感嘆，而有《六經》之刪定，因此孫瑴將《詩緯》置於《論語緯》之前。

　　而孫瑴將《論語讖》提升至《論語緯》，且置於同屬《七經緯》的《孝經緯》之前，如此「破格升級」的舉動，實根源於孫瑴「尊孔」讖緯觀。孫瑴

---

[47] 見《易‧繫辭上傳》第八章。

認為孔子刪《詩》、《書》,定禮樂,「邁九聖而無其遇,迄為素王」,編定《六經》以為萬世之法,功勞超邁九聖,且德行與古聖先王齊同,卻無機遇而不用於世,有王者之實,無王者之名,漢代學者惋惜之,尊為素王。因此孫瑴認為記載孔子畢生言行的《論語》當與諸《經》並列,而與《論語》一經相配,在漢代被視為讖書的《論語讖》,也當視為緯書,而不當等同於《老子讖》、《尹公讖》等雜讖。於是孫瑴將推演附會《論語》的《論語讖》提升至《論語緯》的地位,並置於《詩緯》之後,代表前面《尚書緯》至《詩緯》等《六緯》的根本《六經》,是由孔子所總結、所編定。

至若《孝經緯》排於《論語緯》之後,也是孫瑴讖緯觀的展現,孫瑴認為《論語》載儒家重要思想,而其中最重孝道,《孝經緯》甚至以為孝道可通上天,即「語莫大乎孝,孝至通天」,孔子述《孝經》完成後,祥瑞屢見,因此將《孝經緯》置於《論語緯》之後,《七經緯》及《論語緯》的排列至此完成。

《古微書》在《孝經緯》之後,才編列《河圖緯》及《洛書緯》,若以孫瑴讖緯起源論的觀點檢視,是相互矛盾的。孫瑴認為孔子「悲河不圖」,即《論語‧子罕》載孔子喟嘆「鳳鳥不至,河不出圖,吾以矣夫」,此處的《河圖》,並《洛書》為《七經緯》的根源,此即孫瑴所謂「天諄諄命,羣聖以闡,諸經以祖焉」,《河圖》、《洛書》不僅為《七經緯》的根源,且同時也是「諸經」的根源。既然《河圖》、《洛書》地位如此重要,何以孫瑴將之置於卷末?

其實,這樣的排序,正好凸顯出孫瑴「宗經」及「尊孔」的讖緯觀。元陶宗儀編列讖緯篇目之先後時,就已經加入了「經先緯後」的概念了,孫瑴顯然繼承此一觀點,既然緯書在定義上,本來就是「配經」、「儷經而行」的,因此在經與緯的排序上,孫瑴選擇將《書》、《春秋》、《易》、《禮》、《樂》、《詩》、《論語》、《孝經》等「配經」的緯書置於卷首,而獨立存在,不與「經」相配的《河圖緯》及《洛書緯》,則視為「配經」以外的緯書本文,因此在「宗經」的指導原則下,孫瑴排列讖緯篇目時就產生了「經先緯後」的狀況,而將作為諸經、讖緯起源的《河圖緯》、《洛書緯》置於卷末。

在「宗經」及「尊孔」的讖緯觀原則下，有別於古文經學家以「經」的時代先後做考量進行排列，孫瑴進一步以讖緯為主體進行討論，探討讖緯生成的根源，故置《尚書緯》為首；分析讖緯的主體內容，故以《春秋緯》為次；探索讖緯天道災異的根源，而次之以《易緯》；論述《易緯》在人事上的流衍分布，故次之以《禮緯》、《樂緯》；論述王政得失的反映，因此次之以《詩緯》；總論《六經》及與之相配的《六緯》，均成於孔子之手，而《論語》載孔子言行，因而次之以《論語緯》；論述《論語》首重孝道，孝道之至足以感天，天有所感必降符瑞，因此次之以《孝經緯》。孫瑴在讖緯排列次序上所反映出的讖緯觀，涉及緯與經的交涉，以及緯學內涵的討論，跳出傳統今古文經學對《六經》次序的論說，首次以「緯」為論說的主體，彰顯了「緯」的歷史沿革及重要性，《古微書》之前的文獻，乃至《古微書》之後的清代學者，均以「經」為主體，對於「緯」的探討，其目的僅為「明經」、「研經」之用，沒有如孫瑴一般，以讖緯為主體的觀點討論讖緯，這是《古微書》讖緯觀中極為重要的觀點，也是《古微書》在讖緯發展史中不可磨滅的價值。

(二)《古微書》讖緯觀的實踐

從上述《古微書》讖緯篇目的排序中，可見孫瑴受度以讖緯為主體，對本書篇目排序進行調整，並在其中融入「尊孔」與「尊經」的理念。這樣的讖緯觀，在《古微書》的詮釋中得到了實踐，以下分別針對「尊孔」與「緯以輔經」二者，論述孫瑴對於讖緯觀的落實。

1. 尊孔

在《古微書》中，有一價值標準，凌駕於所有讖緯觀之上，那就是尊孔的讖緯觀，凡合乎尊孔原則者，即便違反《古微書》本身編書原則，孫瑴同樣以尊孔為先，這是「尊孔」的讖緯觀在《古微書》中的落實。綜觀《古微書》全書，無論是在編排篇章，或是闡釋讖緯上，一般來說均依循孫瑴所建立讖緯觀而行。據前文所述，在讖緯篇章的安排上，主要參考《隋書‧經籍志》的說法，將《河圖》、《洛書》、《七經緯》視為讖緯的主體，其餘《隋書‧

經籍志》認定為讖書者，孫瑴均視為讖。然而，其中有例外者，即是將《論語讖》尊為《論語緯》，所謂《七經緯》的內容，是指與《易》、《書》、《詩》、《禮》、《樂》《春秋》、《孝經》等七《經》相配的緯書，但其中並不包含《論語》，孫瑴之所以將《論語讖》列為緯書，在《古微書·論語緯序》中做了一番說明，其文云：

> 《論語》不入經，亦不立緯，惟讖八卷，與老子、尹公諸讖並行，
> 故其命曰〈比考〉，蓋以上比之三王，下自考也。考之不得，而後曰
> 〈摘輔〉、曰〈摘衰〉，始自安矣。其於七《緯》之文，賓主已見，
> 故讖于詩緯之後，猶云：「詩亡而作」耳。[48]

《論語》一書，載孔聖言行，而孫瑴認為孔子編纂經、緯，超邁古聖，既然編纂的六《經》被奉為經典，且在漢代連《孝經》皆納為第七經，何以記載聖人言行的《論語》不被列為經典？不僅如此，在讖緯81篇中，竟也不見《論語》，《論語》在讖緯中，僅被當作與《老子讖》、《尹公讖》等同的《論語讖》記錄下來，這是孫瑴感到甚為惋惜的。在《古微書》中，編纂的最高指導原則即「尊孔」，因此孫瑴將《論語讖》的地位提昇至《論語緯》，與《河圖》、《洛書》、《七經緯》並列。然而，反映在編排篇目時，如前文所說，因孫瑴讖緯觀的指導下，即便尊孔，《論語讖》在緯書排列的次序上，仍無法越級升至首位，因孫瑴編排讖緯篇目時，是以讖緯產生之歷史觀及其發展為依據，因此孫瑴說「其於七《緯》之文，賓主已見」，將《論語讖》提升至《論語緯》後，如何安置《論語緯》的位置成為《古微書》編排的一項課題。孫瑴對讖緯的判斷是經先緯後，緯先讖後的，因此述緯書之先後時，基於「尊孔」原則，將孔子刪定的六《經》排列於前，其餘置於後。而孫瑴認為《孝經》是曾子記孔子所述之言，雖在漢代列為經，但不得超過孔子本身，《論語》

---

[48] 見《古微書》，頁471。

記述孔子一生言行，代表孔子本身，因此本於「尊孔」，將《論語緯》置於《孝經緯》之前。至於《河圖緯》、《洛書緯》二者，雖然其中含有《河圖》、《洛書》本文，若按歷史先後，應當置於本書卷前，但在孫瑴以「經先緯後」及「尊聖」為原則下，僅能置於卷末。

　　孫瑴由於尊孔，所以將緯書之根源上推至孔子。由於尊孔，所以連認定為緯書之所以重要，都是因為緯書是孔子所編纂的緣故，這在《古微書・尚書帝命驗序》中言之甚詳，其文云：

> 河不圖，鳳不至，孔子以不王，而命驗鍾漢，此圖緯之書所以著於刪後與？不然，緯耳緯耳，亦何重之云？[49]

　　孫瑴認為，孔子因「河不圖，鳳不至」，而悲盛世之不再，因而在編纂六《經》後，著手編輯撰寫讖緯，推演漢朝當繼周而承天命。由於讖緯是由孔子所推演，因此顯得格外重要，否則「緯耳緯耳，亦何重之云」，作為古代文獻的讖緯，若非憑藉孔子之名，何以在漢代得到重視？

　　既然認為緯書是因孔子所編寫，因此在《敘刪微》中，孫瑴感嘆歷代之禁燬讖緯，「圖令人譔，譔令人憚，至隋而燬禁不傳。噫！傷哉！使孔門知百世之學而今無聞也……然則，唯孔宜刪，非孔烏得刪？且非孔而欲識孔，又烏得刪也？」[50]作為「儷經而行」的緯書，在歷代的禁絕中，幾近於滅絕，倘若孔門有知，「知百世之學而今無聞也」，是多麼令人感傷？且孫瑴進一步認為，作為「儷經」的緯書，既然為孔子所作，則只有孔子才能評斷它的價值，進而提出讖緯「唯孔宜刪，非孔烏得刪？」，只有孔子才有資格判斷讖緯之中何者當刪，何者當留。又倘若欲透過孔子密藏以傳後世的隱語微言，瞭解孔子的精神，那麼「非孔而欲識孔，又烏得刪也？」只有透過讖緯，才能

---

[49] 見《古微書》，頁49。

[50] 見《古微書・敘刪微》，頁1。

確實瞭解經典的微言或是未言的奧旨。由此可知，孫瑴指出讖緯之所以有價
值，是肇因於讖緯與孔子緊密的關係，這也能視為孫瑴「尊孔」的表現。

　　既然《古微書》以尊孔為先，則讖緯文獻之中，若記載孔子言行過於荒
誕無稽者，往往被孫瑴所摒斥，如《古微書》卷八〈春秋演孔圖〉云：

> 神孔子之生者，則又過奇……蒼龍附徵在之旁，因夢而生夫子。天
> 帝下奏鈞天之樂，列於顏氏之房。空中有聲言：「天感生聖子，故降
> 以和樂。」笙鏞之音，異於俗世也。恐或出好奇之口，未敢為信。[51]

　　讖緯文獻因尊孔，故常有過度神話孔子之說，連孔子之母徵在生產之時，
皆有「天帝下奏鈞天之樂」，且空中還發出告諭，指示此子為「聖子」，孫瑴
認為諸如此說，皆好事者跨大其詞，「未敢為信」。

　　另外，如同卷「得麟之後」條，孫瑴認為何休注解過於附會，何休附會
孔子為漢代預立受命之符，如「孔子仰推天命，俯察時變，却觀未來，豫解
無窮，知漢當繼大亂之後，故作撥亂之法以授之」[52]，文中推論孔子不僅能推
算未來，預知漢代將繼「大亂之後」興起，故孔子預先作「撥亂之法」以傳
授之，使漢代受天之命，如此則孔子不僅能預知未來，且能如天降《河圖》、
《洛書》般，預寫告示，以教導劉邦受命之法，孫瑴認為這樣的說法過於神
化孔子，對於孔子的形象反而是一種傷害，因此說何休「則幾於誣聖矣。」

　　讖緯文獻中，神化孔子者不僅在預言上，連孔子身形、形象也被擴大解
讀，甚至於扭曲，比如形容孔子頭頂內陷的「反宇」，及《孝經鈞命決》記載
孔子形象如「仲尼牛脣，舌理七重」、「仲尼虎掌，是謂威射」、「胸應矩，是
謂儀古」、「仲尼龜脊」、「孔子海口，言若含澤」、「夫子駢齒象鈞星」[53]等，

---

[51] 見《古微書》卷8，頁151-152。

[52] 見《古微書》，頁152。

[53] 見《古微書》，頁585。

對於孔子的形容，已超乎常人。對此，孫瑴引述荀子之說，論述「仲尼面如蒙倛……是非容貌之患也」，將孔子形象形容為臘月驅除疫鬼的神像，表情兇惡，面方而醜陋，與讖緯所述相去甚遠。其後又引述《莊子・德充符》之說，認為「故德有所長，而形有所忘」，孫瑴隨後指出「後人慕古而過神其說，則以為聖人之有奇表耳。其實形貌安足異于人？」[54]聖人所以為聖人，在德不在形，容貌多與常人無異，甚至更為缺陷。〈序〉言之末，孫瑴打趣的說，孔子曾因貌似楊虎而受困，因此楊虎之狀貌，也許更接近真實的孔子，若「千歲之下，而有傳楊虎其狀者，不以為真夫子也？」[55]若後世有傳楊虎之畫像者，因楊虎的形象接近當時的孔子，或許此像較讖緯誇張的敘述，更為接近真實。

2. 緯以輔經

《古微書》在讖緯觀的另一實踐，即「緯以配經」之說的落實，呈現在《古微書》的內容之中，即所謂「緯以輔經」。孫瑴強調「緯」的功能在於「輔經」，這樣的論述，在《古微書》中比比皆是，如《古微書》卷九〈春秋運斗樞〉「夏不田」條，孫瑴注解如下：

> 按《禮記》疏，鄭玄釋之云：「四時皆田，夏殷之禮。孔子雖有聖德，不敢顯然改先王之法以教授於世。若其所欲改，其陰書於緯，藏之以傳後王，《穀梁》四時田者，近孔子故也。」[56]

孫瑴解釋此條時，引用《禮記》疏中鄭玄釋語，但此語乃鄭玄針對何休《穀梁廢疾》中批評《穀梁傳》經義之反駁言辭[57]，本段批判文字可上推至

---

[54] 見《古微書》，頁148。

[55] 見《古微書》卷8，頁148。

[56] 見《古微書》，頁183-184。

[57] 語見鄭玄《起廢疾》：何休曰：「〈運斗樞〉曰：『夏不田』，《穀梁》有夏田，於義為短。」釋曰：「四時皆田，夏殷之禮，詩云：『之子於苗，選徒囂囂』，夏田明矣。孔子雖有聖德，不敢顯然改先王之法，以教授於世。若其所欲改，其陰書於緯，藏之以傳後王。《穀梁》四時田者，

《禮記・王制》。緯文記載「夏不田」一語，除《春秋運斗樞》外，同樣見於《禮記・王制》疏，原為解釋《禮記・王制》中「天子諸侯無事則歲三田，一為乾豆，二為賓客，三為充君之庖」文字。據《禮記》本文所述，天子諸侯在一年之中，因三種需求而進行畋獵，一者所得獵物之肉，曬為肉乾，以供祭祀之用；二者所得之肉用於宴請賓客；三者為君王自行食用。此「三田」原是指為三種目的而進行畋獵，但鄭玄注釋則云：「三田者夏不田，蓋夏時也。《周禮》：『春曰蒐，夏曰苗，秋曰獮，冬曰狩』。」[58]，則著重於討論古代禮制差異，而非「三田」內容。古禮中凡從事「三田」之事，在夏季時不從事畋獵，這是夏朝時的禮制，周朝時便採取四時皆畋獵的禮制，即鄭玄引《周禮》云：「春曰蒐，夏曰苗，秋曰獮，冬曰狩。」，這是鄭玄對「夏不田」的解釋。

然而，此「夏不田」同為《春秋運斗樞》內容，東漢經學家何休曾引用《春秋運斗樞》此條，批評《穀梁傳》「有夏田，於義為短」即解經義理上有所缺失，因此鄭玄反駁何休「《穀梁》有夏田，於義為短」之言，而提出「四時皆田，夏殷之禮」等論證，但前文提及「夏不田」為夏朝禮制，此處卻又說「四時皆田，夏殷之禮」，對此清人陳立《公羊義疏》對此認為「《釋廢疾》又以四時田為夏殷禮，蓋殷周之誤」。

鄭玄認為何休批判《穀梁傳》「有夏田」於義無據，因《穀梁傳》傳孔子《春秋》之學，距離孔子年代較近，既是繼承聖人之學，必然不至於悖亂先王之法。然而，鄭玄此處雖然提及孔子「雖有聖德，不敢顯然改先王之法，以教授於世」，但卻同時說明孔子若有「改制」之需求，必然「其陰書於緯，藏之以傳後王」，將改制之舉書於讖緯之中，以垂示於後王。因此，由鄭玄對於讖緯出處之詮釋，足見鄭玄以讖緯為孔子所作，與「經」互為表裡，垂訓

近孔子故也。《公羊》正當六國之亡，讖緯見讀，而傳為三時田，作傳有先後，雖異，不足以斷《穀梁》也。」

[58] 見清・阮元編：《禮記注疏》卷五，收錄於《十三經注疏》（臺北：臺灣藝文出版社，1955 年），頁 237。

後世。鄭玄主張「經」為聖人大法,「緯」為孔子改制,二者互為表裡,這樣的說法被孫瑴所繼承。孫瑴認為讖緯之作,目的在輔翼經學,此即「緯以輔經」之例證。

在《易緯》中,也能發現「緯以輔經」的內容,如《古微書》卷十四〈易通卦驗〉記載八卦與節候、物類間的關連,其文云:

> 夫八卦氣驗,常不在望,以入月八日,不盡八日,候諸卦氣。注云:
> 入月八日,不盡八日,陰氣得正而平。[59]
> 三月、六月、九月、十二月皆不見風,惟有八風以當八卦八節。云十一月者,則乾之風漸九月,坤之風漸六月,艮之風漸十二月,巽之風漸三月。
> 震,東方也,主春分,日出,青氣出,直震,此正氣也。氣出右,物半死,氣出左,蛟龍出。震氣不出,則歲中少雷,萬物華而不實,人民疾熱,應在其衝。
> 離,南方也,主夏至,日中,赤氣出,直離,此正氣也。氣出右,萬物半死,氣出左,赤地千里。離氣不至,日無光,五穀不榮,人民病目。
> 立秋,晴時,黃氣出,直坤,此正氣也。秋分,日入西,白氣出,直兌,此正氣也。離氣見秋分則大熱,巽氣不至,則城中多大風,發屋揚沙,禾稼盡臥。[60]

---

[59] 見《古微書》,頁 266。《易緯八種》「常不在望」作「常在不亡」,「入」作「八」,張惠言《易緯略義》考證「八」當作「入」。

[60] 考孫瑴本條讖緯本文,陳俞本《書鈔》卷 154「日入」後有一衍文「西」字,孫瑴誤抄為「酉」。〈易通卦驗〉本作「離氣見於立秋之分」,陳俞本《書鈔》卷 156 作「離氣見立秋分」,孫瑴去除「立」字,取「秋分」義。陳俞本《書鈔》卷 159「火風」作「大風」,「稼盡臥」作「禾稼盡臥」,孫瑴同。「立秋」、「秋分」、「離氣」、「巽氣」等條文散見於書中各卷,孫瑴將之聚於一處。

乾得坎之寒則當夏雨雷[61]

按八卦之配八節，其說肇此，而今無全文，錄其所見如右。

　　孫瑴此處共收羅六段讖緯本文，說明八卦如何與方位、節令、顏色、五行、災異相配。首先說明「八卦氣驗」之法，選於農曆初八，此時月象為上弦月，此時「陰氣得正而平」，因此適合測驗卦氣[62]。其次，有關「八風以當八卦八節」等內容，可以下圖簡要說明之：

巽·立夏　　　　　　　　　　離·夏至　　　　　　　　　　坤·立秋

	巳 4	午 5	未 6	
辰 3	青	赤	黃	申 7
卯 2	青		白	酉 8
寅 1	黃	黑	白	戌 9
	丑 12	子 11	亥 10	

震·春分（左）　　　兌·秋分（右）

艮·立春　　　　　　　　　　坎·冬至　　　　　　　　　　乾·立冬

　　由上圖可知，八卦與方位、節令、顏色、五行有緊密的對應關係，而此種排列方式，可上推《易傳》本文。〈易通卦驗〉關於八卦方位配法，以〈說

---

[61] 見《古微書》，頁 267。本文《易緯八種》作「乾得坎之寒，則夏雨雪水冰」。「乾得坎之寒」者，見張惠言《易緯略義》云：「乾得坎之寒者，大雪〈寒〉用事，〈乾〉就之，故應雨雪」，此即漢代卦氣說中，除坎、震、離、兌四卦代表四季外，其餘六十卦配上一年之月令節候，其中〈寒〉卦配於十一月「大雪」節氣。若此時代表西北方「立冬」的〈乾〉卦之氣，出現於接近正北〈坎〉卦的「大雪」節氣，則坎卦一陽與乾卦三陽陽氣太盛，即《易緯八種》所載「乾炁見為四陽相得，故為火盛」。凡代表「立冬」的西北方乾卦之氣不出於應出之時，其災異必然顯現於半年後的對立面，即「立夏」，此即〈易通卦驗〉所載「各以其衝應之」、「應在其衝」，其餘對應七節之七卦原則相同。因此，當「立冬」乾卦之氣不出於「立冬」，而出於「大雪」，災異即「夏雨雪水冰」。

[62] 《易緯八種》載「弦者陰炁得正而平，此候炁在地屬陰」，因候氣之法需仰賴地表氣候變化，地屬陰，故憑藉月象為測量基準。

卦傳〉後天八卦方位為本[63]，其中震、巽配青氣（木色青），離配赤氣（火色赤），坤、艮配黃氣（土色黃），兌、乾配白氣（金色白），坎配黑氣（水色黑）[64]，同樣見於〈說卦傳〉[65]，因此可知五行配八卦的基本架構，源自於〈說卦傳〉。但〈易通卦驗〉演繹其說，與「八節」相配，其中「十二地支」既是紀錄方位，也同時記錄月份，十一月冬至時北風正盛，配以正北坎卦，其餘震、離、兌三卦原則相同。緯書中論八卦方位及各類對應，簡表如下：

五行	木		火	土		金		水
五色	青		赤	黃		白		黑
方位	東	東南	南	中（西南）	中（東北）	西	西北	北
八卦	震	巽	離	坤	艮	兌	乾	坎
月份	卯	辰巳	午	未甲	丑寅	酉	戌亥	子
八節	春分	立夏	夏至	立秋	立春	秋分	立冬	冬至
對應節氣	秋分	立冬	冬至	立春	立秋	春分	立夏	夏至

由上表可知，《易緯》推演《易》及《易傳》之說，闡發〈說卦傳〉中八卦方位，並配合節氣、物候，進而產生吉凶之占驗，是將《易》之數字占驗，

---

[63] 〈說卦傳〉以為「震東方也」、「巽東南也」、「離也者……南方之卦也」、「兌正秋也」、「乾西北之卦也」、「坎者水也，正北方之卦也」、「艮東北之卦也」，僅〈坤卦〉不配方位，「兌正秋也」則秋配西方，由七卦所配方位，知〈坤〉配西南方。

[64] 《易緯八種》載其餘乾、坎、艮、巽四者：「乾，西北也，主立冬，人定，日炁出，直乾，此正炁也」，張惠言《易緯略義》以為「日」當作「白」；「坎，北方也，主冬至，夜半，黑炁出，直坎，此正炁也」；「艮，東北也，主立春，雞鳴，黃炁出，直艮，此正炁也」；「巽，東南也，主立夏，食時，青氣出，直巽，此正氣也。」

[65] 〈說卦傳〉以為「乾為天……為金」，因而五行配金色白；「兌正秋也」，正秋屬西方，五行屬金色白。「坤為地」，地即土，故配土色黃；「艮為山」，山為土石，故配土色黃。「震東方也」，東方五行屬木色青；「巽為木」，屬木色青。「離也者……南方之卦也」，南方五行屬火，火色赤。「坎者水也，正北方之卦也」，北方屬水，配以黑色。

增加推演至物候相應之說，足以發明《經》義。

另外，在《詩經》中，孫瑴也提及《詩緯》足以闡發《詩經》義旨，如《古微書》卷二十四〈詩推度災〉，其說云：

〈關雎〉知原，冀得賢妃，主八嬪嬪，婦也。（宋均注）八嬪正于内，則可以化四方矣。[66]

貫居子曰：「〈關雎〉一詩，乃后妃廣求賢助也。妃若曰：得是淑女而進之文王，庶可以共理內政耳，若楚樊姬遍薦后宮之意。而後世作文王之思后妃，文王年十三耳，何從見之而作如此沈思？又云：『宮人之美后妃』，宮人愚無知者，何由知后妃之如此其賢而仰慕？至是不讀緯書，亦不知作詩之原也，於此大暢。」

關於《詩・周南・關雎》一詩之宗旨，歷來主張各異，《論語・八佾》：「〈關雎〉樂而不淫，哀而不傷」，原是讚賞此詩得性情之正，足以抒發情感，卻又不氾濫。至漢代，或以強調后妃之德以論述〈關雎〉之旨，如〈毛詩序〉：「〈關雎〉，后妃之德也，〈風〉之始也，所以風天下而正夫婦也」，及齊詩學者匡衡所主張亦同[67]；或以〈關雎〉為詩人有感於周道之衰，而作此詩[68]；或以〈關雎〉表大道之根源，如《韓詩外傳》云：「大哉關雎之道也！萬物之所繫，群生之所懸命也」。自《毛詩》列為五經，主張〈關雎〉乃闡發后妃之德，成為古代經說之主流，孫瑴在經說上，同樣遵循《毛詩》之理路，並認為《詩緯》本條文字乃闡發《詩經》義理之重要佐證。

---

[66] 見《古微書》，頁 453。

[67] 見〈戒妃匹勸經學疏〉云：「孔子論《詩》以〈關雎〉為始，言太上者民之父母，后夫人之行，不侔乎天地，則無以奉神靈之統，而理萬物之宜」，匡衡主張后妃之行乃天下之表率，因而必須重視后妃之德。收錄於《中國基本古籍庫》。

[68] 見〈史記・十二諸侯年表序〉云：「周道缺，詩人本之袵席，〈關雎〉作。」

「文王之思后妃」、「宮人之美后妃」為朱熹《詩集傳》所主張[69]，孫瑴認為此詩若為周文王思念太姒之詩，周文王僅十三歲[70]，年紀尚幼小，便輾轉反側而「作如此沈思」，於理實不可通。又朱熹推測或許為宮中之人，見太姒入宮後，有幽閒貞靜之德，於是賦詩以讚美太姒，孫瑴認為宮人愚且無知，如何能稱說太姒幽靜之德？

因此孫瑴認為，〈關雎〉一詩的宗旨，當屬《詩緯》的解釋最為恰當，即此詩宗旨在於「后妃廣求賢助」，如楚樊姬賢德，為輔佐君王，親選賢德之女上呈國君，以輔佐國君理政。如此解釋，則〈關雎〉作為「后妃之德」的義理，便被深刻地加以闡釋，孫瑴認為如此才能充分展現「緯以輔經」的特色。

小　結

經由本章論述，得知孫瑴編纂《古微書》時，之所以呈現出迥異前人的篇章排列、編輯體例、詮釋內容以及讖緯相關論述，均源自於孫瑴獨特的讖緯觀，這樣的讖緯觀是雜採前代各家之說，並加上孫瑴個人判斷而成的綜合體。無論在讖緯的定義、讖緯源流、讖緯編排次序、讖緯詮釋以及讖緯相關議題討論上，孫瑴的《古微書》所呈現「前無古人，後無來者」的獨特面貌，均源自於孫瑴對於「經」與「緯」相關議題的討論。從一部輯佚編纂之作中，呈現出孫瑴個人特有的讖緯理論與詮釋系統，這樣的作法，即便在清代輯佚著作之中也是極為罕見的情形。

透過本章討論，得知《古微書》中劃分緯書、讖書篇章的界線，大抵遵

---

[69] 見朱熹《詩集傳》卷一：「女者未嫁之稱，蓋指文王之妃太姒爲處子時而言也，君子則指文王也」，此為「文王之思后妃」之說。又卷一云：「宮中之人，於其始至，見其有幽閒貞靜之德，故作是詩」，是為「宮人之美后妃」之說。

[70] 《毛詩注疏》載：「案《大戴禮・文王世子》篇云：『文王十三生伯邑考』」，孫瑴當據此判斷周文王迎娶太姒之前，年紀不超過十三歲。

循《隋書‧經籍志》的定論。《古微書》中「經」與「緯」是並存的概念，緯書的存在是為「經」而服務，對於「經」與「緯」產生的時間，無論是「經」的定型，或「緯」的初步規模，均完成於孔子之手，經為顯學，緯為隱說。至於讖緯整體的規模，孫瑴則針對歷代各家說法進行折衷的調整，即緯書最初的規模成於孔子，其後由七十子之徒及其再傳弟子增廣之。到了漢代，緯書又摻入漢人之說，導致篇目更為繁複。

此外，在本章之中，筆者針對《四庫全書總目》等清人對《古微書》的說法進行考證，其中若干批評並未正確理解《古微書》所指為何，因此對孫瑴的批評部分實屬誤讀。其中值得注意的是，結合「《河圖》、《洛書》本文為群經根源」，與「孫瑴編排《河圖緯》、《洛書緯》篇目」兩個概念，產生了存在緯書篇目的《河圖》、《洛書》本文，反而成了群經的根源的新概念，經與緯的關係不完全是「緯以配經」，反而有「緯為經源」的狀況，不得不說在讖緯發展史上，孫瑴的推論是屬於一種顛覆式的論述。

在讖緯排列次序上，《古微書》反映出的獨特讖緯觀，涉及緯與經的交涉，以及緯學內涵的討論，跳出傳統今古文經學對《六經》次序的論說，首次以「緯」為論說的主體，彰顯了「緯」的歷史沿革及重要性，並直接落實於著作之中，即便放到現在的著作中一起評價，也同樣是前無古人，後無來者。《古微書》之前的文獻，乃至《古微書》之後的清代學者，無論是輯佚或詮釋，均以「經」為主體，對於「緯」的探討，其目的僅為「明經」、「研經」之用，沒有如孫瑴一般，以讖緯為主體的觀點討論讖緯，這是《古微書》讖緯觀特出之處，在讖緯發展史中有其不可磨滅的地位，不應僅看見《古微書》編纂之失，便一概否認其他特殊價值。

最後，在《古微書》中，以尊孔的讖緯觀凌駕於所有讖緯觀之上，凡合乎尊孔原則者，即便違反《古微書》本身編書原則，孫瑴同樣以尊孔為先，這是「尊孔」的讖緯觀在《古微書》中的落實。讖緯觀的另一實踐，即「緯以配經」之說的實現，呈現在《古微書》的內容之中，即所謂「緯以輔經」。孫瑴強調「緯」的功能在於「輔經」，這與清人不斷強調讖緯的價值是不謀而

合的，雖不足以說明清人之說受到孫瑴影響，但可以確定的是，孫瑴在讖緯觀的落實，開清人詮釋讖緯風氣之先。

　　在《古微書》中編纂方式既遵循孫瑴讖緯觀，同時解釋讖緯內容又偶有違背讖緯觀，這樣既衝突又融合的詮釋面貌，說明了在遵循以讖緯為主體的編書原則之外，孫瑴編纂此書最主要的目的，除了幫助讀者理解讖緯內容，更重要在於還原聖人之說的面貌，使經學、緯學的源流、定位得到安頓，為傳統文化盡己之力，這當是孫瑴讖緯觀最重要的精神所在。

第六章
《古微書》讖緯天文詮釋體系之建立

　　《古微書》作為中國首部收集讖緯文獻之專著，通觀其書內容，則以紀錄占驗災異之說為數最夥，雖然孫瑴收錄的讖緯內容與後代輯佚成果所差甚遠，但即便如《緯書集成》、《兩漢全書》等讖緯輯佚專著，也以占驗災異之說為大宗，這反映出漢代讖緯文獻實際上是以占驗災異說為主體，這不僅是讖緯文獻之大宗，也是《古微書》一書編纂探討之主體。

　　就《古微書》的編排樣貌來看，基本上是對於讖緯本文的輯佚、集解之作，其中僅摻雜了少部分孫瑴個人評語，多羅列各說，少有己見，屬「述而少作」之書，然而在占驗災異說的理論基礎上，卻用力較深，有別於純粹羅列讖緯災異文獻，筆者試圖從其中整理孫瑴對占驗災異說基礎的探討，發現孫瑴對於機祥說基礎，建立在律曆觀與星象觀的基礎上，有律曆觀的基礎，才能衍生卦氣、候氣等占候之說；有了星象觀的基礎，對於災異、祥瑞的現象，與受命、革命的更迭，才能取得形上的理論基礎。因此讖緯文獻中占驗災異說的根本，可說是建立在律曆觀與星象觀的基礎上。然而，無論是律曆觀、星象觀，其基礎均建立在天文觀的建構上，也正因如此，孫瑴對於「天」的探討是用力甚深的，從孫瑴將專論天體運行的〈尚書考靈曜〉置於卷首，可知孫瑴對於「天」論的重視，只有對於天體運行、天文數據、天文儀器、星官定名等「天」的討論得到安頓，才能進而討論律曆觀、星象觀等範疇，因此對於占驗災異說基礎的建立，《古微書》選擇以論「天」為首。

一、《古微書》天文理論與數據的建立

　　就現存《古微書》的規模進行考察，當時孫瑴積數十年之力，編纂讖緯文獻，並收羅各家說法，對讖緯文獻進行集解式的解說，用力不可謂不深。其中孫瑴對於「天文」類的解說尤其用心，其因為何？筆者推測原因大略有二。首先，在《古微書》中，「天文」類讖緯文獻，多半集中於〈尚書考靈曜〉中，而〈尚書考靈曜〉被《古微書》置於全書第一、第二卷中，以一位編書者的立場，撰寫之初必然用力最深，這一方面是為了凸顯作者對於該內容之重視，另一方面也是為了讀者考量，大凡撰書者，為了吸引讀者，多半在卷首用心撰寫，如此則讀者開卷欣然，容易取得肯定。第二，如前章所述，孫瑴的讖緯觀中，以天為本，漸次論及天運、災異、人事、物候等，這是孫瑴讖緯觀的基本架構。既然以天為本，因此對於「天」的論述必然盡力探討，根本穩固後，由「天」開展而下的論述才能順理成章。

　　孫瑴對於「天」的重視，具體展現在〈尚書考靈曜〉序中，其言云：

> 貫居子曰：學莫大於稽天，自堯歷象，舜璣衡，於是禮、樂、兵、刑，一祖以天矣。後世以宣夜為殷制，《周髀》託於周公，然於天度多不相應，惟渾儀之圖，師准璿璣，歷代實用。自漢張衡鑄為銅儀，迄唐之梁令瓚、李淳風，以至許衡、郭守敬莫能外焉，而不知其秘，皆原於緯書。漢儒窮緯，故談天為至精，此〈考靈曜〉所繇名也。[1]

　　有關「考靈曜」之名義，考者考察，曜者星曜，鍾肇鵬先生曾為之解說，

---

[1] 見《古微書》，頁2。

即「考察日月星辰的運行規律」²，此說甚妥，因〈尚書考靈曜〉通篇談論日月星辰之運行規律，是談「天」的根本，因而被孫瑴視為最重要、最根本的學問，即孫瑴所云「學莫大於稽天」。孫瑴認為自從帝堯「曆象日月星辰，敬授民時」，帝舜「在璿璣玉衡，以齊七政」，從對於「天」的考察，以順應天的運行，四季的更迭，進而指導百姓應行之事，政事由是乎生，其後衍生的「禮、樂、兵、刑」，推求其根源，皆可謂「一祖以天」。

(一) 孫瑴主張「渾天說」之因

在「稽天」的内容上，孫瑴提出「後世以宣夜為殷制，《周髀》託於周公，然於天度多不相應」，為何談天各家中，特別提出這兩家予以否定，認為他們談天度數「多不相應」呢？是否「宣夜說」及《周髀算經》所談的天文度數是不合理的？事實上並非如此。筆者統計《古微書》全書有關天文度數的討論條目，共 32 條，其中包含〈尚書考靈曜〉19 條、〈春秋元命包〉4 條、〈春秋考異郵〉1 條、〈孝經援神契〉4 條、〈河圖帝覽嬉〉1 條、〈龍魚河圖〉1 條、〈洛書甄曜度〉2 條³，這些條目之下，孫瑴引用了各家說法，以幫助解釋天文度數，其中《周髀算經》被引用的次數，高居各家之冠。欲窺見孫瑴對讖緯之價值判斷，除個人評價外，最重要的即是引述某家的次數，凡引用次數越高者，代表孫瑴相對認同該家說法。在引用各家說法以解釋讖緯天文數據上，《周髀算經》高達七次，鄭玄之說六次，孔穎達之說五次，《晉書·天文志》及《隋書·天文志》各四次，餘者僅一、二次而已，因此若以「《周髀》託於周公，然於天度多不相應」即為孫瑴反對《周髀算經》之說，是不正確的推論。

---

² 見鍾肇鵬著《讖緯論略》（臺北：洪葉文化事業，1994 年 9 月），頁 53。

³ 本文出處以守山閣叢書本頁次為主，各條出處如下：〈尚書考靈曜〉：1/2（卷 1 頁 2，餘下仿此）、1/3、1/6、1/6、1/6-7、1/9、1/10、1/11、1/12、1/13、1/15、1/15-16、1/17-18、2/25、2/27、2/28、2/32、2/45、2/45。〈春秋元命包〉：7/129、7/131、7/131、7/131。〈春秋考異郵〉：10/196。〈孝經援神契〉：27/511-512、27/512、27/512-513、27/519。〈河圖帝覽嬉〉：33/633。〈龍魚河圖〉：34/659。〈洛書甄曜度〉：36/695-696、36/696。

　　那麼，孫瑴認為《周髀算經》「於天度多不相應」究竟所指為何？其實孫瑴將「宣夜說」及《周髀算經》並舉，實則所指為古代「談天三家」的優劣[4]。「談天」之三家即蓋天說、渾天說及宣夜說，「宣夜說」或以為商朝之舊說，而蓋天說則以《周髀算經》為代表[5]。孫瑴認為蓋天說、宣夜說對於天體的解說往往與實際不符，唯有「惟渾儀之圖，師准璿璣」較為符合天體度數，此「渾儀之圖」即根據渾天說所製作。孫瑴該說的來源可上推至漢代蔡邕，見《晉書‧天文志》云：「漢靈帝時，蔡邕於朔方上書言：『宣夜之學，絕無師法。《周髀》術數具存，考驗天狀，多所違失。惟渾天近得其情，今史官候臺所用銅儀，則其法也」，「《周髀》術數」即蓋天說的內容，而「史官候臺所用銅儀」，即張衡所改制的渾天儀，因此孫瑴根據蔡邕之說，將渾天儀的根源上推至帝舜的「璣衡」，認為根據渾天說製作的渾天儀是「師准璿璣」，既符合實際天文，又符合「道統」。有關渾儀等天文儀器之制，待下節詳述。

(二) 渾蓋合一的讖緯天文數據

　　《古微書》所收錄的讖緯天文本文中，存在著許多與《周髀算經》相同的數據，而《周髀算經》主張蓋天說，因此可以確定在漢代讖緯之中存在著蓋天說的理論。那麼，是否可以據此否認孫瑴所主張的渾天說？其實不然，因讖緯所呈現的天文觀，是兼容蓋天說與渾天說的，其中既包容蓋天說的數據，又存在類似於渾天家所主張的「天體四遊」、「地動說」，這兩者在《周髀算經》中並未提及，因此讖緯所呈現的面貌是錯綜複雜的。

　　在《古微書》卷首〈尚書考靈曜〉中，開宗明義便收錄此條緯文，其文云：

---

[4] 語見《晉書‧天文志》：「古言天者有三家：一曰蓋天，二曰宣夜，三曰渾天。」

[5] 語見《禮記‧月令疏》：「凡有六等：一曰蓋天，文見《周髀》，如蓋在上……三曰宣夜，舊說云殷代之制。」

天從上臨下八萬里，天以圓覆，地以方載。[6]

　　這條緯文顯然與蓋天說數據完全相符，此即《周髀算經》所主張[7]。《周髀算經》曾計算「天」到地表的距離，最先確定的基本數據為晷影「一寸」對應實際距離「千里」，《周髀算經》的測量地在古代周地[8]，所取之物為長八尺之表，測量太陽在周地每日晷影長度的變化。夏至當天正午，周地晷影長為一尺六寸，同時在周地正北及正南千里之地測量，得出晷影長分別為一尺七寸及一尺五寸，因此《周髀算經》斷定太陽與八尺之表之關係為每隔千里影長即差一寸，此為「一寸千里」。

　　其次，夏至之後，日影越來越長，待日影在某日正午長度為六尺時，取直徑一寸、長八尺、中間打空的竹子，以此竹直視太陽，其孔徑恰好符合太陽直徑，古人以為此為測量太陽距離及大小的正確時機，即《周髀算經》所說「故以勾為首，以髀為股，從髀至日下六萬里，而髀無影。從此以上至日，則八萬里」，先推求當天周地至日下的距離為六萬里（一寸千里，六尺即60*1000=60000里，在當地八尺之表與太陽無晷影），因測量之表長度八尺，故以句股弦定理推算，當天太陽與地平面高度為80000里（60：60000=80：X，X=80000），此為地面與「天」的距離，算式及圖表如下：

---

[6] 見守山閣叢書本《古微書》，頁2。

[7] 《周髀算經·上卷》云：「天圓如張蓋，地方如棋局」，同書下卷云：「天象蓋笠，地法覆盤」，這是古代「蓋天說」的理論，〈尚書考靈曜〉言「天以圓覆，地以方載」[7]，其說同於《周髀算經》蓋天之說，以天如鍋蓋覆於上，地表則平如棋盤。

[8] 關於周地，說者謂在今河南登封，此說可供參考。

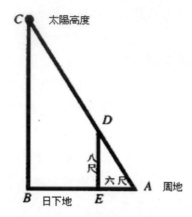

AE/AB＝DE/BC，故 BC＝DE*AB/AE＝8 尺*6 萬里/6 尺＝8 萬里，而《尚書考靈曜》云：「天從上臨下八萬里」，與《周髀算經》的數據完全相同， 因此可以肯定讖緯之中存在著蓋天說的基本數據。

此外，《古微書》收集的讖緯條文中，也存在著同時並用渾天、蓋天二說者，如《古微書》卷一〈尚書考靈曜〉云：

天如彈丸，圜圍三百六十五度四分度之一。
度二千九百三十二里千四百六十一分里之三百四十八。按孔穎達疏
云：周天百七萬一千里[9]

從第一條緯文「天如彈丸」可知，《尚書考靈曜》本條論天，以天為渾圓如彈珠之體，而根據「圜圍三百六十五度四分度之一」，可推知古人將天體分為 $365\frac{1}{4}$ 度，與現今分為 360 不同，這是依循古四分曆計算系統，因四分曆一年週期為 $365\frac{1}{4}$ 日，而太陽每天行走一度，因此一年共行 $365\frac{1}{4}$ 度。

---

[9] 見《古微書》，頁 3-4。

　　其次，從第二條緯文中，太陽行走每度為 $2932\dfrac{348}{1461}$ 里，數據同於《周髀算經》，因《周髀算經》論「天」運行的圓周長，其中之一即為 1071000 里，將 1071000 除以 $365\dfrac{1}{4}$ 度，得出每度為 $2932\dfrac{348}{1461}$ 里。1071000 里的數據見於周天「七衡六間」之說，並為春秋分日道圓周長度數，下文將詳述。至於《周髀算經》如何推求春秋分日道圓周長為 1071000 里？古人以為直徑與圓周比率為徑一周三，欲計算春秋分日道圓周長，必先求春秋分日道直徑，欲計算春秋分日道直徑，必先求春秋分日道半徑。古人以為天體運轉的軸心為北極星，故求天（春秋分日道）與地之距離，當先求北極星下地與觀測地（周地）距離。《周髀算經》以測晷影之法，在周地夜晚時，立八尺之表，仰觀北極星，將目測北極星點與八尺之表頂端兩點連成一線，延伸至地面，所得之虛擬晷影長為一丈三寸，以句股弦定理推算，故北極星下地與周地之距離為 103000 里。即如下圖：

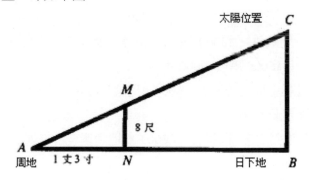

　　在求得北極下地與周地距離為 103000 里後，其後便推算周地到春秋分日下地之距離，兩者相加，才是春秋日道日道之半徑。《周髀算經》測量春秋分日道半徑圖形及算式如下[10]：

---

[10] 該圖參考自日本・能田忠亮：《東洋天文史論叢》（東京：恆星社，1943 年），頁 59。

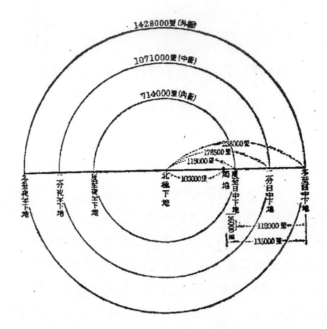

(1) 《周髀算經》夏至晷長為一尺六寸,故周地到夏至日下地(太陽正下方
的地平面位置)距離為 16000 里。周地冬至晷長一丈三尺五寸,故周地
到冬至日下地距離為 135000 里,因此周地夏至日下地與冬至日下地距離
為 135000 里-16000 里=119000 里。

(2) 103000(北極下地到周地)+16000(周地到夏至日下地)=119000 里(北
極下地到夏至日下地)

(3) 135000(周地到冬至日下地)-16000(周地到夏至日下地)=119000 里(夏
至日下地到冬至日下地)

(4) 119000/2(夏至日下地到春秋分日下地)+119000(北極下地到夏至日下
地)=178500 里(北極下地到春秋分日下地,即春秋分日道半徑,即七衡
之「中衡」半徑)

(5) 178500 里*2=357000 里(春秋分日道直徑)

(6) 357000*3=1071000 里(春秋分日道圓周長)

(7) 1071000 里 ÷ 365$\frac{1}{4}$度=2932$\frac{348}{1461}$里(春秋分日道圓周長每度的里數)

　　由以上算式推求可知，所謂「度二千九百三十二里千四百六十一分里之三百四十八」，乃根據《周髀算經》數據而來，本條緯文中，既有強調「天如彈丸」的渾天說，也同時存在《周髀算經》等蓋天說理論。

　　《古微書》所收錄的讖緯天文數據中，不僅上述緯文屬渾天、蓋天合一之說，在同卷之中，也存在著相同的狀況，其文云：

> 日道出於列宿之外萬有餘里，正月假上八萬里，假下一十萬四千里。
> 〈尚書考靈曜〉[11]

　　此處所謂「日道」，與前文所提及「日道」數據基本相同，但在「蓋天說」的理論之中，並無太陽行走軌跡距離星宿「萬有餘里」的說法，這種說法當屬於「渾天說」中的「天體四遊」說與「地動」之說，在〈尚書考靈曜〉之中多有提及，其文如下：

> 二十八宿之外，各有萬五千里，是為四遊之極，謂之四表。
> 春則星辰西遊，夏則星辰北遊，秋則星辰東遊，冬則星辰南遊。
> 地有四遊，冬至地遊北而西三萬里，夏至地遊南而東三萬里，春秋
> 一分其中矣。[12]

　　以上緯文對於天體運行的概念，可分為兩種：一者為「恆星天球」，即日月、恆星行走的天體軌道，其軌道為圓形。二者，漢代讖緯論天體之運行，認為日月、恆星與大地，在一年之中會游移於四方，這四方的極限依舊為圓形，稱為「四表」，半徑較恆星天球多 15000 里遠。日月、星辰、大地在四表中行走軌道各有不同，星辰四遊方向與日月運行方向相反。以下為星辰四遊

---

[11] 見《古微書》，頁9。

[12] 見《古微書》，頁6。

圖示：

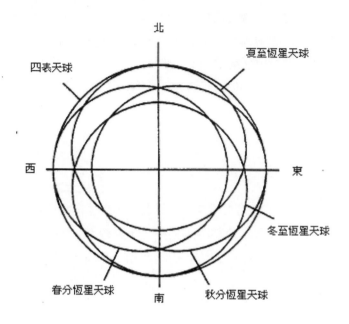

星辰四遊圖

　　立春開始，星辰與大地軌道由正中往西移動，日月則由正中往東移動，春分時星辰、大地運行軌跡與四表天球西極切齊，日月運行軌跡則與四表天球東極切齊；夏至地表與日月運行軌跡與四表天球南極切齊，星辰運行軌跡則與四表天球北極切齊；秋分時星辰、大地運行軌跡與四表天球東極切齊，日月運行軌跡則與四表天球西極切齊；夏至地表與日月運行軌跡與四表天球北極切齊，星辰運行軌跡則與四表天球南極切齊。有關日月、星辰、大地運行軌跡對應關係，表列如下：

天體 \ 節令	春分	夏至	秋分	冬至
大地	西	南	東	北
星辰	西	北	東	南

天體＼節令	春分	夏至	秋分	冬至
日	東	南	西	北
月	東	南	西	北

以上表為基礎，《古微書》所收緯文有關渾天說天體運行方向便容易解釋了。所謂「地有四遊，冬至地遊北而西三萬里，夏至地遊南而東三萬里，春秋二分其中矣」，意指大地在四季中運行之軌跡，冬至大地遊於極北，之後逐漸往正中移動，行走 15000 里後，在立春時達到正中。之後正中往西平行移動，行走 15000 里後到達極西，從冬至到春分共行走 30000 里，此為「冬至地遊北而西三萬里」、「春秋二分其中矣」之內涵，其餘夏至、秋分運行軌道仿此。

據上文所提日月星辰四遊說，古人以為，太陽的行走軌跡與恆星行走軌跡相反，時至周朝正月（觀察點為農曆十一月冬至），恆星南遊 15000 里，此時日道與恆星大球運行方向相反，依據讖緯文字解釋，這時太陽與地表接近，兩者距離為 80000 里，而太陽與四表天球的上緣距離為 104000 里。本條緯文數據有誤，然孫瑴尊重讖緯本文，不妄加改動，而是採用「述而不作」的方式，引用鄭玄之注改正，其云：「冬至之時，日下至於地八萬里，上至於天十一萬三千五百里也」，當以鄭玄注為是。

為何本條讖緯數據錯誤？當求之於天（四表天球）與地的距離。當恆星天球位於四表天球正中時，恆星天球與四表天球各處的距離均為 15000 里。在不考慮「地有四遊」的前提下，進而求取恆星天球之半徑，恆星天球之半徑為 178500 里，很明顯與《周髀算經》中衡半徑 178500 里數據相同，因此筆者推斷此條為渾蓋合一之讖緯天文數據。其算式如下：

(1) 15000 里（春秋分四表天球到恆星天球距離）+178500 里（北極下地到春秋分日下地）=193500 里（北極下地到四表天球距離，即四表天球與地的距離）

(2) 冬至太陽假上 80000 里，則假下當為 193500-80000=113500 里，故本條讖

緯數據有誤，孫瑴《古微書》引鄭玄說為是。

透過本條數據之剖析，一來可發現讖緯本文之中，存在著渾天、蓋天說合一的天文推算結果。二來也能得知孫瑴在注解《古微書》時，採用了「述而不作」的方式，對於讖緯條文錯謬之處，以權威之說做為佐證，而不輕易妄下結論。

孫瑴透過引用他人注解進行補充說明，或是數據上的辨誤其實不止上文一例。在天文數據的論述上，孫瑴常以異說並見的方式，讓讀者自行推論真偽，進而對天文數據的能進一步掌握，如《古微書》卷一〈尚書考靈曜〉云：

> 日有九光，光照四極，日光隆照四十萬六千里。[13]

所謂「日有九光」為日行九道時，其光所照之範圍稱為九光，下文詳述。日行九道時，其邊緣與四表天球切齊，「四極」為四表天球之界線，故云「光照四極」。然本條緯文數據錯誤，日光之隆照，並非 406000 里，孫瑴在本條之下引用《地書說》及《周髀算經》數據加以說明，《地書說》數據為「日照四十五萬里」，《周髀算經》則云「日光外照，徑八十一萬里，周二百四十三萬里」[14]，此說即指太陽光線外照之極限，其直徑為 810000 里，半徑為 405000里，因此所謂「日光隆照」即日光照射最遠之半徑，至於《地書說》的數據，除了作為博採異說的作用外，筆者推斷此數據應當是錯簡，當為「四十萬五千里」之誤，除《地書說》外，並無日光照射距離為 450000 里者。至於為何如此推斷？405000 里的數據從何而來？此數據乃根據《周髀算經》，計算日光照射之距離，同樣以春、秋分為基準，古人假設春分、秋分時，日光照射最北處恰好在北極下地，因此首先計算北極下地到春秋分日下地的距離，即178500 里。然前文提及，星辰有四遊為渾天說理論，但在《周髀算經》中同

---

[13] 見《古微書》，頁 10。

[14] 見《古微書》卷一，頁 10。古籍各本作《地說書》，此處姑從《古微書》說法。

樣璇璣（即北極星）也有四遊，這是地軸旋轉的觀測現象，其四遊直徑為 23000 里，春分之時璇璣「東遊之極」，此時北極下地與實際北極下地誤差為 11500 里（23000/2），因此推測春分時日光所照北極下地的實際距離為 178500 里 -11500 里=167000 里，此為日光照射最遠的里數。因此計算日光照射範圍，算式如下：

(1) 計算日道離北極下地最遠的距離，即北極下地到冬至日下地，即 119000*2=238000 里。

(2) 因日光照射四方，故北極下地到冬至日下地距離需加上日光往南照的距離，即 238000 里+167000 里=405000 里，此為日光在一年之間能照最遠的半徑。故得知本條讖緯數據有誤，孫瑴《古微書》引《周髀算經》為是。

　　透過數據推算，得知緯文論述天文之數據，多與《周髀算經》相合，亦即蓋天說理論，並且在《周髀算經》的基礎上，對於緯文的數據正誤，能有清楚的認知。然而，從「日有九光」等說法，同樣以天為渾圓之體，因此推知緯文之中對於渾天、蓋天說的理論，已經有所融合，亦或是混淆也不可知。

　　在上文推算的基礎上，同樣能校正緯文中某些論述，如《周髀算經》云：「日光外照，徑八十一萬里」，但在《古微書》卷七〈春秋元命包〉中有此緯文，其云：「天不足西北，陽極於九，故周天九九八十一萬」[15]，以《周髀算經》或是其他天文數據考察，並無「周天」，即天之圓周長數據為「八十一萬」者，唯一符合的是《周髀算經》所說「徑八十一萬里」，筆者據此推斷，〈春秋元命包〉所云「周天」，或為「徑」之誤。

　　關於「日有九光」之說，前文提到屬於「渾天說」的範疇，實際上「九光」之說源自「九道」說，即太陽一年之運行，共有九種軌跡，這在《古微書》中屢見不鮮，如卷一〈尚書考靈曜〉云：

---

[15] 見《古微書》，頁 129。

日萬世不失九道謀。[16]

對於「九道」的解釋，在《古微書》卷三十四〈龍魚河圖〉中有一番說明，其文云：

> 月有九行：赤道（當作黑道）二出黃道北，黑道（當作赤道）二出黃道南，白道二出黃道西，青道二出黃道東，併黃道為九行。立春、春分月從東青道，立秋、秋分從西白道，立夏、夏至從南赤道，立冬、冬至從北黑道。[17]

所謂「黃道」、「赤道」、「黑道」、「青道」、「白道」，原指太陽運行的軌跡，但此處竟說是「月有九行」，其因為何？原來古人以為日月均有九道，太陽除了「黃道」這個行走軌道以外，尚有青道二、白道二、赤道二、黑道二，合計共有九道，古人認為太陽萬世萬代行走的規則都不出這九道的範圍，此即「日萬世不失九道謀」。由前段討論天體運行軌跡，即日月、星辰四遊的基礎上，日月運行軌跡大致方向可以確定。然而，「月有九行」的原理，在於，古人認為月亮始終跟隨太陽運行軌跡而行，日有九道，月也同樣有九道，《開元占經》卷一引鄭玄注《月令》云：「立春、春分，日行青道，月為之佐；立夏、夏至，日行赤道，月為之佐；立秋、秋分，日行白道，月為之佐；立冬、冬至，日行黑道，月為之佐」[18]，據鄭玄所述，原來「九道」即一年之中太陽除了常軌「黃道」之外，另外分別在分、至、啟、閉等一年中八大節氣時，會行走八條日道，與黃道相加共計九道，而月亮隨著太陽運行，此即說明了所謂「月為之佐」，意即月道行走軌跡跟隨日道。至於日月在四季運行的方向，

---

[16] 見《古微書》，頁 11。

[17] 見《古微書》，頁 659。

[18] 見《開元占經》卷一，收錄於《中國基本古籍庫》。

只要對照前文日月、恆星、大地所列之表格，即能一目瞭然。有關日有九道說，參考圖式如下：

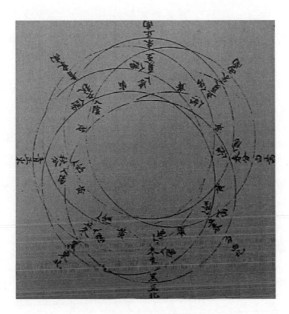

日月九道圖[19]

在「月有九行」之外，有關日有「九道」說，則見於《古微書》卷三十三〈河圖帝覽嬉〉，其文云：

> 黃道一。青道二，出黃道東。赤道二，出黃道南。白道二，出黃道西。黑道二，出黃道北。日春東從青道，夏南從赤道，秋西從白道，冬北從黑道。立春星辰西遊，日則東遊。立夏星辰北遊，日則南遊。春分星辰西遊之極，日東遊之極，日與星辰相去三萬里。夏至則星辰北遊之極，日南遊之極，日與星辰相去三萬里。立秋星辰東遊，日則西遊。立冬星辰南遊，日則北遊。秋分星辰東遊之極，日西遊

---

[19] 該圖參考清・不著撰者：《欽定天文正義》（海口市：海南出版社，2000 年），頁 58。

之極。冬至星辰南遊之極，日北遊之極，相去各三萬里。[20]

此段引文之說法，與前文鄭玄所述幾乎相同，均提及「九道」軌跡，但其中涉及星辰四遊及日道四遊之說，可說是將「九道」說與「天體四遊」說合併論述。若仔細考察兩者之關連，可發現所謂「九道」說，其運行方向、節令、及與星辰的相對位置，與「天體四遊」說不謀而合，其中所謂「日與星辰相去三萬里」的數據，是指日道與星辰呈反方向行走，到二分二至之時，日道與星辰相去最遠，各往反方向行走 15000 里，故相去 15000 里+15000 里=30000 里，而所謂「相去 15000 里」，正是恆星天球與四表天球的距離。因此透過這番考察，可以初步假設「九道」說是根據「天體四遊」說進一步發展的理論，亦即渾天說與蓋天說結合的進一步發展。

(三)《古微書》讖緯蓋天說與《周髀算經》

前文曾多次提及，《古微書》收錄讖緯天文本文中，許多數據與《周髀算經》之說不謀而合，可以說讖緯本文之中相當程度展現了與《周髀算經》相同的「蓋天說」理論。因此，透過《周髀算經》的理論，也同樣能考察讖緯天文數據之來源，或訂正讖緯天文數據，孫瑴在《古微書》中多次使用此法，前文已約略提及，此處就「蓋天說」部分更進一步討論。

《古微書》曾收錄討論日月出沒之方位的緯文，這類的討論，與《周髀算經》所論相同，如《古微書》卷一〈尚書考靈曜〉所載，其文云：

分周天為三十六頭，頭有十度九十六分度之十四。長日分於寅，行二十四頭。入於戌，行十二頭。短日分於辰，行十二頭。入於申，行二十四頭，此之謂也。[21]

---

[20] 見《古微書》，頁 633。

[21] 見《古微書》，頁 15。

仲春仲秋，日出於卯，入於酉。仲夏日出於寅，入於戌。仲冬日出
於辰，入於申。[22]

晝夜漏之數三十六頃。

《古微書‧卷一‧尚書考靈曜》作「分周天為三十六頭，頭有十度九十
六分度之十四」，以《古微書》卷二〈尚書考靈曜〉「晝夜漏之數三十六頃」
對照[23]，「頭」當作「頃」，頃者頃刻之意，〈尚書考靈曜〉「頭有十度九十六
分度之十四」之文，意即將周天 $365\frac{1}{4}$ 度分為 36 個頃刻，則每一頃刻為 $365\frac{1}{4}\div36=10\frac{14}{96}$ 度。而文中所謂「長日分於寅，行二十四頭。入於戌，行十二
頭。短日分於辰，行十二頭。入於申，行二十四頭」等說法，孫𣞆在「分周
天為三十六頭」條下略引《周髀算經》卷下「冬至晝短極……」文加以說明，
然引用不全，故詳細情形當見《周髀算經》二十四向說，《周髀算經》卷下云：

冬至晝極知，日出辰而入申。陽照三，不覆九。東西相當，正南方。
夏至晝極長，日出寅而入戌。陽照九，不覆三。東西相當，正北方。
日出左而入右，南北行。故冬至從坎陽在子，日出巽而入坤，見日
光少，故曰寒。夏至從離陰在午，日出艮而入乾，見日光多，故曰
暑。[24]

古代為標示方位之方便，往往將方向之座標繫於某一體系，如十干、十
二支等，《周髀算經》與上述所提緯文的座標定位，均使用此法。在天體的座

---

[22] 見《古微書》，頁 15-16。

[23] 見《古微書》卷 2，頁 45。

[24] 見《周髀算經》卷下，收錄於《中國基本古籍庫》。

標上，分為十二等分與三十六等分的體系，十二等分有以十二支為名（子、丑、寅……），也有以周天十二次為名（星紀、玄枵……），《周髀算經》「分周天為三十六頭」、「晝夜漏之數三十六頃」即採周天三十六等分算法。在地面座標上，無論《周髀算經》或上述緯文，均採用二十四等分的體系，二十四等分又稱「二十四向」，是結合十干（扣除戊、己）、十二支及後天八卦四維而成，用以標示地面二十四個方位，圖式如下：

巽	巳	丙	午	丁	未	坤
辰						申
乙						庚
卯						酉
甲						辛
寅						戌
艮	丑	癸	子	壬	亥	乾

　　讖緯本文中「長日分於寅，行二十四頭。入於戌」、「短日分於辰，行十二頭。入於申」，根據《周髀算經》「夏至晝極長，日出寅而入戌」，其中「分」當作「出」，而前文提及，「頭」當作「頃」，意即夏至當天，日道偏北至極，即現今北回歸線，此時太陽從地表「寅」方位出現，此時為白天，在周天行走二十四頃刻之後，在地表「戌」方位落下，並在地下行走十二方位，此時為夜晚。「短日分於辰，行十二頭。入於申，行二十四頭」，即冬至當天，日道偏南至極，即現今南回歸線，太陽從「辰」方位出現，此時為白天，在周天行走十二頃刻後，於地表上「申」方位落下，並在地下行走二十四頃刻，此時為夜晚。「仲春仲秋」即春、秋分，此時日夜頃刻相同，太陽在地表出現位置為正東之「卯」方位，日落則為正西之「酉」方位。另外，若地面座標二十四向中，只觀察十二地支與日出日落的相對位置，此為較約略的算法，即《周髀算經》中所云「冬至晝極短，日出辰而入申。陽照三，不覆九……

夏至畫極長，日出寅而入戌。陽照九，不覆三……」，僅觀察日出日落在地表
十二地支的相對位置，而得出「照三，不覆九」、「照九，不覆三」的結論。
由此可知，讖緯論天地方位及度數，與《周髀算經》理論緊密相合，同時藉
由對《周髀算經》的理解，也能校正讖緯錯謬的文字。

　　《古微書》所收錄讖緯本文中，對於蓋天說最明確的記載，即「周天七
衡六間」說，此說可謂根據蓋天說理論所闡發的日道度數，也是蓋天說的代
表之一。《古微書》中記載之「七衡六間」相關緯文，如卷七〈春秋元命包〉，
及卷二十一〈孝經援神契〉所載緯文，其文云

　　　日左行，周天二十三萬里。〈春秋元命包〉[25]
　　　周天七衡六間，相去一萬九千八百三十三里三分里之一，合十一萬
　　　九千里。從內衡以至中衡，從中衡以至外衡，各五萬九千五百里。〈孝
　　　經援神契〉[26]
　　　日周天七衡，夏至日在外衡內。冬至陽氣動，日在外衡。又曰，在
　　　外衡牽牛之初，冬至之日。〈孝經援神契〉[27]

　　從〈孝經援神契〉所云「日周天七衡，夏至日在外衡內。冬至陽氣動，
日在外衡」，可知此說實根據「蓋天說」基礎所建立，具體論述見《周髀算經》。
所謂「周天」意指天體運行的圓周，在此指太陽運行的圓周長，《周髀算經》
曾記載太陽運行周長，因應一年不同時節而有不同圓周長，此即為「七衡六
間」。七衡圖圖示如下[28]：

---

[25] 見《古微書》卷七，頁 131。

[26] 見《古微書》卷二十七，頁 511-512。

[27] 見《古微書》卷二十七，頁 512。

[28] 該圖參考自日本・能田忠亮：《東洋天文史論叢》，頁 69。

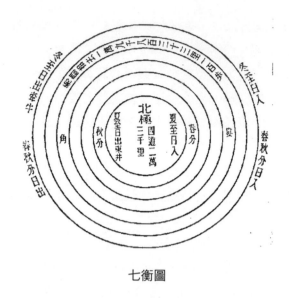

七衡圖

所謂「夏至日在外衡內」，此即周天七衡之「內衡」，若以七衡中最短的夏至內衡對照，其周長仍為 714000 里，算式如下：

1. 《周髀算經》夏至晷長為一尺六寸，故周地到夏至日下地（太陽正下方的平面位置）距離為 16000 里。（圖式及數據，詳見前文求「度二千九百三十二里千四百六十一分里之三百四十八」度數之圖）

2. 古人以為太陽運行圓周長，其圓周中心點為北極下地，因此夏至日道半徑需加上周地到北極日下地，距離為 103000 里，故北極下地到夏至日下地為 103000（北極下地到周地）+16000（周地到夏至日下地）=119000 里，此為夏至日道半徑，直徑則 119000*2=238000 里，以徑一周三推算，則夏至日道周長為 714000 里。

有關「周天七衡六間」，《古微書・卷二十一・孝經援神契》收錄兩條緯文，其數據與《周髀算經》完全相符，《周髀算經・卷上之二》云：「日夏至南萬六千里……凡徑，二十三萬八千里，此夏至日道之徑也，其周七十一萬四千里」，「其周七十一萬四千里」上文算式已說明，夏至內衡周天為 714000 里，《古微書》卷二十七「日周天七衡」條下，引用《周髀算經》卷上之文加以說明，然引用不全，在此引述《周髀算經》論述其餘六衡度數，以詳盡推

算數據，見《周髀算經》卷上之三，其文云：

> 凡為日月運行之圓周，七衡周而六間，以當六月，節六月為百八十
> 二日八分日之五……一衡之間，萬九千八百三十三里三分里之一，
> 即為百步……次二衡徑二十七萬七千六百六十六里二百步，周八十
> 二萬三千里……次三衡徑三十一萬七千三百三十三里一百步，周九
> 十五萬二千里……次四衡徑三十五萬七千里，周一百七萬一千
> 里……次五衡徑三十九萬六千六百六十六里二百步，周百一十九萬
> 里……次六衡徑四十三萬六千三百三十三里一百步，周百三十萬九
> 千里……次七衡徑四十七萬六千里，周百四十二萬八千里。[29]

　　周天十衡六間計算的基準，在於冬至、春秋分及夏至日道三者，夏至日
道已確定為 714000 里，冬至日道半徑推算法如下：

北極下地到周地（103000 里）
+周地到冬至日下地（晷長一丈三寸五分，即 135000 里）=238000 里
直徑即 238000*2=476000 里
以徑一周三算，冬至日道即 476000*3=1428000 里

直徑 476000 里、1428000 里即「次七衡徑四十七萬六千里，周百四十二萬八
千里」與《周髀算經》相合。
　　至於春秋分日道半徑推算法，詳見以下推算：

119000/2（夏至日下地到春秋分日下地）
+119000（北極下地到夏至日下地）=178500 里（北極下地到春秋分日下
地）
直徑即 178500*2=357000 里

---

[29] 見《周髀算經》卷上之三，收錄於《中國基本古籍庫》。

春秋分日道即 357000 里*3=1071000 里

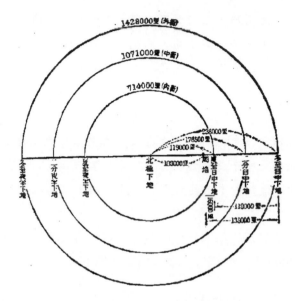

　　直徑 357000 里、日道 1071000 里與《周髀算經》「次四衡徑三十五萬七千里，周一百七萬一千里」相合。

　　所謂「七衡」即在夏至內衡與春秋分中衡間插入二衡，春秋分中衡與冬至外衡間再插入二衡，七衡間之距離平均，每衡之間距離算式為（中衡半徑-內衡半徑）$*\frac{1}{3}$，即（178500-119000）$*\frac{1}{3}$ = 19833$\frac{1}{3}$ 里，又古代一里三百步，因此《周髀算經》云「一衡之間，萬九千八百三十三里三分里之一，即為百步」，《孝經援神契》云：「周天七衡六間，相去一萬九千八百三十三里三分里之一」[30]，與《周髀算經》數據完全相同。

　　《孝經援神契》後又云：「合十一萬九千里。從內衡以至中衡，從中衡以

---

[30]　見守山閣叢書本《古微書》，卷27，頁 511。

至外衡，各五萬九千五百里」[31]，「十一萬九千里」即冬至外衡半徑減夏至內衡半徑距離，即 238000-119000=119000 里。「從內衡以至中衡，從中衡以至外衡，各五萬九千五百里」，即冬至外衡半徑減春秋分中衡半徑距離（亦即春秋分中衡半徑減夏至內衡半徑距離），數據為 238000-178500=59500 里，與《周髀算經》吻合。

《周髀算經》七衡六間之圓周長及彼此距離，即根據以上數據算得，算式如下：

第一衡即夏至內衡，直徑為 238000 里，圓周長為 714000 里。

第二衡直徑：（第一衡（夏至內衡）半徑+ $19833\frac{1}{3}$ 里）*2=$277666\frac{2}{3}$ 里。

第二衡圓周長：$277666\frac{2}{3}$ 里*3=833000 里。

第三衡直徑：（$138833\frac{1}{3}$ 里+ $19833\frac{1}{3}$ 里）*2=$317333\frac{1}{3}$ 里。

第三衡圓周長：$317333\frac{1}{3}$ 里*3=952000 里。

第四衡即春秋分中衡，直徑為（$158666\frac{2}{3}$ 里+$19833\frac{1}{3}$ 里）*2=357000 里。

第四衡圓周長為 357000 里*3=1071000 里，與《周髀算經》數據相合。

第五衡直徑：（178500 里+$19833\frac{1}{3}$ 里）*2=$396666\frac{2}{3}$里。

第五衡圓周長：$396666\frac{2}{3}$ 里*3=1190000 里。

第六衡直徑：（$198333\frac{1}{3}$ 里+$19833\frac{1}{3}$ 里）*2=$436333\frac{1}{3}$ 里。

---

[31] 出處同上。

第六衡圓周長：$436333\frac{1}{3}$ 里*3=1309000 里。

第七衡即冬至外衡，直徑為（$218166\frac{2}{3}$ 里+$19833\frac{1}{3}$ 里）*2=476000 里。

第七衡圓周長：476000 里*3=1428000 里，與《周髀算經》數據相合。

《周髀算經》論周天七衡六間言「七衡周而六間，以當六月，節六月為百八十二日八分日之五」，旨在將太陽一年不同的運行軌道，約略分為「七衡六間」等分，意即從夏至到冬至日數 $182\frac{5}{8}$ 日（$365\frac{1}{4}$ 日÷2）間，可分為十三等分，並平均分布於節氣與中氣上，這是夏至到冬至等半年十三節氣的分布。然而，從冬至到夏至的半年十三節氣分布，也符合「七衡六間」的排列。實際上，將日道周天分為「七衡六間」十三等分，恰好對應一年二十四節氣，表列如下：

七衡六間	第一衡	第一間	第二衡	第二間	第三衡	第三間	第四衡	第四間	第五衡	第五間	第六衡	第六間	第七衡
二十四氣	夏至	小暑	大暑	立秋	處暑	白露	秋分	寒露	霜降	立冬	小雪	大雪	冬至
		芒種	小滿	立夏	穀雨	清明	春分	驚蟄	雨水	立春	大寒	小寒	

由上表排列發現，《周髀算經》將日道分為「七衡六間」，有經過特殊的安排。日道內衡、中衡、外衡的設定，反映出太陽與「四正」（冬至、春分秋分、夏至）的結合，而擴張至七衡六間，則將二十四節氣與日道軌跡結合，成為一完整體系。

上文〈春秋元命包〉載「日左行，周天二十三萬里」，由以上算式推算，可知本條緯文文字應屬訛誤，以夏至最短日道推算，周天尚且為 714000 里，何來「周天二十三萬里」者？且經由推算，得知夏至內衡直徑為 238000 里，因此筆者推斷「周天二十三萬里」的「周天」當作「徑」，即周天之直徑，因古人論數喜歡略取整數，「二十三萬八千里」省略作「二十三萬里」，因此「周

天二十三萬里」當作「徑二十三萬里」，省略夏至日道直徑的八千里。

根據以上推論，可知《古微書》所錄讖緯天文條目，在許多數據上與《周髀算經》相同，除了二十四節氣與日道軌跡說外，也同時反映在日道與日月躔度上，即前文《古微書》卷二十七〈孝經援神契〉所云：「冬至陽氣動，日在外衡。又曰，在外衡牽牛之初，冬至之日」，所謂「牽牛之初」，即《古微書》卷二〈尚書考靈曜〉所載「冬至日月在牽牛一度……斗二十二度無餘分，冬至在牽牛所起」[32]，意即冬至時日月交會於斗宿之末，牽牛初度（一度），同樣的說法在《周髀算經》中也有提及，《周髀算經》卷上云：「日夏至在東井，極內衡；日冬至在牽牛，極外衡」，亦即當日道處於外衡時，節氣為冬至，此時日月交會於牽牛一度，兩者所述相合。日月一年十二月份共有十二次交會，《開元占經》卷五〈日占 一〉載《河圖》云：「《河圖》曰：天元十一月甲子夜半朔，日月俱起牽牛初度。推歷考宿，正月在營室……十一月在斗，十二月在牽牛」[33]，由《河圖》記載得知，冬至十一月日月交會於斗宿，與《尚書考靈曜》言冬至時日月交會於斗宿之末、牽牛之初相符。綜合以上讖緯條文，更清楚暸解讖緯結合日道軌跡、二十四節氣與二十八宿等體系的論述，與《周髀算經》體系完全相同，兩者關係之密切不言可喻，由此也明白讖緯天文數據與蓋天說的緊密關連，也可見《古微書》解說天文數據仰賴《周髀算經》的程度。

經由前文反覆論證，可知讖緯天文數據與蓋天說的關連，那麼透過蓋天說，亦即《周髀算經》的理論，也同時能校對《古微書》所收錄的讖緯數據，如《古微書》卷十〈春秋考異郵〉及卷三十六〈洛書甄曜度〉同時收錄此條，其文云：

周天一百七萬一千里，一度為二千九百三十二里七十一步二尺七寸

---

[32] 見《古微書》，頁45。

[33] 見唐・瞿曇悉達：《開元占經》卷五，收錄於《中國基本古籍庫》。

四分四百八十七分分之三百六十二。[34]

所謂「周天一百七萬一千里」,透過前文「七衡六間」數據,可知與《周髀算經》中衡圓周長 1071000 里相同,而「一度為二千九百三十二里七十一步二尺七寸四分四百八十七分分之三百六十二」,此數據似與《周髀算經》無關,然仔細推敲之則無異,僅需推算古代里、步、尺、寸、分之關係。《穀梁傳・宣公十一年》云:「古者,三百步為一里」[35],《漢書・食貨志上》亦云:「理民之道,地著為本。故必建步立畝,正其經界。六尺為步,步百為畝,畝百為夫,夫三為屋,屋三為井,井方一里,是為九夫」,由「井方一里,是為九夫」[36]可知,一里每一邊的邊長為 300 步,與《穀梁傳》所說相同。「六尺為步」則上承秦制,《史記・秦始皇本紀》云:「數以六為紀……六尺為步」,而先秦兩漢尺、寸、分之關係均為一尺十寸,一寸十分,因此漢代里、步、尺、寸、分之關係為一里三百步,一步六尺,一尺十寸,一寸十分。

其次,前段已提及,周天一度為 $2932\frac{348}{1461}$ 里,本於《周髀算經》,何以《春秋考異郵》與《洛書甄曜度》一度度數均為「二千九百三十二里七十一步二尺七寸四分四百八十七分分之三百六十二」?其實兩者數據相同,並無二致,算式如下:

1. 一度 $2932\frac{348}{1461}$ 里,然一里為三百步,故 $\frac{348}{1461} \div 300 = 71\frac{669}{1461}$ 步,一度為 2932 里 $71\frac{669}{1461}$ 步。

---

[34] 見《古微書》,卷 10,頁 196,及卷 36,頁 695-696。

[35] 見《穀梁傳・宣公十一年》,收錄於《中國基本古籍庫》。

[36] 見《漢書・食貨志上》,收錄於《中國基本古籍庫》。

2. 一步為六尺，故 $\frac{669}{1461} \div 6 = 2\frac{1092}{1461}$ 尺，一度為 2932 里 71 步 2$\frac{1092}{1461}$ 尺。

3. 一尺為十寸，故 $\frac{1092}{1461} \div 10 = 7\frac{693}{1461}$ 寸，一度為 2932 里 71 步 2 尺 7$\frac{693}{1461}$ 寸。

4. 一寸為十分，故 $\frac{693}{1461} \div 10 = 4\frac{1086}{1461}$ 分，一度為 2932 里 71 步 2 尺 7 寸 4

$\frac{1086}{1461}$ 分，即 2932 里 71 步 2 尺 7 寸 4$\frac{362}{487}$ 分，與《春秋考異郵》、《洛書甄曜度》度數完全相符。

　　從上文推算結果可知，《古微書》讖緯數據在某些數據上可經由《周髀算經》進行校對，並且得出正確的結果。除此之外，在孫瑴的基礎上，透過《周髀算經》的數據，更能進一步校勘讖緯數據的訛誤，使讖緯天文數據能更為精確，如《古微書》卷七〈春秋元命包〉紀錄太陽大小，其文云：

> 日圓，望之廣尺，以應千里。日尊故滿，滿故明，明故精在外。日滿者，常盛無虧也鄭注云：凡日景於地，千里而差一寸，異千里同一寸也。[37]

　　本條文字，各本均做「望之廣尺」，然筆者以為「尺」為訛誤，當作「寸」。雖此條緯文孫瑴並未引述《周髀算經》，然《周髀算經》有日影一寸千里之說，其卷上云：

> 周髀長八尺，夏至之日晷一尺六寸。髀者，股也。正晷者，句也。正南千里，句一尺五寸。正北千里，句一尺七寸。日益表南，晷日

---

[37] 見《古微書》，頁 131。

益長。候句六尺，即取竹空徑一寸，長八尺，捕影而視之，空正掩日，而日應空之孔。由此觀之，率八十寸，而得徑一寸。故以句為首，以髀為股。從髀至日下六萬里，而髀無影，從此以上至日，則八萬里。以率率之，八十里得徑一里，十萬里得徑千二百五十里。故曰：日晷徑，千二百五十里。[38]

　　以上這段文字的說明為：《周髀算經》取長八尺之表竿作為日晷以測量日影，當時人未必經過實測，但基本上設定夏至之時周地日晷影長為一尺六寸，同一天在周地往北及往南 1000 里，測得影長為一尺七寸與一尺五寸，這說明晷影長與實地距離比為 1：1000，此為「一寸千里」之說。當日影到六尺長的當天正午，古人取孔徑一寸，長八尺的空心竹竿進行測量，發現當天太陽直徑恰好符合竹子孔徑，即直徑一寸，由此古人推測當天太陽目測直徑與竹竿長度比為 1：80，而當天太陽與日下地的距離，即 60：80=60000 里：X，X=80000 里。以此參數為基準，當天太陽與周地的距離，以勾股弦定理推算，（60000 里）^{2}+（80000 里）^{2}=X^2，X=100000 里，再以此推算太陽直徑，即 1：80=X：100000 里，X=1250 里，因此推知太陽直徑為 1250 里。

　　以《周髀算經》數據對照本條讖緯，兩者相互矛盾。第一、《周髀算經》日影「一寸千里」，是晷影與實地度量衡的比例，〈春秋元命包〉「望之廣尺，以應千里」，在古籍中，並無一尺對應千里之說，僅有一寸對應千里之說，故本讖緯條文在比率上不合。第二、《周髀算經》測量太陽直徑，乃取直徑一寸，長八尺的竹竿測量，在晷影六尺當天，太陽直徑「空正掩日」，是《周髀算經》計算當天太陽目測之直徑為一寸，而非一尺，且《周髀算經》經過推算，認為太陽實際的直徑為 1250 里，符合本條讖緯「以應千里」之說。經《周髀算經》計算後，得出太陽目測直徑與實際大小比率為 1 寸：1250 里，與「一寸千里」相近，古人習慣取整數論，因此「望之廣尺」或為傳抄之誤，《古微書》

---

[38] 見《周髀算經》卷上，收錄於《中國基本古籍庫》。

及古籍各本引《春秋元命包》本條讖緯，「尺」當作「寸」為是。

(四)《古微書》讖緯天文條文評議

　　從上述諸多例證得知，孫瑴所建立的《古微書》天文觀，乃以讖緯文獻中之天體運行及天文數據為主，而天文數據的基礎，大多可經由《周髀算經》蓋天說加以詮釋說明，因此可以確定，《古微書》之天文觀以主張渾天說為正統，但同時兼有渾天、蓋天合一的天文數據，且諸多天文數據基礎又以蓋天說為本，形成一雜揉複合的體系，這具體反映在孫瑴主張渾天說的當下，又大量使用《周髀算經》數據做為佐證及注解。在《周髀算經》蓋天說數據的基礎下，讖緯天文數據有了理論的基礎，亦即《古微書》中收集之讖緯天文數據，乃在蓋天說數據基礎下，演繹渾天說、渾蓋合一或蓋天說的理論，這種渾蓋雜揉的現象，也反映出讖緯文獻雜用多家的真實面貌。

　　經由《古微書》天文觀中說明天體運行及天文數據後，「天」的數據得到了安頓，其後才能開始演繹天體循環與曆法之間的關係，也就是《古微書》律曆觀的開展，必須在天文觀的基礎上進行，才有落實的可能，而律曆觀的開展，又攸關讖緯機祥詮釋基礎的建立，因此孫瑴才會在《古微書》卷首稱「學莫大於稽天」。在《古微書》卷一〈尚書考靈曜〉中，曾記載與曆法相關的讖緯文獻，如「凡九百四十分為一日，二十九日與四百九十九分為一月」[39]、「日月東行，而日行遲、月行疾，何君舒臣勞也？日日行一度，月日行十三

---

[39] 本條讖緯推算之參數來源為四分曆，《周髀算經》卷下所論曆法即四分曆，四分曆為陰陽合曆，需考量置閏問題。四分曆以一年為 $365\frac{1}{4}$ 日，19 年為一章，其間共置 7 個閏月，故 19 年之月數為 12*19+7=235 個月，而 19 之日數為 $19*365\frac{1}{4}=6939\frac{3}{4}$ 日。但日數未得整數，故年數再乘 4，即 19*4=76，此為一蔀，一蔀之日數為 $6939\frac{3}{4}$ 日*4=27759 日，此為蔀日。一蔀之月數為 235 月*4=940 月，將蔀日除以蔀月，得一月之日數為 $29\frac{499}{940}$ 日，此為四分曆一月之日數。

度十九分度之七」[40]，以上數據的推算，均需在天文觀的基礎上才得以建立，由此可見天文觀在讖緯體系中的重要性，也無怪乎孫瑴將討論「天」的內容最多的〈尚書考靈曜〉置於《古微書》卷首，從篇目排列的次序先後，就能窺見孫瑴讖緯價值觀的抉擇。

由前文推算可知，透過《周髀算經》審視《古微書》天文類讖緯條文，能追溯相關數據之根源，如「天從上臨下八萬里」、「凡九百四十分為一日，二十九日與四百九十九分為一月」、「周天七衡六間，相去一萬九千八百三十三里三分里之一，合十一萬九千里。從內衡以至中衡，從中衡以至外衡，各五萬九千五百里」、「正月假上八萬里，假下一十萬四千里」、「周天九九八十一萬」、「度二千九百三十二里千四百六十一分里之三百四十八」、「周天一百七萬一千里，一度為二千九百三十二里七十一步二尺七寸四分四百八十七分之三百六十二」、「二十四向」等客觀數據，使讖緯文獻的天文觀，有了解說的依據。一般處理讖緯問題時，對於客觀的天文數據，往往因其艱深晦澀而略過不談，這使得讖緯「天論」研究有美中不足之處，因此透過考察《古微書》讖緯天文數據理論，使吾人研究讖緯天論有具體數據之依據，這對於讖緯研究來說，有不可取代的重要性。

另外，《古微書》讖緯天文類條文若不經過實際驗證，則相關謬誤數據將不斷被重複，孫瑴有鑑於此，透過《周髀算經》進行比對，雖述而不作，但

---

[40] 古人將周天分為 $365\frac{1}{4}$ 度，太陽每日行走 1 度，一年行走度數為 $365\frac{1}{4}$ 度，即一周天，考量 19 年

置 7 個閏月，故 19 年=235 月，亦即太陽行走 19 圈，月亮恰好行走 235 圈，故日月行走比為 19：235，即 $1：12\frac{7}{19}$，故太陽每日行走 1 度，月亮每日行走度數為 $12\frac{7}{19}+1$（太陽行走度數）$=13\frac{7}{19}$ 度。

《周髀算經》卷下云：「月後天十三度十九分度之七」即此。

本文據喬松年《緯攟》卷十三〈古微書訂誤〉云：「愚按此文見白虎通，『日月東行』一句乃引《尚書刑德放》，『日行遲、月行疾』乃《白虎通》之語，非緯文，孫氏增一『而』字連上文，認作緯文，大誤。目為《考靈曜》，又誤。」然「而」字為白虎通日月篇本有之文，非孫氏增，孫氏本條錯在誤收而非假。

能使讀者根據《周髀算經》校正《古微書》天文類相關文字、數據，筆者亦採此法校正《古微書》讖緯天文數據，如「長日分於寅」之「分」當作「出」、「周天二十三萬里」當作「徑二十三萬里」、「假下一十萬四千里」當作「假下十一萬三千五百里」、「日光隆照四十萬六千里」之「四十萬六千里」當作「四十萬五千里」、「望之廣尺」當作「望之廣寸」等。所謂「差之毫釐，謬以千里」，天文數據若有一字之差，則推算結果全盤皆墨，因此讖緯天文數據之安頓，攸關其後律曆觀、星象機祥觀之建立與否，其重要性可見一斑。

二、《古微書》天文觀測儀器說

　　中國古代天文計算的基礎，即確定天體運行的規律，以及將「天」的運行做定量化的計算。從〈尚書‧堯典〉記述「日中星鳥，以殷仲春」以降，中國人長久以來對於天體運行的紀錄，是透過長時間觀察的累積而逐漸成為一套特有系統。發展到後來，欲確定天體運行的準確性，古人往往藉助測天儀器的協助，使得觀測者能更方便推算天體運行的準確與否，渾儀、渾象、漏刻等測天儀器，即因應此種需求而產生。有關《古微書》中測天儀器的討論，以下分就各項說明之。

(一) 渾儀、渾象

　　所謂渾儀、渾象並非一物，渾儀者，乃古人以渾天說天體論為基礎，所設計出測量天體運行位置的儀器，最早紀錄始於西漢落下閎建造，見揚雄《法言‧重黎》所說「或問渾天。曰：落下閎營之，鮮于妄人度之，耿中丞象之」，然《隋書‧天文志》卻將渾儀的建造上推至唐堯之時，所謂「唐堯即位，羲和立渾儀」，這應當是受到《尚書‧堯典》「乃命羲和，欽若昊天，歷象日月星辰」的影響。渾象者，即類似現今所謂天球儀，將天體恆星的運行，繪製圖式或建造模型，以供對照實際的天體觀測，據揚雄《法言‧重黎》記載，

最早紀錄應可推至西漢耿壽昌製作。渾儀、渾象在早期的史書中，往往通稱渾天儀，並且常有混用的狀況[41]。

然而，渾儀、渾象的來源、作用如何，與《古微書》有何關連？在《古微書》中提及渾儀、渾象的內容，集中在對於「璿璣玉衡」的討論上，此議題即為古人對於《尚書‧舜典》中「在璿璣玉衡，以齊七政」實際內涵的討論。所謂「璿璣玉衡」，或簡稱「璿璣」、「璇璣」，又稱「璣衡」，歷來有二說，一者認為所指為北斗七星或北極星，二者所指即渾儀。前者如《史記‧天官書》認為「北斗七星，所謂璇、璣、玉衡，以齊七政」，〈春秋文耀鉤〉云：「斗者天之喉舌，玉衡屬杓，魁為璇璣」，《後漢書‧天文志》劉昭引《墨經》曰：「璇璣者，謂北極星也；玉衡者，謂斗九星也」，在《周髀算經》中，稱呼北辰皆為「璇璣」。

對於「璿璣玉衡」指為北斗七星之說，在《古微書》中並未採用，據孫瑴個人引用古注的情形觀察，似乎傾向於第二種說法，即渾儀之說。在《古微書》中，凡讖緯提及天象、恆星之說，多半援引《史記‧天官書》內容以做為佐證，但在「璿璣玉衡」一項，卻不見《史記‧天官書》之說，反而多方引述「渾儀」之說以做為佐證，因此可以推論孫瑴將「璿璣玉衡」視為渾儀等測天儀器。在《古微書》卷一第一條「天從上臨下八萬里」一條下，孫瑴便引用鄭玄注解加以說明，其文云：「鄭康成注曰：『天者純陽，清明無形，聖人則之，制璿璣玉衡，以度其象』」[42]，所謂「璿璣玉衡」，乃是聖人所製作，用以測度天象，目的在於取法乎天，以施政於民。鄭玄主張「璿璣玉衡」為測天儀器，孫瑴引用此說，藉以說明古代聖人如何觀天以授民。

有關「璿璣玉衡」為測天儀器之說，當屬《古微書》卷一〈尚書考靈曜〉中所述為詳，其文云：

---

[41] 《中國古代天體測量學及天文儀器》一書中提到：「中國古代史籍記載常把測量儀器渾儀與顯示、表演儀器渾象（又稱渾天象）通稱渾天儀」，見吳守賢、全和鈞：《中國古代天體測量學及天文儀器》（北京：中國科學技術出版社，2008年12月），頁462。

[42] 見《古微書》，頁2-3。

在璇璣玉衡，以齊七政，璿璣未中而星中是急隋志引作「**璿璣中而星未**
中為急」。急則日過其度，月不及其宿，璿璣中而星未中是舒隋志引作
「**璿璣未中而星中為舒**」。舒則日不及其度，夜月過其宿，璿璣中而星
中是周隋書「**是周**」作「**為調**」。周則風雨時、草木蕃盛，而百穀熟、
萬事康也隋志「**盛**」作「**蕪**」，「**百**」作「**五**」，「**熟**」作「**登**」。[43]

　　本文見於各古籍中，然孫瑴所引用文字與《周髀算經》注全同，因此當
出自《周髀算經》卷下。此段文字同樣見於《隋書‧天文志》，《隋書‧天文
志》在本條之下注云：「所言琁璣者，謂渾天儀也」，同樣認為「璇璣」為測
天儀器，即渾天儀。凡是以「璇璣」度量天象，基於長久觀測結果統計，每
到一定節令時刻，璿璣之器必然對應某星辰，若太過或不及，稱為「急」與
「舒」，象徵此時天度不應。若天象與璿璣度數相應，則稱為「周」（或「調」），
此時相對應的物候人事，即為「風雨時‧草木蕃盛，而百穀熟、萬事康」，亦
即從「璿璣」以觀測天象，足以預測天地之正變。因此可以反推，若「璇璣」
推算結果為「急」與「舒」，意味著天象之意常，也必然意味著物候人事的異
常，繼之而來的便是災異人禍。古人認為天象變化足以反映人事，因此歷來
帝王均將天文之學藏於禁內，如同現代的國家機密般保護。從天文的觀測，
到人事災異的變化，可知讖緯災異與古天文學的密切關係。
　　至於「璿璣玉衡」的具體內容，孫瑴在本條緯文下，引用羅苹《路史》
以作說明，其文云：

　　按羅苹《路史》注：「堯歷象，立其數。舜璣衡，立其器。璿生於淵，
　　月魄終焉，陰精之純也；玉生於山，虹氣藏焉，陽精之純也。璣運
　　於上，以璿為之；衡望乎下，以玉為之，取則乎陰陽之運也……堯

正經星，舜齊緯星，所以相濟。器出於人，故占之以齊七政於上。
數出於天，故推之以授人時於下。[44]

歷來有關「璿璣玉衡」與渾儀之關係的論述，最早均上推至《尚書》，其
中《路史》所謂「堯歷象，立其數」，即本於《尚書‧堯典》「乃命羲和　，欽
若昊天，曆象日月星辰，敬授民時」一語，而《路史》「舜璣衡，立其器」一
說，則源於《尚書‧舜典》：「在璿璣玉衡，以齊七政」，無論是否有根據，主
張此說者認為帝堯觀察天象，並依此施行政教。其後帝舜繼承此學，並發展
出測天之器，即「璿璣玉衡」[45]。而「璿璣玉衡」之制，論者以為尊天之故，
因而以璿為璣，即以美玉做為窺天之器，以玉作為向下對照之器，並以為此
器是「取則乎陰陽之運」的器物。其中「堯正經星」，即《尚書‧堯典》中「日
中星鳥」、「日永星火」、「宵中星虛」、「日短星昴」等對於經星（恆星）二十
八宿的觀察。「舜齊緯星」，即「以齊七政」，乃帝舜對於日月五星等行星的觀
察。透過對於經星、緯星的考察，便能完整體察「天意」，並適當地頒佈政令
給予百姓，此即「器出於人，故占之以齊七政於上。數出於天，故推之以授
人時於下」，這是古代占星之學的起源，也是歷代帝王統治之術的要訣之一。

《古微書》除論述早期渾儀，即「璿璣玉衡」的內容外，更在本條下引
述渾儀在後世的發展，如唐代李淳風奉詔製作表裡三重的渾儀，一為六合儀，
一為三辰儀，一為四游儀[46]，以及僧一行所製銅渾天儀、元郭守敬所製大明

---

[44] 見《古微書》，頁29。

[45] 主張此說者，或以為帝舜繼承帝堯曆數之學，見《漢書‧律曆志上》云：「迺命羲和，欽若昊天，
歷象日月星辰，敬授民時……其後以授舜，曰：『咨！爾舜！天之歷數在爾躬。』」《古微書》
卷五〈中候考河命〉亦載相同論述，其文云：「若稽古，帝舜曰重華，欽翼皇象。」注：「翼，
奉；象，歷也。言欽奉皇天之歷數也。」

[46] 《古微書》卷一載《新唐書‧天文志》云：「貞觀初，李淳風上言：『漢落下閎作渾儀，其後賈逵、
張衡等亦各有之……』太宗異其說，因詔為之。至七年儀成，表裏三重下據準基，狀如十字，末
樹鼇足以張四表，一曰六合儀，二曰三辰儀，三曰四游儀。」見《古微書》，頁29-30。

殿燈漏[47]等，均為明代以前具代表性之渾儀，以供讀者參考。

(二) 圭表及日影

先秦天文儀器中，除前文所論觀天儀器外，另有計時儀器，而計時儀器以圭表、漏刻最具代表性。所謂圭表，「圭」指古人以玉為材質，長一尺五寸，平躺於地面，上有刻度的量尺器具。其用途在於計算日影長短，至於產生日影的標竿，稱為「表」，具《周髀算經》所言，「表」的長度為八尺，兩者配合下，即為紀錄日影長度，並進而計算時令推移的工具。

古人觀測太陽行走之軌跡，發現太陽所行走的「黃道」，每年依據南北規律移動，移動至最北時，圭表所顯示之日影最短，此時晝最長，夜最短，即夏至；移動至最南時，日影最長，此時晝最短，夜最長，即冬至；而每年太陽南北移動的過程中，日影有兩次位於最長、最短之中，此時日夜長短均分，即春分、秋分。因此透過日影的觀測，同時可以確定一年的節候。〈尚書考靈曜〉中曾有一段記錄，其文云：

> 仲春仲秋，日出於卯，入於酉。仲夏，日出於寅，入於戌。仲冬，
> 日出於辰，入於申。[48]

「仲春仲秋」所指即春分秋分，「仲夏」為夏至，「仲冬」為冬至。據前文所述，古人記錄地理方位，有粗分為東西南北四等分者，有細分至二十四等分，上文已詳述。此等分法除可以記錄位置，也能記錄時間，而根據本文所顯示的「卯、酉、寅、戌、辰、申」者，當為十二等分的分法。春分秋分太陽「出於卯，入於酉」，卯、酉於十二地支恰好對分，此時日夜長短均分；夏至太陽「出於寅，入於戌」，自寅至戌共經歷九個地支，此時晝長夜短；冬

---

[47]《古微書》卷一云：「案：大明殿燈漏，皆古人所未及者……又所傳西域儀象，亦多與古渾天合。」

[48] 見《古微書》，頁 15-16。

至太陽「出於辰，入於申」，自辰至申共經歷五個地支，此時晝短夜長。

　　本段引文，涉及日照時間、位置，是圭表紀錄晷影的基礎。關於晷影與
日行軌跡、日夜長短的問題，《古微書》引用《晉書·天文志》之說為之詮解，
其文云：

> 按《晉志》（《晉書·天文志》）：「日最南，去極最遠，故景最長，黃
> 道斗二十一度，出辰入申，故日亦出辰入申。日晝行地上百四十六
> 度彊（$146\frac{1}{12}$），故日短，夜行地下二百一十九度少弱（$219\frac{1}{6}$），故夜
> 長。自南至之後，日出極稍近，故景稍短。日晝行地上度稍多，故
> 日稍長。夜行地下度稍少，故夜稍短。日所在度稍北，故日稍北。
> 以至於夏至，日在井二十五度，去極六十七度少彊（$67\frac{1}{3}$），是日最
> 北，去極最近，景最短，黃道井二十五度，出寅入戌，故日亦出寅
> 入戌。日晝行地上二百一十九度少弱（$219\frac{1}{6}$），故日長。夜行地下百
> 四十六度強（$146\frac{1}{12}$），故夜短。自夏至之後，日出極稍遠，故景稍
> 長。日晝行地上度稍少，故日稍短。夜行地下度稍多，故夜稍長。
> 日所在度稍南，故日出入稍南，以至於南至而復初焉。斗二十一，
> 井二十五，南北相應四十八度。春分日在奎十四少強，秋分日在角
> 五少弱，此黃赤二道之交中也。去極俱九十一度少強（$91\frac{1}{3}$）。南北
> 處斗二十一，井二十五之中，故景居二至長短之中。奎十四，角五，
> 出卯入酉，故日亦出卯入酉。日晝行地上，夜行地下，俱百八十二
> 度半強（$182\frac{7}{12}$），故日見之漏五十刻，不見之漏五十刻，謂之晝夜
> 同。[49]

　　《古微書》引用《晉書·天文志》，首先解釋日影長短與日照之關連。當
冬至之時，「日最南，去極最遠」，目測太陽行走軌跡時，太陽此時行至極南，

---

[49] 見《古微書》，頁 16-17。

因此距離北極最遠，相對晷影的測量即一年中最長，此時黃道位於「斗二十一度」的位置，太陽早晨出現在十二方位「辰」的位置，即東南方，黃昏在「申」的位置落下，即西南方。此日晝最短，夜最長，古人計算日夜時間時，習慣上分為百刻，即一晝夜共計一百刻，冬至之時晝最短，古人統計當天太陽白天行走於地表上 40 刻，而夜晚行走於地面下 60 刻。古人假設太陽的行走軌跡，無論冬至、夏至，均為正圓形，因此將太陽行走的刻數換算成度數的話，算式如下：

(一)日晝行地上百四十六度彊（$146\frac{1}{12}$），故日短。

　　算式：$365\frac{1}{4}$（365.25）×0.4（40 刻）=146.1

(二)夜行地下二百一十九度少弱（$219\frac{1}{6}$），故夜長。

　　算式：$365\frac{1}{4}$（365.25）×0.6（60 刻）=219.15

　　然而，何以 146.1 等於百四十六度彊（$146\frac{1}{12}$），這是由於古人計算單位時，已能將一個度數分為十二等分，且各有名稱，表列如下：

名稱	強(彊)	少弱	少	少強	半弱	半	半強	太弱	太	太強	一度弱	一度
度數	$\frac{1}{12}$	$\frac{2}{12}$	$\frac{3}{12}$	$\frac{4}{12}$	$\frac{5}{12}$	$\frac{6}{12}$	$\frac{7}{12}$	$\frac{8}{12}$	$\frac{9}{12}$	$\frac{10}{12}$	$\frac{11}{12}$	$\frac{12}{12}$

其中 $\frac{1}{12} < 0.1 < \frac{2}{12}$，但 0.1 較趨近於 $\frac{1}{12}$，而 $\frac{1}{12} < 0.15 < \frac{2}{12}$，0.15 較趨近 $\frac{2}{12}$，

且 $\frac{1}{12} + \frac{2}{12} = \frac{1}{4} = 0.25$，符合 365.25 的小數點數字，

因此將 0.1 歸為 $\frac{1}{12}$，得百四十六度彊（$146\frac{1}{12}$），

將 0.15 歸為 $\frac{2}{12}$，得二百一十九度少弱（$219\frac{1}{6}$）。

夏至太陽行走軌跡，則與冬至相反，算式相同，進而推出晝長夜短。

至於春分秋分，因為「晝夜同」，所以春秋分太陽運行刻數之算式即 $365\frac{1}{4} \times \frac{1}{2} = 182\frac{5}{8}$，然 $\frac{7}{12} < \frac{5}{8} < \frac{8}{12}$，因此姑且將 $\frac{5}{8}$ 歸入「半強」。

至於文中所謂「去極」者，則為《晉書・天文志》運用冬至、夏至、春秋分日道距離北極中樞的度數，說明太陽運行距離北極的觀測距離，以說明晷影長短的原因。此說本於渾天說，見王蕃《尚書・舜典》注，首先假設「天如彈丸」，為一圓球體，其中北極是天體中樞，由北極天樞到地面，佔 36°，此區恆見不滅[50]，由北極天樞到「嵩高之上」為 55°，再往南 12° 即夏至之日道，即 55°+12°=67°，此為約略計算，《晉書・天文志》細分為「六十七度少彊（$67\frac{1}{3}$）」。至於春秋分日道，因為正處於赤道上，因此恰將渾天天體半分，因此從北極天樞到春秋分日道的度數為 $365\frac{1}{4} \times \frac{1}{4} = 91\frac{5}{16}$，其中 $\frac{3}{12} < \frac{5}{16} < \frac{4}{12}$，且趨近 $\frac{4}{12}$，因此歸為「九十一度少強（$91\frac{1}{3}$）」。透過日道「去極」遠近，說明晷影長短，使得晷影之說不僅止於長短的測量，還可提供較為精確的天體數據。

在《古微書》中，論及晷影數據者，最主要有《書緯》及《易緯》，然《易緯》記錄晷影，主要在於占算，而非天體測量，且數據異於他本，因此容後詳述。《書緯》敘述圭表之測量，見《古微書》卷一〈尚書考靈曜〉，其文云：

> 日永，景尺五寸。日短，一十三尺。一作景尺三寸日正南，千里而減一寸。[51]

---

[50] 理論見王蕃《尚書・舜典》注云：「王蕃渾天說曰：『天之形狀似鳥卵……其術以爲天半覆地上，半在地下，其天居地上見有一百八十二度半強，地下亦然。北極出上上三十六度，南極入地下亦三十六度。而嵩高正當天之中，極南五十五度當嵩高之上，又其南十二度爲夏至之日道，又其南二十四度爲春秋分之日道，又其南二十四度爲冬至之日道。』」

[51] 見《古微書》，頁 17-18。

　　本段緯文，數據與《周禮‧大司徒》相同，即《古微書》引用唐一行〈大衍曆議〉中所述「《周禮‧大司徒》以土圭之法測土深，日至之景尺有五寸，謂之地中」，《周禮‧大司徒》測量晷影，在夏至之時，在不同地點可測得不同晷長，「土深」即大地的相對位置。凡在夏至測得晷影長一尺五寸者，稱為「地中」，即大地之中央位置，古時認為在「陽城」一地為大地之正中，且夏至晷影會隨著往南而逐漸縮短，其比率為每隔一千里減短一寸。

　　古代測量晷影會因不同地點、不同目的，而得出不同結果，《古微書》引《周髀算經》之測量，記述不同晷長，其文云：

> 按《周髀》，夏至，南萬六千里，冬至，南十三萬五千里，日中立竿測影，此二者，天道之數。周髀長八尺，夏至之日，晷一尺六寸。

　　《周髀算經》所用「八尺」之表為早期通用制度，其算式上文已提及。，漢代以後才逐漸出現十尺等各種不同高度的量尺。《周髀算經》測量夏至晷長為「一尺六寸」，估計測量地緯度較陽城為北。

　　早期測量「地中」之法，以晷影為準，能顧及南北緯度，卻無法確定東西經度，亦即與陽城同一緯度上，任何一點在夏至之時均能有「一尺六寸」的晷影，因此《古微書》引用《隋書‧天文志》論推祖暅地中之法，論述後代測量「地中」之法，其文云：

> 《隋志》（《隋書‧天文志》）：祖暅推地中，其法曰：「先驗昏旦，定刻漏，分辰次，乃立儀表於準平之地，名曰南表，刻漏上水。居日之中，更立一表，於影末名曰中表。夜依中表以望北極樞，而立北表，令參相直。三表皆以懸準定，乃觀三表直者，其立表之地，即當子午之正，三表曲者，地偏僻。每觀中表，以知所偏。中表在西，則立表處在地中之西，當更向東求地中。若中表在東，則立表處在

地中之東也,當更向西求地中。取三表直者為地中之正。」[52]

　　祖暅推求地中,先以漏刻確立晨昏時刻,並確立辰次等地理方位,時間、空間均確定後,首先「立儀表於準平之地」,此為「南表」,並在地面紀錄晷影刻度之器注水,即類似土圭之物平放地上,圭內有凹槽,注滿水以核定水平線。其次,太陽一日之中,以中午的晷影最短,確定正午晷影後,在此晷影末端樹立一「中表」,以確定日中與測量地的直線。晚上則以此「中表」之頂端為準,往北測量北極天樞,並在「中表」之北樹立一「北表」,使兩表頂端與北極天樞成一直線。最後觀看「南表」、「中表」、「北表」三表是否成一直線,若是一直線,則當地為「地中」,若非則調整觀測位置,「中表」西偏則往東求,「中表」東偏則往西求。祖暅推求之法考慮到子午線問題,可謂觀天一大進步。從「地中」之發展,可知圭表除了幫助確定日夜時間、一年之節令外,尚有測量方位的功能,是古代測天、計時、測地的重要工具。
　　然而,無論是《周禮》或是《周髀算經》,均認為日影差一寸為相隔千里,這樣的說法沿用許久,直至劉宋何承天時,才正式懷疑千里一寸的合理性。《古微書》引述《隋書‧天文志》該段論述以做說明,其文云:

> 又云:「宋元嘉十九年,使使往交州測影,夏至之日,影出表南三十(『十』當作『寸』)二分,何承天遙取陽城云:『夏至一尺五寸,計陽城去交州,路當萬里,而影實差一尺八寸二分,是六百里而差一寸也。』」[53]

　　宋元嘉年間,使者在交州實測夏至晷影長向南三寸二分,兩地晷影共差「一尺八寸二分」(1.5 尺+0.32 尺=1.82 尺),然而陽城到交州的實際距離約

為萬里，因此距離與晷影實際比例應為 10000÷18.2=549.450……，取其整數為 600 里，故得「六百里而差一寸」。

> 《唐志》（《新唐書・天文志》）僧一行作〈大衍曆〉，其議曰：「《周禮・大司徒》以土圭之法測土深，日至之景尺有五寸，謂之地中……開元十二年測交州，夏至在表南三寸三分，與元嘉所測晷同……太史監南宮說：『擇河南平地，設水準繩墨，植表而以引度之，自滑臺始白馬，夏至之晷尺五寸七分。又南百九十八里百七十九步，得浚儀、岳臺，晷尺五寸三分。又南百六十七里二百八十一步，得扶溝，晷尺四寸四分。又南百六十里百一十步，至上蔡、武津，晷尺三寸六分半。大率五百二十六里二百七十步晷差二寸餘，而舊說王畿千里影差一寸，妄矣[54]。」

此段論不同地點實測夏至晷影長，在《舊唐書》、《新唐書》中均有記載，《舊唐書》所計較為詳盡，共十一個觀測點，即在不同緯度上，針對夏至晷影常進行實測，並且南北之間距離經過詳細計算，因此得出平均值為「大率五百二十六里二百七十步晷差二寸餘」，與古代千里一寸之說所去甚遠。《古微書》羅列後代實測晷影的換算值，旨在求真，因「千里影差一寸」僅為理想值，並非實測結果，若測天之常數有所誤差，則所得結果將極為謬誤，因此附上後代實測結果，一方面使讀者不囿於古代理想數據，一方面又能參考後代晷影測量之進步。在唐一行〈大衍曆議〉後，孫瑴論測量晷影，又舉元代制度加以說明，其云「又勝國四海測景之所凡二十有七，東極高麗，西至滇池，南踰朱崖，北盡鐵勒，亦古人所未又為者也[55]」，元朝（明代避談元朝，往往以「勝國」取代）在唐代的基礎上，更將測量晷影點增設為 27 所，遍及

---

[54] 見《古微書》，頁 20-22。

[55] 見《古微書》，頁 32。

東西南北,如此所得之數據必然較前朝更為精確,說明晷影之實測為後出轉
精。

(三) 漏刻

漏刻為古代計時工具,即利用水流向下的原理,取一盛水器具,最初在
器具之下挖洞,以便使水漸漸漏出,此為漏壺。此外,在壺中置一「刻箭」,
作為刻度的指示,刻箭附有一浮舟以標示刻度,古人曾因應水在不同季節、
溫度下產生不同流速,而在不同節氣有「換箭」的制度,即更換漏刻刻度表
的紀錄。有關漏刻的制度,《古微書》卷二〈尚書考靈曜〉中曾有論及,其文
云:

> 晝夜漏之數三十六頃《隋書天文志》無「之數」二字。[56]

本文說明漏壺的刻度為「三十六頃」,亦即漏壺區分日夜時間為三十六等
分,這樣的說法,在古籍論述漏壺的制度,或現今考古的文物中,並找不到
相應的器物。有關漏壺的刻度,東漢許慎曾云:「漏以銅受水,刻節,晝夜百
刻」[57],以百刻計時起源甚早,或以為與漏壺有相當的關係,至於以 36 刻計
時者,則遲至梁武帝才參考〈尚書考靈曜〉之說而推廣製作,孫瑴《古微書》
曾引用此段記載加以說明,其文云:

> 按《隋志》:昔黃帝創觀漏水,制器取則,以分晝夜。冬至互起其首,
> 凡有四十一箭……梁天監六年,武帝以晝夜百刻分配十二辰,辰得
> 八刻,仍有餘分,乃以晝夜為九十六刻,一辰有全刻八焉。至大同
> 十年,又改用一百八刻,依〈尚書考靈曜〉晝夜三十六頃之數,因

---

[56] 見《古微書》,頁 45。《隋書・天文志》以下為守本校對語。

[57] 見東漢・許慎:《說文解字》(北京:中華書局,1978 年),頁 237 下。

而三之，冬至晝漏四十八刻，夜漏六十刻；夏至晝漏七十刻，夜漏
三十八刻；春秋二分晝漏六十刻，夜漏四十八刻，昏旦之數各三刻。
先令祖暅為漏經，皆依渾天黃道，日行去極遠近為用箭日率。[58]

由本條引文可知，梁武帝曾因一日百刻的計時法，與一日十二時辰無法
整除，而設法改變一日百刻的參數。原先採用一日 96 刻，如此 12 時辰得以
整除，最後參考〈尚書考靈曜〉「晝夜漏之數三十六頃」之說，將 36 頃刻乘
以三，成一日 108 刻，如此十二時辰得以整除，並依此重新制訂晝夜、昏旦、
冬夏至等時令之漏刻之數，這是歷史上實際參考讖緯數據，而進行時刻更動
的僅存案例。

(四) 測天儀器之運用

由上所述，可知觀天之渾儀、測日之圭表、計時之漏刻，為古代建立時
刻概念時，推算之重要輔助工具，孫瑴《古微書》在收集讖緯本文之下，引
用各家說法予以解說形制、發展過程及測驗方法。透過漏刻之製作，確定每
日時刻，以作為計算之數據基礎。藉由圭表之紀錄，以知時令之推移，以及
大地相對位置。藉助觀天之渾儀，以確定經星、緯星運行之軌跡與數據。古
時三種儀器並非個別使用，而是相輔相成的，在《古微書》卷二〈尚書考靈
曜〉中記載三種儀器之運用，其文云：

> 分寸之晷，代天氣生，以制方員，方員以成，參以規矩。昏明主時，
> 乃命中星，觀玉儀之游注：以玉為渾儀，故曰玉儀。玉儀之制，昏明主
> 時謂晝夜漏刻也。[59]

---

[58] 見《古微書》，頁 45-46。

[59] 見《古微書》，頁 27。

「分寸之晷」即圭表所記錄之晷影，從晷影長短，可確切紀錄一年二十四節氣的時間，因此稱為「代天氣生」。從晷影之測量，進而推知各節令日道軌跡，以及日夜所佔時刻，確定觀測之基礎，此即「方員以成，參以規矩」。白日觀測日道軌跡後，進而在黃昏日落之時觀測南方天空正中之「昏中星」，以及清晨日出之前觀測南方天空正中之「旦中星」，並使用「玉儀」，即渾儀的觀星器具加以輔助，推算經星移動之規律，此即「昏明主時，乃命中星，觀玉儀之游」。舊注在最後「昏明主時」之下，注解「謂晝夜漏刻也」，即在天象觀測之後，為確定觀測的正確時間，需透過古代漏刻計算確切時間，以做精準的記錄，因此這三種儀器是相互配合的。

在本條緯文之下，《古微書》引用《晉書‧天文志》，說明測度星象除「渾儀」之外，尚須藉由「渾象」的幫助，其文如下：

> 按《晉志》（《晉書‧天文志》）：張衡（後應有「又」字）制渾象，具內外規，南北極、黃、赤道，列二十四氣，二十八宿，中外星官及日、月、五緯。（下文應在前段）平子既作銅渾天儀，於密室中，以漏水轉之，令伺之者閉戶而唱之，其伺之者以告靈臺之觀天者曰：「璇璣所加某星，始見某星，已中某星，今沒」，皆如合符也。[60]

《晉書‧天文志》敘述張衡除改造「渾儀」，以便於觀測天象外，還改造「渾象」，以作為輔助。所謂「渾象」，如前文所述，形如天球儀，其上繪製天體運行軌跡及經星、緯星之分佈，以作為觀天者之參考。張衡所改造的渾象屬具體模型，設計為內外兩圓形，其中布列南北極、黃道、赤道，標示二十四氣位置及經星、緯星之方位，使觀天者具備完整觀星之參考。該器物之準確度如文中所述「令伺之者閉戶而唱之，其伺之者以告靈臺之觀天者……皆如合符也。」

---

[60] 見《古微書》，頁 27。

至於「渾象」的詳細制度，《古微書》更援引

《隋志》（《隋書・天文志》）王蕃云：「……又有渾天象者，以著天體，以布星辰，而渾象之法，地當在天中，其勢不便，故反觀其形，地為外匡，於已解者，無異在內，詭狀殊體，而合於理，可謂奇巧。」考（「考」字自加）古舊渾象，以二分為一度，周天七尺三寸半（後應有「分」字）……張衡，更以銅製，以四分為一度，周天一丈四尺六寸一分……蕃今所作，以三分為一度，周天一丈九寸五分四分（後應有「分」字）之三……黃赤道各廣四分半，相去七寸二分。又云：「黃、赤二道，相共交錯，其間相去二十四度。以兩儀準之，二道俱三百六十五度有奇。又赤道見者，常一百八十二度半強。又南北考之，天見者亦一百八十二度半強。是以知天之體圓如彈丸，南北極相去一百八十二度半強也。」[61]

三國時期吳人王蕃依據渾天說製作渾儀渾象，並論述渾象形制。根據渾天說，觀測天象時，大地不在天之中，若依實際觀測設計渾象，則使用者對照星象不易。於是渾象之制反其道而行，其內規（內圓）布列日月星辰等天象，外規才是對應大地，因此稱為「詭狀殊體，而合於理，可謂奇巧」。王蕃論古代渾象之制，以二分為一度，因此周天即 2×365.25=730.5，即「周天七尺三寸半分」。張衡則以四分為一度，因此周天為 4×365.25=1461，即「周天一丈四尺六寸一分」，王蕃所作以三分為一度，周天為 3×365.25=1095.75=$1095\frac{3}{4}$，即「周天一丈九寸五分四分分之三」。所謂黃、赤二道「相去二十四度」者，即二道最遠距離為二十四度，最近距離即二道之交會點春分、秋分。對照前文所計算日道軌跡，北極天樞到夏至日道度數約為 67°，此時黃、赤道距離最遠，而春秋分為黃、赤道交會點，距離北極天

[61] 見《古微書》，頁 27-28。

樞約為 91°，因此 91° − 67° =24°，因此說黃、赤二道「相去二十四度」，而前段引文中所謂「斗二十一，井二十五，南北相應四十八度」者，即夏至日在「斗二十一」，冬至日在「井二十五」，兩者距離即 24° ×2=48°。至於「赤道見者」、「天見者」均為「一百八十二度半強」，前文計算春秋分日道時已經提及，此不贅述。

渾象的作用，在於觀天者使用渾儀觀測天象時，使觀天者有一客觀布列模擬天體以供參考，進而檢視天體運行之常與變。進一步來說，透過渾象配合圭表、漏刻，確定每年每一特定節令時刻，天體所應處的相對位置，並透過觀天者使用渾儀觀測，可查天象是否依照常規運行，這是古人觀天所需具備的輔助工具。

經由《古微書》介紹渾儀、渾象、圭表、漏刻等測天計時器具之形制以及其後世發展，可知古人欲推求天體運行規律，勢必先有觀測天文之基礎，其後需建立計算之常數，以作為紀錄天體之客觀標準。因此，孫瑴雖在此處並無對於古代測天、計時儀器之個人論述，但透過援引古籍，以說明測天計時儀器之法度與發展，即能清楚掌握古人計算天體之數據基礎，究竟是透過何種方式得來。很明顯地，要得到客觀的測量數據，並非依靠一器一物就能達成，需藉由不同器物間相互配合，才能精準校對。

古人在對於天體長遠之觀察，並求得天體運行之「常數」後，便依此數據反過來檢視天體是否依據此常數運行，若合於常數，則對應於人間物候人事「風雨時、草木蕃盛，而百穀熟、萬事康」。倘若天體不合乎長久以來歸納之度數，則相對應者必為災禍變異，此時需根據相對應的不尋常人事，推求天象變化所給予人類的警告內容，人類據此加以補救，以避免災害之擴大，此即古代巫覡星占之始，也是漢代以來讖緯發展的根源，故而理解《古微書》論測天計時之儀器，與讖緯之發展關係甚密，而不能一語略過。

三、《古微書》星官說

前文論及，現存讖緯文獻以及《古微書》對於讖緯文獻的收集，以占驗災異文獻為大宗，而占驗的基礎在於確定「天」之度數，前兩節中既已論述《古微書》如何詮釋天體運行及測天儀器之運用，那麼真正落實在占驗上，還必須完成一道工序，即確定「天」與「人」之間的關連，如此才能根據天體的變化，對人間事務進行占驗，而這項工作的基礎即「星官說」的建立。古人對於星官說的建立起源甚早，在《夏小正》論曆法時，已紀錄八個星官，在《詩經》中同樣出現部分星官名稱。據統計，先秦典籍中，對於星官的紀錄共有 38 個[62]，這是根據先秦典籍與《開元占經》中對於巫咸、石氏、甘氏等人的論述統計而來的。

(一)《古微書》星官說與《史記‧天官書》之關連

在讖緯文獻中，曾大量記載了天體中日月五星、三垣二十八宿及其餘星宿的變化，及其在人事上的對應，這些論述，大體上是繼承古占星家之說，並加以發揮的。現存最早完整論述星官系統的文獻為《史記‧天官書》，其中對於天體三垣二十八宿中各星所象徵的人事、地理位置均給予詳細的說明，是古代研究星官的重要資料，也是孫瑴《古微書》論星官的基本參考資料。就《古微書》收羅的讖緯文獻之中，其中有許多與《史記‧天官書》的占星內容相似者，如《史記‧天官書》載太微垣「太微三光之廷……其內五星，五帝坐」[63]，《古微書》之讖緯條文為「太微為天庭，五帝以合明」[64]，《史記

---

[62] 詳見吳守賢，全和鈞主編：《中國古代天體測量學及天文儀器》（北京：中國科學技術出版社，2008 年），頁 44。

[63] 見《史記》卷二十七（臺北：鼎文書局，1986 年），頁 1528。

[64] 見《古微書》，頁 134。

索隱》引宋均注曰:「太微,天帝南宮也」,即天帝議政五宮之一,讖緯「天
庭」之意與之近似;《史記‧天官書》載「亢為疏廟」,《古微書》讖緯條文為
「亢四星為廟庭」[65]、「亢為疏廟」[66];《史記‧天官書》載「昴畢間為天街」,
《古微書》所載全同[67];《史記‧天官書》載「東井為水事」,《古微書》載「東
井八星,主水衡」[68]、「東井主水衡」[69],從讖緯本文中對於星官定義,其中
與《史記‧天官書》相同或相似的部分來看,可以說讖緯文獻中有大量繼承
《史記‧天官書》系統的星官解說。當然,對於孫瑴而言,必然認為讖緯文
獻在《史記‧天官書》之前,是星官說的源流。

在《古微書》所收讖緯災異條文中,直接引用《史記‧天官書》或意思
幾近全同者為數頗多。除此之外,在讖緯條文中,也有對《史記‧天官書》
星宿對應之理加以發揮者,如《史記‧天官書》記載「斗魁戴匡六星」時,
僅列出「一曰上將,二曰次將,三曰貴相,四曰司命,五曰司中,六曰司祿」
的名稱,在讖緯中則為「上將,建威武。次將,正左右。貴相,理文緒。司
祿,賞功進士。司命,主災咎。司中,主佐理也」[70],將六星的性質與對應
於人事的項目進行說明,進一步發揮《史記‧天官書》所未細論之處。讖緯
文獻對於《史記‧天官書》的延伸發揮,以下表列數種以說明之:

---

[65] 見《古微書》,頁 140。

[66] 見《古微書》,頁 169。

[67] 見《古微書》,頁 135。

[68] 見《古微書》,頁 143。

[69] 見《古微書》,頁 162。

[70] 《古微書》卷 7,頁 138。

出處 星名	《史記‧天官書》	《古微書》
斗魁戴匡六星（紫微垣）	一曰上將，二曰次將，三曰貴相，四曰司命，五曰司中，六曰司祿	〈春秋元命包〉：紫宮之垣：上將，建威武。次將，正左右。貴相，理文緒。司祿，賞功進士。司命，主災咎。司中，主佐理也。（7/138）
		〈春秋文耀鉤〉：斗魁戴匡六星，曰文昌宮，為六府。（9/169）
三能（太微垣）	魁下六星，兩兩相比者，名曰三能，三能色齊君臣和，不齊為乖戾。	魁下六星，兩兩而比曰三台，主闓德，宣符德，立題。能之為言耐也，天官器人，各以其材，因而任之，則分職治，其象以見符。三台星色齊，君臣和，不齊，大乖。（7/139）
左右角（角宿）	左角，李；右角，將。	左角理物以起，右角將率而動，故曰：左角理，右角將。（7/139）
攝提（亢宿）	攝提者，直斗杓所指，以建時節	攝提之為言提攜也，言能提斗攜角，以接於下也。（7/139）
亢（亢宿）	亢為疏廟	亢四星為廟庭
		亢為疏廟（9/169）
鉤鈐（房宿）	房……旁有兩星曰鈐	房有鉤鈐兩星，以閉防神，主闓舒，為主鉤距，以備非常也。（7/140）
心（心宿）	心為明堂。大星天王，前後星子屬，不欲直，直則天王失計。	房心為天帝之明堂，布政之所出也。（9/169） 心三星五度，有天子明堂布政之宮。兩口衛士為喜，喜得明，心喜者為憙，憙天心。（7/140）

　　凡表中所列舉者，均為《史記‧天官書》與讖緯文獻共同指涉之星名，將星名結合其人事上的對應，即為星官，《古微書》所收羅之星官說，不僅與《史記‧天官書》解釋相近，甚至將《史記‧天官書》未及詮釋者加以詳細

解說，以下敘述《古微書》所錄讖緯中，繼承並發揮《史記・天官書》之處。

紫微垣「斗魁戴匡六星」，即北斗七星斗魁正對面之六星，狀似半月，《史記・天官書》僅解釋對應官職為「一曰上將，二曰次將，三曰貴相，四曰司命，五曰司中，六曰司祿」[71]，然讖緯針對名稱，進一步闡釋其中意涵，如上將「建威武」，主對外用兵；次將「正左右」，主管理內部；貴相「理文緒」，如宰相之職；司祿「賞功進士」，如禮部之職；司命「主災咎」，如刑部之職；司中「主佐理」，即輔佐內政。透過讖緯進一步說明，對於星象之對應人事能有更清楚的理解。

太微垣「三能」（即「三台」），乃位於北斗七星斗魁之下，兩兩並排如階梯狀之六星。《史記・天官書》僅解釋為「三能色齊君臣和，不齊為乖戾」[72]，讖緯則進一步說明何以三台六星有此象徵，〈春秋元命包〉認為三台（三能）六星「能之為言耐也，天官器人，各以其材，因而任之，則分職治，其象以見符」，亦即三台六星象徵帝王任命臣下官職恰當與否，若恰當，則政事治理而「三能色齊君臣和」，若不恰當，則「不齊為乖戾」。由讖緯之說明，使星官說之意涵更為明確。

角宿「左右角」之義，《史記・天官書》僅說「左角，李；右角，將」[73]，讖緯則解釋「李」、「將」之意，其云「左角理物以起，右角將率而動」，角宿為東方七宿第一宿，象徵青龍之雙角，因此得知左角星見，象徵萬物將統理萬物而起。右角星見，象徵將率領萬物而動。

亢宿「攝提」之義，《史記・天官書》僅說「攝提者，直斗杓所指，以建時節」[74]，即攝提星在確定節令上之作用，然讖緯進一步說明「攝提」之意，其云「攝提之為言提攜也，言能提斗攜角，以接於下也」，攝提星有「提攜」之意，因位處關鍵，故能上承角宿，標示節令，並接續以下一年時令。

---

[71] 見《史記》卷二十七，頁 1293。

[72] 見《史記》卷二十七，頁 1256。

[73] 見《史記》卷二十七，頁 1293。

[74] 見《史記》卷二十七，頁 1293。

　　房宿「鈎鈐」之義，《史記‧天官書》並無解釋，讖緯則云「房有鈎鈐兩星，以閉防神，主閨舒，為主鈎距，以備非常也」，「鈐」有解為「車轄」者，又「鈐」為關鍵，意即鈎鈐二星地位關鍵，如同帝王駕車之車轄一般，若對應人間，就如同最靠近帝王的帶刀侍衛般，為帝王「以閉防神」、「以備非常」。

　　心宿「明堂」之義，《史記‧天官書》以為「心為明堂」[75]，心宿雖然僅有三顆星，但卻認為此三星之中央象徵帝王、前星為太子，後星為庶子，且將心宿對應人間之「明堂」，即帝王布政號令之廷。對此，讖緯對心宿內涵進一步闡發，將之解釋為「天帝之明堂，布政之所出」，以及將「明堂」之「明」，引申發揮為國君以得賢士為喜，喜字為「兩口銜士」，凡心喜則「明」，此為明堂之意。本文之下宋均為之解釋，其文云：「心為天王布政之宮，萬物須之乃盛，所以為喜也。今于口問士移一畫之者，于字體安也，是為兩口士也。喜得明，明得所喜也」，心宿象徵天王布政之所，布政得法，則萬物繁盛。至於「喜」字結構，宋均以為兩「口」各銜一「士」，然兩口之間之「士」結構有異，是為了字體結構之完整，這樣的解釋，充分展現了以讖緯解字的特色。讖緯最後又云「心喜者為憙，憙天心」，此則國君心喜對應天上心宿，此為讖緯進一步發揮心宿之意涵。

　　從上文論述可以推斷，《史記‧天官書》與讖緯二者之間的解釋系統，必然有繼承的關係。由上表列舉《史記‧天官書》與讖緯記載之相近處，雖無法證明讖緯星官之說必然承襲自《史記‧天官書》，但可以確定的是，當初編寫讖緯之徒，所採用的星官解釋體系，必與《史記‧天官書》系統系出同源。

(二)《古微書》的星官系統

　　根據以上所述，則孫瑴是否認為讖緯星官之說必然源自《史記‧天官書》系統？事實上並非如此。在讖緯之中，除了與《史記‧天官書》近似的星官之說外，也同樣存在說法不同者，在《史記‧天官書》之前，便已存在《甘

---

[75] 見《史記》卷二十七，頁 1257。

石星經》等占星文獻，這些文獻部分保存在《開元占經》之中。從《古微書》所收讖緯，對照《史記・天官書》與《開元占經》，可發現讖緯解釋星官體系應是雜揉各家而成，筆者表列數條以進行說明：

出處 星名	《史記・天官書》	《古微書》
尾 箕 （ 尾宿、箕宿）	尾為九子，曰君臣，斥絕不和。箕為敖客，曰口舌。[76]	尾九星，箕四星，為後宮之場（7/140） 尾箕為后宮之長。（12/234）
織女（牛宿、女宿）	其北織女，織女，天女孫也。[77]	織女之為言神女也，成衣立紀。故齊能成文繡，應天道。織女主瓜果。（7/140）
營室（室宿）	營室為清廟，曰離宮閣道。[78]	營室十星堭陶精類，始立紀綱，包物為室。（7/141） 營室主軍糧。（12/234）
奎（奎宿）	奎曰封豕，為溝瀆。[79]	奎十二星，十六度，主武庫之兵。（7/141） 奎主武庫。（12/234） 奎，天豕也。（20/395） 奎主文章。（27/521）

如上表所示，筆者摘錄《古微書》讖緯文獻解釋星官與《史記・天官書》不同者，如《史記・天官書》釋尾宿對應「君臣」關係，箕宿對應「敖客」，但《古微書》有關尾箕二宿，二者均與「後宮」有關。《開元占經》卷六十云「石氏曰：尾九星十八度……後宮之場也……」、「石氏曰：箕四星十一度……並後宮別府也」[80]，與讖緯所對應人事「後宮」相同，因此可以相信讖緯在解釋東方七宿尾宿、箕宿時，採用的是《甘石星經》的解釋系統。

北方女宿之義，織女星《史記・天官書》僅指為「天女孫」，即天帝之孫

---

[76] 見《史記》卷二十七，頁 1257。

[77] 見《史記》卷二十七，頁 1261。

[78] 見《史記》卷二十七，頁 1221。

[79] 見《史記》卷二十七，頁 1259。

[80] 見《開元占經》卷六十，收錄於《中國基本古籍庫》。

女，《開元占經》卷六十一云：「巫咸曰：須女，天女也」[81]，與《史記‧天官書》之說近似。而讖緯除解釋織女為「神女」外，一者將之詮釋為「成衣立紀」，即主宰人間織繡的星宿，《開元占經》卷六十五云：「石氏曰：織女主經緯絲帛之事」，可見讖緯取《甘石星經》詮釋系統。至於「織女主瓜果」，則是因為織女三星位於牛宿、女宿之間，在女宿中有「敗瓜五星」以及「瓠瓜五星」，距離織女星近，因此解釋為對應「瓜果」的星宿。《開元占經》卷六十五載〈春秋合誠圖〉云：「〈合誠〉曰：『織女，天女也。主瓜果，收藏珍寶，以保神明』」，即為此義。

室宿之義，《史記‧天官書》解為古代君王離開中宮前往休養之所的「閣道」，然讖緯一者將之對應為與「軍糧」相關的星宿，《開元占經》卷六十一云：「石氏讚曰：營室主軍糧，以廩士」。另一者將營室解為「埏陶精類，始立紀綱，包物為室」[82]，是與「營造宮室」對應的星宿，見《開元占經》卷六十一云：「甘氏曰：營室動，有土功事」。從「軍糧」、「營造宮室」的解釋，可知讖緯此處遵循《甘石星經》詮釋系統。

奎宿之義，其解釋更為複雜，《史記‧天官書》將之對應為人間之「溝瀆」之事，但讖緯之中雜有各種說法，或遵從《史記‧天官書》「封豕」之說解為「天豕」，或對應為人間「武庫」、「武庫之兵」等兵器庫房或庫兵。據《開元占經》卷六十二云：「巫咸曰：奎為天庫」、「石氏讚曰：奎主軍兵，禁不時」、「又曰：奎主庫兵」[83]，由此可知「武庫」、「武庫之兵」之說乃根據《甘石星經》詮釋系統。

至於奎宿對應人間「文章」之主宰，最近之說見《開元占經》卷六十二云：「《孝經章句》曰：『奎，府廷也』」，諸多說法，莫衷一是。

由上文對照讖緯解釋星官的來源，至少有源於，孫瑴對這樣的現象下了

---

[81] 見《開元占經》卷六十一，收錄於《中國基本古籍庫》。

[82] 見《開元占經》卷六十一，收錄於《中國基本古籍庫》。

[83] 見《開元占經》卷六十二，收錄於《中國基本古籍庫》。

推論，其文云：

> 古巫咸、甘、石三家《星經》所傳猶存，而緯候談星，殊名異說……
> 精氣幻化，倘有是乎？要不可執一而准。[84]

既然孫瑴認為，「談星」數家「殊名異說」，原則上應該廣泛參考，不應
「執一而准」，那麼孫瑴對天文星官之說，應當是採兼容並包的原則。或許是
因為讖緯文獻之中存在許多不同的災異詮釋系統，導致《古微書》對於內容
最豐富的災異說，反而注解與抒發見解並不多。如此，是否可以推論孫瑴對
於各家星象說法都是並存而無需議論？顯然並不是，在《古微書》卷九〈春
秋文耀鉤〉中，孫瑴針對星宿之名提出了種種質疑，緯文如下：

> 鎮星，黃帝含樞紐之精，其體璇璣中宿之分也。[85]
> 中宮大帝，其精北極星，含元出氣，流精生物也。一曰：中宮大帝，
> 其北極星下一明者，為太一之光，含元氣，以斗布常，是天皇大帝
> 之號也。咸池曰天潢五星，五帝居舍也。宋注曰：舍，庫也，五帝居
> 府。[86]

在兩條緯文之下，孫瑴以夾敘夾議的方式，對這兩條緯文進行評論，其
文如下：

> 按：《大象列星圖》：「北極五星……其第一星為太子，第二星最明者
> 為帝，第三為庶子，餘二後宮屬。」[87]

---

[84] 見《古微書》，頁 144-145。

[85] 見《古微書》，頁 165。

[86] 見《古微書》，頁 165-166。

[87] 本段孫瑴節錄《太平御覽》卷 6 引用《大象列星圖》文字。

《文獻通考》曰：「其第四星為后宮，第五星為天樞」，即紐星所，
為北辰居其所也。又「太乙（當作天一）一星在紫宮門右……天帝
之神也，主戰鬥，知人吉凶。天乙（當作太一）一星……相近，亦
天帝神也，主使十六神，知風雨、水旱、兵革、饑饉、疫疾、災害
所生之國……其（「其」字孫瑴自加）勾陳六星，在紫微宮華蓋之下，
《隋志》云：『大帝之正妃』……張衡云：『大帝所居之宮也，亦將
軍之象也……勾陳口一星曰天皇，亦曰大帝，其神曰曜魄寶，主御
羣靈，束萬機神圖也。其星隱而不見，見則為災。』」而此緯文以極
星明者稱為太乙，又即為天皇大帝，與〈合誠圖〉所稱大帝皆指北
辰，何所傳之殊異？至於五帝之座亦不係五星，張衡云：「帝坐有五，
一坐在紫微宮，一座在大角，一座在心中，一座在天市垣，一座在
太微宮，咸云帝坐。一曰神農所居，不見，則大人當其咎。」[88]此文
以鎮星為含樞紐，恐別有傳。[89]

　　孫瑴在兩條緯文之下，先引用《大象列星圖》，說明「中宮大帝，其北極
星下一明者，為太一之光」此即「北極五星」中光芒最亮的「帝」星，而此
星又為「天皇大帝之號」，代表天帝「以斗布常」，根據北斗七星斗柄所指的
春夏秋冬，總理萬物，使萬物各得其所。但在本文之後，孫瑴又引《文獻通
考》之文，對於「太一」所指為何提出了質疑。孫瑴注文所引的文獻，對於
星宿的質疑，基本上分為兩種：一者質疑「太一」究竟所指為何，二者質疑
「帝座」的名義與五帝配五方、五星之說。
　　首先就「太一」問題，孫瑴認為既然「太一」所指為「北極五星」中的
第二顆最明亮的帝星，《文獻通考》所指亦同，又為何《文獻通考》中稱「太
一」，又變為「紫宮門」附近，代表「天帝神」主使「十六神」的「太一」？

[88] 張衡之言，見《通志・天文略》。

[89] 見《古微書》，頁 166-167。

而《文獻通考》引張衡之說，認為「勾陳六星」之口，即六星中間包圍的一星又稱為「天皇，亦曰大帝」？這與讖緯所說代表「天皇大帝」的「帝星」所指又不同。

在〈春秋合誠圖〉中記載「太一」即「紫宮大帝室」，又此「大帝」，即〈春秋合誠圖〉所說「天皇大帝，北辰星也」，亦即「北極五星」中的帝星，這與〈春秋文耀鉤〉所說的帝星是同一星，因此孫瑴認為〈春秋合誠圖〉與〈春秋文耀鉤〉詮釋相同，但與《文獻通考》、張衡所說差異甚大。其實，並非古人在星宿名稱上有所矛盾，而是孫瑴在此並不清楚名義之別。就「太一」來說，有兩種意思，一者為名稱，即「天皇大帝」的別稱，這是〈春秋合誠圖〉與〈春秋文耀鉤〉所指的「太一」，即將北極五星中最明亮的帝星，尊為「太一」、「天皇大帝」。另外，「太一」又有專指為某星名，此星位於紫宮門外，此星之旁伴有一星，名為「天一」，這顆星即《文獻通考》所指，代表「天帝神」主使「十六神」的「太一」星，此星能代表天帝，使役「十六神」，知曉「風雨、水旱、兵革、饑饉、疫疾、災害所生之國」。因此，並沒有孫瑴所說「何所傳之殊異」的問題。

其次，有關「帝座」問題，孫瑴從收羅之緯文談起，即「鎮星，黃帝含樞紐之精，其體璇璣中宿之分」，此文確實與「帝座」有所關連，但屬後出的觀念。早在《淮南子》、《五星占》等典籍中，金、木、水、火、土五星所配之神均為東方配歲星（木）及勾芒、西方配太白（金）及蓐收、南方配熒惑（火）及祝融、北方配辰星（水）及玄冥、中央配鎮星（土）及后土，因此五星配五方之神是早期說法，但自漢高祖祀雍五畤[90]，及漢文帝建渭陽五帝廟，漢武帝建亳忌太一祠，始有五帝神名，據《史記‧孝武本紀》記載，漢

---

[90] 《漢書‧郊祀志》載劉邦延續秦祭祀四帝，進而增設為五帝，其文云：「問故秦時上帝祠何帝也？對曰：『四帝有白、青、黃、赤帝之祠。』高祖曰：『吾聞天有五帝，而四何也？』莫知其說。於是高祖曰：『吾知之矣，廼待我而具五也。』廼立黑帝祠，名曰北畤。」此時五帝尚無含樞紐等神名。

武帝時「燕齊怪迂之方士」奏言「天神貴者泰一，泰一佐曰五帝」[91]，此「泰
一」即前文提及「天皇大帝，北辰星也」的「太一」，據《史記索隱》補充，
其名如《文獻通考》所載「其神曰曜魄寶」，在最高神「太一」之下，共有輔
佐的「五帝」，中央神名含樞紐，東方神名靈威仰，南方神名赤熛怒，西方神
名白昭拒，北方神名叶（汁）光紀，因此讖緯之中也有含樞紐等「五帝」取
代后上等「五神」的配法。然而，在孫瑴的觀察中，「至於五帝之座亦不係五
星」，的觀點基本上是正確的，因為含樞紐等「五帝」一般而言與「五帝座」
相配合，即太微垣的中心五星，稱為「五帝座」，因此將金、木、水、火、土
等五星與「五帝」相配的「以鎮星為含樞紐」說法，並不符合原先星官之說，
當屬造讖緯之人別有傳承，或誤寫所致，因此孫瑴認為「恐別有傳」。

　　至於「帝座」之說，孫瑴採《文獻通考》引張衡之說，認為「帝坐有五」，
一在「紫微宮」，即紫微垣中「五帝內座」等五星；一在角宿之大角星，即《史
記・天官書》所說「大角者，天王帝廷」；一在心宿，即《史記・天官書》所
說「心為明堂」；一在天市垣，即天市垣之中心「帝座」星，此星亦即引文後
所稱「一曰神農所居」的帝座星，可對照《靈臺秘苑》卷三所說「帝座一星，
在天市垣中，北天之庭也」；最後即太微垣「五帝座」等五星，含樞紐等五神
及對應在此五星中。

　　由上文討論可知，孫瑴雖然主張談星各家異說，不可「執一而准」，但這
是指各星官所對應的人間之事物，孫瑴所重視者，在於務本，也就是名符其
實，凡稱為某名稱之星名，必需對應某一特定之星宿，若在此中有所混亂，
則星官說便為之瓦解。一旦星官說瓦解，「天」與人事的對應的確定性便岌岌
可危。若「天」與人事的對應不存在，則天人感應說便不存在，那麼接下來
讖緯文獻之中的「災異說」、「感生說」、「候氣說」便無理論依據。因此孫瑴
在天文災異與人事吉凶的對應上，雖沒有特別的意見，但對星官的名實卻十

---

[91] 《史記索隱》引《春秋緯》稱泰一為「曜魄寶」，《史記正義》引《春秋緯》，列五帝神名為「蒼
　　帝靈威仰，赤帝赤熛怒，白帝白招拒，黑帝叶光紀，黃帝含樞紐」，然《史記》、《漢書》、《後
　　漢書》中並未出現「含樞紐」等神名，因此當是編造讖緯之人自行定名，以配五方之帝。

分重視，原因在此。

小　結

　　透過上文中，對於《古微書》天文類文獻的探討，可知孫瑴對於讖緯占驗的根源、基礎有一定的認識，能意識到天體運行、天文數據、測天計時儀器及星官說等天文文獻為讖緯解說之基礎，並尊〈尚書考靈曜〉為首，詳細解說天文類讖緯內涵，說明了《古微書》在建構讖緯詮釋體系上，其方向是正確的。

　　讖緯占驗，無非是對於天體、物候、人事中的種種異常變化進行占候推斷，若是災異，則透過占驗以預知災禍，或在災禍發生時採取行動，防止禍害擴大。若是祥瑞，則屬天之勸勉，並告知統治者治理之要務與價值之判斷。讖緯占驗之根源在於天人感應，而天人感應之基礎，在於對於「天」的理解與認知。欲上求「天意」，需以客觀認識天體運行為基礎，因此天體運行的客觀位置，天文數據的客觀數據就顯得格外重要。然而，這兩者所以能有「常數」可循，則必須仰賴測天計時儀器，才能提供客觀的標準，因此《古微書》首重此說，以作為讖緯文獻討論之基礎。

　　其次，在確定天體運行、天文數據的客觀標準之後，進而檢視天體之運行、星象之布列，是否符合「常數」，若出現變異，則為上天對於人事異常之譴告，此時即需窺探「天意」告示為何，以進行人事之補救。然而，欲窺探「天意」告示，需先理解天體對應人間之事務，因此隨著「測天」而來的便是「星官說」的確立了。《古微書》收集古籍中論述星官對應之說，以做為「星官說」的基礎，惜乎孫瑴未見《開元占經》，此書為紀錄星官之說最完整的古籍，亦為讖緯文獻之大宗，因此在「星官說」的建立上，《古微書》僅能就目驗所及進行說明，並以《史記・天官書》之內容進行對照，以說明讖緯文獻與《史記・天官書》之緊密關連。

　　在天體運行、天文數據、測天計時儀器及星官說等範疇得到安頓後，才能進一步論述讖緯占驗的其他基礎，即律曆說、符命說、候氣說等內容，故知《古微書》論讖緯天文文獻，實為理解讖緯內容之樞機，由此也能理解《古微書》雖多「述而不作」，但其援引之古籍文獻，確實有助於理解讖緯文獻，以及輔助《古微書》一書編纂之真正目的之成立：即讖緯詮釋體系之建立。

第七章
《古微書》讖緯律曆詮釋體系之建立

　　古之言曆法者，往往將曆法與音律相結合，《史記・太史公自序》云：「律居陰而治陽，曆居陽而治陰，律曆更相治，間不容飄忽」，律曆合一的曆法觀是古代中國所獨有的觀念。在讖緯文獻中有關律曆之間的討論也為數不少，《古微書》記載部分讖緯中曆法資料，其中範圍涵蓋《春秋緯》、《易緯》、《樂緯》、《詩緯》。然而，就《古微書》實際收羅狀況及孫㲉本人讖緯觀進行觀察，在《古微書》中出現一特殊的樣貌，即在古代「律曆合一」的前提下，提出了「曆生於律」及《詩緯》在曆法中佔有重要地位等特殊觀念，如《古微書》卷二十四〈詩汎歷樞〉云：

> 賁居子曰：凡曆生於律，律生於聲，聲生於《詩》，則《詩》之為曆根樞固矣。作歷者三統、四分，皆知取諸《易》，取諸《春秋》，而了不及《詩》，豈知《詩》之有四始五際，亦如《易》之有九問，《春秋》之有十端，而〈泰〉、〈否〉升沈，皇王籙運，動必關焉，則其謂之〈汎歷樞〉非爽也。[1]

　　孫㲉的律曆觀，在〈詩汎歷樞序〉中曾約略提及，乃以「曆生於律，律生於聲，聲生於詩」一語加以概括，孫㲉認為「聲生於詩」，就字面上來說，這是相當令人訝異的說法，即以《詩緯》做為「聲」、「律」、「曆」的根源。

---

[1] 見《古微書》，頁 460-461。

認為「聲生於詩」，或許可解為「聲」透過《詩》而能具體展現，但孫瑴又說
「《詩》之為曆根樞固矣」，但曆法果真源於《詩緯》嗎？實則孫瑴此說，主
要在解釋「曆樞」二字之意義，《古微書》做為中國首部讖緯輯佚專著，曾在
書中闡釋讖緯各篇名之意義，其中或有未盡善者，由文義可知，此處乃專為
「曆樞」二字做說明。

　　孫瑴在《詩》與曆法的討論上，強調《詩緯》討論曆法的部分即「四始
五際」說，此「四始五際」說源自於齊詩之授受，以翼奉為代表，但在《古
微書》卷二十四〈詩推度災序〉孫瑴自己也提到「逮翼奉受齊《詩》，始得五
際六情之說以行災異，而其術竟無傳矣」，實際上對於「四始五際六情」說，
是引用《漢書》翼奉上封事的紀錄，對於體系的說明或引用並未呈現，因而
有「其術竟無傳矣」的感嘆。況且「四始五際」之說係屬與曆法相關的《詩
緯》占驗之術，因此本段論述可做為孫瑴律曆觀之參考，具體的律曆觀，則
有待《古微書》中有關《易緯》的相關論述。

一、《古微書》律曆觀的建立

　　在《古微書》中，有關曆法的探討，除了《詩緯》的相關論述外，另一
個曆法討論範圍為《易緯》，因孫瑴在《古微書》卷十四〈易通卦驗序〉中提
到「陰陽律歷皆祖于易」，就現今材料觀察，《易緯》對於曆法的具體說明，
呈現在《易緯》〈乾鑿度〉及〈稽覽圖〉中，然《古微書》於〈稽覽圖〉僅收
寥寥數語，並無涉及《易緯》中與曆法相關之德運世軌說，〈乾鑿度〉又因當
時有單行本，因此孫瑴不收入《古微書》中，導致《古微書》討論《易緯》
曆法，即推求德運世軌、災厄運數之說幾乎付之闕如。然而，雖《古微書》
收錄《易緯》曆法內容不多，但卻是讖緯曆法說的核心內容，讖緯諸多占驗，
均需以曆法為本，其中又以〈乾鑿度曆〉為根本，且《古微書》存在著部分
運用讖緯本文論述「德運」、「世軌」之運用，因此本文亦將同時探討《易緯》

之「德運」、「世軌」說，以作為《古微書》曆法及占驗之基礎工作，詳見本章第三節。

(一)《古微書》律曆種類

對於曆法的運用，在《古微書》中可歸納為三種，一者推王者即位與國祚，二者推災厄，二者推政事得失，而在《古微書》的落實上，對於曆法並無系統的陳列、論述，僅零星論說〈三統曆〉、〈四分曆〉的概況。那麼，在《古微書》中，究竟有關曆法材料，具有系統性論述者為何？就筆者觀察，首先當屬第三「推政事得失」內容最多，因《古微書》論曆法與政事得失，以「候氣」及「律曆」為主，二者均重在於討論曆法、音律與政事得失之間的關係，重要在於解說體系的建立。這類的討論散見於《古微書》各篇，是《古微書》律曆觀的核心之一，也是本節所欲探討的主題。

(二)律曆與候氣說

有關《古微書》收羅的讖緯文獻，關於音律與曆法間的關係論述不在少數，其中〈春秋元命包〉曾將「律」與「歲」並舉，其文云：

> 律之為言率也，所以率氣令達也。率猶導也。歲之為言遂也，三年一閏，以起紀也。遂，出也，出行事於所直辰也冬至百八十日，春夏成；夏至百八十日，秋冬成，合三百六十日，歲數舉。[2]

讖緯文獻中，記載所謂音律之說，重點在於能「率氣令達」，即透過音律的候氣之法，能夠推求當年「氣候」的適當與否，而氣候的常異，則反映出政事的得失，因此透過音律的表現，能夠將政事的得失上達於國君，此為古人音律候氣占驗之法。其後言「歲之為言遂也」，論一歲中「春夏」、「秋冬」

---

[2] 見《古微書》，頁 113-114。

各「百八十日」，合之而成「三百六十日」以成其歲。此處「律」與「歲」並
舉，《古微書》引《乾坤鑿度》云：「曆以三百六十五日四分度之一為一歲，
易以三百六十策當朞之日，此律曆數也。五歲再閏，故再扐而後掛，以應律
歷之數」，即藉此說明音律與年歲、曆法之關係。

　　凡音律與曆法之關係，古籍中記載屢見不鮮，在《古微書》中，具體呈
現在〈易通卦驗〉的文獻中。〈易通卦驗〉記載古代國君以音律候氣之法，其
文云：

　　　　冬至，人主不出宮，寢兵。從樂五日，擊黃鐘之磬，公卿大夫列士
　　　　之意得，則陰陽之晷如度數。夏至之日，如冬至之禮。[3]

　　本條緯文，說明帝王以音律候氣之原則與影響。古代凡一年之中的冬至、
夏至時，國君此時因應天地陰陽之氣之交替，採取「人主不出宮，寢兵」，此
時國君招集人員「從樂五日」並推求「公卿大夫列士之意」，若音律合度，代
表當年政美人和，此時一年中的「陰陽之晷」，即日影，便能符合法度，符合
法度則一年無災，政事順遂。就此條緯文觀之，似乎透過音律的合節與否，
可以推算當年日影是否合度，而日影合度與否則決定當年是否「上天」降下
災變，因此音律對於一年曆數的推算，起了決定性的作用。

　　既然音律對於一年曆數吉凶的推算，有著決定性的影響，因此必然不能
忽略對於音律推算的討論。以音律推算吉凶之法，《古微書》在〈易通卦驗〉
及〈樂叶圖徵〉中有相關記載，其文如下：

　　　　日冬至，人主致八能之士，或調黃鐘，或調六律，或調五聲，或調
　　　　五行，或調律曆，或調陰陽，正德所行。八能以備，人主乃縱八能
　　　　之士，擊黃鐘之鐘，人敬稱善言以相之，所謂金奏也……擊黃鐘之磬，

---

[3] 見《古微書》，頁 274-275。

公卿大夫列士以德賀于人主……擊黃鍾之鼓……鼓黃鍾之瑟……間
音以笙……黃鍾之音調，則蕤賓之律應，磬聲和，則林鍾之律應，
此謂冬日至成天文，夏日至成地理。〈易通卦驗〉[4]

夫聖人之作樂，不可以自娛也，所以觀得失之效者也。故聖人不取
備於一人，必從八能之士……鐘音調則君道得……鼓音調則臣道
得……管音調則律曆正……磬音調則民道得……竽音調則法度
得……琴音調則四海合歲氣，百川以合德……常以日冬至成天文，
日夏至成地理。〈樂叶圖徵〉[5]

　　此段記載為古代以音律占驗政事善惡的具體記錄，此法首先在冬至時，
除前文所說「不出宮，寢兵」外，並由國君招致八能之士，此八能之士需通
曉樂律。再者，臣下以善言稱說國君，並由負責擊鍾者撞鐘以測試音律，若
鐘聲符合音律，代表國君之施政得宜，因「鐘」對應國君德行，具體表現在
施政上。以〈易通卦驗〉的記載，由彈奏鐘、磬、鼓、瑟、笙五種樂器，觀
察各種樂器是否合於樂律，合則歲美民和，若音律不合，則代表該樂器所對
應的政事有所錯謬，當進行改正。在〈樂叶圖徵〉中則具體羅列出鐘、鼓、
管、磬、竽、琴等六種樂器，分別象徵君道、臣道、律曆、民道、法度及四
海等六項政事，雖與〈易通卦驗〉之樂器有所出入，但原理均相同，即以樂
律占驗一國之施政。凡占驗一國施政，一般來說在冬至、夏至兩氣的前五日
舉行，若樂律皆得則「冬至成天文，日夏至成地理」，能符合天地陰陽運行之
理，則一國之施政可謂合度。

　　另外，除以樂律是否合節，占候一年之中的施政外，尚有以律管候氣之
法，測試一年之氣是否得宜之法，在〈樂動聲儀〉、〈易通卦驗〉中有相關記
載，其文云：

---

[4] 見《古微書》，頁 275-276。

[5] 見《古微書》，頁 384-385-386。

冬至：陽氣應，則樂均清，景長極，黃鍾通，土灰輕而衡仰。夏
至：陰氣應，則樂均濁，景短極，蕤賓通，土灰重而衡低。〈樂動
聲儀〉[6]

天子常以日冬、夏至，御前殿，合八能之士，陳八音，聽樂均，度
晷景，候鍾律，權土灰、考陰陽。冬至陽氣應，則樂均清、景長極、
黃鍾通、土灰輕而衡仰。夏至陰氣應，則樂均濁、景短極、蕤賓通、
土灰重而衡低……候氣之法，為室三重，戶閉，塗釁，必周密，布
緹縵。室中以木為案，每律各一，內庳外高，從其方位，加律其上，
以葭莩灰抑其內端，案歷而候之，氣至者灰去，其為氣所動者其灰
散，人及風所動者其灰聚。殿中候，用玉律十二，惟二至乃候靈臺。
用竹律六十，候日如其律。〈易通卦驗〉[7]

在〈樂動聲儀〉的記載中，主要說明此候氣之法的原則，此法主要透過
觀察「樂均」占候之狀是否對應節令，以判斷該歲陰陽之氣是否調和。至若
〈易通卦驗〉，則詳述候氣之法，古代認為一年之中，冬至象徵陰消陽長，夏
至象徵陽消陰長，此時以律管候氣，能得知該歲陰陽之氣是否調和。候氣之
法，則先「為室三重」，並封閉緊密，使外界雜風不致侵入，如此候氣結果才
能精準。其次，在該室中心放置十二個木案，依十二方位排成圓形，並在木
案上放置十二律管，各律管必須對應各節候所處的方位。律管的位置需「內
庳外高」，即內低外高，並將「葭莩灰」塞入內端。之後依據當時所對應的節
候進行占候，若律管候氣得宜，則律管之內所塞的「葭莩灰」當往外噴並散
去，若為人或風所影響者，則其灰聚而不散。以冬至、夏至為例，冬至象徵
陽氣生，若律管對應得宜，則將產生「樂均清、景長極、黃鍾通、土灰輕而
衡仰」等現象，即樂均輕清，日影極長，黃鍾聲音對應，「葭莩灰」輕而外散，

---

[6] 見《古微書》，頁 406。

[7] 見《古微書》，頁 279-280。

衡管高仰等，至若夏至則原理相同，不贅述。

　　結合前文論述，則一年歲氣是否得宜，與國君施政有所關連，而國君之施政，透過「以律定聲」、「以律測灰」等方式為主，甚至透過冬至、夏至前五日占候音律的合節與否，可決定日影是否合度，因此音律在律曆說之中有決定性的影響。對此孫瑴做了以下結論，其文云：

> 賁居子曰：讀此可以知先王體〈乾〉法天，致謹于陽事矣。一陽之後，夜半子時，天心無改，萬物終而復始，死而復生，蓋其慎哉！故曰：「〈復〉其見天地之心」[8]

　　孫瑴認為國君之施政，重在順應天道，《易經》中〈乾〉卦為大、為陽，天行健，故君王當「體〈乾〉法天」，〈乾〉卦象徵一年陽氣之運行，因此當「致謹于陽事」。在一年之中，冬至象徵陰極而消，一陽復始，如同十二辟卦中〈復〉卦卦爻一陽復生，此時萬物「終而復始，死而復生」，由〈復〉卦卦義，可探求天地生生之德，此生生之德即為「天地之心」，因此孫瑴引〈復〉卦象辭「〈復〉其見天地之心」，說明何以國君在冬至之時需如此謹慎占候陽事，因此時既象徵生生之德的「天地之心」，若國君占候應驗，代表卜合天道，因此政權的延續便有了合理性，這是治國者所必須重視的。

（三）《古微書》六十律占候法

　　讖緯之中「以律測灰」、「推律占驗」的占候方式，是《古微書》律曆說、候氣說之本，然孫瑴編纂《古微書》時，對於「以律定聲」的占驗方式記述特多，這是因為「以律測灰」之法僅能由十二律管的「葭莩灰」現象進行推算，對應的範圍過於疏略，在實際的占候中，仍以對「推律占驗」的六十律占候之法記述較為精準，且如《漢書‧律曆志》中對於「推律占驗」之說言

---

8 見《古微書》卷14，頁280。

之甚詳，因此在《古微書》律曆說的建立上，實際是以「推律占驗」的六十
律占候之法為主。

　　有關六十律占候之法，是以十二律為根本，對應一年十二月之占候，進
而演化為六十律，而對應一年三百六十日的變化，因此《古微書》欲建構六
十律占候之法，需先討論十二律如何對應十二月。在《古微書》所收錄之緯
文中，有這方面的紀錄，如卷二十〈樂叶圖徵〉之說，其文云：

> 六律：黃鍾十一月、太簇正月、姑洗三月、蕤賓五月、夷則七月、
> 無射九月。六呂：大呂十二月、夾鍾二月、仲呂四月、林鍾六月、
> 南呂八月、應鍾十月。陽為律，陰為呂，總謂之十二月律。[9]

　　本條引文總說十二律之名義及所配之月份，至於十二律與十二月何以如
是相配，《古微書》則引述《淮南子·天文訓》進行說解，其文云：

> 按：《淮南子》：……規，始於一，一生二，二生三，三生萬物，以
> 三參物，三三如九，故黃鍾之律九寸，而宮音調。因而九之，九九
> 八十一，故黃鍾之數立焉。黃者土德之色，鍾者氣之所種（當作「鍾」）
> 也。日冬至，德氣為土，土色黃，故曰黃鍾。律之數六，分為雌雄，
> 故曰十二。鍾以副十二月，十二各以三成，故置一而十一，三之，
> 為積分十七萬七千一百四十七，黃鍾大數立焉。故黃鍾位子，其數
> 八十一，主十一月，下生林鍾。林鍾之數五十四，主六月，上生太
> 簇。太簇之數七十二，主正月，下生南呂。南呂之數四十八，主八
> 月，上生姑洗。姑洗之數六十四，主三月，下生應鍾。應鍾之數四
> 十二（「二」當為「三」，否則蕤賓不為五十七），主十月，上生蕤賓。
> 蕤賓之數五十七，主五月，上生大呂，大呂之數七十六，主十二月，

---

[9] 見《古微書》，頁382。

下生夷則，夷則之數五十一，主七月，上生夾鍾。夾鍾之數六十八，主二月，下生無射。無射之數四十五，主九月，上生仲呂。仲呂之數六十。主四月，極不生。徵生宮，宮生商，商生羽，羽生角，角生姑洗，姑洗生應鍾，比於正音，故為和。應鍾生蕤賓，不比正音，故為繆。日冬至，音比林鍾，浸以濁。日夏至，音比黃鍾，浸以清，以十二律應二十四時之變。[10]

　　《淮南子・天文訓》論音律之起源，與天地之數相應，黃鍾因配於冬至，如前文所言，此時一陽來復，象徵陽氣復起，因此論音律始於黃鍾一律，至於黃鍾為何配以「九寸」之數，當以文中「規」為線索，規即圓規，古人以徑一周三為圓周率，黃鍾律管直徑為三分，其圓周為九分，即「以三參物，一二如九」。又黃鍾律管長為九寸，即《淮南子》所說黃鍾律管之數「九寸」，再乘以圓周「圍九分」，得八十一分，此為黃鍾之律數[11]。黃鍾八十一何以下生林鍾五十四之數，乃至仲呂六十之數，《古微書》引用《後漢書・律曆志》之說解釋原理，其文如下：

　　按〈後漢志〉（即《漢書・律曆志》）京房六十律相生之法：以上生下，皆三生二，以下生上，皆二（當作三）生四，陽下生陰，陰上生陽，終於中呂，而十二律畢矣。中呂上生執始，執始下生去滅，上下相生，終於南事，六十律畢矣……以六十律分朞之日，黃鍾自冬至始，及冬至而復，陰陽寒燠風雨之占生焉。[12]

　　由《後漢書・律曆志》所述可知，西漢京房六十律相生之法，源自於十

[10] 見《古微書》，頁382-384。

[11] 有關黃鍾之數，見《隋書・律曆志上》：「黃鍾之管，俱徑三分，長九寸。」

[12] 見《古微書》卷20，頁386。

二律之相生，此法以黃鍾為本，由「下生」、「上生」之法派生十二律，「下生」即乘以 2/3，上生即乘以 4/3，六十律相生的法則同樣如是，凡上生下者均乘以 2/3，凡下生上者，均乘以 4/3，京房等人認為，由十二律擴充至八十律，並將六十律分於一年的日數，即「莩之日」，如此便能開始推算「陰陽寒燠風雨之占」。由此段文獻也同時發現，原來律曆相配之說，主要用途在於依據律曆所配之數據，推算「陰陽寒燠風雨之占」，凡當年該節令之數不合乎律呂者，則為反常，當進行占驗。此六十律相生之法，仍本乎十二律相生之法，此法實則本於十二律數字大小排比而來，首先確立十二律與十二月的對應關係，即黃鍾配十一月，大呂配十二月等，其次京房等人依據黃鍾為管長為 9 寸，乘以九為數 81，再依據「以上生下，皆三生二，以下生上，皆三生四」的原則，得出數字 81、54、72、48、64、43、57、76、51、68、45、60（其中 43、57、51、45 為四捨五入之整數），將這些數字依照大小順序排列後，即得 81、76、72、68、64、60、57、54、51、48、45、43，最後再依照月令次序，即得十二月、十二律、相生之法相配的模型。

另外，由《淮南子》「仲呂之數六十。主四月，極不生」一語，可知《淮南子》推算律曆僅止於十二月與十二律之相配，仲呂之後並無再配之音律。另外，透過「主四月，極不生」一語，也能得知當時律曆與易卦的關係，因《易》以〈復〉、〈臨〉、〈泰〉、〈大壯〉、〈夬〉、〈乾〉、〈姤〉、〈遯〉、〈否〉、〈觀〉、〈剝〉、〈坤〉等十二卦陰陽爻的遞嬗，象徵一年中陰陽二氣的變化，其中〈乾〉卦值四月，正屬卦爻均陽，此時陽氣至極，逐漸走向陰消，而「主四月，極不生」一語，與十二辟卦的概念相吻合。透過上文推論，可得出如下表：

樂律	十二辟卦	月份	律數
黃鍾	復	11	81
大呂	臨	12	76
太簇	泰	1	72
夾鍾	大壯	2	68
姑洗	夬	3	64

樂律	十二辟卦	月份	律數
仲呂	乾	4	60
蕤賓	姤	5	57
林鍾	遯	6	54
夷則	否	7	51
南呂	觀	8	48
無射	剝	9	45
應鍾	坤	10	43

　　由上表可知，「以上生下，皆三生二，以下生上，皆三生四」的原則，完全符合樂律與月令的排序關係。至於《淮南子》所說「鍾以副十二月，十二各以三成，故置一而十一，三之，為積分十七萬七千一百四十七，黃鍾大數立焉」所指為何，在《史記・律書》中有詳盡解說，其文云：

　　子一分。丑三分二。寅九分八……卯二十七分十六。辰八十一分六
　　十四。巳二百四十三分一百二十八。午七百二十九分五百一十二。
　　未二千一百八十七分二千二十四（原作一千，當為二千）。申六千五
　　百六十一分四千九十六。酉一萬九千六百八十三分八千一百九十二
　　（八千一百九十二當作一萬六千三百八十四）。戌五萬九千四十九分
　　三萬二千七百六十八。亥十七萬七千一百四十七分六萬五千五百三
　　十六（六萬五千五百三十六當作十三萬一千七十二）[13]

　　《史記・律書》以「子」為「一分」，以此為鍾分，循「以上生下，皆三生二，以下生上，皆三生四」的原則，十二地支相生完畢後，得出文中所述之數據，其中「亥」為「十七萬七千一百四十七分六萬五千五百三十六」，因

---

[13] 見《史記・律書》，頁 1250-1251。修改之數據參考自林師金泉《易緯曆數闓衍》，（臺南：華淋出版社，1991 年 8 月），頁 87-88。

分母過大，難以計算，於是將「子」的「一分」乘以「十七萬七千一百四十七」，即 177147。其次，將黃鍾等十二律，依「以上生下，皆三生二，以下生上，皆三生四」等次序，對應十二地支，於是黃鍾配以 177147，此為黃鍾之積實數，其餘各律配合如下：

順序	十二律名	鍾分	積實數	月份
子	黃鍾	1	177147	11
丑	林鍾	1*2/3=2/3	118092	6
寅	太簇	2/3*4/3=8/9	157464	1
卯	南呂	8/9*2/3=16/27	104976	8
辰	姑洗	16/27*4/3=64/81	139968	3
巳	應鍾	64/81*2/3=128/243	93312	10
午	蕤賓	128/243*4/3=512/729	124416	5
未	大呂	512/729*4/3=2048/2178	165888	12
申	夷則	2048/2178*2/3=4096/6561	110592	7
酉	夾鍾	4096/6561*4/3=16384/19683	147456	2
戌	無射	16384/19683*2/3=32768/59049	98304	9
亥	中呂（仲呂）	32768/59049*4/3=131072/177147	131072	4

因此可知，《淮南子》所言「鍾以副十二月，十二各以三成，故置一而十一，三之，為積分十七萬七千一百四十七，黃鍾大數立焉」，此即將十二律之分母盡數消除，而 177147 之數，恰為 3 的 11 次方，此即「故置一而十一，三之」之意。

由十二律之「大數」確立之後，西漢京房等人進而推演六十律之數，十二律本推演至中呂之後，如《後漢書·律曆志》所云「中呂上生執始，執始下生去滅，上下相生，終於南事」，繼續以上生、下生之法，推演至六十律。如前文所提，推算至六十律，為占驗上的需要，將原先疏略的十二律配十二月候氣之法，深化至六十律配一年的日數，如此則一年之中「陰陽寒燠風雨

之占」便能精確推演。有關六十律之律數與值日之說,詳見《後漢書・律曆志》,因文繁,故不一一列舉。六十律相生之法,同樣以「**以上生下,皆三生二,以下生上,皆三生四**」的原則進行,筆者以下表列《後漢書・律曆志》六十律相生數值,以做進一步說明:

律名	積實數	值日	律名	積實數	值日
黃鍾	177147	1	離宮	90817*4/3 ≒121089.333 ≒121089	7
林鍾	177147*2/3 =118098	1	凌陰	121089*4/3 ≒161452	8
太簇	118098*4/3 =157464	1	去南	161452*2/3 ≒107634.666 ≒107635	8
南呂	157464*2/3 =104976	1	族嘉	107635*4/3 ≒143513.333 ≒143513	8
姑洗	104976*4/3 =139968	1	鄰齊	143513*2/3 ≒95675.333 ≒95675	7
應鍾	139968*2/3 =93312	1	內負	95675*4/3 ≒127566.666 ≒127567	8
蕤賓	93312*4/3 =124416	1	分動	127567*4/3 ≒170089.333 ≒170089	6
大呂	124416*4/3 =165888	8	歸嘉	170089*2/3 ≒113392.666 ≒113393	6
夷則	165888*2/3 =110592	8	隨期	113393*4/3 ≒151190.666 ≒151190	6

律名	積實數	值日	律名	積實數	值日
夾鍾	110592*4/3 =147456	6	未卯	151190*2/3 ≒100793.333 ≒100794	6
無射	147456*2/3 =98304	8	形始	100796*4/3 =134392	5
中呂	98304*4/3 =131072	8	遲時	134392*2/3 ≒89594.666 ≒89595	6
執始	131072*4/3 ≒174762.666	6	制時	89595*4/3 =119460	8
去滅	174762*2/3 =116508	7	少出	119460*4/3 =159280	6
時息	116508*4/3 =155344	6	分積	159280*2/3 ≒106186.666 ≒106187	7
結躬	155344*2/3 ≒103562.666 ≒103563	6	爭南	106187*4/3 ≒141582.666 ≒141582	8
變虞	103563*4/3 138084	6	期保	141582*2/3 =94388	8
遲內	138084*2/3 =92056	6	物應	94388*4/3 ≒125850.666 ≒125850	7
盛變	92056*4/3 ≒122741.333 ≒122741	7	質末	125850*4/3 167800	6
分否	122741*4/3 ≒163654.666 ≒163654	8	否與	167800*2/3 ≒111866.666 ≒111867	5
解形	163654*2/3 ≒109102.666	6	形晉	111867*4/3 =149156	6

律名	積實數	值日	律名	積實數	值日
	≒109103				
開時	109103*4/3 ≒145470.666 ≒145470	8	夷汗	149156*2/3 ≒99437.333 ≒99437	7
閉掩	145470*2/3 96980	8	依行	99437*4/3 ≒132582.666 ≒132582	7
南中	96980*4/3 ≒129306.666 ≒129307	7	色育	132582*4/3 =176776	6
丙盛	129308*4/3 ≒172410.666 ≒172410	6	謙待	176776*2/3 ≒117850.666 ≒117851	5
安度	172410*2/3 =114940	6	未知	117851*4/3 157134.666 15734	6
屈齊	114940*4/3 ≒153253.333 ≒153253	6	白呂	157134*2/3 =104756	5
歸期	153253*2/3 ≒102168.666 ≒102169	6	南授	104756*4/3 139674.666 ≒139674	6
路時	102169*4/3 ≒136225.333 ≒136225	6	分烏	139674*2/3 =93116	7
未育	136225*2/3 ≒90816.666 ≒90817	8	南事	93116*4/3 ≒124154.666 ≒124154	7

　　《後漢書・律曆志》六十律相生之積實數（大數）、值日數如上表所列，

基本上均循上生、下生之法推算出積實數,其中僅「南中」一律數值異常[14],其餘均依照所得數值列出。六十律積實數算出後,比照十二律依照積實數大小進行排列,於是得出下列此表:

相生序	律名	積實數	值日數	相生序	律名	積實數	值日數
1	黃鐘（11月）	177147	1	31	蕤賓（5月）	124416	1
2	色育	176776	6	32	南事	124154	7
3	執始	174762	6	33	盛變	122741	7
4	丙盛	172410	6	34	離宮	121819	7
5	分動	170089	6	35	制時	119460	8
6	質末	167800	6	36	林鐘（6月）	118098	1
7	大呂（12月）	165888	8	37	謙待	117850	5
8	分否	163654	8	38	去滅	116508	7
9	凌陰	161452	8	39	安度	114940	6
10	少出	159280	6	40	歸嘉	113393	6
11	太蔟（1月）	157464	1	41	否與	111867	5
12	未知	157134	6	42	夷則（7月）	110592	8
13	時息	155344	6	43	解形	109103	8

---

[14] 依照「閉掩」上生「南中」之法,數值應約為129307,但《後漢書・律曆志》載「南中」律數為129308,且由「南中」上生「丙盛」為129308*4/3≒172410.666≒172410,與《後漢書・律曆志》記載相符,林師金泉以為「謂上非則無以圓下,謂上是則又與算數不符,豈南中積實數以訛傳訛乎?俟考」(《易緯曆數闡衍》頁109),筆者初步猜測,極有可能當初確立六十律之大數時,因「南中」一律推算筆誤,導致「南中」一律以下數值全錯,需重新計算。

相生序	律名	積實數	值日數	相生序	律名	積實數	值日數
14	屈齊	153253	6	44	去南	107635	8
15	隨期	151190	6	45	分積	106187	7
16	形晉	149156	6	46	南呂（8月）	104967	1
17	夾鐘（2月）	147456	6	47	白呂	104756	5
18	開時	145470	8	48	結躬	103563	6
19	族嘉	143513	8	49	歸期	102169	6
20	爭南	141582	8	50	未卯	100794	6
21	姑洗（3月）	139968	1	51	夷汗	99437	7
22	南授	139674	6	52	無射（9月）	98304	8
23	變虞	138084	6	53	閉掩	96980	8
24	路時	136225	6	54	鄰齊	95675	7
25	形始	134392	5	55	期保	94388	8
26	依行	132582	7	56	應鐘（10月）	93312	1
27	中呂（4月）	131072	8	57	分烏	93116	7
28	南中	129308	7	58	遲內	92056	8
29	內負	127567	8	59	未育	90817	8
30	物應	125850	7	60	遲時	89595	6

　　《後漢書・律曆志》載六十律相生值日之法[15]，在原理上同樣以黃鍾積

---

[15] 見《後漢書・律曆志》頁 3002-3014。

實數（律數）177147 為基準，採上生（乘以 4/3）下生（乘以 2/3）的原則，推算六十律之積實數，並依據積實數大小進行排列，產生出每一月之樂律分別配合若干律，並將各律配以若干值日數。若將六十律之日數相加，得 366 日，即《尚書・堯典》所謂「三百有六旬有六日」，最後再依據各樂律所值之日，以律管候氣，或吹律以定正變，若不合律，則需進行占驗吉凶，此即《古微書》中將曆法、樂律及占驗三者相結合的理論建立。實際上，以六十律候氣是一套理想的典型，並未正式被使用，實際上使用的僅有十二律候氣之法而已，推演至六十律，主要對應在京房等人的占驗理論上。

二、《古微書》《易緯》曆法與〈乾鑿度曆〉之建構

　　《古微書》論曆法體系，往往在與曆法相關之讖緯本文之下，羅列古籍說法以幫助理解讖緯曆法意涵，但在《古微書》中並非僅單純引用古籍幫助理解，其中對於曆法的詮釋具有一定的系統，這系統具體呈現在《易緯》曆法之中。《古微書》編纂之初，或因當時《乾鑿度》、《乾坤鑿度》尚流傳於世，因此並不將之編纂入書，但在《古微書》部分論述中，卻時常引用《乾鑿度》、《乾坤鑿度》之說，以完善《古微書》詮釋體系。考察《古微書》引用《乾鑿度》、《乾坤鑿度》的部分，多數集中在關於曆法的論述上，因此從《古微書》論述曆法，以及引用《乾鑿度》、《乾坤鑿度》的原文中，便能清楚窺見《易緯》曆法系統，以及《古微書》之曆法觀。

（一）《古微書》中引《乾坤鑿度》說考證

　　在《古微書》引《易緯乾鑿度》、《易緯乾坤鑿度》部分，據孫瑴自述，是因「《乾坤鑿度》二冊猶存，故不贅錄」。孫瑴輯佚讖緯時，存世之完本僅《易乾鑿度》、《易乾坤鑿度》，孫瑴雖不錄二書，但卻在書中多次援引《易乾鑿度》、《易乾坤鑿度》。經筆者對照現有讖緯原文，內容上則多有出入，孫瑴

引《易乾鑿度》、《易乾坤鑿度》之處，據筆者統計，共援引《周易乾鑿度》三條、《周易乾坤鑿度》八條，筆者考察原文，發現孫瑴引用《乾坤鑿度》八條中，經比對現行《乾坤鑿度》，只有一條吻合。再進一步比對古本《周易乾鑿度》原文，竟有七處吻合，究竟為孫瑴誤寫，或是《古微書》問題？筆者目驗明崇禎本及清初鈔本《古微書》，確認並非版本錯謬，而是孫瑴認知問題。考《四庫全書總目‧經部‧易類》提要，《乾鑿度》與《乾坤鑿度》曾被混為一書，《周易乾鑿度》提要云：

> 謹按：《周易乾鑿度》鄭康成注與《乾坤鑿度》本實二書，晁公武並指為蒼頡修古籀文，誤併為一，《永樂大典》遂合加標目。今考《宋志》有鄭康成注，《易乾鑿度》三卷，而不及《乾坤鑿度》，則知宋時固自單行也。[16]

又《周易乾坤鑿度》提要云：

> 《乾坤鑿度》二卷，隋、唐《志》、《崇文總目》皆未著錄，至宋元祐間始出，紹興《續書目》有蒼頡注《鑿度》二卷，後以鄭氏所注《乾鑿度》有別本單行，故亦稱此本為《坤鑿度》。

原來《乾鑿度》與《乾坤鑿度》本為二書，《乾鑿度》自漢以後延續至今，宋代時尚有單行本，而《乾坤鑿度》則宋以前未見。為區別二書，或將《乾坤鑿度》稱為《坤鑿度》，此書後人有疑為偽書者。晁公武《郡齋讀書志》曾誤將二者認為系出同源，《永樂大典》不查，將二書合加標目。孫瑴沿用古人謬誤，且將《乾鑿度》納入《乾坤鑿度》範圍中，《古微書‧易緯提要》云：

[16] 見《四庫全書總目提要》，頁180。

> 賁居子曰：諸緯文俱佚矣！惟《乾坤鑿度》二冊猶存，故不贅錄。

實則當時流傳的版本為《乾鑿度》與《乾坤鑿度》二書，孫瑴沿用晁公武以來謬誤，將二書併為一書，且將《乾鑿度》歸入《乾坤鑿度》中，值得商榷。

(二)《易河圖數》數論與曆法之關係

《古微書》有關讖緯曆法的文獻，以《易緯》為多，其中《易河圖數》在《古微書》中具有特殊的意義，孫瑴認為凡推算之類，均起於「數」，為了解釋《易緯》「數」之來源，甚至編造了《易河圖數》一卷[17]，以說明「數」之起源。在〈易河圖數序〉中，孫瑴提到「《易》大衍之數原起於《河圖》，故《河圖》雖自有緯，而未嘗言數，此傳《易》者窮其數之原也」，因此可知孫瑴安立此卷，旨在推究「數」之根源，當「數」之推算根源得到安頓，曆法之說方能有所本，且在《易河圖數》的注解中，存在著孫瑴論〈乾鑿度曆〉的重要原文，即「卦當歲、爻當月、析當日」之說，因此欲探究孫瑴對於〈乾鑿度曆〉之看法，自然不能略過《易河圖數》的內容，故本節需針對《易河圖數》有關「數」的部分進行論述，才能進一步討論〈乾鑿度曆〉。

在《易河圖數》中曾收錄一文，其文云：

> 五運皆起於月初，天氣之先至，乾知大始也。六氣皆起於月中，地氣之後應，坤作成物也。[18]

孫瑴引用此文，藉以說明《易》數之起源，但本文經喬松年〈古微書訂誤〉考證，乃是援引自楊慎《丹鉛錄》中「醫家」之說，並非讖緯本文。既

---

[17] 《易河圖數》在現今各本讖緯輯佚書籍中均未見，喬松年〈古微書訂誤〉曾嚴詞批判本卷為孫瑴之偽造，其云「孫氏乃造一《易河圖數》之名而撫此條以實之，妄甚」。

[18] 見《古微書》，頁303。

然本條文字非讖緯文字，為何孫瑴要將之刻意收錄？筆者認為，這是孫瑴為了建立《易》數的詮釋系統，而強行闌入本段文字。讖緯中言數者，以律曆之說最精，孫瑴在《易緯通卦驗》序中曾云：「陰陽律曆皆祖於《易》」，因此需將律曆之源，即「數」予以安頓，才能建立詮釋系統。

本段引文「五氣」者，即木火土金水五氣，源自於《黃帝內經素問》，與十天干配合，即十干化運，又稱中運，有將五運配十年（十干之年）以及對應一年節候者，本文所指乃後者，即統管一年全年氣候常規或特殊變化，木主春，火主夏，土主季夏，金主秋，水主冬。「五運皆起於月初，天氣之先至」、「六氣皆起於月中，地氣之後應」文意所指為五運之起始，均在每月之月初；六氣之起始，均在每月之月中，所謂五運、六氣之說，主要在於解釋天體運行及氣候變化對生物及人類影響的學說。

孫瑴此段引文，旨在糾合《易·繫辭》「乾知太始，坤作成物」、五運六氣之數以及天文與曆數之關係，從「太始」一文，孫瑴便引用《易緯乾鑿度》之文加以說明天地運行、五運六氣與「數」之關連，其文云：

> 按《乾坤鑿度》（當為《乾鑿度》）：大有形者生於無形，則乾坤安從生？……陽動而進，陰動而退，故陽以七，陰以八為象，易一陰一陽，合而為十五，之謂道。陽變七之九，陰變八之六，亦合於十五，則象變之數若一……陽動而進，變七之九，象其氣之息也。陰動而退，變八之六，象其氣之消也。故太一取其數以行九宮，四正四維皆合於十五，五音、六律、七宿由此作焉。……[19]

孫瑴引用本段文字，當為《乾鑿度》之文，「陽動而進，陰動而退」者，說明少陽7進而變為老陽9，少陰8退而變老陰6，此為陰陽爻變化之規律，7、8為象，即不變之爻，7、8不變爻與6、9變爻相加均為十五。此「十五」

---

[19] 見《古微書》，頁303-305。

之數與洛書九宮之數相合。其後《乾鑿度》更舉「太一取其數以行九宮，四正四維皆合於十五」進行比附，該段文字鄭玄曾為之注解，其云：

> 太一下行八卦之宮，每四乃還於中央，中央者北神之所居，故因謂之九宮。天數大分，以陽出，以陰入，陽起於子，陰起於午，是以太一下九宮從坎宮始，坎中男，始亦言無適也，自此而從於坤宮。坤，母也，又自此而從震宮。震，長男也，又自此而從巽宮。巽，長女也，所行者半矣，還息於中央之宮。既又自此而從乾宮，乾，父也，自此而從兌宮。兌，少女也，又自此從於艮宮。艮，少男也，又自此從於離宮。離，中女也，行則周矣。[20]

這是說明「太一」巡行九宮之路徑。以下繪製簡圖，以便說明：

4 巽 長女	9 離 中女	2 坤 母
3 震 長男	5 中宮	7 兌 少女
8 艮 少男	1 坎 中男	6 乾 父

鄭玄認為「天數大分」出於陽，入於陰，就方位而言，陽起於子，陰起於午，這是陰陽二氣配合方位的概念。自此之後說明「太一」從中男〈坎〉卦起始，依照 1、2、3⋯⋯8、9 的順序巡行九宮，至中女〈離〉卦為止。其後鄭玄更引申發揮，說明何以〈坎〉之後必須先巡行至〈坤〉，是由於「自坎宮必先之坤者，母於子養之勤勞者」，母親養子辛勞，因此為人子者需盡孝道。

---

[20] 見《易緯八種》，收錄於《中國基本古籍庫》。

其餘諸卦類此，故不贅。

　　就以上之圖來看，八卦之布列明顯是《說卦傳》「帝出乎震」圖中八卦的排列方式，又該九宮圖之特色並不在為何 1 必須往右上跳到 2，2 必須往左下跳到 3，實則本九宮圖後人稱〈洛書〉九宮，是一個無論直線、橫線或斜線，只要在圖中取三個數字連成一直線，總數必然是 15 的圖式，此為本圖重點所在。因此《易緯乾鑿度》「太一行九宮」之說，應當是一種「九宮圖」與「帝出乎震圖」兩個獨立系統相湊比附，進而為之說解的組合。

　　然而，欲進行比附，需有兩者之共通性，其共通之處在於，一者共有「15」的數字，《易緯乾鑿度》認為「陽動而進，陰動而退，故陽以七，陰以八為象，易一陰一陽，合而為十五，之謂道」一陰一陽【8（少陰）+7（少陽）或 6（老陰）+9（老陽）】，此「十五」之數體現了陰陽交融的面貌，猶如太極之面貌，因此「之謂道」。

　　一者，當兩圖相併，進而依照九宮圖 1、2、3、4、5、6、7、8、9 的順序行走時，恰好是〈坎〉（陽卦）→〈坤〉（陰卦）→〈震〉（陽卦）→〈巽〉（陰卦）→〈乾〉（陽卦）→〈兌〉（陰卦）→〈艮〉（陽卦）→〈離〉（陰卦）的順序，一陰卦一陽卦的相交替中，就如同「易一陰一陽，合而為十五，之謂道」一般，且該圖又以數字「十五」為特色，因此兩者相配。

　　又《古微書》卷九〈春秋文耀鉤〉收有一段緯文，其文云：「中宮大帝，其精北極星，含元出氣，流精生物也：一曰：中宮大帝，其北極星下一明者，為太一之先」，所謂「中宮」即天上北極天樞，「中宮大帝」即如同上帝，其代表可見者為「北極星」，其下一顆明亮之星稱為「太一之先」。此「中宮大帝」能夠「含元出氣，流精生物」，意即為創造萬物之源頭，與《周易》之「道」意義相近。從〈春秋文耀鉤〉本文中可知，「中宮」、「太一」、「北極星」，都是指北極天樞之處，即天帝、道的代稱。由此能創生萬物的「太一」，進而巡行九宮，體現出「道」一陰一陽的狀態，此為「太一行九宮」之意。

　　由此可知，「太一行九宮」之圖，乃《周易》與九宮圖相比附結合而成的產物。《易緯》的系統本就是一個不斷比附、擴大內涵的詮釋系統，因此在理

解「太一行九宮」圖後，《易緯乾鑿度》進一步說「五音、六律、七宿由此作焉」，其原理同樣是將《周易》與天干、地支、星象、音律、曆法不斷比附擴大的過程。《易緯乾鑿度》在上述基礎上，又進一步論述《易》卦與律曆結合的步驟，其文云：

> 大衍之數必五十，以成變化而行鬼神也，故曰：日十者，五音也；辰十二者，六律也。星二十八者，七宿也，凡五十，所以大閱物而出之者。[21]

「大衍之數」乃古代占算《易》卦所用之蓍草數目，《乾鑿度》將之與「五音」、「六律」、「七宿」相比附，認為「大衍之數」五十，即十天干、十二地支與二十八宿之總和（10+12+28=50），十天干對應「五音」，十二地支對應「六律」，二十八宿對應「七宿」[22]，因此《易》卦之占驗，無不與天地星辰關係密切。

（三）《古微書》曆元說

《古微書》建立《易緯》曆法體系之初，乃敘述天地開闢與曆法之關係，以作為曆法體系之源流論述，其文云：

> 天地開闢，元曆紀名，月首甲子冬至，日月五緯俱起牽牛初，仰觀天形如車蓋，日月若懸璧，五星若編珠，眾星纍纍如連貝，青龍甲子攝提格（寅）孳。[23]

---

[21] 見《古微書》，頁 305-306。

[22] 《乾鑿度》本文下，鄭玄注云：「甲乙，角也；丙丁，徵也；戊己，宮也；庚辛，商也；壬癸，羽也。六律益六呂，合十二辰。四方各七，四七二十八，周天也。」由鄭玄之注可知，《乾鑿度》將十天干配以五音，十二辰則配合六律六呂，二十八則四方之宿各七，合為二十八宿。

[23] 見《古微書》，頁 43。

　　《古微書》卷二〈尚書考靈曜〉本文，乃假想天地開闢之初，亦即曆法計算之始，日月五星皆於冬至甲子日朔旦夜半，從北方七宿牽牛初度開始運行。此時天體形如車蓋，日月清明高懸，且日、月、五星均相連為一直線，即「若編珠」，曆法的起始點為甲寅年甲子月甲子日，即「青龍甲子攝提格孳」。

　　在〈尚書考靈曜〉本文之下，《古微書》引《乾鑿度》本文解釋《易》與曆法相配合，進而說明曆法之起始，其文云：

> 《乾坤鑿度》（當為《乾鑿度》）：曆以三百六十五日四分度之一為一歲，《易》以三百六十策當朞之日，此律曆數也。五歲再閏，故再扐而後掛，以應律曆之數，故乾坤氣合戌亥，音（即「含」）受二子之節，陽生秀白之恨（「恨」當作「州」）載鍾名大一之精也。其帝一世，紀錄事，明期推移，不奪而消焉。元曆無名，推先紀口甲寅。[24]

　　《古微書》引《乾鑿度》原文解釋，以為曆法以 365 又 4 分之 1 日為一年週期，但以 360 策為「當朞之日」，則是配合律曆之數。古代是陰陽合曆，太陽一年 12 個月之週期為 365 又 4 分之 1 日，取其整數為 366 日，月亮一年 12 個月之週期為 354 日，兩者取其中即 360 日，又合干支六周之數，因此符合「三百六十策當朞之日」。

　　古人論一年寒暑之變化，最基本即以陰陽二氣做說明，在《周易》中，〈乾〉、〈坤〉二卦即為陰陽二氣之代表。推而廣之，以《易》十二辟卦說明一年中陰陽消長之情形，一年之中，十一月子，即為〈復〉卦，象徵一陽生，就好比是〈乾〉卦初九的狀態，〈臨〉對應〈乾〉九二，以此類推。〈姤〉卦為一陰生，對應〈坤〉初六，而九月〈剝〉卦對應〈坤〉六五、十月為〈坤〉卦即〈坤〉上六，象徵陰氣盛極，而陽氣衰極，此時正屬陰陽交戰。九月戌為〈姤〉，十月亥為〈坤〉，「戌亥」代表〈坤〉卦六五至上六，是陰陽之氣交

---

[24] 見《古微書》，頁 44。

替循環之處。又〈坤〉卦上六爻辭為「龍戰於野，其血玄黃」，此時象徵陰陽交戰之處，此乃〈乾〉〈坤〉交媾、合一的過程，故云「乾坤氣合戌亥」。

又以〈卦氣圖〉觀之，北方屬〈坎〉，西方屬〈兌〉，西北方即〈坎〉、〈兌〉之間，而〈坎〉、〈兌〉在八卦中又是〈乾〉〈坤〉六子之其中二子，故云「奄受二子之節」。由於「龍戰於野，其血玄黃」，陰氣盛極，象徵一陽將再生，「州」即野外，合乎「龍戰於野」，乾為金，金色白，故為「秀白之州」。〈尚書考靈曜〉此文當是解釋《尚書・堯典》：「乃命羲和，欽若昊天，歷象日月星辰」等與曆法有關之原文，並上推原始曆法起點，積年之初乃天地開闢之時，其時日月合璧，五星連珠。孫瑴引《乾鑿度》文，旨在說明漢代以來以易配曆之淵源，並配合後天八卦「帝出乎震」圖以及卦氣圖，說明八卦與時令、方位之關係。

(四)《易緯乾鑿度》的曆法

前文已論述孫瑴闡釋《易緯》何以能結合天干、地支、八方、八風、十二律等範疇，主要在於《易緯》以「數」為根本，進而綰合若干範疇，使《易緯》成為一龐大的體系，前文所述是如此，〈乾鑿度曆〉的建構也是如此。有關音律與干支、二十八宿、八方八風相配之資料，當屬《史記・律書》所言最詳，其云「七正、二十八舍、律曆，天所以通五行八正之氣」[25]，不僅論述干支、星宿、律曆彼此對應之位置，且分別為十干、十二支、十二律、二十八宿、八風詳細詮釋內涵，使對應之干支等內容，與一年之節候變化相應，如十月地支對應「亥」，此時陰氣極盛，陽氣潛伏未出，因此解釋為「亥者，該也，言陽氣藏於下，故該也」。十月於八風對應「不周風」，故解釋為「主殺生」，陽氣主生，陰氣主殺，故為「主殺生」。二十八宿對應東壁、營室，故解釋為「東壁居不周風東，主辟生氣，而東至於營室。營室者，主營胎陽氣而產之」，將「壁」解釋為開辟生氣（陽氣），「營」解釋為蓄養陽氣，均與

---

[25] 見《史記》卷二十五，頁1220。

一年中陰陽二氣消長相關。十二律對應「應鍾」，故解釋為「陽之應不用事」，
因此時陰氣極盛，陽氣潛伏蓄養於下，故而「不用事」。

　　朱震《漢上易傳》曾論太史公此段論述，認為此相配之法，即「《乾鑿度》
所謂五音六律七變由此而作」，實為《乾鑿度》天文、律曆、物候相配之根源，
《乾鑿度》在《史記・律書》的基礎上，進一步結合《易》卦，而形成嚴密
的律曆系統。朱震曾本於《史記・律書》製作〈十二律通五行八正之氣圖〉，
在此僅列朱震〈十二律通五行八正之氣圖〉作為對照[26]，詳見如下：

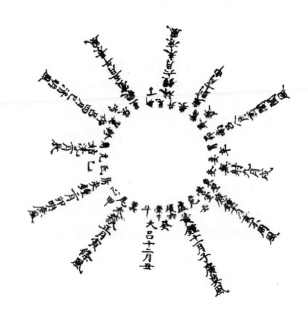

　　在論述《易》與音律之關係後，《易乾鑿度》進而建構《周易》六十四卦
與曆法之體系，其文云：

　　陽坼（或作「析」、「折」）九，陰坼六，陰陽之坼各百九十二，以四
　　時乘之，八而周，三十二而大周，三百八十四爻，萬一千五百二十

26 該圖見《文淵閣四庫全書》11 冊，頁 33。

坼也。故卦當歲，爻當月，坼當日。[27]

　　《易緯》建構《周易》與曆法之關連，首先論「陽坼九，陰坼六，陰陽之坼各百九十二」，即陽爻取九，陰爻取六，坼（當為析）本指卜算之策，在此指陰陽爻，六十四卦三百八十四爻之中，陽爻、陰爻數目各一百九十二。倘若將六十四卦中陽爻九、陰爻六的總數一百九十二，各乘以四（四時乘之），其總和即為一萬一千五百二十（192×9×4+192×6×4=11520），此為六十四卦之析數，即「萬一千五百二十坼」。

　　其次，將六十四卦分為三十二組，每兩卦一組，一組之中共十二爻，將之比附於一年之數，即每一組兩卦代表一年，兩卦之十二爻代表十二月，因此六十四卦以三十二年做為一循環，三十二年共三百八十四個月，對應三百八十四爻。若每年以三百六十日（陽曆與陰曆的平均值）計算，三十二年共計一萬一千五百二十日，對應析數一萬一千五百二十，這就是所謂的「卦當歲，爻當月，坼當日」。這是《易緯》揉合《周易》與曆法的第一步，所採用的方式為比附之法。

　　經前文論述，可知《乾鑿度》如何將《易》卦與天文星宿、音律、曆法做初步比附結合，以逐漸展開《易緯》律曆系統之建構。在前文的基礎上，《易緯》更細部論述《周易》六十四卦三百八十四爻，如何分為三十二年，與每年相配合，其系統初步建構如下文所示：

故六十四卦，三百八十四爻，戒各有所繫焉。故陽唱而陰和，男行而女隨。天道左旋，地道右遷，二卦十二爻而期一歲。[28]

　　此即將六十四卦依《周易》卦序，分為三十二組，每組之中前者為陽卦，

後者為陰卦（陽唱而陰和）。兩卦之爻所值的月份需以陽卦為主，陰卦順隨陽卦而排列，就如同男子前行而女子跟隨一般（男行而女隨）。在陰陽兩卦十二爻排列月份的次序上，陽卦象徵天道順時針進行（由初爻往上），陰卦象徵地道逆時針進行（由上爻往下），每兩卦依次排列所值之月，十二爻共一年，（天道左旋，地道右遷，二卦十二爻而期一歲），此即所謂「貞辰」。「貞辰」的基礎，來自於漢《易》中「八卦六位」之說，又稱為「渾天六位」，即將八純卦[29]之六爻配以五行、十干、十二支，其配法如下圖：

乾屬金	震屬木	坎屬水	艮屬土	坤屬土	巽屬木	離屬火	兌屬金
壬戌土	庚戌土	戊子水	丙寅木	癸酉金	辛卯木	己巳火	丁未土
壬申金	庚申金	戊戌土	丙子水	癸亥水	辛巳火	己未土	丁酉金
壬午火	庚午火	戊申金	丙戌土	癸丑土	辛未土	己酉金	丁亥水
甲辰土	庚辰土	戊午火	丙申金	乙卯木	辛酉金	己亥水	丁丑土
甲寅木	庚寅木	戊辰土	丙午火	乙巳火	辛亥水	己丑土	丁卯木
甲子水	庚子水	戊寅水	丙辰土	乙未土	辛丑土	己卯木	丁巳火

凡六十四卦中任一卦之上下卦，均不出八純卦的排列組合，因此據此表即可進行「貞辰」。所謂「貞辰」，即在三十二組卦中，對照本表中地支部分，進而將每年的月份與各組卦爻相結合，使「爻當月」得以完成。《乾鑿度》先舉〈乾〉、〈坤〉兩卦為例，其文云：

---

[29] 八純卦之說源於京房宮世說，六十四卦中〈乾〉、〈坤〉、〈震〉、〈巽〉、〈坎〉、〈離〉、〈艮〉、〈兌〉為八純卦。

乾，陽也；坤，陰也，並治而交錯行。乾貞於十一子，左行，陽時
六。坤貞於六月未，右行，陰時六，以奉順成其歲。歲終，次從於
屯、蒙。屯蒙主歲，屯為陽，貞於十二月丑，其爻左行，以間時而
治六辰。蒙為陰，貞於正月寅，其爻右行，亦間時而治六辰，歲終
則從其次卦。[30]

　　由於〈乾〉、〈坤〉兩卦象徵著陰陽循環，因此值月的排列上與其它卦不
同，〈乾〉卦初九爻從十一月開始排列，象徵著一陽來復，由下往上依初九、
九二、九三順序順行；〈坤〉卦初六置於六月，象徵著一陰生，由上往下依初
六、上六，六五的順序排列，兩卦交互值月以遵奉順成一歲之數。附表如下：

月份	十一	十二	一	二	三	四	五	六	七	八	九	十
干支	子	丑	寅	卯	辰	巳	午	未	申	酉	戌	亥
卦爻	乾	坤	乾	坤	乾	坤	乾	坤	乾	坤	乾	坤
左行→	初九	六四	九二	六三	九三	六二	九四	初六	九五	上六	上九	六五
右行←	→	←	→	←	→	←	→	←	→	←	→	←

　　待〈乾〉、〈坤〉兩卦歲末之後，便由〈屯〉、〈蒙〉二卦值歲。[31]〈屯〉
卦為陽卦，在〈卦氣圖〉中為內子外丑之侯卦，但侯卦均根據外侯所處位置
為貞，由於外侯在卦氣中位於十二月，因此〈屯〉卦初九值十二月，由下而
上間隔一月各值二、四、六、八、十月；〈蒙〉卦在卦氣中位於一月，因此〈蒙〉
卦初六值一月，由上而下間隔一月各值一、十一、九、七、五、三月。附表
如下：

[30] 見《古微書》，頁306。

[31] 六十四卦中，除〈乾〉、〈坤〉；〈泰〉、〈否〉；〈中孚〉、〈小過〉三組卦外，其餘二十九
　　組卦起貞，均以陽卦在卦氣順序中所值之月份為主。

月份	十一	十二	一	二	三	四	五	六	七	八	九	十
干支	子	丑	寅	卯	辰	巳	午	未	申	酉	戌	亥
卦爻	蒙	屯	蒙	屯	蒙	屯	蒙	屯	蒙	屯	蒙	屯
左行→	九二	初九	初六	六二	上九	六三	六五	六四	六四	九五	六三	上六
右行←	←	→	←	→	←	→	←	→	←	→	←	→

上表為〈屯〉、〈蒙〉二卦貞辰之表。在〈屯〉、〈蒙〉二卦之後,《乾鑿度》對於各卦凡例做了說明,其文云:

陽卦以其辰為貞,其爻左行[32],間辰而治六辰。陰卦與陽卦同位者,
退一辰以為貞,其爻右行,間辰而治六辰。[33]

〈屯〉、〈蒙〉二卦所值之歲之歲末,則由之後〈需〉、〈訟〉二卦值歲。一般而言,值歲以陽卦為主,陽卦在〈卦氣圖〉中所在之月份即為起貞之月,由下往上間「左行」,順時針隔一月排列六月順序。凡是陰卦在卦氣排列中遇到與陽卦共處於同一個月的,則陰卦退一個月起貞,由上往下「右行」,逆時針間隔一個月排列六月順序,以上各組卦「貞辰」的通例。然而,在三十二組卦中,〈乾〉、〈坤〉;〈泰〉、〈否〉;〈中孚〉、〈小過〉三組卦貞法不同,其文如下:

〈泰〉、〈否〉之卦,獨各貞其辰,共北(當為「比」)辰左行相隨也。
〈中孚〉為陽,貞於十一月子,〈小過〉為陰,貞於六月未,法於乾坤。三十二歲期而周,六十四卦,三百八十四爻,萬一千五百二十

---

[32] 孫毂收錄本文原作「丑與左行」,據張惠言《易緯略義》:「丑與」當為「其爻」,今從其說。
[33] 見《古微書》,頁306。

坼，復從於貞。[34]

其中〈泰〉、〈否〉兩卦的排列順序與它卦不同，是由〈泰〉卦初九值正月，由下往上，順時針依序而不間隔一月，到上六爻值六月，接著因〈否〉卦初六值七月，再由下往上，順時針依序而不間隔一月，到上九值十二月。其表如下：

月份	十一	十二	一	二	三	四	五	六	七	八	九	十
干支	子	丑	寅	卯	辰	巳	午	未	申	酉	戌	亥
卦爻 左行→	否 九五 →	否 上九 →	泰 初九 →	泰 九二 →	泰 九三 →	泰 六四 →	泰 六五 →	泰 上六 →	否 初六 →	否 六二 →	否 六三 →	否 九四 →

〈中孚〉、〈小過〉一組，或因〈中孚〉卦在〈卦氣圖〉中有「卦氣起〈中孚〉」的特殊位置，為陽氣萌生的起點，因而得以「**法於乾坤**」，比照〈乾〉、〈坤〉二卦的排序，故起貞於十一月；〈小過〉卦在卦氣中雖位於十二月，但由於〈中孚〉、〈小過〉兩卦效法〈乾〉、〈坤〉兩卦，因此〈小過〉卦起貞於六月。表列如下：

月份	十一	十二	一	二	三	四	五	六	七	八	九	十
干支	子	丑	寅	卯	辰	巳	午	未	申	酉	戌	亥
卦爻 左行→ 右行←	中孚 初九 →	小過 九四 ←	中孚 九二 →	小過 九三 ←	中孚 六三 →	小過 六二 ←	中孚 六四 →	小過 初六 ←	中孚 九五 →	小過 上六 ←	中孚 上九 →	小過 六五 ←

---

[34] 見《古微書》，頁306-307。

如此即「故六十四卦，三百八十四爻，戒各有所繫焉」，經過六十四卦，共三百八十四爻，一萬一千五百二十坼（析、折）的循環，又從頭開始起貞。

(五)《易緯》〈乾鑿度曆〉的循環

經由上述，將六十四卦與曆法比附後，可確定《易緯》曆法建構的初步模型，將《易》64 卦、384 爻、11520 析與一年週期相結合，這也是孫瑴《古微書》中對於曆法論述的重要內容，呼應了孫瑴《易緯通卦驗》序中所說「陰陽律曆皆祖於《易》」的看法，這些論述基本上存在於《古微書》《易緯》篇目之中。然而，除了《易緯》外，仍有若干提及曆法的部分，如《古微書》卷十九《禮斗威儀》本文云：

天運二十九萬一千八百四十歲而反太素冥莖，蓋乃道之根也。[35]

此文孫瑴放在《禮斗威儀》之卷首，符合孫瑴編纂《古微書》中先論天文曆法的原則。就表面來看，本文似乎僅簡單論述天地循環之大數為 291840 年，大地運行到此年數後，重新回歸原點，即「太素冥莖」，並未針對該文數據進行說解。本文之下有兩則注釋，一者引用張衡《靈憲》，詮釋「太素冥莖」其文云：「太素之前，幽清玄靜，寂寞冥默，不可為象。厥中惟虛，厥外惟無，如是者永久焉，斯謂冥莖，蓋乃道之根也」，說明「太素冥莖」乃天地循環之初，渾沌鴻濛、幽清玄靜之象，此時「厥中惟虛，厥外惟無」，一篇虛無景象。此「天運二十九萬一千八百四十歲」數據，究竟源自何處，是否與《易緯》無關，而是來自另一系統？其實不然，此數據正是根據《易緯》中〈乾鑿度曆〉所推算而來。前文提及，《乾鑿度》將《易》64 卦、384 爻、11520 析（折）與曆法相結合，那麼究竟是結合哪部曆法呢？其實在現行《易緯乾鑿度》中曾提及一部曆法，其文云：

---

[35] 見《古微書》，頁 355。

歷元名握先，紀日甲子，歲甲寅……求卦主歲術曰：常以太歲紀歲，七十六為一紀，二十紀為一部首，即積置部首歲數，加所入紀歲數，以三十二除之，餘不足者，以乾坤始數二卦而得一歲，末算即主歲之卦……即置一歲積日法：十九日與八十一分日四十二除之，得一命日月(曰原作日，據張惠言《易緯略義》改)，得積月十二與十九分月之七一歲，以七十六乘之，得積月九百四十，積日二萬七千七百五十九，此一紀也。以二十乘之，得積歲千五百二十，積月萬八千八百，積日五十五萬五千一百八十，此一部首。[36]

此為〈乾鑿度曆〉之基本數據。在本文之下，鄭玄注云：「此法三部首而一元，一元而太歲復於甲寅」，因此可以初步得出〈乾鑿度曆〉的曆法參數如下：

$$一月 = 29\frac{43}{81}\ 日$$

$$一歲 = 12\frac{7}{19}\ 月$$

$$一歲 = 12\frac{7}{19} \times 29\frac{43}{81}\ 日 = \frac{562120}{1539}\ 日，約\ 365.25\ 日$$

$$一紀 = 76\ 年$$

$$= 76 \times 12\frac{7}{19}\ 月 = 940\ 月，約\ 27759\ 日（此周期為朔旦冬至同在一天夜半）$$

$$一部（蔀）首 = 20 \times 76 = 1520\ 年$$

---

[36] 本處所引用之《易緯乾鑿度》，為現今通行《易緯八種》，並非孫瑴所輯錄之佚文。

$$=12\frac{7}{19}\text{月}\times1520=18800\text{ 月}$$

$$=29\frac{43}{81}\times18800\text{ 月，約 }555180\text{ 日（此為甲子日朔旦冬至同在一天夜半）}$$

一元=3 部首=1520×3=4560 年

　　詳細比對以上諸參數，與古六曆、漢代三統曆、四分曆有相當大的出入

　　由以上所述可知，〈乾鑿度曆〉乃揉合各種曆法元素而成，例如：

1. 採用三統曆系統「一月之日數」$29\frac{43}{81}$日。

2.「蔀歲」、「紀歲」與顓頊曆相同。

3.「元歲」採四分曆系統，即 4560 歲。

4.　　曆元與顓頊曆、殷曆、《史記・曆書》相同，皆為「甲寅」。

　　如此雜揉先秦、漢代各家的曆法系統，也能較客觀地確定讖緯文獻產生的年代。上表中，關於曆元之說，孫瑴曾在《古微書》卷二十《樂叶圖徵》「以甲子朔日冬至……一以四千五百六十為紀，甲寅窮」條中提及，其文云：

> 按《續漢書》：「黃帝造歷，元起辛卯，而顓頊用乙卯，虞用戊午，
> 夏用丙寅、殷用甲寅、周用丁巳、魯用庚子。漢……初用乙卯，至
> 武帝元封……以丁丑……中興以來圖讖漏泄，而〈考靈曜〉、〈命歷
> 序〉皆有甲寅元，其所起在四分庚申元後百一十四歲，歲朔差卻二
> 日。」及考之《史記・曆書》：「太初元年，歲名焉逢……甲，歲雄也，
> 攝提格寅，歲陰也，日得甲子夜半朔旦冬至」，則以甲寅為元，殆與
> 〈四分曆〉合。[37]

　　孫瑴羅列《後漢書・律曆志》，論歷代曆法所置曆元，以顓頊為乙卯元（詳

---

[37] 見《古微書》，頁 397-398。

見一行〈大衍曆議〉，本為甲寅元，乙卯乃取近距而得），〈殷曆〉用甲寅元，〈太初曆〉用丁丑元，然〈考靈曜〉、〈命歷序〉均以甲寅為元，孫毂認為《史記・曆書》以甲寅為元，乃與〈四分曆〉相合，此〈四分曆〉當指古六曆之〈四分曆〉系統，而非後漢〈四分曆〉，意即孫毂認為讖緯所採用甲寅曆元，實為取法古代〈殷曆〉甲寅元。孫毂此段論曆元之說確有見地，論讖緯曆法之曆元乃是取法古〈殷曆〉等〈四分曆〉系統，對於曆元之疑慮，有廓清之功。

根據前文，《乾鑿度曆》在確定基本曆法參數之後，為求能真正達到「卦當歲、爻當月，坼（析、折）當日」，需將《易》64卦、384爻、11520析與〈乾鑿度曆〉數據完全結合，意即消除兩邊數據中之分母部分，也就是追求兩者之最小公倍數，今本《易緯八種》《乾鑿度》論述如下：

> 更置一紀，以六十四乘之，得積日百七十七萬六千五百七十六。又以六十乘之，得積部首百九十二，得積紀三千八百四十紀，得積歲二十九萬一千八百四十。以三十二除之，得九千一百二十周，此謂卦當歲者。得積月三百六十萬九千六百月，其十萬七千五百二十月者閏也，即三百八十四爻除之，得九千四百日之二十周，此謂爻當月者。得積日萬六百五十九萬四千五百六十八，萬一千五百二十析除之，得九千二百五十三周，此謂析當日者，而易一大周，律曆相得焉。

為使「甲子日朔旦冬至同在一天夜半」之數與「卦當歲，爻當月，析當日」相合，上文之步驟如下：

1、76×64=4684 年（更置一紀，以六十四乘之）

$$=12\frac{7}{19}月×4684=60160\ 月$$

$$=29\frac{43}{81}日×60160，約\ 1776576\ 日$$

(此周期為〈乾鑿度曆〉甲子日朔旦冬至同在一天夜半起於〈乾〉卦，且配合六十律黃鍾之始)

　　2、追求〈乾鑿度曆〉與六十四卦〈乾卦〉、六十律黃鍾同起於甲寅年甲子日朔旦冬至夜半，因而求六十干支起於甲寅年與前面數據的最小公倍數，即得：

　　　　60×4684=291840 年（又以六十乘之，得積歲二十九萬一千八百四十）

　　　　291840÷1520=192（得積部首百九十二）

　　　　291840÷76=3840（得積紀三千八百四十紀）

（此周期為甲寅年甲子日朔旦冬至同在一天夜半起〈乾〉卦）

　　得此數據之後，進一步檢視是否已是兩者相合，因此算式如下：

　　291840÷32=9120（以三十二除之，得九千一百二十周，此所謂卦當歲者）

$$12\frac{7}{19}$$ 月×291840=3609600（得積月三百六十萬九千六百月）

$$291840×\frac{7}{19}=107520$$（其十萬七千五百二十月者，閏也）

　　3609600÷384=9400（三百八十四爻除之，得九千四百日之二十周，此謂爻當月者）

　　365.25 日×291840=106594560 日（得積日萬六百五十九萬四千五百六十八，「六十」之後當無「八」，應為萬六百五十九萬四千五百六十）

　　106594560÷11520=9253（萬一千五百二十析除之，得九千二百五十三周，此謂析當日者）

　　據《乾鑿度》推求，當積年到了291840年時，此時《易》64卦、384爻、11520析與〈乾鑿度曆〉數據完全結合，形成一大循環，此時〈乾鑿度曆〉曆法起點為「甲寅年甲子日朔旦冬至同在一天夜半起〈乾〉卦」，真正做到了「卦當歲、爻當月、坼（析、折）當日」與實際曆法結合的數據，因此讖緯之中將此數據當作是天地循環的起始點，因此《禮斗威儀》中所言「天運二十九萬一千八百四十歲而反太素冥莖」，即〈乾鑿度曆〉曆法的數字循環，《古

微書》論曆法之數據，基本上均以〈乾鑿度曆〉作為基礎進行論述。

三、《易緯》曆術的德運、卦軌說

在讖緯曆數的實際運用中，推算天地循環、災異祥瑞、一國國祚等相關運算是最重要的議題，而上述讖緯曆法的建構，也是為了各項實際推算而設。其中，《易緯》「德運」、「卦軌」之說最為詳盡，雖《古微書》僅論及隻字片語，筆者此處仍補充相關論述，使讖緯曆法推算之實際運用得以彰顯。

(一) 德運說

本論文之前若干章節曾屢次論述，《古微書》收羅讖緯原文時，常將天文、星宿、曆法等條文置於卷首，可見孫瑴對於該領域之重視。在《古微書》建構律曆詮釋系統之時，除了對於律曆基本架構的重視外，也不忘曆法相關運用的重要性。前文曾提及，讖緯以占算禍福、預知吉凶為內容之大宗，然占算之基礎源自於天文律曆，然律曆與占算吉凶禍福之關連，除了基礎干支、星宿、風角、方位、音律與曆法的結合外，仍須仰賴具體的推算系統才能進行推算。在讖緯的曆法系統中，以〈乾鑿度曆〉所論最精，而〈乾鑿度曆〉在具體的吉凶預言推算上，以「德運」、「卦軌」之說最為重要，雖然《古微書》並未完整收羅相關《易緯》文獻，但在《古微書》中屢屢可見德運世軌的相關運用，因此筆者針對現行《易緯八種》中，與德運世軌說相關者，進行系統介紹，以作為《古微書》占驗理論的重要基礎。在《古微書》卷二〈尚書考靈曜〉中曾收錄一段文獻，其文如下：

> 五百載，聖紀符五百法天地之數也，四千五百六十歲，精反初。握
> 命乙起，河出圖，聖受思鄭注曰：聖謂堯也。天握命，人當起者，

河乃出圖，堯受而思之，以受曆數也。[38]

　　本條緯文旨在論天地、曆法之循環，以及聖人受符命之機。類似的論述，在《古微書》卷十三〈春秋命曆序〉中也有提及，其文云：

入元三百四歲為德運，七百六十歲為世軌，千五百二十歲為天地出符，四千五百六十歲為七精反初。以文命者七、九而衰，以武興者，六、八而謀，天人相應，若合符節。[39]

　　〈尚書考靈曜〉本條緯文，在解釋曆法與五行相配之關連，所謂「五百載，聖紀符」者，筆者以為此「五百」當與《孟子‧公孫丑章》「五百年必有王者興」有關，當是預言每五百年，必有王者、聖者再出。此外，所謂「四千五百六十歲，精反初」，「精反初」即〈春秋命曆序〉之「七精反初」，意即曆法每到一元 4560 年循環時，此時日月五星將回歸，聚於同一起始點，這是屬於日月五星運行的理想假設，實際上僅有 4560 年，並無法使「七精反初」。〈春秋命曆序〉中提及「入元三百四歲為德運，七百六十歲為世軌」，此「德運」、「世軌」之說，實為〈乾鑿度曆〉實際運用之基礎。所謂「德運」者，乃〈乾鑿度曆〉結合五德終始說，將五行相勝的循環納入曆法之中，作為王者接受符命德運之基礎，使「天人相應，若合符節」，因此孫瑴在〈尚書考靈曜〉原文之下，引用《乾鑿度》之文為之解說，其文云：

按：《乾坤鑿度》（當為《乾鑿度》）孔子曰：「立德之數，先立木金水火（「水火」當作「火水」）土德，合（「合」當作「各」）三百四歲，五德備，凡一千五百二十歲，大終復初。其求金木水火土德日

---

[38] 見《古微書》，頁 40。

[39] 見《古微書》，頁 259。

名之法道，一紀七十六歲，因而四之，為三百四歲，以一歲三百六
十五日四分乘之，凡為十一萬一千三十六，以甲為法除之，餘三十
六。以三十六（「以三十六」為衍文）甲子始數立，立算皆為甲，旁
算亦為甲，以日次次之，母算者，乃木金火水土德之日也。德益三
十六，五德而止。六，日名甲子，木德，主春，春生，三百四歲。
庚子，金德，主秋，成收，三百四歲。丙子，火德，主夏長，三百
四歲。壬子，水德，主冬藏，三百四歲。戊子，土德，主季夏，致
養，三百四歲。六子德四正，四正，子午卯酉也，而期四時，凡一
千五百二十歲終一紀。五德者，所以立尊號，論天律（「律」當作
「常」），志長久。[40]

　　孫瑴引用此段《乾鑿度》所論者，為〈乾鑿度曆〉一部 1520 年配合五德
之數，並採用鄒衍五德終始說，將 1520 年作為五德相勝的循環，算法為：
1. 將一部 1520 年分為五等分，即各得 304 年（即 76×4=304），
　 304 年共計 111036 日（304×365.25=111036，此即「母算者」），
　 111036 日除以日干支數 60，得 1850 餘 36，此即「以甲為法除之，
　 餘三十六」。
2. 從甲子日起算（即「甲子始數立」），依乙丑、丙寅排列（即「以日次
次之」），算至 36 即「己亥」，則五德之首日數算盡，又因「甲子」之「甲」
屬木，故為木德。
3. 依照「木德」日數排法，木德之後以「庚子」日為首，故為金德。金
德之後以「丙子」日為首，故為火德。火德之後以「壬子」日為首，故為水
德。水德之後以「戊子」為首，故為土德。
4. 五德依照「相勝」的模式排列，經 1520 年稱為「一紀」，為一大循環。
《乾鑿度》原文本與「四千五百六十歲，精反初」無涉，但由於後有「握

---

[40] 見《古微書》，頁 40-41。

命人起，河出圖，聖受思」等德運轉換，聖人受命之文，因此與五德終始、曆法循環有關，故孫瑴引以解釋，作為補充說明。

至於〈乾鑿度曆〉一部1520年，如何具體分為木德、金德、火德、水德、土德304年之數據與干支，光就上文所述並不足以理解，孫瑴在《古微書》卷三十六〈洛書甄曜度〉中補充說明相配之條例，其文如下：

> 甄鸞注引《乾鑿度》曰：甲子為蔀首七十六歲，次得癸卯蔀七十六歲，次壬午蔀七十六歲，次辛酉蔀七十六歲，凡三百四歲，木德也，主春生。次庚子蔀七十六歲，次己卯蔀七十六歲，次戊午蔀七十六歲，次丁酉蔀七十六歲，凡三百四歲，金德也，主秋成。次丙子蔀七十六歲，次乙卯蔀七十六歲，次甲午蔀七十六歲，次癸酉蔀七十六歲，凡三百四歲，火德也，主夏長。次壬子蔀七十六歲，次辛卯蔀七十六歲，次庚午蔀七十六歲，次己酉蔀七十六歲，凡三百四歲，水德也，主冬藏。次戊子蔀七十六歲，次丁卯蔀七十六歲，次丙午蔀七十六歲，次乙酉蔀七十六歲，凡三百四歲，土德也，主致養，其德四止，子、午、卯、酉，而期四時焉，凡一千五百二十歲終一紀，復甲子，故謂之遂也。[41]

根據孫瑴引用本段《周髀算經》趙君卿注，可以將〈乾鑿度曆〉與五德相配之規律，表列如下[42]：

五德	木德304歲	金德304歲	火德304歲	水德304歲	土德304歲
四時	春	秋	夏	冬	季夏
第一蔀首	甲子	庚子	丙子	壬子	戊子
第二蔀首	癸卯	己卯	乙卯	辛卯	丁卯

[41] 見《古微書》，頁700-701。

[42] 本表參考自林師金泉《易緯曆數闡衍》，頁225。

第三部首	壬午	戊午	甲午	庚午	丙午
第四部首	辛酉	丁酉	癸酉	己酉	乙酉

上表中，凡論「蔀首」者，乃遵循後漢〈四分曆〉之說，即一部 76 年之說，與〈乾鑿度曆〉一部首 1520 年的基本參數不同，不可混淆談論。

〈乾鑿度曆〉1520 年如何具體分為五德？又何以用「五行相勝」的方式排列五德？具體說明如下：

1. 如前文提及，將〈乾鑿度曆〉一部 1520 年分為五等分，即五德各得304 年。

2. 凡〈乾鑿度〉一部 1520 年之曆法起點，如前文所說，是「甲子日朔旦冬至同在一天夜半」，因此需從「甲子」日起算。

3. 依照後漢〈四分曆〉規則，一部首為 76 年（即〈乾鑿度曆〉之一紀），「蔀首」之名，以該蔀第一日的日干支為名，五德中第一德起算為甲子日，故第一蔀首為「甲子」。又「甲」於天干為木，因此稱為木德。

4. 依照後漢〈四分曆〉規則，甲子部之後，第二部首的干支算法，即算完 76 年後之第一干支，算式如下：

27759（76 年之日數）÷60（干支數）=39，算外 40（核對編號第 40 之干支，即為下一部之部首），經查驗該干支為「癸卯」，故第二蔀部首為「癸卯」。

5. 以上述後漢〈四分曆〉求「蔀首」之法推算，〈乾鑿度曆〉1520 年中，各部部首依序為「甲子」、「癸卯」、「壬午」、「辛酉」、「庚子」、「己卯」、「戊午」、「丁酉」、「丙子」、「乙卯」、「甲午」、「癸酉」、「壬子」、「辛卯」、「庚午」、「己酉」、「戊子」、「丁卯」、「丙午」、「乙酉」等二十部首。

6. 又〈乾鑿度曆〉將 1520 年分為五德，每德 304 歲，即四部，因此將上述二十部均分為五等分，配以五德，得出每德第一部首分別為「甲子」、「庚子」、「丙子」、「壬子」、「戊子」，而十天干中甲為木、庚為金、丙為火、壬為水、戊為土，因此五德之排列順序為木→金→火→水→土，此正好為五行相勝之順序，此即為〈乾鑿度曆〉中「德運」說之內容。

　　以上具體論述讖緯〈乾鑿度曆〉中「德運」之說，乃是作為帝王受符命之根據，至於《春秋命歷序》中所謂「世軌」之說，則是占驗國祚與一國災異之基礎，為讖緯曆法實際占驗之重要根據。然而，《古微書》中，除《春秋命歷序》本文外，並無論及「世軌」之理論者，原無可述之處，但在《古微書》中，卻屢見世軌說實際運用之案例，如《古微書》卷三〈尚書帝命驗〉「河圖子提期地留」條之注，孫瑴引《易緯乾鑿度》「推即位之術」之說，以及《古微書》卷三十五〈洛書靈准聽〉「氣五、機七、八合提」條之注，孫瑴引《易緯乾鑿度》「求水旱之厄」之說，均需以「世軌」說為基礎，因此此處需予以詳論，才能使〈乾鑿度曆〉之實際占算運用有落實之可能。

(二) 卦軌說

　　《易緯》「卦軌」之說，並不存於《易緯乾鑿度》中，而保留於《易緯稽覽圖》，孫瑴雖有輯錄《易緯稽覽圖》，但缺漏甚多，此處以《易緯八種》所收錄進行說解，以便理解「卦軌」之內涵，進而推論「世軌」之說。《易緯八種》中《易緯稽覽圖》曾輯錄「卦軌」之算法，其文云：

六十四卦策術曰：陽爻九以四時乘之，得三十六，陰爻六以四時乘之，得二十四。

軌術曰：陽爻九、七各以四時乘之，而并倍之，得一百二十八，陰爻八、六各以四時乘之，而并倍之，得一百一十二。

假令〈乾〉六位，老陽爻九四時乘之，四九三十六，以三十六乘六爻，得二百一十六。少陽爻七以四時乘之，四七二十八，以二十八乘之六爻，得一百六十八。已上二數，合得三百八十四，因而倍之，有七百六十八。假令〈坤〉六位，老陰爻六以二十四乘六爻，得一百四十四，少陰爻八四時乘之，四八三十二，以三十二乘之六爻，得一百九十二。已上二數，合得三百三十六，因而倍之，有六百七十二。〈乾〉、〈坤〉二軌數合，有一千四百四十他卦隨陰陽爻倍之。凡陽爻用六十四為法，

乘得倍之，凡陰爻用五十六為法，乘得數倍之。[43]

以上論述，為〈乾鑿度曆〉計算折數（亦作析、策、坼）與軌數的方法，以下就兩者算式進行說明：

就《易緯稽覽圖》字面意義，折數算式應如下所述：

假令 X 為該卦陽爻數目，Y 為該卦陰爻數目，則該卦折數算式即為：

(9×4×X)+(6×4×Y)=該卦折數

其中 9 代表陽折，6 代表陰折，其中 4 代表「大衍之數」中「揲之以四，以象四時」。此折數算法需配合前文「卦當歲」之說，將六十四卦分為三十二組，個別計算各年折數，及三十二全部總和。

至於「軌數」算法，就《易緯稽覽圖》內容推敲如下：

陽爻九、七各以四時乘之，而并倍之，得一百二十八，即【（9×4+7×4）×2】=128。

陰爻八、六各以四時乘之，而并倍之，得一百一十二，即【（8×4+6×4）×2】=112。

其次，具體計算各卦軌數時，依據《易緯稽覽圖》所提供〈乾〉、〈坤〉二卦計算範例，得知〈乾〉、〈坤〉二卦軌數如下：

【（4×9）×6+（4×7）×6】×2=768（〈乾〉卦軌數）

【（4×6）×6+（4×8）×6】×2=672（〈坤〉卦軌數）

二軌相合為 768+672=1440。

其餘六十二卦則根據〈乾〉、〈坤〉二卦計算範例進行。因此可將算式簡化，假令 X 為該卦陽爻數目，Y 為該卦陰爻數目，則該卦軌數算式如下：

｛【(4×9)+(4×7)】×X＋【(4×6)+(4×8)】×Y｝×2=該卦軌數

其中 7 代表少陽，9 代表老陽；8 代表少陰，6 代表老陰，4 代表四時，2 代表「并倍之」。

在上述「折數」、「軌數」的基礎上，可針對六十四卦、三十二年之折數、軌數進行進算，表列如下：

---

[43] 見《易緯八種》，收錄於《中國基本古籍庫》。

歲數	主歲卦	二合折	二軌合	分各折	分各軌
1	乾	360	1440	216	768
	坤			144	672
2	屯	336	1408	168	704
	蒙			168	704
3	需	384	1472	192	736
	訟			192	736
4	師	312	1376	156	688
	比			156	688
5	小畜	408	1504	204	752
	履			204	752
6	泰	360	1440	180	720
	否			180	720
7	同人	408	1504	204	752
	大有			204	752
8	謙	312	1376	156	688
	豫			156	688
9	隨	360	1440	180	720
	蠱			180	720
10	臨	336	1408	168	704
	觀			168	704
11	噬嗑	360	1440	180	720
	賁			180	720
12	剝	312	1376	156	688
	複			156	688
13	無妄	384	1472	192	736
	大畜			192	736
14	頤	360	1440	168	704
	大過			192	736

歲數	主歲卦	二合折	二軌合	分各折	分各軌
15	坎	360	1440	168	704
	離			192	736
16	咸	360	1440	180	720
	恒			180	720
17	遯	384	1472	192	736
	大壯			192	736
18	晉	336	1408	168	704
	明夷			168	704
19	家人	384	1472	192	736
	睽			192	736
20	蹇	336	1408	168	704
	解			168	704
21	損	360	1440	180	720
	益			180	720
22	夬	408	1504	204	752
	姤			204	752
23	萃	336	1408	168	704
	升			168	704
24	困	360	1440	180	720
	井			180	720
25	革	384	1472	192	736
	鼎			192	736
26	震	336	1408	168	704
	艮			168	704
27	漸	360	1440	180	720
	歸妹			180	720
28	豐	360	1440	180	720
	旅			180	720

歲數	主歲卦	二合折	二軌合	分各折	分各軌
29	巽	384	1472	192	736
	兌			192	736
30	渙	360	1440	180	720
	節			180	720
31	中孚	360	1440	192	736
	小過			168	704
32	既濟	360	1440	180	720
	未濟			180	720
總計		11520	46080		

透過上述表列統計，可知在 32 年的循環中，恰好圓滿 11520 析（折），每析對應一日，而 32 年軌數則為 46080 軌，因此，□即得 46080÷11520＝4 軌，與四分曆一日四分暗合。又三十二年各組軌數，即為文王世軌推算之基礎。文王世軌為《易緯》藉由世軌說以推算歷代君王國祚長短及災禍所值年份，若無世軌說之基礎，則推算便無所據。且此說歷來沿用，在《易緯稽覽圖》中，尚見劉宋推算國運及災禍，由此可知《易緯》世軌說之影響。至於〈春秋命歷序〉所言「七百六十歲為世軌」，此為堯世軌，是取〈乾鑿度曆〉部歲 1520 年之中間值 760 年，作為推算君王國祚，以及君王德行的基礎，下節詳論之。

(三) 德運說與卦軌說之運用

上文已論述《古微書》中德運世軌說之基礎，而其進一步之運用，即為堯世軌說，堯世軌旨在占驗帝王之德行，與該王朝延續之世數，是典型的《易緯》占驗法。在《古微書》中，曾引述《乾鑿度》之說，約略解釋堯世軌說，筆者在此根據《古微書》所提供之材料，對《易緯》世軌占驗說進行討論。

有關堯世軌說，在《古微書》卷三〈尚書帝命驗〉「**天鼓動，玉弩發，驚天下**」條之下，錄有《易乾鑿度》緯文，對於堯世軌說略做舉例說明。，

然而，欲瞭解堯世軌內容，則必須根據《易緯乾鑿度》及《易緯稽覽圖》二者[44]。據《易緯八種》，《易緯乾鑿度》曾提及：「孔子曰：以七百六十為世軌者堯，以甲子受天元為推術」，此條下鄭玄注云：「甲子為部，起十一月朔日，每部七十六歲，如是積一千五百二十歲而後復，然則七十六歲之時，十一月朔旦甲子，堯既以此一陰一陽而中分，推以為軌度也」[45]，鄭玄說明堯世軌軌度為七百六十，是取一部首（或為「紀」）一千五百二十歲中分之數而得之，即「堯既以此一陰一陽而中分」。

既知堯軌度為七百六十，有關易姓之說，又見《易緯乾鑿度》，其文云：

> 孔子曰：三萬一千九百二十歲，錄圖受命，易姓四十二（本作「三十二紀」，注云：「一本作四十二軌」，今據堯世軌軌數 760，進而推易姓四十二，即 42×760=31920 年，故當為四十二），德有七，其三法天，其四法地。[46]

由此得知「易姓四十二」與堯軌數之關連。其次，《易緯稽覽圖》又載堯世軌之文，以〈復〉、〈臨〉、〈泰〉、〈大壯〉、〈夬〉、〈乾〉、〈姤〉、〈遯〉、〈否〉、〈觀〉、〈剝〉、〈坤〉等十二辟卦為前三十六軌，其後六軌配以〈震〉、〈巽〉、〈坎〉、〈離〉、〈艮〉、〈兌〉六卦，並在其下說明曰：「右易姓四十二消息三十六，六子在其數，合八十四戒，各有所繫而出之。純德有七，其三法天，其四法地。王有三十六，半聖人君子，消息卦純者為帝，不純者為王，六子上不及帝，下有過王，故六子雖純，不為乾坤」[47]，透過《易緯稽覽圖》之說明，得知堯世軌四十二軌各自與十二消息

---

[44] 筆者有關堯世軌、文王世軌之說，主要參考自林師金泉《易緯歷術闡衍》一書第五章，並針對古微書相關部分進行說明，詳見《易緯歷術闡衍》頁 196-220。

[45] 見《易緯八種》，收錄於《中國基本古籍庫》。

[46] 同上。

[47] 同上。

卦與乾坤六子相配，形成四十二軌，主要在於說明帝王易姓之說，以下列表以說明：

軌數	卦名	年數	軌數	卦名	年數	軌數	卦名	年數	軌數	卦名	年數
1軌	復	760	13軌	復	9880	25軌	復	19000	37軌	震	28120
2軌	臨	1520	14軌	臨	10640	26軌	臨	19760	38軌	巽	28880
3軌	泰	2280	15軌	泰	11400	27軌	泰	20520	39軌	坎	29640
4軌	大壯	3040	16軌	大壯	12160	28軌	大壯	21280	40軌	離	30400
5軌	夬	3800	17軌	夬	12920	29軌	夬	22040	41軌	艮	31160
6軌	乾	4560	18軌	乾	13680	30軌	乾	22800	42軌	兌	31920
7軌	姤	5320	19軌	姤	14440	31軌	姤	23560			
8軌	遯	6080	20軌	遯	15200	32軌	遯	24320			
9軌	否	6840	21軌	否	15960	33軌	否	25080			
10軌	觀	7600	22軌	觀	16720	34軌	觀	25840			
11軌	剝	8360	23軌	剝	17480	35軌	剝	26600			
12軌	坤	9120	24軌	坤	18240	36軌	坤	27360			

　　根據上表，即知《易緯》所配四十二軌之概略，其中「純德有七，其三法天，其四法地」者。鄭玄注云：「其三法天者，消息中三乾（六、八、三十軌）也。其四法地者，消息三坤（十二、二十四、三十六）及六子之坎也」，即以三乾、三坤及坎為純德。

　　根據上述，則《古微書》有關堯世軌之說便能迎刃而解，《古微書》卷三〈尚書帝命驗〉「天鼓動，玉弩發，驚天下」條之下注云：「又按《乾坤鑿度》：『孔子曰推即位之術，〈乾〉〈坤〉三，上中下，〈坤〉變初六〈復〉，曰正，陽在下，為聖人』」，此說即說明歷代國君配合堯世軌四十二者，各屬於何種國君，如〈復〉卦為「〈坤〉變初六〈復〉」，即〈復〉卦為第一軌，因此觀察初爻，因〈復〉之初爻乃陽爻居陽位，得正，故為聖人。《古微書》在本注文下，更引用《易緯乾鑿度》之說加以說明國君之德行，其文云：

故一聖，二庸，三君子，四庸，五聖，六庸，七小人，八君子，九
小人，十君子，十一小人，十二君子，十三聖人，十四庸人，十五
君子，十六庸人，十七聖人，十八庸人，十九小人，二十君子，二
十一小人，二十二君子，二十三小人，二十四君子，二十五聖人，
二十六庸人，二十七君子，二十八庸人，二十九聖人，三十庸人，
三十一小人，三十二君子，三十三小人，三十四君子，三十五小人，
三十六君子，三十七聖人，三十八庸人，三十九君子，四十小人，
四十一聖人，四十二庸人。[48]

　　根據上述，大體上可確定為若該軌對應於陽爻，而陽爻居陽位，則得正，
為聖人，若陽爻居陰位，則失正，為庸人。若該軌對應陰爻，而陰爻居陰位，
則得正，為君子，若陰爻居陽位，則失正，為小人。筆者表列各軌所配，一
至十二軌所配，概括三十六軌之三循環，因此三者並列，並附上三十七至四
十二軌：

軌數	卦名	國君德行	說明
1、13、25 軌	復 ䷗	一聖	初爻陽爻居陽位，得正，故曰聖人。
2、14、26 軌	臨 ䷒	二庸	二爻陽爻居陰位，失正，故為庸人。
3、15、27 軌	泰 ䷊	三君子	三爻陽爻居陽位，得正，為君子。
4、16、28 軌	大壯 ䷡	四庸人	四爻陽爻居陰位，失正，故為庸人。

---

[48] 見《古微書》，頁 67-68。

軌數	卦名	國君德行	說明
5、17、29軌	夬	五聖人	五爻陽爻居陽位，得正，故為聖人。
6、18、30軌	乾	六庸人	上爻陽爻居陰位，失正，故為庸人。
7、19、31軌	姤	七小人	初爻陰爻居陽位，失正，故曰小人。
8、20、32軌	遯	八君子	二爻陰爻居陰位，得正，故為君子。
9、21、33軌	否	九小人	三爻陰爻居陽位，失正，為小人。
10、22、34軌	觀	十君子	四爻陰爻居陰位，得正，故為君子。
11、23、35軌	剝	十一小人	五爻陰爻居陽位，失正，故為小人。
12、24、36軌	坤	十二君子	上爻陰爻居陰位，得正，故為君子。
37軌	震	三十七聖人	依十二辟卦前六卦次序
38軌	巽	三十八庸人	同上
39軌	坎	三十九君子	同上
40軌	離	四十庸人	同上
41軌	艮	四十一聖人	同上

軌數	卦名	國君德行	說明
42軌	兌 ䷹	四十二庸人	同上

　　《易緯乾鑿度》根據堯世軌軌數及其相對應之卦，推算該國國君德行如何，其中〈泰〉卦為例外，陽爻居陽位卻為君子，清人惠棟《易例》卷二〈性命之理〉條云：「九三亦為君子」，〈泰〉卦為君子或與九三爻有關。

　　除論國君德行之外，孫瑴尚引用《易緯乾鑿度》，論國君繼任世系，其文云：「孔子曰：極至德之世，不過此乾三十二世消，坤三十六世消，代聖人者仁，繼之者庸人，仁世淫，庸世狠」[49]，黃宗羲《易學象數論》根據《易緯乾鑿度》「〈泰〉三十世消，以二九二六也」等線索，推論〈泰〉卦因二陰爻（四、上二爻）、二陽爻（初、三爻）得正，因而其數為$2 \times 9 + 2 \times 6 = 30$，並進一步推論「乾三十二世消」，〈乾〉卦三陽爻得正（初、三、五），故本應為$3 \times 9 = 27$，但文中所述為 32，故黃氏認為「於五兼數其位」，此為強加附和之說，不足為法。另外，〈坤〉卦三陰爻得正（二、四、上爻），因此算式當為 $3 \times 6 = 18$，然無法配合「坤三十六世消」之說，黃氏為求數字吻合，認為〈坤〉當「偶其數」，亦屬附和之說。然黃氏推論朝代世系之說，或正或駁，但於〈乾〉、〈坤〉二卦均不得其解，筆者此處姑置不論，待考。至於「代聖人者仁，繼之者庸人，仁世淫，庸世狠」之說，張惠言《易緯略義》中認為「十二君子又無仁人，此宜言小人，上云：『繼聖人者庸』，言仁者是相發耳。旣其字非小辟字，又易若代聖人者庸，繼之者小人，相協其然乎？小人之世淫，庸則其世狠，會其性矣」[50]，「仁」當為「小人」，因堯世軌中並無仁人之世，凡陽爻失正者為庸人，陰爻失正者為小人，因此「小人之世淫，庸則其世狠」，正符合《易緯乾鑿度》「仁世淫，庸世狠」的具體內涵，筆者以為張惠言之論當為是。

---

[49] 見《古微書》，頁68。

[50] 見清‧張惠言：《易緯略義》卷三，收錄於《中國基本古籍庫》。

小 結

　　由於樂律、曆法等範疇，自《呂氏春秋》、《史記》、《淮南子》即緊密結合，並成為中國曆法中的重要部分，且推算結果與古代政事的推行或變革息息相關，因此被孫瑴認為是極其重要的內容，並引用各家之說加以說明。《古微書》透過對天文之討論，奠定讖緯根源，讖緯雖侈言機祥，然機祥具體呈現於物候、風氣、天象等範疇，這諸多範疇的根本又在於天，即前文所說的讖緯之說本於天，而讖緯的天文說確立之後，《古微書》需要進一步建立的便是讖緯之律曆說，經由律曆等「數」推斷吉凶禍福，才能作為機祥說物候變化的基礎。

　　另一方面，曆法的誕生，也需在天文說的基礎上才能進行推算。在讖緯中，透過曆法的推算，不僅能推演古今，且能進一步占斷吉凶禍福，因讖緯討論曆法，雖然孫瑴認為皆源自孔子，但就事實而言，是循著《呂氏春秋》、《史記》、《淮南子》及京房等人之說，等將音律、曆法緊密串連，經由音律、候氣與曆法的結合，建立了透過音律、候氣與曆法的觀察，進而推斷吉凶的律曆體系，這使得天與人事的關連漸趨緊密。

　　在音律與曆法方面，孫瑴首先明瞭曆法與占候、災異間的緊密關連，在〈易通卦驗序〉中曾強調：「陰陽律曆皆祖于易。氣也者，物之先者也，故物無以驗則驗之氣，氣無以驗則驗之風，而其朕其幾，集動于卦」[51]，凡欲占驗物候，則需先掌握天地之「氣」的變化，若無「氣」可驗，則考之「風」，此「氣」等同於十二律管候氣之「氣」，即天地之氣轉關之處，而風則對應四時八節之方向，進而推驗正常或反常，但無論是「風」或是「氣」，其「朕其幾」的徵兆，均以「卦」為主，此乃卦氣說而卦氣說是將一年日數配以六十

---

[51] 見《古微書》，頁 265-266。《莊子・齊物論》云：「大塊噫氣，其名為風」，與本文可相參酌。

卦,並配合二十四氣、七十二候進行氣候正變之推算,而推算之基礎仍為曆法,由於卦氣說為卦爻與曆法的緊密結合,因此雖然孫瑴推崇「陰陽律歷皆祖于易」,但在〈詩汎歷樞序〉中又強調「凡歷生於律,律生於聲」,對於機祥之推演,仍需本於律曆說之建立,因此在《古微書》中,對於天文說之確立後,便詳細引述探討律曆之道,在〈樂叶圖徵〉中引用《淮南子·天文訓》之說後,如此評價《淮南子》所述十二律呂之數,其文云:

> 談律歷者多矣,而其原于道,極于數,莫此為精,故錄之。[52]

律曆之說,以黃鍾之數為本,《淮南子》記載黃鍾之數八十一為九九相乘,九源於三,三源於二,二源於一,此說合乎《道德經》「道生一,一生二,二生三,三生萬物」之理,因此孫瑴稱其「原于道」。至於《淮南子》本文記載黃鍾之大數「十七萬七千一百四十七」,據《史記》、《後漢書·律曆志》所述,此數又是十二律,乃至六十律律數(積實數)推演的根本及最大值,因此孫瑴重視《淮南子》之說,稱該數據為「極于數」,為律曆推演之本,甚至讚許「談律歷」諸家「莫此為精」。透過律曆說的建立,建立了天道與物候間的橋樑,也就建立了讖緯中占驗與候氣說的基礎,這是《古微書》所重視的內容。

至於《易緯》〈乾鑿度曆〉之討論,實因《古微書》中收錄許多曆法相關文獻,但若想順利處理、解釋這批讖緯本文及文獻,需明瞭諸多文獻是本於哪部曆法。歷代曆法種類繁多,但以讖緯文獻來說,最接近者當為〈三統曆〉、〈四分曆〉及〈乾鑿度曆〉,經過比對研究後,發現《古微書》讖緯文獻中所論曆法,與《易緯》〈乾鑿度曆〉關連最深,論述最廣,因此欲窺探《古微書》律曆詮釋系統,需針對現行《易緯八種》中有關〈乾鑿度曆〉者進行論述,諸多問題方能迎刃而解。故本章以林師金泉《易緯歷數闡衍》一書為本,探討《古微書》中與〈乾鑿度曆〉相關之論述,得知〈乾鑿度曆〉在曆算參數

---

[52] 見《古微書》,頁 384。

上雜揉諸家曆法的特性，並緊扣《易》卦卦數、爻數、析數，建構出「卦當歲、爻當月、析當日」的嚴密架構。

其次，〈乾鑿度曆〉透過「德運」說，進一步發展帝王受命、五行更迭之說；「世軌」說的完成，更建構了嚴密的占算系統，以發展出獨樹一幟的《易緯》占驗體系，為歷代帝王德行、世數、享國年數，以及災禍占算，提供了數據的基礎。

自從《易緯》創立《易》卦與曆法緊密結合的體系後，歷代曆法均以此架構為基礎，不斷地衍申、完善《周易》與曆法之間的詮釋體系，並且使讖緯中與曆法相關之文獻，如卦氣說，與歷代曆法緊密扣和合，形成中國曆法中特殊的詮釋系統。雖讖緯文獻在歷代中屢經禁燬，然透過《易緯》對於曆法的滲透，已在無形中深入中國文化的內部。即便元代郭守敬廢除《周易》卦氣與曆法相結合，但曆法、《周易》、讖緯的緊密關連，已在中國文化中，成為不可或缺的一部份。直至今日，舉凡民俗活動，無不參考黃曆、通書等傳統農民曆，這些書籍中均有濃厚的曆法、《易》卦相結合的痕跡。因此，透過對於《古微書》曆法體系建構之研究，進而探討古代律曆合一、天人合一之思想，乃至於占算體系之建立，對於中國文化之伏流，即深入文化中的讖緯思想，均有相當之助益。

第八章
《古微書》天文律曆說與詮釋系統之開展

　　有關《古微書》對於天文曆法系統之建構，在前兩章已做了一番說明，對於孫瑴以天文、曆法做為詮釋讖緯的基礎已有一定之理解。在此基礎上，檢視整本《古微書》，可發現在本書中，存在大量以天文、曆法為基礎的占驗吉凶、異象等相關資料，以及以天文觀為基礎而衍申出如道教等相關論述，可以說整部《古微書》的讖緯詮釋系統，是以天文、曆法為根本而進行開展的。基於此，筆者將以前文《古微書》天文曆法系統之建構為基礎，進而論述《古微書》中根本於天文曆法，且具有系統的占驗體系及道教相關論述。故本章擬就「《古微書》易緯候氣占驗說」、「《古微書》中的星象分野說」、「《古微書》《詩緯》占驗體系之建構」以及「《古微書》道教說」四者進行考察，試圖從四方面切入，揭示《古微書》本於天文曆法之說，並進而建立之讖緯占驗系統及相關論述，以做為《古微書》讖緯天文曆法研究系統之總結。

一、《古微書》易緯候氣占驗系統

　　有關《易緯》之占驗，前章已論及曆法、即位、國祚之占驗法，此處所談論者，是《易緯》在天文曆法的基礎之下，進而發展出來的候氣占驗之說。在《古微書》中，《易緯》候氣占驗之說記錄最為詳盡者，即為《易緯通卦驗》晷影占候之法，讖緯文獻之中，對於晷影占候之法言之甚詳，透過二十四節氣晷影如度與否，即可推知該年節候順利與否，與對應的天候變化、疾病災

厄等,《易緯通卦驗》記載國君候晷影之法,其文云:

> 冬至之日,立八神樹,八尺之表。日中視其晷,晷如度者其歲美,
> 人民和順。晷不如度者則歲惡,人民多譌言,政令為之不平。晷進
> 則水,晷退則旱,進一尺則日食,退一尺則月食。月食則正臣下之
> 行,日食則正人主之道。[1]

　　從上文記載,可知古代帝王選在冬至之日測量晷影,因本日為陰陽交替、
一陽來復之日,因此國君特別重視該日之跡象,若晷影合於度數,則該年「歲
美,人民和順」,若不合於度數,則「歲惡,人民多譌言,政令為之不平」。
並且,透過晷影與標準值的差異,可推算該年的水旱之災,甚至是日月之蝕,
這是屬於測晷影的初步方法。

　　在《易緯通卦驗》中,除了在冬至日測量晷影之外,更有測量二十四節
氣晷影之說,即二十四節氣每一節氣均有標準之晷影長度,若測得超過標準
值或少於標準值,對於天象、物候、人體均有不同的影響,這可說是將《易
緯》晷影占驗的範圍,擴及一切事物,建立起獨立的占驗體系。

(一)《易緯》與五運六氣說的關係

　　《古微書》在卷十五〈易緯通卦驗序〉中說到:「古今曆法所載晷影之數,
交有參差,考之《通卦驗》更為悉備,此其完簡也」[2],在歷代曆法之中,多
有對於日晷影長之測量記錄,但《易緯》的測量結果,卻與各家之說全然不
同。然而,在《易緯通卦驗》中,卻完整記錄了每一節氣晷影變化,與其相
對應的疾病之說,但這些疾病說法的根據究竟為何?在《古微書》卷十五中
提到,《易緯通卦驗》所記載的晷影與候病之說,與《黃帝內經》所記載的「五

---

[1] 見守山閣叢書本《古微書》,卷十四頁 275。

[2] 見《古微書》,頁 285。

運六氣」說能夠相呼應，其說云：「按此緯以晷影候病厄，通於《內經》五運六氣矣」[3]，孫轂認為《易緯》透過晷影測量以占驗天象、物候、病情之說，與《黃帝內經・素問》所記載的「五運六氣」之說相通，為此還在《古微書》中置入大量篇幅《黃帝內經・素問》的內容加以說明，因文繁不及備載，在此僅就「五運六氣」說之大要進行說明。

所謂五運，即「木火土金水」五運，與十天干配合，稱為「十干化運」，又稱中運，統管一年全年氣候變化，又可以配上各年不同的變化，其配合之法，如《素問・天元紀大論》云：「甲己之歲，土運統之。乙庚之歲，金運統之。丙辛之歲，水運統之。丁壬之歲，木運統之。戊癸之歲，火運統之」[4]，以各年的變化來說，凡甲、丙、戊、庚、壬陽年為太過，凡乙、丁、己、辛、癸陰年為不及，太過而被抑，不及而得助曰平氣，端看五行之配合。以每年五運來說，分為主運與客運，主運是一年五個階段氣候的常規變化，依照「木火土金水」五運層遞運行，五運起於節氣「大寒」，每運 73 日 5 刻，周而復始，客運則為一年五個階段氣候的特殊變化。

至於「六氣」即「風、寒、暑、濕、燥、火」六者，主要與三陰三陽、十二地支配合，即《素問・天元紀大論》云：「寒、暑、燥、濕、風、火，天之陰陽也，三陰三陽上奉之」，乃十二地支化氣，統管一年全年歲月氣。三陰三陽之配法即《素問・天元紀大論》云：「子午之歲，上見少陰（君火）。丑未之歲，上見太陰（濕土）。寅申之歲，上見少陽（相火）。卯酉之歲，上見陽明（燥金）。辰戌之歲，上見太陽（寒水）。巳亥之歲，上見厥陰（風木）」[5]，以每年常規的主氣來說，即一年六個階段氣候的常規變化，分風木、君火、相火、濕土、燥金、寒水六步，始於春木，為春分前 60 日 87.5 刻，終於冬水，每氣 60 日 87.5 刻。就每年特殊的客氣來說，即一年六個階段氣候的

---

[3] 見《古微書》，頁 289。

[4] 見《黃帝內經・素問》卷十九，收錄於《中國基本古籍庫》。

[5] 同上。

特殊變化。分為司天、在泉、左右四間氣六步，主要與十二地支、三陰三陽
配，即如下述：

子午之年，少陰君火司天，陽明燥金在泉；

丑未之年，太陰濕土司天，太陽寒水在泉；

寅申之年，少陽相火司天，厥陰風木在泉；

卯酉之年，陽明燥金司天，少陰君火在泉；

辰戌之年，太陽寒水司天，太陰濕土在泉；

巳亥之年，厥陰風木司天，少陽相火在泉。

凡客氣加於主氣之內，稱為「客主加臨」，以六年一周期，觀察其中生剋，
預測一年氣候變化情景。

經以上說明之後，可以進一步推算《易緯通卦驗》何以與「五運六氣」
說相關。在此之前，必須先確定二十四節氣各歸屬於「五運」中何者，見下
圖〈五運主運圖〉說明：

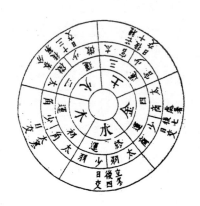

五運主運圖[6]

以主運來說，木運始於大寒日寅初初刻，火運始於春分後第十三日交，
土運始於芒種後十日交，金運始於處暑後七日交，水運始於立冬後四日交，

------

[6] 圖見《黃帝內經・運氣七篇大論》

如此二十四節氣分屬何運即一目了然。

(二)《易緯通卦驗》對應五運六氣說之考察

　　《易緯通卦驗》中記載二十四節氣測候晷影，始於冬至，依照孫瑴之說，晷影對應天象、物候、人事與「五運六氣」之說相配合。然而，在《易緯八種》之中，對於晷影對應之事，已有屬於《易緯》的詮釋，究竟孫瑴將晷影、疾病與五運六氣之說相比附能否成立？試觀以下論述即能明瞭。筆者分別就《易緯通卦驗》所論二十四節氣病候，逐條論述如下：

　　（一）根據上文所述「五運六氣」分判來說，冬至屬水運，《易緯通卦驗》記載如下：

　　冬至，晷長一丈三尺。當至不至，則旱，多溫病[7]。未當至而至，則多病暴逆心痛[8]，應在夏至。[9]

　　據上所述，冬至既為水運，則晷長符合度數則水運運行順遂，但若晷影較短「當至不至」，則象徵水運之氣不足，五行之中水本為剋火，但水氣不足則火盛，《素問》云：「冬傷於寒，春必病溫」即是。若晷影較長「未當至而至」，則象徵水運之氣過盛，水盛則剋火，火於內臟屬心，因此「多病暴逆心痛」，其反映時間在半年後的夏至。

　　（二）冬至後為小寒，關於小寒，《易緯通卦驗》記載如下：

　　小寒，晷長一丈二尺四分。當至不至，先小旱，後小水，丈夫多病

---

[7]《素問·陰陽應象大論》：「冬傷於寒，春必病溫。」

[8]《素問·心熱論》：「心熱病者，先不樂，數日乃熱，熱爭則卒心痛。」

[9] 見《古微書》，頁285。

喉痺[10]。未當至而至,多病身熱[11],來年麻不為。[12]

　　小寒屬水運,若當天晷影較短,象徵水運之氣不足,但水氣不足則火盛,而小寒節候寒冷不如大寒,因此反映較小,故為「先小旱(火),後小水(水)」,水氣不足則陰陽不調,有病害,因而「丈夫多病喉痺」,《素問》云:「一陰一陽結,謂之喉痺」即是。若晷影較長,則水氣盛,水剋火,寒邪足以傷身,應在「身熱」。至於「來年麻不為」,筆者以為與「五運三紀」之說相關,凡五運均有太過、不及、平氣三紀,《素問‧五常致大論》曾記載「五運三紀」與其對應之事物,其中便有對應之穀物之說,若水氣不足,象徵土剋水,土運不及為「卑監」之年,其穀為豆麻,因此對應「來年麻不為」。

　　(三)「大寒」中氣,《易緯通卦驗》記載如下:

大寒,晷長一丈一尺八分。當至不至,則先大旱,後大水,麥不成,病厥逆[13]。未當至而至,多病上氣[14]、嗌腫[15]。[16]

　　大寒已進入木運,若木氣不足,則象徵金剋木,金運不及為「從革」之年,其穀為麻麥,故「麥不成」,至於「先大旱,後大水」或許是對應小寒「先小旱,後小水」而言的。其病「厥逆」則對應手太陰肺經。若晷影較長,則木氣盛,「上氣、嗌腫」均為肺部病症,此處應指木氣盛則反過來凌駕金氣,

---

[10] 《素問‧陰陽別論》:「一陰一陽結,謂之喉痺。」

[11] 全身發熱的症狀。《素問‧陰陽應象大論》:「陽勝則身熱」。《史載之方》云:「寒邪所傷身能發熱,寒氣外固,陽氣內拒。」

[12] 見《古微書》,頁285。

[13] 《素問‧厥論》篇云:「太陰厥逆,胻急攣,心痛引腹,治主病者」。王冰注:「厥,謂氣逆上也。」

[14] 病證名,即肺氣上逆。《靈樞‧本臟》:「肺高,則上氣,肩息咳。」

[15] 《素問‧厥論》:「手陽明少陽厥逆,發喉痺,嗌腫,痙。」

[16] 見《古微書》,頁285。

使肺部受傷。

（四）「立春」節氣，《易緯通卦驗》記載如下：

> 立春，晷長一丈一寸六分。當至不至，兵起，麥不成，民瘦【疲】
> 癃。未當至而至，多病燥、疾疫。[17]

「立春」屬木運，若晷影較短，則木氣不足，象徵金剋木，兵為干戈，
屬金，又「麥不成」亦為金，「民瘦【疲】癃」即肺癆，亦為金，因此符合金
剋木。若晷影較長，則木氣盛，「燥」者有火之意，即疾病之火症，木氣盛則
滋養火，使火症加強。

（五）「雨水」中氣，《易緯通卦驗》記載如下：

> 雨水，晷長九尺一寸六分。當至不至，早麥不成，多病心痛。未當
> 至而至，多病青。[18]

「雨水」為木運，晷影不及則金剋木，因此「早麥不成」，然「多病心痛」
者，心屬火，木為火之母，木氣不足而應病在火，因此有心痛之疾。若晷影
長則木氣盛，「病青」者即眼病，眼屬木，木盛而眼有疾病。

（六）「驚蟄」節氣，《易緯通卦驗》記載如下：

> 驚蟄，晷長八尺二寸。當至不至，則霧，稚禾不成，老人多病嚏。
> 未當至而至，多病癰疽[19]、脛腫[20]。[21]

---

[17] 見《古微書》，頁 285-286。

[18] 見《古微書》，頁 286。

[19] 《內經》：「營氣不從，逆于關裏，乃生癰腫。」

[20] 足及小腿浮腫。即脛腫。多因脾虛濕勝所致。《素問・平人氣象論》：「足脛腫曰水。」

「驚蟄」為木運，晷影不足則金剋木，所謂「稚禾不成」者，金運太過為「堅成」之年，其穀為稻黍，又「老人多病嚏」，嚏者屬鼻，鼻通肺，屬金，是以「金剋木」。晷影過長則木氣過盛，「脛腫」即小腿水腫，多因脾虛濕勝所致，脾屬土，故為「木剋土」。

（七）「春分」中氣，《易緯通卦驗》記載如下：

春分，晷長七尺二寸四分。當至不至，先旱後水，歲惡，米不成，多病耳痒。[22]

春分過第十三日才換為火運，因此此處仍屬木運，晷影不足則木氣弱，金剋木，金運太過為「堅成」之年，其穀為稻黍，又「多病耳痒」，耳屬腎，腎為水，水為木之母，木不足，故病在水。

（八）「清明」節氣，《易緯通卦驗》記載如下：

清明，晷長六尺二寸八分。當至不至，菽豆不熟，多病嚏、振寒[23]洞泄[24]。未當至而至，多溫病、暴死[25]。

清明屬火運，晷影短則火氣不足，屬水剋火，「菽豆不熟」者，因水運太過為「流衍」之年，其穀為豆稷，又「病嚏、振寒、洞泄」均為陰氣盛，陽氣虛之症狀，如同水剋火。若晷影較長則火氣盛，火氣同於陽氣，陽氣過盛，導致「多溫病、暴死」。

（九）「穀雨」中氣，《易緯通卦驗》記載如下：

---

[21] 見《古微書》，頁 286。

[22] 見《古微書》，頁 286。

[23] 《靈樞·口問》：「寒氣客於皮膚，陰氣盛，陽氣虛，故為振寒寒慄。」見《古微書》，頁 286。

[24] 見《聖濟總錄》卷七十四：「洞泄謂食已即泄。」、「陰盛生內寒，故令人腑臟內洞而泄。」

[25] 《素問·調經論》：「血之與氣，并走於上，則為大厥，厥則暴死。」

穀雨，晷長五尺三寸六分。當至不至，水物雜稻等不為，多病疾瘧[26]、振寒、霍亂[27]。未當至而至，老人多病氣腫[28]。

「穀雨」屬火運，晷影不足則火氣弱，屬水剋火，水運太過為「流衍」之年，其穀為豆稷，屬於「水物雜稻」之類，又「疾瘧、振寒、霍亂」均為陰陽之氣不調的症狀，故為「水剋火」。若晷影較長則火氣盛，「老人多病氣腫」者，屬陽氣過剩，水應剋火，反而火盛而制水，所以應在水腫。

（十）「立夏」節氣，《易緯通卦驗》記載如下：

立夏，晷長四尺三寸六分。當至不至，旱，五穀傷，牛畜疾。未當至而至，多病頭痛、腫噎、喉痺。[29]

「立夏」屬火運，晷影不足則火氣弱，屬水剋火，「牛畜疾」者，水運太過為「流衍」之年，其畜為兔牛，因此為水剋火。若晷影較長則火氣盛，「腫噎、喉痺」均屬肺部疾病，肺屬金。至於「頭痛」，《周易》以〈乾〉為「金」、「首」，因此頭對應金，故為火剋金。

（十一）「小滿」中氣，《易緯通卦驗》記載如下：

小滿，晷長三尺四寸。當至不至，凶，言國有大喪，先水後旱，多病筋急[30]、痺痛[31]。未當至而至，多熛、噎腫。[32]

---

[26] 即瘧疾，《素問·瘧論》：「瘧先寒而後熱」、「瘧者，風寒之氣不常也」。

[27] 《素問·六元正紀大論》：「熱至則身熱，吐下霍亂。」

[28] 《素問·評熱病論》：「諸有水氣者，微腫先見於目下也。」《丹溪心法·水腫》：「氣腫者，皮厚，四肢瘦削，腹脅脹膨。」見《古微書》，頁 286-287。

[29] 見《古微書》，頁 287。

[30] 《素問·痿論》：「肝氣熱，則膽泄口苦，筋膜乾，筋膜乾則筋急而攣，發為筋痿。」

「小滿」屬火運，晷影不足則火氣弱，屬水剋火，「先水後旱」象徵陽氣不足，如水剋火，「病筋急」者，筋屬肝，肝為木，木為火之母，火不足則病應在木。「痹痛」者，《素問》云：「寒氣勝者為痛痹」，因此為水剋火。若晷影較長則火氣盛，「燥」為火症，「嗌腫」屬肺，肺為金，象徵火盛剋金。

（十二）「芒種」節氣，《易緯通卦驗》記載如下：

> 芒種，晷長二尺四寸四分。當至不至，凶，言國有狂令。未當至而至，多病厥眩、頭痛。[33]

「芒種」後十日才轉為土運，因此為火運，晷影不足則火氣弱，「」，《易緯通卦驗》注云：「太陽用事而巽不至，故多兇，言國有狂令也」，象徵國君狂悖，而有狂亂之法令。若晷影較長則火氣盛，「厥眩、頭痛」者，頭屬金，火盛剋金，故有此病。

（十三）「夏至」中氣，《易緯通卦驗》記載如下：

> 夏至，晷長一尺四寸八分。當至不至，國有大殃，旱，陰陽並傷，草木夏落，有大寒。未當至而至，病眉腫[34]。

「夏至」屬土運，晷影不足則土氣弱，屬木剋土，木者草木之謂，因此「草木夏落」，又「土」能和合五行，調節陰陽，於五行為貴，因此土傷則「陰陽並傷」，土弱則原本「土剋水」之勢反被水所剋，因此反映在「有大寒」。若晷影較長則土氣盛，如土剋水，應在足太陽膀胱經，《素問》云：「足太陽

---

[31] 《素問‧痹論》：「風寒濕三氣雜至，合而為痹也……寒氣勝者為痛痹……以夏遇此者為脈痹」，小滿為夏，此痹痛為「寒氣勝者」，因而為「脈痹」，即筋急。

[32] 見《古微書》，頁287。

[33] 見《古微書》，頁287。

[34] 《素問‧氣府論》：「足太陽脈氣所發者，七十八穴，兩眉頭各一。」見《古微書》，頁287。

脈氣所發者,七十八穴,兩眉頭各一」,故病在眉。

（十四）「小暑」節氣,《易緯通卦驗》記載如下:

> 小暑,晷長二尺四寸四分。當至不至,前小水,後小旱,有兵,多
> 病泄注、腹痛。未當至而至,病臚腫[35]。

「小暑」屬土運,晷影不足則土氣弱,土弱則有「泄注、腹痛」之症,均為腹部之症狀,屬土。又《說卦傳》載「離為火……為戈兵」,是土氣弱則病在其母,有「有兵」。若晷影較長則土氣盛,如土剋水,《素問》論太陰司天之政,其文云:「三之氣,天政布,濕氣降,地氣騰……則民病身重、胕腫、胸腹滿」,以六氣來說,夏至值三之氣「少陽相火」,此時「地氣騰」,此時有「身重、胕腫、胸腹滿」即水腫鬱積之症,類似「臚腫」之症,即為土剋水。

（十五）「大暑」中氣,《易緯通卦驗》記載如下:

> 大暑,晷長三尺四寸。當至不至,外兵作,來年飢,多病筋痺[36]、
> 胸痛[37]。未當至而至,多病脛痛[38]、惡氣。[39]

「大暑」屬土運,晷影不足則土氣弱,土弱則為木剋土,因此有「筋痺」之症,又又火為土之母,火不足,病應在心,故有胸痛,又《說卦傳》載「離為火……為戈兵」,是土氣弱則病在其母,有「外兵作」。若晷影較長則土氣

---

[35] 《素問‧六元正紀大論》:「火鬱之發,太虛腫翳,大明不彰,炎火行,大暑至,……故民病少氣瘡瘍癰腫,脇腹胸背,面首四支,䐜憤臚脹。」見《古微書》,頁287。

[36] 《素問‧痺論》:「以至陰遇此著為筋痺。」

[37] 《素問‧藏器法時論》:「心病者,胸中痛。」

[38] 兩腳及小腿部作痛,多由陰寒濕邪下注所致,《素問‧平人氣象論》:「寸口脈中手長者,曰足脛痛。」

[39] 見《古微書》,頁288。

盛，如土剋水，如「脛痛」之症，為兩腳及小腿部作痛，多由陰寒濕邪下注所致，如水受土所制。

（十六）「立秋」節氣，《易緯通卦驗》記載如下：

> 立秋，晷長四尺三寸六分。當至不至，暴風為災，來年黍不熟。未
> 當至而至，多病咳上氣、咽腫[40]。

「立秋」屬土運，晷影不足則土氣弱，土弱則為木剋土，因此有「暴風為災」之現象，「風」在五行屬木。而「來年黍不熟」者，因部分災異會反映在半年後，來年即隔年立春，屬木運，木運有災即金剋木，金運太過為「堅成」之年，其穀稻黍，故「來年黍不熟」。若晷影較長則土氣盛，所謂「多病咳上氣、咽腫」者，土氣太盛則滋養金氣，故應在肺。

（十七）「處暑」中氣，《易緯通卦驗》記載如下：

> 處暑，晷長五尺三寸二分。當至不至，國多浮令，兵起，來年麥不
> 為。未當至而至，病脹[41]，耳熱不出行。[42]

「處暑」後七日才轉為金運，因此屬土運，晷影不足則土氣弱，土弱則為木剋土，「來年麥不為」者，災異反映在半年後，來年即隔年雨水，屬木運，木運有災即金剋木，金運不足為「從革」之年，其穀麻麥，故「來年麥不為」。又《說卦傳》載「離為火……為戈兵」，是土氣弱則病在其母火，故有「兵起」。若晷影較長則土氣盛，如土剋水，耳屬腎，腎為水，故應在耳熱。又土氣過剩，土生金，應在手太陰肺經，《素問・厥論》云：「太陰之厥，則腹滿膜脹。」，

---

[40] 《素問・五藏生成》：「欬嗽上氣，厥在胸中，過在手陽明太陰。」見《古微書》，頁288。

[41] 《素問・厥論》：「太陰之厥，則腹滿膜脹。」

[42] 見《古微書》，頁288。

故病脹。

（十八）「白露」節氣，《易緯通卦驗》記載如下：

白露，晷長六尺二寸八分。當至不至，多病痤、疽、泄[43]。未當至
而至，多病水腹，閉疝瘕[44]。

「白露」屬金運，晷影不足則金氣弱，金弱則為火剋金，《素問・至真要
大論》云：「少陰之復，燠熱內作，煩躁鼽嚏，少腹絞痛……病痹胗、瘡瘍、
癰疽、痤痔」，金本為剋木，而木生少陰君火，火以剋金，此為「六氣勝復」
之說。若晷影較長則金氣盛，金氣滋養水，水氣氾濫，導致應病在水，因此
「多病水腹，閉疝瘕」，兩者均為腎之病。

（十九）「秋分」中氣，《易緯通卦驗》記載如下：

秋分，晷長七尺二寸四分。當至不至，草木復榮，多病溫，悲心痛。
未當至而至，多病胸膈痛。

「白露」屬金運，晷影不足則金氣弱，本為金剋木，但金氣不足，反被
木制，故為「草木復榮」，至於「多病溫，悲心痛」者，則為金氣弱，火剋金
之症，應在心。

（二十）「寒露」節氣，《易緯通卦驗》記載如下：

寒露，晷長八尺二寸。當至不至，來年穀不成，六畜鳥獸被殃，多
病疝瘕、腰痛。未當至而至，多病痰熱中。[45]

---

43 《素問・至真要大論》：「少陰之復，燠熱內作，煩躁鼽嚏，少腹絞痛……病痹胗瘡瘍癰疽痤痔。」

44 《素問・至真要大論》：「脾傳之腎，病名曰疝瘕，少腹冤熱而痛。」見《古微書》，頁288。

45 見《古微書》，頁288。

「寒露」屬金運，晷影不足則金氣弱，因災異反映在半年後，故為清明，屬火運，火運不足為水剋火，水運太過為「流衍」之年，其穀豆稷，因此為「來年穀不成」。「多病疝瘕、腰痛」，兩種症狀均屬腎，為水，或因金弱無以生水，因此病在腎。若晷影較長則金氣盛，金氣過盛，其應在肺，因此「多病痰熱中」。

（二十一）「霜降」中氣，《易緯通卦驗》記載如下：

> 霜降，晷長九尺一寸六分。當至不至，萬物大耗，年多大風，人病腰痛。未當至而至，多病胸脇支滿[46]。

「霜降」屬金運，晷影不足則金氣弱，「年多大風」者，風屬木，金氣不足，無以剋木，「人病腰痛」屬腎為水，或因金弱無以生水，因此病在腎。若晷影較長則金氣盛，金氣過盛，「多病胸脇支滿」者，如《素問·繆刺論》：「邪客於足少陰之絡，令人卒心痛，暴脹，胸脅支滿」，因滋養水氣，使邪入足少陰腎經，而有「胸脅支滿」之症。

（二十二）「立冬」節氣，《易緯通卦驗》記載如下：

> 立冬，晷長丈一寸二分。當至不至，地氣不藏，來年立夏反寒，早旱，晚水，萬物不成。未當至而至，多病臂掌痛。[47]

「立冬」後四日轉為水運，但此處「立冬」即已對應水運，晷影不足則水氣弱，屬土剋水，因此「地氣不藏」，災異對應在明年「立夏」，水氣弱則為「早旱，晚水」，又水氣將補足於來年立夏，故「立夏反寒」。若晷影較長則水氣盛，水氣過盛則為水剋火，人體手部共有手少陰心經、手厥陰心包絡

---

[46] 《素問·繆刺論》：「邪客於足少陰之絡，令人卒心痛，暴脹，胸脅支滿。」見《古微書》，頁288-289。

[47] 見《古微書》，頁289。

經以及手少陽小腸經，三者均屬火，若水剋火，則對應「多病臂掌痛」。

（二十三）「小雪」中氣，《易緯通卦驗》記載如下：

> 小雪，晷長一丈一尺八分。當至不至，來年蠶麥不成，多病脚腕痛。
> 未當至而至，亦為多肘腋痛。（水氣盛，水剋火，心經、心包絡經、
> 小腸經均在手部）

「小雪」屬水運，晷影不足則水氣弱，對應災異在明年小滿，屬火運，〈卦氣圖〉中「小滿」對應七十二候「麥秋至」，或因此解為「麥不成」。又「多病脚腕痛」，水氣不足，病在腎經、膀胱經，兩者均位於脚。若晷影較長則水氣盛，水氣過盛則為水剋火，人體手部共有手少陰心經、手厥陰心包絡經以及手少陽小腸經，三者均屬火，若水剋火，則對應「多肘腋痛」。

（二十四）「大雪」節氣，《易緯通卦驗》記載如下：

> 大雪，晷長一丈二尺四分。當至不至，溫氣泄，夏蝗蟲生，大水，
> 多病少氣、五疸[48]、水腫（水不足，或為熱濕症，或水氣鬱積而水
> 腫）。未當至而至，多病癰疽痛（癰疽為熱症，因水氣即寒氣過盛，
> 而在半年後反映在熱症上），應在芒種。[49]

「小雪」屬水運，晷影不足則水氣弱，因水氣不足，無以剋火，故為「溫氣泄」，又缺少之水氣補於明年，因此有「大水」。至於「多病少氣、五疸、水腫」，因水氣不足，或為無法壓抑火氣而成熱濕症，或水氣鬱積而產生水腫。若晷影較長則水氣盛，「癰疽」為熱症，因水氣即寒氣過盛，而在半年後反映在熱症上，故為「應在芒種」。

---

[48] 《本草綱目》卷三：「黃疸有五，皆屬熱濕。」

[49] 見《古微書》，頁289。

(三)《古微書》五運六氣說評議

　　從以上對於《易緯通卦驗》晷影及候氣之占驗的對照中,可清楚發現在《古微書》讖緯候氣占驗中最具體系的晷影占驗,誠如孫瑴所說「以晷影候病厄,通於《內經》五運六氣」,這樣的說法,在孫瑴之前的詮釋讖緯體系中,並未有人提及,因此孫瑴的假說,透過筆者反覆比對,確認是可以成一家之言的。過往解釋晷影與候氣間的關係,均以《易緯八種》中以《易》解物候為主,因此需大量採用漢代象數易學的之勢,但孫瑴就「疾病」一項與天候關係切入,直接將《易緯通卦驗》與《黃帝內經‧素問》相連結,從而取得詮釋讖緯卦氣、候氣說的另一種可能,這是必須予以肯定的。因此,透過《易緯八種》與《黃帝內經‧素問》等典籍反覆辨證《易緯通卦驗》的占驗內容,便更能趨近《易緯》之原貌,並有助於揭示《易緯》之深奧內涵。基於此,孫瑴對讖緯學之研究與啟發,其貢獻便不容抹滅了。

二、《古微書》與星象分野

　　孫瑴《古微書》收集天文類讖緯條文中,其中重要的一部份是有關星象分野的條文。所謂星象分野,為人間郡國州邑分布,及其對應的天上星宿或度數。讖緯星象分野中關於地理與天象的對應,早在春秋戰國時就有豐富的記錄,當時地理分野最重要的依據乃在歲星(即木星)行度。上古時期,在干支、太歲紀年法尚未出現前,歲星紀年法是最重要的參考值,古人觀星宿之運行,歸納歲星運行的週期為十二年一循環,雖後來已證實不夠準確,但歲星平均約十二年一循環,在紀年上十分方便,先秦各朝各國雖有諸多曆法,如古六曆之別,但歲星紀年卻為各國所共遵。歲星每年依照星紀(丑)、玄枵(子)、娵訾(亥)、降婁(戌)、實沈(酉)、大梁(申)、鶉首(未)、鶉火(午)、鶉首(巳)、壽星(辰)、大火(卯)、析木(寅)的次序,在天體做

逆時針運轉。

(一) 讖緯十二次分野說溯源

　　承上述，歲星紀年運用在星象分野上，據《左傳》及《國語》等現存先秦文獻考察，以春秋戰國時期為代表，歲星十二次已具體反應在春秋戰國各國分野上。以卜分就各國分野進行討論，以釐清先秦星象分野之面貌。

　　（一）根據《左傳·襄公二十八年》記載宋為大火之次，鄭為壽星之次，其文云：「二十八年，春，無冰。梓慎曰：『今茲宋鄭其饑乎，歲在星紀，而淫於玄枵，以有時災，陰不堪陽。蛇乘龍。龍，宋、鄭之星也。宋鄭必饑，玄枵，虛中也。枵，耗名也，土虛而民耗，不饑何為。』」據此推論，文中「蛇」乃象徵玄武，玄武為北方七宿，形象為龜蛇相抱，又玄枵於十二地支為子，故對應玄武。另外，以分野論，宋之分野為房、心、尾，《左傳·昭公十七年》載：「宋，大辰之虛也」，大辰即十二次之「大火」，《爾雅·釋天》云：「大辰，房心尾也」，故宋國對應房、心、尾宿，屬東方青龍七宿之一。鄭地之分野，《漢書·地理志》云：「韓地，角、亢、氐之分野……《詩·風》陳、鄭之國，與韓同星分焉……自東井六度至亢六度，謂之壽星之次」，故知鄭國分野為壽星之次，其星角、亢、氐，屬東方青龍七宿之一。歲星淫於玄枵，古人以為必有災異，玄枵象徵為北方玄武龜蛇，且災異發生時節為春天，春天以東方為代表，象徵為青龍，因此災異應在東方宋、之國，故稱「蛇乘龍」，因此推知宋為「大火之次」，鄭為「壽星之次」。

　　（二）根據《左傳·襄公二十八年》記載，周為鶉火之次，楚為鶉尾之次，其文云：「裨竈曰：『今茲周王及楚子皆將死。歲棄其次，而旅於明年之次，以害鳥帑，周、楚惡之。』」由前段記載可知，襄公二十八年，歲星在星紀而超次於玄枵，鄭大夫裨竈推論周王及楚子皆將死，杜預注云：「歲星……失次於此，禍衝在南，南為朱鳥，鳥尾曰帑，鶉火、鶉尾，周、楚之分」；又《國語·周語》伶州鳩答周景王問云：「昔武王伐殷，歲在鶉火……歲之所在，則我有周之分野也」，故確定周分野為「鶉火之次」，而楚分野則同為「鳥帑」

的「鶉尾之次」。

（三）根據《左傳‧襄公二十八年》記載，齊、薛屬玄枵之次，其文云：「有星出于婺女，鄭禆竈言於子產曰：「七月戊子晉君將死，今茲歲在顓頊之虛，姜氏、任氏實守其地」，杜預注曰：「姜，齊姓；任，薛姓，齊、薛二國，守玄枵之地」，故姜氏為齊國、任氏為薛國。顓頊之墟，據《爾雅‧釋天》云：「玄枵，虛也。顓頊之虛，虛也。北陸，虛也」，齊、薛所居，即十二次中玄枵之次。

（四）據《左傳‧昭公十七年》記載，則衛屬娵訾之次，其文云：「衛，顓頊之虛也，故為帝丘，其星為大水。」顓頊之墟，據上文提及，本應為北方玄枵之次，然而「大水」一詞，杜預注云：「衛星營室，營室水也」，「大水」即為營室，《爾雅‧釋天》云：「營室謂之定。娵訾之口，營室、東壁也」，衛在營室，與玄枵之次相連，但在分野上屬於娵訾之次。

（五）據《國語‧晉語》記載，則晉為實沈，其文云：「實沈之墟，晉人是居」，故知晉為實沈之次。

（六）據《左傳‧昭公三十二年》記載，則越為星紀之次，其文云：「夏，吳伐越，始用師於越也。史墨曰：『不及四十年，越其有吳乎？月得歲而吳伐之，必受其凶。』」據上文所引，則襄公二十八年歲星在星紀，進而推算昭公三十二年，歲星應在析木，但根據《周禮‧保章氏》鄭玄注引堪輿云：「丑，星紀，吳、越也」，則吳、越又同屬於星紀之次，其中究竟孰是孰非？仔細推敲前後文義，其實並無相悖，襄公二十八年云：「歲在星紀，而淫於玄枵」，正是歲星超辰的實測記錄，歲星實際上約每 11.86 年即循環一週天，較 12 年快出 0.14 年，長此以往，平均累積約 86（12÷0.14）年，歲星即一超辰。襄公二十八年歲星既超辰一次，即從星紀跳至玄枵，因此之後歲星需以襄公二十八年為玄枵之次起算，如此則算至昭公三十二年，歲星正值星紀之次，故越為星紀之次，與鄭玄說相合。

（七）根據《左傳‧昭公七年》記載，則魯為降婁之次、衛為娵訾之次，其文云：「夏，四月甲辰朔，日有食之。晉侯問於士文伯曰：『誰將當日食？』

對曰：『魯、衛惡之，衛大魯小。』公曰：『何故？』對曰：『去衛地如魯地，於是有災，魯實受之。其大咎其衛君乎？魯將上卿。』」周建子，以十一月為正月，因此夏四月即陰曆二月。二月日躔於降婁，傳云：「如魯地」，故知魯於十二次屬降婁之次。「去衛地如魯地」，即日由正月娵訾往二月降婁，因此衛於十二次屬娵訾之次。

　　根據《左傳》及《國語》等資料，春秋戰國時期歲星十二次與各國分布情形，可列表如下：

十二次	星紀	玄枵	諏訾	降婁		實沈		鶉火	鶉尾	壽星	大火	
分野	越	齊、薛	衛	魯		晉		周	楚	鄭	宋	

　　如表所示，先秦星象分野說的基本對應位置已大致羅列，現有史料中，僅趙、秦、燕、韓、魏等國沒有提及對應之分野。時至漢代，對於十二次星象分野之分配，多半依循先秦時框架，並，如《漢書‧地理志》所配十二次如下：

十二次						鶉首	鶉火	鶉尾	壽星		析木
二十八宿	斗、牛、女	虛、危	營室、東壁	奎、婁	昴、畢	觜觿、參	井、鬼	柳、七星、張	翼、軫	角、亢、氐	房、心	尾、箕
分野	吳、越	齊	衛	魯	趙	魏	秦	周	楚	韓、鄭	宋	燕

　　本表基本上與《左傳》、《國語》所分之次相合，當屬先秦分野說之流裔。其中將吳繫於「斗」，越繫於「牛、女」，乍看之下似分為十三次，實則不然。《漢書‧律曆志》以斗十二度至女七度為星紀，故知吳與越同屬星紀之次。其他如趙繫於「昴、畢」，秦繫於鶉首之次，燕繫於析木之次，可補足先秦史料所不足。另外，雖以「角、亢、氐」屬韓，但其後云「自東井六度至亢六度，謂之壽星之次，鄭之分野，與韓同分」，因此鄭、韓同屬壽星之次。然其

中將魏繫於「觜觿、參」，與《左傳》不同，其實晉至戰國時期，已為韓、趙、魏三國所分，趙在西北，魏在西，韓在西南，以西方七宿之「觜觿、參」配魏，並無不妥。至於《漢書‧地理志》未提及之次，可參照《漢書‧律曆志》補足，其表如下：

十二次	星紀	玄枵	諏訾	降婁	大梁	實沈	鶉首	鶉火	鶉尾	壽星	大火	析木
二十八宿	斗12°～女7°	女8°～危15°	危16°～奎4°	奎5°～胃5°	胃6°～畢11°	畢12°～井15°	井16°～柳8°	柳9°～張17°	張18°～軫11°	軫12°～氐4°	氐5°～尾9°	尾10°～斗11°

將《漢書‧地理志》與《漢書‧律曆志》兩者相互對照，則「斗、牛、女」屬於星紀，「虛、危」屬於玄枵，「營室、東壁」屬於諏訾，「奎、婁」屬於降婁，「昴、畢」屬於大梁，「觜觿、參」屬於實沈，「房、心」屬於大火，昭然可見。另外，漢代鄭玄注《周禮‧春官宗伯》時，引漢代十二次分野之說，將十二次配以十二次分野，亦可見先秦歲星十二次分野說在漢代的流衍，其表如下：

十二次	星紀	玄枵	娵訾	降婁	大梁	實沈	鶉首	鶉火	鶉尾	壽星	大火	析木
分野	吳、越	齊	衛	魯	趙	晉	秦	周	楚	鄭	宋	燕

鄭玄所引之說，基本上與《漢書‧地理志》分野排列相同，其中「魏」作「晉」，則循《左傳》以晉屬實沈之說，否則晉屬春秋時，趙屬戰國時，乃三家分晉而有，兩者並列，豈非矛盾？鄭玄此說，較《漢書》諸志，僅缺二十八宿及其分度。由以上諸表相互比對，漢代分野說延續著先秦歲星十二次分野說的原型，並因應漢代天文學的進展，將二十八宿及其行度納入歲星十二次分野的體系中。瞭解秦漢歲星十二次分野及其星宿、郡國配合之後，便可進一步探討漢代讖緯中星象分野說的傳播與變異。

漢代讖緯條文中，依照十二次分野進行排列者，孫瑴《古微書‧卷七‧春秋元命包》載有一條，其文云：

昴、畢間為天街，散為冀州，分為趙國，立為常山，其下有祠，有安天王。牽牛流為揚州，分為越國，立為揚山。軫星散為荊州，分為楚國，荊之為言強也，陽盛物堅，其氣急悍也。虛、危之精流為青州，分為齊國，立為萊山。天弓星主司弓弩，流為徐州，別為魯國。徐之為言舒也，言陰收內安詳也。五星流為兗州，兗之為言端也，言隄精端，故其氣纖殺，分為鄭國。鉤鈐星別為豫州，豫之為言序也，言陰陽分布，各得處也。東井、鬼星散為雍州，分為秦國，東拒殽阪，西有漢中，南含高山，北阻居庸，得東井動升之萌，其氣險。觜、參流為益州，益之為言隘也，謂物類並決，其氣急切決烈矣。箕星散為幽州，分為燕國，幽之為言窈也，言風出入窈冥，敏勁易曉，故其氣躁急。營室流為并州，分為衛國之鎮，立為明山，并之為言誠也，精合交并，其氣勇抗誠信也。又云：五星流為兗，鉤鈐星別為豫，昴、畢星散為冀，箕星散為幽，營室流為并，參、伐流為益，虛、危流為青，天氐流為徐，軫星散為荊，牽牛流為揚。[50]

本條讖緯，雖無提及歲星十二次，但卻合併二十八宿、十二次分野、州郡及山岳，筆者為之表列整理，以便說明：

二十八宿	牽牛	虛、危	營室	天弓星（天氐）	昴、畢	觜、參（參、伐）	東井、鬼星		軫星	五星	鉤鈐星	箕星
國	越國	齊國	衛國	魯國	趙國		秦國		楚國	鄭國		燕國
州	揚州	青州	并州	徐州	冀州	益州			荊州	兗州	豫州	幽州
山	揚山	萊山	明山		常山							

---

[50] 自「昴、畢間為天街」至「其氣勇抗誠信也」，孫氏抄錄自《藝文類聚》卷六，然「其下有祠，有安天王」一句，《藝文類聚》並無收錄，當為孫氏自注，不應列為本文。

〈春秋元命包〉中以二十八宿配各國分野，與歲星十二次分野說、《漢書‧地理志》配法大致雷同，然其中以「鉤鈐星」配豫州，「五星」配兗州、鄭國，「天弓星」（或天氐）配徐州、魯國，則須進一步說明。「鉤鈐星」位在東方七宿之「房宿」中，《漢書‧地理志》以「房、心」配宋，屬大火之次，而「房、心」配豫州，則可上推《史記‧天官書》，其文云：

> 角、亢、氐，兗州。房、心，豫州。尾、箕，幽州。斗，江、湖。牽牛、婺女，揚州。虛、危，青州。營室至東壁，并州。奎、婁、胃，徐州。昴、畢，冀州。觜觿、參，益州。東井、輿鬼，雍州。柳、七星、張，三河。翼、軫，荊州。[51]

以《史記‧天官書》二十八宿分野比對〈春秋元命包〉，除「角、亢、氐」、「奎、婁、胃」不同外，其餘分野配法相同。以《史記‧天官書》配合《漢書‧地理志》，則「鉤鈐星」為豫州無誤。其次，《史記‧天官書》以「角、亢、氐」配兗州，《漢書‧地理志》以「角、亢、氐」配韓、鄭，《春秋‧元命包》以鄭國配兗州，卻繫於「五星」，與二書迥異。「五星」一詞，非指角、亢、氐，因角宿二星，亢宿四星，氐宿四星，合併之共十星，於數不合。

現存讖緯條文中，與歲星十二次分野搭配最完整者，當推《洛書緯》緯文，其文不見於《古微書》，乃安居香山等自《天地瑞祥志》卷一中輯錄所得，此文收於安居香山等《緯書集成》中，其文云：

> 從南斗十二度，至須女七度，為星紀，在丑，揚州。須女八度，至危十五度，為玄枵，在子，青州，齊也。危十六度，至奎四度，為娵訾，在亥，並州，衛也。奎五度，至胃六度，為降婁，在戌，徐州，魯也。胃七度，至畢十一度，為大梁，在酉，冀州，趙也。畢

---

51 見《史記》卷二十七，頁 1304。

十二度，至井十五度，為實沈，在申，益州，晉、魏也。井十六度，
至柳八度，為鶉首，在未，雍州，秦也。柳九度，至張十七度，為
鶉火，在午，周，三河也。張十八度，至軫十一度，為鶉尾，在巳，
荊州，楚也。軫十二度，至互四度，為壽星，在辰，兗州，鄭、韓
也。互五度，至尾九度，為大火，在卯，豫州，宋也。尾十度，至
斗十一度，為析木，在寅，幽州，燕也。[52]

　　本條緯文結合地支、歲星十二次、各國分野、二十八宿度數及州郡配置，
言之最詳，今表列於下，以便說明：

地支	丑	子	亥	戌	酉	申	未	午	巳	辰	卯	寅
十二次	星紀	玄枵	娵訾	降婁	大梁	實沈	鶉首	鶉火	鶉尾	壽星	大火	析木
二十八宿	斗12°～女7°	女8°～危15°	危16°～奎4°	奎5°～胃6°	胃7°～畢11°	畢12°～井15°	井16°～柳8°	柳9°～張17°	張18°～軫11°	軫12°～互4°	互5°～尾9°	尾10°～斗11°
國度		齊	衛	魯	趙	晉、魏	秦	周	楚	鄭、韓	宋	燕
州郡	揚州	青州	並州	徐州	冀州	益州	雍州	三河	荊州	兗州	豫州	幽州

　　此表中，州郡之分與《史記・天官書》近乎全同，僅「斗，江、湖」部
分無繫聯。二十八宿度數部分，與《漢書・律曆志》幾乎全同，其中《漢書・
律曆志》「胃五度」，《洛書緯》作「胃六度」，《漢書・律曆志》「胃六度」，《洛
書緯》作「胃七度」，僅差一度，而《漢書・律曆志》作「氐」，《洛書緯》作
「互」，「互」當作「氐」，應為傳鈔之誤。此外，《洛書》更繫以十二地支，
較《史記・天官書》、《漢書・律曆志》、《漢書・地理志》、《周禮・春官宗伯》
鄭玄注、〈春秋元命包〉等歲星十二次分野更為完備，由此可知，《洛書緯》
分野可視為漢代歲星十二次分野說的集大成者。

---

[52] 見安居香山，中村璋八編：《重修緯書集成》，頁 1286-1287。

然而，對於《洛書緯》分野說的形成時間，卻需詳加論證，因《周禮·春官宗伯》鄭玄注中，鄭玄曾云：「大界則曰九州，州中諸國中之封域，於星亦有分焉，其書亡矣。堪輿雖有郡國所入度，非古數也。今其存可言者，十二次之分也」，鄭玄所謂「其書亡矣」，或指專論輿地分野之書，非《漢書》與諸緯，因此不能據此推論《洛書緯》分野成立年代在鄭玄之後。其次，《洛書緯》之分野與唐·房玄齡《晉書·天文志》分野比對，兩者近乎雷同，尤其在二十八宿行度全同，究竟何者為先？何者為後？考《洛書緯》與《晉書·天文志》相異有八：一、《晉書·天文志》作「并州」，《洛書緯》作「並州」。二、《晉書·天文志》作「氐」，《洛書緯》作「互」。。三、《晉書·天文志》作「諏訾」，《洛書緯》作「娵訾」。四、《晉書·天文志》以星紀之次配吳、越，《洛書緯》則不配。五、《晉書·天文志》以實沈之次屬魏，而《洛書緯》屬晉、魏。六、《晉書·天文志》以壽星之次為鄭之分，《洛書緯》則以為鄭、韓之分，此說上承《漢書·地理志》之說。七、《洛書緯》將十二次繫於十二地支，均謂「在子」、「在丑」，而《晉書·天文志》則為「於辰在子」，「於辰在丑」。八、《晉書·天文志》記每次之後，均羅列費直《周易》分野度數及蔡邕《月令章句》分野度數，而《洛書緯》則無。由是觀之，《晉書·天文志》與《洛書》同中有異，前三項或為筆誤，或字可通用，固無可論，然四、七、八項則《洛書緯》為略，而《晉書》為詳；五、六項則兩者明顯有別。一般而言，分野之說乃後出轉精，《晉書·天文志》收羅費直及蔡邕分野說，較《洛書緯》為詳，以時間而言，《洛書緯》之說當早於《晉書·天文志》，雖讖緯偶有雜入漢代以後文獻，但依二者詳略不同，及《洛書緯》吸收漢代分野說的情況，可將《洛書緯》分野說視為漢代讖緯之說。

(二)《古微書》其它分野諸說考

在漢代星象分野中，除上述十二次分野體系外，尚有許多分野模式，如

《史記‧天官書》所載五星分野[53]；《春秋緯》七星分野；《呂氏春秋‧有始覽》九天配二十八宿、九國、九州分野[54]；《淮南子‧天文訓》九天配二十八宿、九國分野[55]；《石氏星經》天市垣二十二星分野[56]；《後漢書‧天文志》九星分野[57]；《論語讖》三台六星分野；《詩緯》歲星行度分野等。上述分野中，《詩緯》歲星行度分野自成一格，以歲星之順行逆行，配《詩經》國風十三國以為占驗，林師金泉〈詩緯星象分野考〉一文已詳加考證，此不贅述。其他各種分野模式，看似雜亂無章，但若與漢代讖緯做繫聯，則有規律可循。《古微書》所載讖緯星象分野中，除上述「十二」分野模組外，「九州」分野模組也屢次出現於讖緯之中。有關「九州」分野，首先需釐清讖緯所論之九州為何，「九州」一詞可上推至《尚書‧禹貢》所論九州，自此以至漢代，「九州」

53　《史記‧天官書》云：「二十八舍，上十二州，斗秉兼之，所從來久矣。秦之疆也，候在太白，占於狼、弧。吳楚之疆，候在熒惑，占於鳥、衡。燕齊之疆，候在辰星，占於虛、危。宋鄭之疆，候在歲星，占於房、心。晉之疆，亦候在辰星，占於參、罰。」

54　《呂氏春秋‧有始覽》云：「天有九野，地有九州……何謂九野？中央曰鈞天，其星角亢氐。東方曰蒼天，其星房、心、尾。東北曰變天，其星箕、斗、牽牛。北方曰玄天，其星婺女、虛、危、營室。西北曰幽天，其星東壁、奎、婁。西方曰顥天，其星胃、昴、畢。昴、畢，西方宿，一名大梁，趙之分野。西南曰朱天，其星觜巂、參、東井。南方曰炎天，其星輿鬼，柳、七星。東南曰陽天，其星張、翼、軫。何謂九州？河漢之間為豫州，周也。兩河之間為冀州，晉也。河濟之間為兗州，衛也。東方為青州，齊也。泗上為徐州，魯也。東南為楊州，越也。南方為荊州，楚也。西方為雍州，秦也。北方為幽州，燕也。」

55　《淮南子‧天文訓》云：「何謂九野？中央曰鈞天，其星角、亢、氐。東方曰蒼天，其星房、心、尾。東北曰變天，其星箕、斗、牽牛。北方曰玄天，其星須女、虛、危、營室。西北方曰幽天，其星東壁、奎、婁。西方曰顥天，其星胃、昴、畢。西南方曰朱天，其星觜巂、參、東井。南方曰炎天，其星輿鬼、柳、七星。東南方曰陽天，其星張、翼、軫……星部地名：角、亢，鄭；氐、房、心，宋；尾、箕，燕；斗、牽牛，越；須女，吳；虛、危，齊；營室、東壁，衛；奎、婁，魯；胃、昴、畢，魏；觜巂、參，趙；東井、輿鬼，秦；柳、七星、張，周；翼、軫，楚。」

56　《開元占經》卷65載《石氏星經》云：「天市垣二十二星，主四方邊國。門左星宋也，次星衛，次星燕，次星東海，次星徐，次星太山，次星齊，次星河中，次星九河，次星趙，次星魏，次星中山，次星河間。市門右一星韓，次星楚，次星梁，次星巴，次星蜀，次星秦，次星周，次星鄭，次星晉也。其星光芒，即其國有謀也。若星色微小，其國邑弱，王者修德以扶之。」

57　《後漢書‧天文志》云：「玉衡者，謂斗九星也。玉衡第一星主徐州……第二星主益州……第三星主冀州……第四星主荊州……第五星主兗州……第六星主揚州……第七星主豫州……第八星主幽州……第九星主并州。」

所論方域各有不同，根據李智君〈分野的虛實之辨〉一文所述[58]，筆者增補表列如下：

《尚書·禹貢》	冀州	兗州	青州	徐州	揚州	荊州	豫州	雍州		梁州		
《逸周書·職方》	冀州	兗州	青州		揚州	荊州	豫州	雍州	幽州		并州	
《爾雅·釋地》	冀州	兗州		徐州	揚州	荊州	豫州	雍州	幽州			營州
《呂氏春秋·有始覽》	冀州	兗州	青州	徐州	揚州	荊州	豫州	雍州	幽州			
《說苑·辨物》	冀州	兗州	青州	徐州	揚州	荊州	豫州	雍州	幽州			
《後漢書·天文志》	冀州	兗州		徐州	揚州	荊州	豫州		幽州		并州	益州

以上所述九州分布，名稱及排列各有不同，隨著先秦兩漢州郡設置之變化，「九州」的內涵也同樣產生質變。然則，《古微書》中有關「九州」的星象分野究竟為何？筆者考察現存讖緯條文中有關九州分野者，有《春秋緯》七星分野，見《古微書》卷九〈春秋文耀鉤〉，其說如下：

> 布度定記，分州繫象。華岐以北，龍門、積石至三危之野，雍州，屬魁星。大行以東至碣石、王屋、砥柱，冀州，屬樞星。三河、雷澤，東至海岱以北，兗州、青州，屬璣星。蒙山以東，至江南、會稽、震澤，徐、揚之州，屬權星。大別以東至雷澤一作大別以東至富

---

[58] 李智君：〈分野的虛實之辨〉，《中國歷史地理論叢》第 20 卷第 1 輯，2005 年 1 月，頁 61-69。

春、九江、衡山、雲夢九江、荊州，屬衡星。荊山西南至岷山，北距鳥、
鼠，梁州，屬開陽。外方、熊耳，以至泗水、陪尾，豫州，屬搖光。
此九州屬。北斗星有七，州有九，但兗、青、徐、揚，并屬二州，
故七星主九州也。[59]

本條讖緯，將「龍門、積石」等各山山名統於九州，九州又繫於北斗七
星下。讖緯條文中，同樣以北斗七星模組作為星象分野者，又見《五行大義》
卷四載《春秋合誠圖》云：「樞星為雍州，璿星為冀州，箕星為青、兗州，權
星為徐、揚州，衡星為荊州，開陽為梁州，標光為豫州」，兩者雖同將九州繫
於七星，但七星與九州配法卻有所不同。

另外，同樣採九州星象分野者，有《論語讖》中所載三台六星分野[60]，
見《古微書》卷二十六〈論語摘輔象〉：，其說如下：

兗、豫屬上台九州繫於三台；荊、揚屬下級上之下等一台各有上下；梁、
雍屬中上中台之上；冀州屬錯中台之下下台之上；青州屬下上下台之上；
徐州屬下下下台之下。[61]

〈論語摘輔象〉將九州繫於三台六星之下，各自排列於上台上下星、中
台上下星、下台上下星等六星之下。同樣將九州繫於三台六星者，尚有《論
語讖》，《開元占經》卷六十七載〈論語讖〉云：「上台上星主兗、豫，下星主
荊、揚。中台上星主梁、雍，下星主冀州。下台上星主青州，下星主徐州。
星非其故，以占其邦」，三台六星與九州分配上，均與〈論語摘輔象〉相同，
可視為同一系統之分野。

59　見《古微書》，頁 167-168。

60　三台六星與北斗七星相關，《史記・天官書》云：「魁下六星，兩兩相比者，名曰三能」，「魁」
　　即斗魁，「三能」即三台。

61　見《古微書》，頁 502。

以上列舉《春秋緯》及《論語讖》等分野方式，雖有配七星與三台六星之不同，但值得注意的是，兩者在九州名稱上，同樣依照《尚書‧禹貢》的九州分法，這並非單純巧合。讖緯產生於漢代，若以實際州郡分配而言，漢代早已有設有十三州，且上表所列九州名稱各有出入，《春秋緯》及《論語讖》本《尚書‧禹貢》九州配置，必然是刻意安排的結果。筆者表列如下，以便檢索：

〈尚書‧禹貢〉	冀州	兗州	青州	徐州	揚州	荊州	豫州	雍州	梁州
〈論語讖〉	冀州(中台下星)	兗州(上台上星)	青州(下台上星)	徐州(下台下星)	揚州(上台下星)	荊州(上台下星)	豫州(上台上星)	雍州(中台上星)	梁州(中台上星)
〈論語摘輔象〉	冀州(中台下星)	兗州(上台上星)	青州(下台上星)	徐州(下台下星)	揚州(上台下星)	荊州(上台下星)	豫州(上台上星)	雍州(中台上星)	梁州(中台上星)
〈春秋合誠圖〉	冀州(璿星)	兗州(箕星)	青州(箕星)	徐州(權星)	揚州(權星)	荊州(衡星)	豫州(標光)	雍州(樞星)	梁州(開陽)
〈春秋文耀鉤〉	冀州(樞星)	兗州(璣星)	青州(璣星)	徐州(權星)	揚州(權星)	荊州(衡星)	豫州(搖光)	雍州(魁星)	梁州(開陽)

(三) 讖緯星象分野說評議

以上逐一考察漢代讖緯分野說後，發現無論是十二次分野或是九州分野，同樣存在著「尊古」與「變古」看似矛盾的雙重特色。所謂「尊古」，亦即「宗經」的特色，「緯」之所以為「緯」，其中重要的定義之一，即「經之附庸」，「緯」之建構與闡釋，必然與「經」之內容有極大關連。試觀《古微書》所載讖緯各種分野說，無不與「經」有所聯繫，如〈春秋元命包〉、《洛書緯》十二次分野，可上溯《左傳》分野說；《春秋緯》、〈論語讖〉九州分野符合《尚書‧禹貢》九州配置；《詩緯》星象分野本於《詩經》國風十三國，在在說明「經」與「緯」關係之密切。然而，在「尊古」、「宗經」的影響下，使讖緯星象分野在漢代實際占驗的用途逐漸縮小，由於漢代州域分野與先秦

時期有相當大的變化，全然以六經作為分野說的依據，容易與時代脫節，而逐漸成為純粹的分野「模型」，失去實際占驗的意義，《春秋緯》、《論語讖》等九州分野即反映出這種「模型」的實際例證。

　　其次，「變古」是漢代讖緯分野說的另一特色，在十二次分野說上，讖緯發展出適應時代變異的特色，即州郡分配符合漢代實際州郡，如〈春秋元命包〉十二郡配以并州、益州、幽州，《洛書緯》十二郡配以并州、益州、三河、幽州，均反映出漢代實際州郡面貌，而非單純配以春秋戰國時各國國名。

　　就現存讖緯條文考察，發現以星象分野作為漢代實際占驗用途者比例甚少，不如《左傳》、《國語》中實際採用星象分野占驗般盛行，推究原因，《史記・天官書》中的一段話值得參考，其文云：：「及秦併吞三晉，燕，代，自河（黃河）、山（華山）以南者中國。中國於四海內，則在東南，為陽；陽則日，歲星，熒惑，填星；占於街南，畢主之。其西北則胡，貉，月氏諸衣旃裘引弓之民，為陰；陰則月，太白，辰星；占於街北，昴主之」，這段話的主要意義，在於揭示秦漢以來五星占驗體系的盛行，與星象分野的沒落。秦代統一天下之前，春秋戰國屬群雄割據之態勢，各國為占驗吉凶，必求之於鬼神，其中「天」之告示最為重要，當時「天」分十二次，以對應地面各國疆域，以此基礎進行天象占驗是極為盛行的。然而，秦代一統天下後，從前各國處於天之何處分野等，不再是大一統帝國所關注的焦點，既為幅員遼闊之帝國，星象占驗便不再切割為零碎區塊，而是關注全天體的變化，星象取而代之者，則是日月五星行度及贏縮等現象。秦雖一統中原，但北方仍有戎狄之患，於是星象之分野，從十二區塊變為天體南北之占，南北之界線稱為「天街」，古人以二十八宿中昴、畢二宿之間為日月五星行走之路徑，故稱為天街，往南則為中國，往北則為戎狄，以此進行占驗在秦漢間極為流行，取代了原先的星象分野占驗。除了日月五星占驗在漢代受到極大的重視，讖緯更沿襲了雲氣物候之占，逐漸取代星象分野占驗而成為主流，因此現存讖緯天文占驗條目中，十之八九均為日月五星雲氣物候現象變異，與人事變化對應之占驗。相較之下，星象分野的占驗便少了許多，這是歷史發展的必然軌跡。

三、《古微書》《詩緯》占驗系統

　　孫瑴《古微書》的編纂，在天文曆法的基礎上，對於讖緯占驗體系進行了一系列的介紹與補充說明，其中如前章《易緯》占驗體系是其大宗，並且《書緯》、《春秋緯》均有其推災應變之體系。然而，孫瑴也同時意識到，讖緯之中，除了《易緯》、《書緯》、《春秋緯》之外，《詩緯》也同樣具有獨特之占驗系統，《古微書》卷二十四〈詩推度災序〉云：

> 賁居子曰：漢儒窮經，多主災異，故《尚書》則有〈五行傳〉……
> 及劉歆作〈三統曆〉，以《易》與《春秋》天人之道，其說曰：「經
> 元一以統始，《易》太極之首也。春、秋二以目歲，《易》兩儀之中
> 也。于春每月書王，《易》三極之統也。於四時雖無事必書日月，《易》
> 四象之節也。時月以建分、至、啟、閉之分，《易》八卦之位也」，
> 而獨無及于《詩》者。[62]

　　讖緯之中，凡《易緯》、《春秋緯》、《書緯》，在孫瑴當時均有較豐富的占驗紀錄，因此被收錄於《古微書》之中，然而其中「獨無及于《詩》者」，孫瑴為此感到惋惜，因此嘗試為《詩緯》占驗之說收羅佚文。就今本《古微書》觀之，有關《詩緯》占驗體系的論述並不豐富，但孫瑴嘗試在《詩緯》本文外，收集相關資料，以試圖建構《詩緯》占驗系統，因此筆者此處嘗試解說《古微書》中有關《詩緯》占驗體系之說。本節以林師金泉〈齊詩學之三基四始五際六情說探微〉研究成果為本，針對與《古微書》相關之處進行論述，以補充《古微書》《詩緯》占驗體系之面貌。

---

[62] 見守山閣叢書本《古微書》，卷二十四頁 449。

(一)《詩緯》占驗之基礎：三基說

　　有關《詩緯》之占驗體系，孫瑴收羅者計有「四始」、「五際」、「六情」之說，然而以上諸說之源，當上推「三基」之說。「三基」之說見於《後漢書‧郎顗傳》，其文云：

> 臣伏惟漢興以來三百三十九歲。於詩三基李賢注云：「基當作『朞』，謂
> 以三朞之法推之也。〈詩汜歷樞〉曰：『凡推其數皆從亥之仲起，此天地所定位，
> 陰陽氣周而復始，萬物死而復蘇，大統之始，故王命一節為之十歲也。』」，高
> 祖起亥仲二年，今在戌仲十年。 [63]

　　在《古微書》曾收錄若干條《詩緯》條文，其中有論及「四始五際」、「五際六情」者，然孫瑴並未深入探究，僅引用《漢書‧翼奉傳》作為補充，實則「四始」、「五際」、「六情」說，是漢代齊詩用以占驗的主要體系，據林師金泉〈齊詩學之三基四始五際六情說探微〉一文所述，「四始」、「五際」、「六情」說本乎「三基」說，亦即齊詩占驗體系本於「三基」曆法循環。所謂「三基」，即詩緯曆法之循環，見於《後漢書‧郎顗傳》：「臣伏惟漢興以來三百三十九歲。於詩三基，高祖起亥仲二年，今在戌仲十年……臣以為戌仲已竟，來年入季」，齊詩三基說，根據《後漢書‧郎顗傳》李賢注所說，其云：「基當作『朞』，謂以三朞之法推之也」，「朞」即週期，以三週期作為曆法的大循環，此「三週期」究竟為何，待下文詳述。

　　此外，注中又引用《詩汜歷樞》曰：「凡推其數皆從亥之仲起，此天地所定位，陰陽氣周而復始，萬物死而復蘇，大統之始，故王命一節為之十歲也」，《詩緯》推算災異的起點為「亥之仲」之年，，因此「亥之仲」是《詩緯》推算曆法循環的起點，此年若對比於《易緯》〈卦氣圖〉，正如〈卦氣圖〉中

---

[63] 見《後漢書》，頁 1065-1066。

〈中孚〉卦般，是「陰陽氣周而復始，萬物死而復蘇」的起始點。

由上文可知，《詩緯》占驗以十二地支紀年，每支分有孟、仲、季三者，而孟、仲、季所據年數，根據李賢注所說「王命一節為之十歲也」，加上郎顗所說「今在戌仲十年……臣以為戌仲已竟，來年入季」，可知孟、仲、季各佔十年。因此，十二地支每支為孟仲季共三十年，十二支總計三百六十年（12×3×10＝360），這是《詩緯》占驗的基本循環。

然而，《後漢書・郎顗傳》論《詩緯》占驗時，又援引《易緯乾鑿度》五德更迭之說，即前章所論每德各佔 304 年，五德為 1520 年的循環，由此可推測，《詩緯》占驗體系，應當與《易緯》曆法系統有所關連。《詩緯》占驗既然結合《易緯乾鑿度》五德更迭之說，則五德更迭之起始年與《詩緯》占驗之起始年應當相同，亦即占驗應起於亥仲初年。此時需進一步推求《詩緯》360 年循環與《易緯》五德終始 1520 年之共同起點，亦即需取五德循環 1520 年與《詩緯》循環 360 年的最小公倍數，即 13680 年。由是得知，《詩緯》占驗循環與《易緯》五德說的循環，為 13680 年，又此年恰為古四分曆曆元之三元（4560×3），亦為四分曆九紀（1520×9），此年之次年正值亥仲初年與五德之初的交會點，因此所謂「三基」，即《詩緯》占驗結合《易緯》五德更迭，其大循環正符合四分曆三大週期「三元」，亦即「三基」。[64]

(二)《詩緯》四始五際占驗說

在「三基」說的基礎下，對於「四始五際」之說便能進行說解。所謂「四始」，《古微書》卷二十四〈詩汎歷樞〉云：「大明在亥，水始也。四牡在寅，木始也。嘉魚在巳，火始也。鴻鴈在申，金始也」[65]，與魯詩所說「〈關雎〉之亂，以為風始，〈鹿鳴〉為小雅始，〈文王〉為大雅始，〈清廟〉為頌始」[66]

---

[64] 「三基」說實際對應漢代年份，詳見林師金泉〈齊詩學之三基四始五際六情說探微〉一文。

[65] 見《古微書》，頁 461。

[66] 見《史記・孔子世家》。

不同，《古微書》引毛詩所說「四始者，鄭答張逸云：風也、小雅也、大雅也、頌也」亦不同於《詩緯》之說，《詩緯》「四始」所採用齊詩之義。所謂「四始」即水、木、火、金之始，可配於一年四季，如《玉燭寶典》卷四引《詩推度災》云：「立火於〈嘉魚〉，萬物成文」，宋均注云：「立火，立夏，火用事成文」[67]。又《玉燭寶典》卷七引〈詩推度災〉云：「金立於〈鴻雁〉，陰氣煞，草木改」，宋均注云：「金立，立秋，金用事也」，卷一引《詩推度災》：「〈四牡〉，草木萌生，發春近氣，役動下民」，宋均注云：「大夫乘〈四牡〉行役……如正月物動不正，故以篇繫此時」，又於十月孟冬引《詩推度災》云：「水立，氣周，剛柔戰德」，宋均注云：「水立冬，水用事也，氣周者，周亥復本元也，剛柔猶陰陽，言相薄也」，據林師金泉考證，即以〈大明〉配孟冬。

至於「五際」之說，詳見《古微書》卷二十四〈詩汎歷樞〉云：

> 卯，天保也。酉，祈父也。午，采芑也。亥，大明也。然則亥為革命，一際也。亥又為天門，出入候聽，二際也。卯為陰陽交際，三際也。午為陽謝陰興，四際也。酉為陰盛陽微，五際也。[68]

除了上述之說外，《古微書》也羅列了其他兩說，併陳於下，其文云：「應劭釋五際曰：君臣、父子、兄弟、夫婦、朋友也。孟康引詩內傳曰：五際：卯、酉、午、戌、亥也」，《詩緯》所採用者為「亥、亥、卯、午、酉」與「卯、酉、午、戌、亥也」二者，據林師金泉考證，二者可並存不悖，即蔣湘南《七經樓文鈔》〈詩有五際六情〉一文所說：「其或逢五際而不盡驗者，則以閏分餘氣之不齊，天道人事，感召湊會，總不外前後數十年間，故分亥、午、卯、酉各自為際，而戌、亥二宮之間，合為一際，即所謂齊不齊也。」[69]據蔣湘

---

[67] 本文及下文「金立於〈鴻雁〉」、「〈四牡〉，草木萌生，發春近氣，役動下民」等，孫瑴《古微書》均未收，可推斷孫瑴輯佚時應未參考《玉燭寶典》一書。

[68] 見守山閣叢書本《古微書》，卷二十四頁 461。

[69] 見清・蔣湘南：《七經樓文鈔》卷二，收錄於《中國基本古籍庫》。

南所論，則「五際」的產生，即因應《詩緯》360 年的循環中，每逢閏餘即為「際」，古曆每 19 年則有 7 閏月，則 360 年共有約 132 閏月，約為 11 年，此為 360 年之閏餘，共分為五際，此五際為天道人事變異之時，戌亥之際，乃《河圖括地象》所云：「西北為天門」，亦即《古微書》卷二十四〈詩汎歷樞〉云：「建四始五際而八節通。卯、酉之際為革政，午、亥之際為革命，神在天門，出入候聽[70]」，此時置餘分而合一際於戌亥之間，因此可言戌，亦可言亥。

有關前文《古微書》所云：「建四始五際而八節通」者，所指為四始、五際與節氣之四正四立相配之情形，又《詩緯》占驗乃配合《易緯》因此配合需兼採《周易》方位，筆者據林師金泉之研究成果，引用該表以做說明，其表如下：

四時	冬	春	夏	秋
五行	水	木	火	金
八節	立冬 冬至	立春 春分	立夏 夏至	立秋 秋分
八卦	乾坎	艮震	巽離	坤兌
八方	西北 北	東北 東	東南 南	西南 西
十二支	亥 子 丑	寅 卯 辰	巳 午 未	申 酉 戌
詩篇	大明	四牡 天保	嘉魚 采芑	鴻雁 祈父
四始五際	大明在亥，水始也 亥際：大明 （亥又為一際）	四牡在寅，木始也 卯際：天保	嘉魚在巳，火始也 午際：采芑	鴻雁在申，金始也 酉際：祈父（戌際）

---

[70] 見《古微書》，頁 461。

　　《詩緯》以「四始」、「五際」配合詩篇、《易》、曆法，形成一獨特體
系，並以此進行占驗。而選擇「四始」，固然能理解為《詩緯》曆法遇到等
同於四季之變化的時間點「四始」時，將產生若干變異。然而，選擇「五際」
者，則如同前文〈詩汎歷樞〉中所言，「亥」者為一日之終，亥時過後即為子
時，象徵一日之始，因此凡遇亥時即為陰陽際會之終，又「亥」位處於「天
門」，因而有變異之生。「卯」者日出之時，象徵夜終晝始，故為「陰陽交際」。
「午」時陽盛轉衰，陰氣將起，故為「陽謝陰興」。「酉」時晝終夜始，故為
「陰盛陽微」，因此《詩緯》「五際」乃以一日陰陽之氣轉換的五個時刻，將
之擴充解釋，並配合《詩緯》曆法進行占驗，預言朝代興亡[71]。《詩緯》建立
占驗系統後，對於朝代之具體占驗頗多，可參考孔廣森《經學卮言》[72]，其
據三基之說，以漢獻帝陽嘉二年為準，上推革命、革政之年，其文云：「元始
四年入午仲，是王莽革命之際也。又前二百九年，得高祖元年乙未入亥仲二
年矣！又前五十年，而得周亡之歲在酉季二年乙巳，上距殷周革命辛卯之歲
七百九十四年，實惟午孟之八年也」，以上推測朝代之更迭，即根據《詩緯》
三基四始五際之說而得。

　　《詩緯》四始五際占驗之說，除上文所論根本於三基說之外，尚有四始
五際之說配合音律之說，即「四始」、「五際」與「十二律」相配。在《古微
書》中，對於四始五際與音律之配合，是結合輿地之說一併論述的，有關《古
微書》載《詩緯》與音律相配之說，當屬卷二十三〈詩緯含神霧〉論之最詳，
其文云：

> 夫齊之地，處孟春之位，海岱之間，土地污泥流之所歸，利之所聚。
> 律中太簇，音中宮角。陳地處季春之位，土地平夷，無有山谷，律
> 中姑洗，音中宮徵。曹地處季夏之位，土地勁急，音中徵，其聲清

---

[71] 此說參考林師金泉研究成果，詳見林師金泉〈齊詩學之三基四始五際六情說探微〉一文。

[72] 見清‧孔廣森：《經學卮言》卷三，收錄《中國基本古籍庫》。

以急。秦地處仲秋之位，男懦弱，女高臁臁，明也，落消切，白色秀
身，音中商，其言舌舉而仰，聲清而揚。唐地處孟冬之位，得常山
大岳之風，音中羽，其地磽确上苦交切，下苦割切而收，其民儉而好
畜，此唐堯之所處。魏地處季冬之位，土地平夷。邶、鄘、衛、王、
鄭，此五國者，千里之城，處州之中，名曰地軸。[73]

　　根據《詩緯含神霧》中各國之方位及其相配之音律，筆者推測當是以西
周雒邑為中心，與其他國家之相對位置而定。欲得知文中各國相配之方位、
樂律、時令，當據前文四始五際說為基礎，進一步推演音律相配之說。筆者
以林師金泉之說為本，進而比附，得出下表以做說明：

季節	五行	地支	十二律	五音	國家	詩篇
孟冬 10	水	亥（西北）	應鐘	羽	唐（晉）	大明
仲冬 11	水	子（北）	黃鐘	羽		
季冬 12	水	丑（東北）	大呂	宮	魏	
孟春 1	木	寅（東北）	太簇	角	齊	四牡
仲春 2	木	卯（東）	夾鐘	角		
季春 3	木	辰（東南）	姑洗	宮	陳	
孟夏 4	火	巳（東南）	中呂	徵		嘉魚
仲夏 5	火	午（南）	蕤賓	徵		
季夏 6	火	未（西南）	林鐘	宮	曹	
孟秋 7	金	申（西南）	夷則	商		鴻雁
仲秋 8	金	酉（西）	南呂	商	秦	
季秋 9	金	戌（西北）	無射	宮		

　　有關十二月與十二律相配之說，已見前章律曆說，在此僅附於表中，故

---

[73] 見守山閣叢書本《古微書》，卷二十三頁 430-431。

不贅述。筆者以「齊之地，處孟春之位……音中宮角」、「陳地處季春之位……
音中宮徵」二者，推論五音與十二月之相配，當同於五行與十二月相配，即
亥子配羽（水），寅卯配角（木），巳午配徵（火），申酉配商（金），辰戌丑
未配宮（土），加上前文四始五際之內容，因而整理出上表，其中《詩緯含神
霧》所論之國及其與周王都之相對位置幾乎全部吻合，唐國（即後來之晉國）
位於雒邑之北，故「唐地處孟冬之位……音中羽」，秦國位於雒邑之西，故「秦
地處仲秋之位……音中商」，齊國位於雒邑之東北，故「齊之地，處孟春之
位……音中宮角」，陳國位於雒邑之東南，故「陳地處季春之位……音中宮
徵」，均與實際狀況符合。然而，曹國位於雒邑之東，按理當為「春」而非「夏」，
「曹地處季夏之位……音中徵」與實際地理位置不合，筆者推測或許為筆誤
之類，待考。

(三)《詩緯》六情占驗說

　　《詩緯》占驗系統中，除「四始五際」外，尚有「六情」之說，《漢書·
翼奉傳》曰：「詩之為學，情性而已，五性不相害，六情更興廢，觀性以歷，
觀情以律」，注中引張晏之說云：「性謂五行也，歷謂日也，情謂六情：廉貞、
寬大、公正、姦邪、陰賊、貪狼也，律謂十二律也」[74]，張晏之說即《古微書》
卷八《春秋演孔圖》所云：「詩含五際六情」[75]，其本意在於告知國君「知下」
之法，《古微書》卷二十四《詩汎歷樞》載翼奉之言云：「治道要務，在知下
之邪正，知下之術，在於六情十二律而已」[76]，亦即推測臣下之邪正，以實
行領導統御之術。其法在於六情「廉貞、寬大、公正、姦邪、陰賊、貪狼」
與五行「五性」、六律六呂等十二律相配合，並進行推測占驗的系統，如《五
行大義》卷四引翼奉之說云：「五行在人為性，六律在人為情」，「六律」即

---

[74] 見《漢書·翼奉傳》，頁 3170。

[75] 見《古微書》，頁 153。

[76] 見《古微書》，頁 462。

以陽六律統攝陰六呂而言，翼奉將「五行」、「十二律」結合六情以進行占驗
之說，並結合三基、四始、五際之國祚災異占驗進行陳述，作為國君統治之
參考，此《詩緯》占驗白成完整之體系，有別於其餘各《緯》。

　　據林師金泉〈齊詩學之三基四始五際六情說探微〉一文，欲探求「六情」
之說，需對於五行休旺及支相刑說有所理解才能逐步破譯，有關五行休旺說，
以《淮南子‧天文訓》所論最詳，其文云：「木生於亥，壯於卯，死於未，三
辰皆木也。火生於寅，壯於午，死於戌，三辰皆火也。土生於午，壯於戌，
死於寅，三辰皆土也。金生於巳，壯於酉，死於丑，三辰皆金也。水生於申，
壯於子，死於辰，三辰皆水也」，有關五行休旺之說，筆者以簡表進行說明如
下：

休王 ＼ 五行	木	火	土	金	水
生	亥	寅	午	巳	申
壯	卯	午	戌	酉	子
死	未	戌	寅	丑	辰

　　觀本表所排設，所謂「壯」者，即該地支各配屬之五行，然「生」者或
為該地支之母，如亥（水）為卯（木）之母（水生木），但巳（火）不得為酉
（金）之母。其中唯一可解者，在於五行之「生、壯、死」之配合，均合乎
地支三合[77]，因此不應以五行生剋考察本表，當以地支三合觀之。至於「支
相刑」說，即《五行大義》卷二〈論刑〉所說，其文云：「支自相刑者，子刑
在卯，卯刑在子，丑刑在戌，戌刑在未，未刑在丑，寅刑在巳，巳刑在申，
申刑在寅，辰、午、酉、亥各自刑」[78]，以五行休旺及支相刑說為基礎，便
能對「六情」之說進行解說。

---

[77] 地支三合者，亥卯未為木、寅午戌為火、巳酉丑為金、申子辰為水。
[78] 見隋‧蕭吉：《五行大義》卷二，收錄於《中國基本古籍庫》。

有關翼奉「六情」說之占驗法，《五行大義》曾引用翼奉對於「六情」之解釋曰：「貪狼求索財物……陰賊主於劫盜……姦邪主疾病……廉貞主上客遷召……寬大主酒食慶善……公正主執仇諍諫」[79]，這是對於「六情」說的實際運用人事方面，在《古微書》卷二十四《詩汎歷樞》中，孫瑴引述翼奉「六情」占驗之基本架構，其文如下：

> 北方之情好也，好行貪狼，申、子主之。東方之情怒也，怒行陰賊，亥、卯主之。貪狼必待陰賊而後動，陰賊必待貪狼而後用，二陰並行，是以王者忌子、卯也，禮經避之，春秋諱焉。南方之情惡也，惡行廉貞，寅、午主之。西方之情喜也，喜行寬大，巳、酉主之，二陽並行，是以王者吉午、酉也，詩曰：吉日庚午。上方、北與東之情樂也，樂行姦邪，辰、未主之。下方南與西之情哀也，哀行公正，戌、丑主之。辰、未屬陰，戌、丑屬陽，萬物各以其類應。[80]

文中提及「王者忌子、卯」、「王者吉午、酉」，這是占驗判斷的基礎，子、午、卯、酉為四正，若配以陰陽之說及後天八卦之方位，則子配太陰屬〈坎〉，卯配少陰屬〈震〉，午配少陽屬〈離〉，酉配老陽屬〈兌〉，子、卯屬陰而午、酉屬陽，翼奉此說旨在說明王者占驗之時喜陽而惡陰，與漢代重陽輕陰之基本論述相同。根據上文翼奉所說「六情」與六方、五行、地支等相配，本林師金泉之說製簡表說明如下：

		北	好	貪狼	水	申子	主求索財物
陰	忌	東	怒	陰賊	木	亥卯	主劫盜
		上（北與東）	樂	姦邪	土	辰未	主疾病
陽	吉	南	惡	廉貞	火	寅午	主上客遷召

---

[79] 同上注，卷四。

[80] 見《古微書》，卷二十四頁462-463。

| | | 西 | | 喜 | 寬大 | 金 | 巳酉 | 主酒食慶善 |
| | | 下（南與西） | | 哀 | 公正 | 土 | 丑戌 | 主執仇諍諫 |

1. 貪狼

　　《五行大義》卷十八論情性引翼奉六情說云：「情好者水，生申盛子，水性觸地而行，觸物而潤，多所好，故爲好，多所好則貪無厭，故爲貪狼，申、子主之」[81]，對照五行生旺表，貪狼取「申、子」，則取其生壯之時，即翼奉所謂「生申盛子」。「水」所以為「貪狼」者，李淳風《乙巳占》卷十論六情法云：「申子辰，水之源，其性侵淫，其性貪諍。水動而溢下，晝夜不停向震，故申子為貪狼」，以水之特性「侵淫」、「溢下」、「觸物而潤，多所好」，如人之貪求無度，故為貪狼。

2. 陰賊

　　《五行大義》卷十八論情性引翼奉六情說云：「情怒者木，生亥盛卯，性受水氣而生，貫地而出，故為怒。卯木生於子水，與卯還自相刑，亥又自刑，是以陰氣相賊，故為陰賊。亥卯主之。貪狼必得陰賊而後動；陰賊必得貪狼而後用。二陰並行，是以王者忌於子卯相刑之日也」，「生亥盛卯」者，取其生壯之時，「性受水氣而生」，即水生木，「貫地而出」如人之怒然，因此其情為怒。李淳風《乙巳占》卷十論六情法云：「亥卯未，木之類也。其性屈曲，其情邪伏，陰映閉匿，為水所生，返害所養，故亥犯為陰賊」[82]，「為水所生，返害所養」者，根據支相刑說，即子卯相刑，「卯木生於子水，與卯還自相刑」，子刑卯，卯刑子，二者均為陰氣，因此「陰氣相賊，故為陰賊」，此為陰賊之意。至於「貪狼必得陰賊而後動；陰賊必得貪狼而後用」者，陰賊（木）、貪狼（水）二者既相刑又互為用，如同「貪狼求索財物」、「陰賊主於劫盜」二者，欲所求財物必劫盜，劫盜之發生因於欲所求財物，故為陰賊。

---

[81] 見隋‧蕭吉：《五行大義》卷四，收錄於《中國基本古籍庫》。

[82] 見唐‧李淳風：《乙巳占》卷十，收錄於《中國基本古籍庫》。

3. 廉貞

《五行大義》卷十八論情性引翼奉六情說云：「情惡者火，生寅盛午，火性炎猛，無所容受，故為惡。其氣清明精耀，以禮自整，故為廉貞。寅午主之」[83]，「生寅盛午」者，取其生壯之時，又根據五行生旺表，寅午戌為火，因此「火性炎猛」，炎猛則其情「無所容受，故為惡」。又火於五常中屬「禮」，如同火「清明精耀，以禮自整」，因此為「廉貞」。

4. 寬大

《五行大義》卷十八論情性引翼奉六情說云：「情喜者金，生巳盛酉，金為寶物，見之者喜，又喜以利刃加於萬物，故喜。利刀所加，無不寬廣，為器則多容受，故為寬大」[84]，「生巳盛酉」者，取其生壯之時，李淳風《乙巳占》卷十論六情法云：「巳酉丑，金之位也。其性義斷剛直，其情寬大，與乾健同類，與兌相當，有象施與，故巳酉為寬大」[85]，金之性為「義斷剛直」，如同〈乾〉卦「剛健」特質，其情「寬大」者，八卦中〈兌〉卦亦屬金，〈兌〉有「喜悅」之意，因此「有象施與」，故有寬大之狀。又翼奉云：「二陽並行，是以王者吉於午酉之日」，午、酉均象徵陽氣，王者好陽氣惡陰氣，故遇午酉之時為吉。

5. 姦邪

《五行大義》卷十八論情性引翼奉六情說云：「情樂者：謂北與東，陽氣所萌生，故為上，亦主中央，辰為水窮也，木落歸本，水流歸末，故木刑在未（當作亥），水刑在辰，盛衰各得其所，故樂。水窮則無隙不入，木上出窮，則旁行為斜，故為姦邪，辰未主之」[86]，北為水，東為木，冬春之際陽氣萌生，

---

[83] 見隋・蕭吉：《五行大義》卷十八，收錄於《中國基本古籍庫》。

[84] 同上注。

[85] 見唐・李淳風：《乙巳占》卷十，收錄於《中國基本古籍庫》。

[86] 見隋・蕭吉：《五行大義》卷十八，收錄於《中國基本古籍庫》。

陽為上，故方位為上。「辰為水窮」即水死於辰，「木落歸本」即木死於未，「木刑在未（當作亥），水刑在辰」者，據支相刑表，亥、辰二者自刑，此即「盛衰各得其所」，因此其情「樂」。又李淳風《乙巳占》卷十論六情法云：「姦邪，辰未主之。辰為水末，未為木窮，水為智，智窮則姦生，木旁則邪曲，故辰未主之」[87]，李淳風認為水為五常之「智」，並說「智窮則姦生，木旁則邪曲」，此說作為「姦邪」之解釋甚為恰當。

6. 公正

《五行大義》卷十八論情性引翼奉六情說云：「情哀者：謂南與西，陰氣所萌生，故為下。戌，窮火也。丑為金窮也。金剛，火強，各歸其鄉，故火刑在午，金刑在酉，金火之盛，而被自刑，至窮無所歸，故曰哀。火性無私，金性剛斷，故曰公正。戌丑主之」[88]，南為火，西為金，即夏秋之際，此時陰氣萌發，故云「陰氣所萌生」，陰為下，故方位為下。火死於戌，金死於丑，故云「戌，窮火也。丑為金窮」。火金之壯者，即午、酉，此為「金剛，火強」，二者於支相刑表中均為自刑，因此為「各歸其鄉，故火刑在午，金刑在酉」。午、酉為五行之至壯，卻遭刑，是「至窮無所歸，故曰哀」，此為情「哀」之源。「火性無私，金性剛斷」者，李淳風《乙巳占》卷十論六情法云：「火性夏長，故正。炎強自伏，其卿不濫他所，故曰公正」[89]，又云：「丑金剛而為公，戌火明而為正」，以火「炎強自伏，其卿不濫他所」為公正之表徵，又金「剛斷」，如執法之無私，因此為公正。

「六情」說之架構如上文所提，至於具體的占驗之法，若為前文「觀性以曆，觀律以情」來說，翼奉曾述說占驗常例，《漢書‧翼奉傳》載云：「今年太陰建於甲戌，律以庚寅初用事，曆以甲午從春。曆中甲庚，律得參陽，

---

[87] 見唐‧李淳風：《乙巳占》卷十，收錄於《中國基本古籍庫》。

[88] 見隋‧蕭吉：《五行大義》卷十，收錄於《中國基本古籍庫》。

[89] 見唐‧李淳風：《乙巳占》卷十，收錄於《中國基本古籍庫》。

性中仁義，情得公正貞廉」，「觀性以歷」[90]者，歷即日，即十干，「觀律以情」者，歷即律，律即十二律，即十二支，「建於甲戌」、「律以庚寅」、「歷以甲午」者，取律（支）得戌、寅、午，取曆（干）得甲、庚，甲為木屬仁，庚為金屬義，因此「性中仁義」。戌於六情屬公正，為陽；寅於六情屬廉貞，為陽；午於六情亦為廉貞，屬陽，因此說「律得參陽」、「情得公正貞廉」。[91]

在《古微書》卷二十四《詩汎歷樞》中，孫瑴引述《漢書・翼奉傳》作為占驗系統之說明，其文云：

> 辰為客，時為主，人見於明主，侍者為主人，辰正時邪，見者正，侍者邪。辰邪時正，見者邪，侍者正。忠正之見，侍者雖邪，辰時俱正。大邪之見，侍者雖正，辰時俱邪，即以自知侍者之邪。而時邪辰正，見者反邪，即以自知侍者之正。而時正辰邪，見者反止。參之六合五行，則可以見人性，知人情，故詩之為學，性情而已。[92]

根據上述正邪之配合，筆者嘗試製表以說明之：

時辰	辰（君、見者）	時（侍者、臣）	結果
正邪	正	邪	見者正，侍者邪
	正（見者吉）	邪（自知侍者之邪）	侍者邪，見者邪
	邪	正	見者邪，侍者正
	邪（見者凶）	正（自知侍者之正）	見者正，侍者正
	正	正	忠正之見，侍者雖邪，時辰俱正。

---

[90] 見《漢書・翼奉傳》，頁3173。

[91] 本章論六情之架構及占驗，均本乎林師金泉〈齊詩學之三基四始五際六情說探微〉進行補充論述，詳可見林師金泉之文。

[92] 見守山閣叢書本《古微書》，卷二十四頁462-463。

		大邪之見，侍者雖
邪	邪	正，時辰俱邪。

　　由上表可知，凡國君之統御臣下，首要之務在於「知下」，而「知下」的
對象包含了「臣下」、「侍者」、「見者」三者，其中牽涉諸多複雜人事關係，
若君王不知其道，勢必為臣下所蒙蔽，因此翼奉所以將本架構上報於帝王，
最重要在於指導國君面對臣下之時，如何進行占驗以預先「知下」之法。

　　至於何為正邪，《漢書·翼奉傳》注引孟康說云：「凡占以見者為本」，又
注引述晉灼之說云：「南方巳午、西方酉戌、東北寅丑為正。西南申未、北方
亥子、東方辰卯為邪」[93]，凡遇巳午戌酉丑寅為正，遇申未亥子辰卯為邪。
孫瑴在《古微書》中引用翼奉占驗實例進行說明，其文云：「迺正月癸未日加
申，有暴風從西南來，未主奸邪，申主貪狼，風以太陰下抵建前，是人主左
右邪臣之氣也。平昌侯至臨，即稱詔欲從奉學其術，奉不可」[94]，「癸未日加
申」者，翼奉指出「未主奸邪」，即六情中之「姦邪」，「申主貪狼」，即六情
中之「貪狼」，且未、申二者均為邪時，既為六情中之貪狼、姦邪，且未、申
又為邪時，是為「辰邪時邪」，即「大邪之見」，因此翼奉推斷平昌侯為大邪
之人，若與之相見則大凶。

　　透過本節對於《古微書》《詩緯》占驗之引述及考察，可知孫瑴在編纂之
時嘗試《詩緯》占驗之文進行增補說明，以求能重建《詩緯》占驗體系之樣
貌。孫瑴曾在〈詩推度災序〉中感嘆《詩緯》占驗之不存，其文云：

　　漢儒窮經，多主災異……而獨無及于《詩》者，逮翼奉受齊《詩》，
　　始得五際六情之說以行災異，而其術竟無傳矣。《漢志藝文》亦不
　　存其目，緯書所列〈推度災〉，則或齊《詩》授受之遺，惜其不著

---

[93] 見《漢書·翼奉傳》，頁 3170。

[94] 見《古微書》，頁 463。

耳。[95]

在孫瑴之時，因無法見到《五行大義》等書，因此對於《詩緯》占驗之相關內容所收甚少，有關《詩緯》四始五際六情之本文，收羅結果同樣不盡理想，無法從此探究《詩緯》占驗之完整體系。然而，孫瑴能從《漢書·翼奉傳》中尋找四始五際六情之說的蛛絲馬跡，進而嘗試推求《詩緯》占驗體系之面貌，也同樣在其能力範圍中，盡到博學而窮究之功。本節《詩緯》占驗之推論，幸賴林師金泉研究成果，筆者為之擷取與《古微書》相關論述者進行說明，並增以若干圖表及補充說明，期能裨益《古微書》《詩緯》占驗之內容。

四、《古微書》與道教相關論述

《古微書》對於道教相關論述的探討，多數集中在《河圖緯》之中，對於道教方面則有其論述層次。首先論讖緯文獻中有關「天」與「地」的內容，而後從「地」中「九州」延伸出道教對「崑崙」的信仰，再延伸出道教仙境說。從仙境之說延伸出道教神、仙系統，進而論述道教服食求仙之法，最後再述及道教諸神的厭勝除災作用。因此本節擬以此為論述之順序，以求釐清《古微書》與道教之相關論題。

(一)《古微書》天文觀與地理概說

《古微書》所收與天文的相關衍申緯文中，在「地理」方面論述，在許多方面與後世道教關係甚為密切，而「地理」之說是如何與天文之說產生連結？其連結的關鍵在於「天」與萬物相應之說，《古微書》卷三十二〈河圖括

---

[95] 見《古微書》，頁449。

地象〉載其文云：

> 天有五行，地有五岳。天有七星，地有七表。天有八氣，地有八風。
> 天有九道，地有九州。天有四維，地有四瀆。天有九部八紀，地有
> 九州八柱。[96]

　　在讖緯體系中，認為凡「天」有何種布列現象，大地則有同樣對應的物候，天既有五行[97]，地則有對應之五嶽；天有北斗七星，地則對應七表[98]；天有八氣，地則對應四時八節中之「八風」；天有四方四維[99]，則大地對應川流四瀆。至於「九道」，前章曾論及「日有九道」說，讖緯認為日行「九道」，以及天體分為「九天」之說，正對應於大地「九州」之設置。其中「天有九部八紀」對應了「地有九州八柱」，這與讖緯本文中「崑崙」之說關係甚深，也與道教崑崙山之說的建立有極大的關係，因此本文根據讖緯「天地相應」之說，對於讖緯地理觀與道教之說進行論析。

(二)《古微書》九州說與道教相關論述

　　《古微書》所收讖緯地理相關文獻中，對於「崑崙」之說所論甚豐，在《古微書》卷三十二〈河圖括地象〉中記載了對於「崑崙」的論述，其文云：

---

[96] 見《古微書》，頁609。

[97] 此五行當指《黃帝內經‧素問》所載五天之氣，《古微書》卷二〈尚書考靈曜〉載云：「《素問》引〈太始天元冊文〉：『丹天之氣，經於牛女戊分。黅天之氣，經於心、尾己分。蒼天之氣，經於危、室、柳、鬼。素天之氣，經於亢、氐、昴、畢。玄天之氣，經於張、翼、婁、胃』」，見《古微書》，頁25-26。

[98] 「七表」一詞未見古人解釋，但《古微書》中有「神農之治，地過日月之表」之語，此或為「七表」說遺形。

[99] 「四維」說見《古微書》卷二〈尚書考靈曜〉引《淮南子‧天文訓》云：「子、午、卯、酉為二繩，丑寅、辰巳、未申、戌亥為四鉤。東北為報德之維也，西南為背陽之維，東南為常羊之維，西北為蹏通之維」，即以天體之東北、東南、西南、西北四角為四維。

地中央曰崑崙，崑崙東南地方萬五千里，名曰神州，中有五岳地圖，
帝王居之。[100]

在《古微書》讖緯文獻之中，「崑崙」被認為是「地中央」，而華夏民族
的「中原」位處於「崑崙」之東南方，名為「神州」，中國帝王居其所，其中
有「五岳地圖」，估計與《河圖》或《古微書》〈河圖括地象序〉中所云「昔
禹治水，得〈括地象〉」[101]等中原輿圖相關。《古微書》所收緯文中，「崑崙
山」既是「地中央」，又與「九州」之說相配合，成為統攝九州的樞紐，《古
微書》卷三十二〈河圖括地象〉載云：

崑崙之墟，下洞含右：赤縣之州，是為中，則東南神州曰晨土，正
南邛州曰深土，西南戎州曰滔土，正西弇川曰开土，正中冀州曰白
土，西北柱州曰肥土，北方玄州曰成土，東北咸州曰隱土，正東揚
州曰信土晨亦作農，深一作洙，白一作中，玄一作濟，信一作申。[102]

據讖緯所述，可初步推論為崑崙山位居中央，所謂「崑崙之墟，下洞含
右」者，意謂崑崙山之下，水流相通，包含如右所述之九州。中原名為「赤
縣之州」，位居崑崙之右，如此則「崑崙山」既是「地中央」，又是九州之中
心。「九州」地理之說，以陰陽家鄒衍為鼻祖，讖緯此處將鄒衍九州概念結合
「崑崙山」，並成為後世道教稱說之聖山。至於鄒衍與讖緯九州說之關連，孫
穀認為讖緯之說當源自於鄒衍，其文云：「貪居曰：昔聞神農之治，地過日月
之表，此或神農之九州與？蓋其說祖于鄒衍，衍謂中國於天下，乃八十一分
之一耳」[103]，孫穀將讖緯九州之說上推至鄒衍，等於認同讖緯繼承鄒衍之說

---

[100] 見《古微書》，頁 609。

[101] 見《古微書》，頁 608。

[102] 見《古微書》，頁 610。

[103] 見《古微書》，頁 611-612。

而發展，其說可信。九州所謂「赤縣」之名，始見於《史記・孟子荀卿列傳》
引述鄒衍之說：「儒者所謂中國者，于天下乃八十一分居其一分耳。中國名曰
赤縣神州。赤縣神州內自有九州，禹之序九州是也」[104]，鄒衍「大九州」之
說，將天下分為九部分，所述之中國「赤縣神州」僅佔九分之一。綜合《史
記》與〈河圖括地象〉論述，可知以「赤縣之州」為中央的「九州」，僅佔天
下的九分之一，而中國在此「赤縣之州」之中，「赤縣之州」又稱為「赤縣神
州」。

　　《古微書》卷三十二〈河圖括地象〉中對於「大九州」、「小九州」之說
又做了補充，其文云：

> 天下有九區，別有九州。中國九州名赤縣，即禹之九州也。上云九
> 州八柱，即大九州也，非〈禹貢〉赤縣小九州也。[105]

　　這段說法繼承鄒衍九州之說，並為之闡釋，讖緯認為大九州即「天下有
九區」，其中各自「別有九州」。讖緯繼承鄒衍九州之說，認為「禹之序九州」
即「赤縣神州」，亦即認為「中國九州」即「禹之九州」，亦即將《尚書・禹
貢》中冀州、兗州、青州、徐州、揚州、荊州、豫州、梁州、雍州等九州視
同為小九州範圍。然而，若鄒衍與本條緯文所說「中國九州」即「禹之九州」，
那麼九州的範圍則會縮小到僅有中原民族活動範圍的「東南神州」周圍，並
不包含「崑崙山」的範圍，這與《古微書》所載與「崑崙」結合的「九州」
之說不同。

　　根據《古微書》所載「崑崙」與「九州」前後文對照，以及上文引述「大
九州」具有「九州八柱」的特徵來看，讖緯所謂「崑崙」的概念當屬於「大
九州」的範圍，而非「小九州」，因《古微書》同卷中對於「崑崙山」有以下

---

[104] 見《史記》卷七十四，頁 2344。

[105] 見守山閣叢書本《古微書》，卷三十二頁 610。

的形容：崑崙山為柱，氣上通天，崑崙者地之中也。地下有八柱，柱廣十萬里，有三千六百軸，互相牽制，名山大川，孔穴相通」[106]，「崑崙」之下有「八柱」支撐，每柱各「廣十萬里」，這符合「大九州」中「九州八柱」的敘述，因此讖緯所謂「崑崙」為「地中央」者，乃是概括全部大地之樞紐，而非限於「赤縣神州」。如此推論，前文引述崑崙「崑崙之墟，下洞含右：赤縣之州，是為中」，結合前文對於「赤縣神州」的認識，應當理解為自「地中央」的「崑崙之墟」之右，有一「赤縣之州」，此「州」為一「小九州」之中央，即《尚書・禹貢》所述之九州，而崑崙山則是大九州的中心。

(三)《古微書》崑崙與道教仙境說

依前文推論得知，「崑崙山」乃是「大九州」之中心，亦即大地之核心處，既為大地之中央，亦為古人認為大地之最高點，古人對於高山本有敬畏之意，五嶽在讖緯中尚且被認為是神聖的，更何況是大地中央最高之處，因此對於「崑崙」的種種崇拜之說也就應運而生，這對於道教「崑崙」崇拜有著極大的影響，《古微書》卷四〈尚書運期授〉曾記載「崑崙」與道教仙人之說，其文云：「西王母於太荒之國，得益地圖，慕舜德，遠來獻之。王母之國在西荒，凡得道授書者，皆朝王母於崑崙之闕」[107]，「西王母」在《山海經》的形象本為「豹尾虎齒」[108]，但經過多次轉變，到了讖緯文獻之中，將中國之西北的「崑崙」與「王母之國在西荒」結合，認為凡修道成仙者，均需西去崑崙朝觀西王母。因此，在讖緯之中，崑崙已不僅是「地中央」而已，更是仙人之首「西王母」所居之處。在《古微書》所收讖緯本文中，對於「崑崙」的具體描述如下：

---

[106] 見守山閣叢書本《古微書》，卷三十二頁 613。

[107] 見《古微書》，頁 81。

[108] 見《山海經・西山經》：「其狀如人，豹尾虎齒。」

地南北三億三萬五千五百里，地部之位起形高大者，有崑崙山，從廣萬里，高萬一千里，神物之所生，聖仙之所集也。出五色雲氣，五色流水，其白水東南流入中國，名曰河也。其山中應於天，最居中，八十城布繞之。中國東南隅，居其一分，是奸城也。崑崙之山為地首，上為握契，滿為四瀆，橫為地軸，止為天鎮，立為八極。[109]

「崑崙山」在讖緯的論述中，為大九州中「地部之位起形高大者」，其神聖處在於此山乃「神物之所生，聖仙之所集」，為神仙聚集之處，此說為後來道教所繼承，並且「白水」為黃河之起源，孕育華夏子民。「崑崙」作為大地之最的「地首」，上應於天，泉水為大川大河「四瀆」之源，且為「地軸」，即地脈之軸心，「天鎮」為上天鎮守大地之代表，又「崑崙」統攝大九州，派生其餘八大州，即「立為八極」，如此將「崑崙」信仰推向高峰。

對於「崑崙」形狀之描述，除了讖緯本文之外，孫瑴更引用張華《神異經》，補充說明「崑崙」銅柱之說，其文云：

崑崙有銅柱焉，其高入天，所謂天柱也，圍三千里，員周如削，下有廻屋，仙人九府治。上有大鳥，名曰希有。南向張，左翼覆東王公，右翼覆西王母，背上小處無羽一萬九千里，西王母歲登翼上，之東王公也。[110]

文中敘述「崑崙有銅柱焉」，此銅柱與「九州八柱」之柱敘述不同，「八柱」位於崑崙之地下，而此銅柱的形狀乃是「其高入天，所謂天柱」，此柱下有「仙人九府治」的「廻屋」，與〈河圖括地象〉所云「最居中，八十城布繞之」的描述，似可相配，均為「聖仙之所集」的處所。此柱上有鳥，名為「希

---

[109] 見《古微書》，頁613。

[110] 見《古微書》，頁616-617。

有」，其翼「左翼覆東王公，右翼覆西王母」，在讖緯文獻中，原先群仙之首
為西王母，但到了《神異經》中，發展為東王公與西王母兩大系統，凡男仙
以東王公為首，女仙以西王母為首，後世道教神仙之論，多以此為基本架構。
對於讖緯文獻以及古代典籍神化崑崙之說，孫瑴雖廣為蒐集材料，並說明「崑
崙」信仰之源流正變，但仍舊認為「崑崙」之說似乎已經過於鋪陳衍申，以
致怪誕，孫瑴評論道：「按《山海》、《淮南》怪談崑崙，無異佛氏之侈須彌
山也」[111]，道教以「崑崙」為大地中心，正如佛教以須彌山為大地中心一般，
佛教對於須彌山之狀貌鋪陳甚多，而道教「崑崙」說上推至《山海經》、《淮
南子》時，就已侈論其神，到了讖緯文獻中，更是大加誇飾鋪陳，以致於如
同佛教論須彌山作為世界之中心一般，不免過於誇張，孫瑴雖客觀上廣泛收
集緯文，但在主觀判斷上卻未必認同這類說法。

(四)《古微書》與道教諸神

　　《古微書》在《河圖緯》中大量論述「崑崙」及「神仙」，並以「西王母」
與「東王公」為群仙之首，其後更大量引用文獻，論述道教神仙體系，並與
星官之說相連結。《古微書》之中，以記錄天象災異文字紀錄為數最多，其中
物候人事之辨化，可透過《易緯》、《詩緯》等占驗系統進行推敲，然而天體
與人事的對應，則仍遵循星官說詮釋體系。

　　星官之說發展至漢代，由於天人感應之說的滲入與強化，使得人間大到
國家體系，小至人體、動植物，均根源於天上之主宰。此主宰原以某一星宿
或單一星體做為代表，但在星官說發展的過程中，部分星官說有逐漸轉為神
格化的情形，如《古微書》卷八〈春秋合誠圖〉云：「軒轅主雷雨之神，旁有
一星玄戈，名曰貴人，旁側郎位，主宿衛尚書」[112]，卷十二〈春秋佐助期〉：

[111] 見《古微書》，頁614。
[112] 見《古微書》，頁162。

「角為天門，左角神名，其名芳。右角神名，其光率」[113]，天上星宿轉為人格化的神，在讖緯之中屬常見之事，諸多星宿中以北極星作為「天皇大帝」，亦即造物主最具代表性，前章已提及，此不贅述。

至於這類讖緯文獻與後世道教之關係，孫轂認為凡是後世佛、道教星宿神格化的文獻，必與讖緯相關，《古微書》卷七〈春秋元命包〉中記錄孫轂對於佛、道教神祇的看法，其文云：

> 古巫咸、甘、石三家星經所傳猶存，而緯候談星，殊各異說，至如二十八宿，夷夏所同仰也，道釋二部，則各載其姓字、衣佩、宮室。觀《雲笈七籤》所疏：「織女能致神芝，傳舍星旦為馬，晝為鹿，暮為獐。天市星能致明月珠，旦為木，晝為兔，暮為狢……」又即二十八禽而衍其說者，精氣幻化，倘有是乎？要不可執一而准。[114]

孫轂認為古代巫咸、《甘石星經》等談星之說尤存於世，至於讖緯談星因系統龐雜，且有將星宿神格化的趨向，這對於道教諸神的建構有著極大的影響。雖然孫轂對於佛教、道教神祇來源之說法，主張二者均源自於讖緯未必完全正確，但也顯示出孫轂主張古代神祇體系的建立，與漢代讖緯脫不了關係，《古微書》卷十二〈春秋佐助期〉孫轂論佛道二教與讖緯之關係，其文云：

> 按星辰之位號已難驗矣，復從而注其姓字，其形狀，其衣服，其居處，靡密已甚。顧道釋二藏所稱引名狀各殊，則必皆襲自緯書而後稍汎濫也。今據《雲笈七籤》有云：「角星神姓賓名遠生，衣綠玄單衣。亢星神姓扶名司馬，馬頭赤身，衣赤緹單衣，帶劍……」[115]

---

[113] 見《古微書》，頁234。

[114] 見《古微書》，頁144-145。

[115] 見《古微書》，頁235。

　　孫毅認為佛教所述諸星宿之神必定源自緯書，此說尚須斟酌，因《古微書》中論佛教、道教神祇與讖緯之關係時，僅援引《雲笈七籤》為例證，缺乏佛教典籍，且直接將佛教神祇源頭上推至讖緯，也未必妥當。然而，推論讖緯星辰神格化為後世道教諸神的源頭，並據讖緯加以演繹，則為的論。

　　除了星宿神神格化以外，更有星宿降為人間物候者，如《古微書》卷九〈春秋運斗樞〉云：「樞星散為麈、為虎、為象，又為雲母」、「璇星散為為橘、為薑」[116]，天與人事間的感應，從約略比附的天象，到個別星宿均有具體對應之事物，這是天人感應之說的發展。既然天人感應被擴充至人間各項事物，則每一物候各有所主宰，此形上之主宰又有神格化的趨向，如《古微書》卷十二〈春秋佐助期〉：「織女神名收陰；庶星傳令，神名詩時；太尉主甲卒，神名辨會；天弓主司弓弩之張，神名推亡」條[117]，本為星宿之神，但孫毅在本條下並列「粟神名許給姓庸天；麥神名福習；黍神名阿保蘭郝；荳神名靈殖姓樂」[118]，除了星宿有主宰之神外，萬物如粟、麥、黍、荳等作物也都有主宰之神，後世道教物候均有神明主宰的泛神論，當可上推至讖緯之說。

　　在諸多物候之中，仍有特別具有代表者，如山岳之中，帝王以五嶽為尊，且特別重視東嶽泰山，歷代帝王舉行「封禪」大典時，均於泰山舉行，因此「泰山」在諸山中具有特殊意義，《古微書》卷二十七〈孝經援神契〉中載有此條，其文云：「五嶽之神聖……太山天帝孫也，主召人魂，東方萬物始成，故知人生命之長短」[119]，將「太（泰）山」視為天帝之孫，主宰人死去之後「召人魂」，因此泰山之神可知「人生命之長短」，這與後世道教東嶽大帝信仰有相當密切之關連，東嶽大帝之執掌與行事，可上溯至讖緯本條文字之記錄。

　　上文提及，讖緯將星宿神格化的過程，與漢代天人感應說的盛行有關，

---

[116] 見《古微書》，頁 177。

[117] 見《古微書》，頁 234。

[118] 見《古微書》，頁 235。

[119] 見《古微書》，頁 521。

然而從《古微書》中，更能找到讖緯建立諸神體系與人間事物之直接關係，
亦即「天」與「人體」之關連。在漢代天人感應學說中，以董仲舒《春秋繁
露》最為精要，其〈人副天數〉篇載云：「是故人之身，首而員，象天容也；
髮，象星辰也；耳目炯炯，象日月也；鼻口呼吸，象風氣也；胸中達知，象
神明也，腹胞實虛，象百物也」[120]，將人體各部位與天體、萬物相比附。西
漢學術在此風氣籠罩之下，使得讖緯之說也染上濃厚的天人感應色彩，如《古
微書》卷二十七〈孝經援神契〉云：

> 人頭圓像天，足方法地，五臟像五形，四肢法四時，九竅法九分，
> 目法日月，肝仁、肺義、腎智、心禮、膽斷、脾信、膀胱決難、髮
> 法星辰、節法日歲、腸法鈞。[121]

讖緯所論人體與天地之關連，幾乎與董仲舒所說如出一轍。然而，在此
發展之下，孫瑴認為後世道教經典論人體諸神與讖緯之說關係極大，在《古
微書》卷六〈春秋元命包〉中，孫瑴引用了道藏《五符經》，說明天人感應與
諸神之關係，其文云：

> 道藏《五符經》：「天生萬物，人為貴也，人身包含天地，無所不法……
> 膽為天子大道君，脾為皇后，心為太尉，左腎為司徒，右腎為司空，
> 封八神及臍為九卿，珠樓神十二，胃神十二，三焦神三，合為二十
> 七大夫。四肢神為八十一元士，合之百二十，以法郡數也。[122]

在《五符經》中，膽配以「天子」，脾為「皇后」，心為「太尉」，左腎為

---

[120] 見漢・董仲舒：《春秋繁露》卷十三，收錄於《中國基本古籍庫》。

[121] 見《古微書》，頁 523。

[122] 見《古微書》，頁 126-127。

「司徒」，右腎為「司空」，均屬於人間官位，基本上不離漢代天人感應的雛形。然而「珠樓神」、「胃神」、「三焦神」、「四肢神」等卻以「神」比附臟腑，就可視為受到漢代讖緯物候神格化的影響。另外，在本條緯文之下，孫瑴更援引道藏《五符經》之說加以佐證，其文云：

> 又中黃道君曰：「人身包含天地，無所不法……璇璣者，北斗君也，天之侯王也，主制萬二千人，持人命籍，人亦有之，在臍中，臍者人之命也，一名五城。五城中有五真人者，五帝也。五城之外有八吏者，八卦神也，并太乙為九卿。八卦之外，有十二樓者，十二太子，十二大夫也，并三焦神，合為二十七大夫。四支神為八十一元士，故五城真人主四時上計，八神主八節，日主計。十二大夫主十二月，以晦日上計，日月不得懈怠。」[123]

　　本條讖緯本文中，除上文所提諸神外，還將「臍中」神格化為「五真人」，城外八吏為「八卦神」，在在顯示出漢代讖緯在天人感應說的影響下，對於萬事萬物，乃至於人體各部位，均予以神格化，這對於後世道教經說的發展，有著重要的影響，特別是煉丹典籍的影響，如《黃庭經》中「黃庭內人服錦衣」、「黃庭真人衣朱衣」、「泥丸百節皆有神」皆可說是讖緯之說的衍申發展。孫瑴認為《五符經》中所云：「人身包含天地，無所不法」，並且能將人體各部位對應天象、朝廷制度與官爵，而天象、朝廷、官爵是人事之至貴者，從而顯示出讖緯文獻與道教經典以「天生萬物，人為貴也」。作為萬物之貴者，人理應法天道以行，因此孫瑴在卷六〈春秋元命包〉中強調「夫等之為形體耳，緯書則以律天象，而道藏、醫經則以擬之朝廷，列之官爵，詎不貴哉？其莫知惜也」[124]，孫瑴在《古微書》中屢屢強調讖緯文獻與後世道教之關連，

尤其在後世道教諸神系譜的建構上,讖緯文獻對於道教經典產生的重要影響,從而可知孫瑴論讖緯為道教源流之說中,諸神系譜的建立一項是孫瑴所特別重視者。

(五)《古微書》與道教服食觀

《古微書》談論道教地理觀與讖緯文獻之關連時,除前文提及對於道教對於讖緯九州之論述外,如後世道教福地洞天之說,孫瑴認為這些均與讖緯的記載有關,在《古微書》論述道教神系時,也同時論及道教服食養生、福地洞天、與修練成仙相關議題,如《古微書》卷二十三〈詩含神霧〉云:「太華之山上,有明星玉女持玉漿,得上服之,即成仙道,險僻不通。得少室之山巔,亦有白玉膏,得服之即得仙道,世人不得上也」[125],讖緯文獻曾記載所謂仙山之說,「太華之山」即為仙山之一,其上有「明星玉女持玉漿」,有志於修道者,如能得服,即能修煉成仙。這類仙山之說,在後世道家經典之中所論甚多,孫瑴雖無直接論及兩者的關連,但從《古微書》中對於本條緯文的注解即可知端倪,如本文注解「《續博物志》云:『中國有洞天三十六所,皆謂之天,第一王屋山洞天。周迴萬里,名小有清虛天……皆仙人所居也」,即引述後代道教三十六洞天之說,作為本條緯文之補充,也間接認為道教福地洞天之說,乃源自於讖緯文獻。

在本條緯文之下,除了福地洞天源於讖緯之外,孫瑴還援引《抱朴子》洞天之說為之解釋,其文云:

> 《抱朴子》曰:「仙經可以精思合作藥者,有華山、泰霍山……皆是正神在其山中。其中或有地仙之人,上皆生芝草,可以避大兵大難,不但於中可合藥也,若有道者登之,則此山神必助之為福,藥必

成。」[126]

　　孫瑴採《抱朴子》本段論述甚為精確，因本文既有上文所論，將物候神格化的記載，如各洞天均有「正神在其山中」、「山神必助之為福」，不僅五嶽，各洞天所在之山也有主宰之神，又從此條文字可知，道教論洞天之說與讖緯有相當關連。且從山岳、洞天與讖緯之關係，延伸論及道教服食之說，凡洞天所在，均有靈藥，即《抱朴子》所說「可以精思合作藥」、「上皆生芝草」等仙藥之類，與前文所論太華之山有「明星玉女持玉漿」等論述相同，由此可知，道教中所提倡的服食之說，孫瑴認為與讖緯文獻也脫不了關係。

　　《古微書》中有關服食之讖緯文獻，除上文所述外，尚有許多相關論述，如卷二十九〈孝經援神契〉所說「石潤苞玉，丹精生金，椒薑禦温，菖蒲益聰，巨勝延年，威喜辟兵」[127]，漢代讖緯文獻中對於藥性之研究，除對於後世醫學有所影響外，道教煉丹術中的服食之法也同樣受到讖緯文獻的影響，孫瑴在本條緯文下，引用《抱朴子》丹藥藥材之說加以說明，其文云：「按《抱朴子》：『仙藥之上者丹砂，次則黃金，次則白銀，次則諸芝，次則五玉，次則五雲，次則明珠，次則太乙禹餘糧』」[128]，論述道教煉丹之說中，以實際藥物為藥材時，各種藥材等級差別之說，與讖緯所論息息相關。

(六)《古微書》與道教厭勝除災

　　在道教體系之中，除上文所論地理觀、諸神系譜以及服食觀外，尚有所謂「厭勝除災」之法，及透過固定的儀式，去除災厄、惡鬼，以迎福納祥，如《古微書》卷三十〈孝經威嬉拒〉云：「欲去惡鬼，須具五刑，令五人皆持大斧，著鐵兜鍪驅之，常使去四千步，不可令近人也」[129]，本條讖緯所論「五

---

[126] 見守山閣叢書本《古微書》，卷二十三頁 439-440。

[127] 見守山閣叢書本《古微書》，卷二十九頁 568。

[128] 見《古微書》，頁 568-569。

[129] 見《古微書》，頁 590。

人皆持大斧」、「具五刑」等記述，與臺灣現今道教廟宇八家將，每逢神祇出巡便持刑具導行於前極為相似，孫轂在本文下引《風俗通》之說加以說明，其文云：「按《風俗通》引《黃帝書》：『上古之時，有荼與鬱壘昆弟二人，性能執鬼。度朔山上章桃樹，下簡閱百鬼，無道理，妄為人禍害，荼與鬱壘縛以葦索，執以食虎。』於是縣官常以臘除夕飾桃人，垂葦茭，畫虎於門」[130]，後代道教及民俗間張貼門神，飾以「桃人」，均為古代禳災之遺形，這些與讖緯記載均有關連，因此本條讖緯禳災除厄之說實為道教早期發展的重要資料。

　　《古微書》中記載禳災之說，除了說明讖緯壓勝除災之說為道教之根源外，更有收錄讖緯文獻中祝禱除災之相關資料，如卷三十四〈龍魚河圖〉云：「髮神名壽長，耳神名嬌女，目神名珠映，鼻神名勇盧，齒神名丹朱，夜臥呼之，有患亦便呼之，九過，惡鬼自却」[131]，本段文獻所說如同前文提及，人體各部位均有主宰之神，然而此處進一步引申發揮，每逢「夜臥」、「有患」之時，只要稱呼髮、耳、目、鼻、齒之神名諱，便能去除疾患與惡鬼。這類論述被後世道教經典所繼承，而成為後世道教祝禱祈福的重要來源。道教有關「呼神」以除患祈福，後世典籍甚為豐富，然孫轂在本條之下，引用《黃庭經》之說加以證明，其文云：「按《黃庭經》曰：『髮神蒼華字太元，腦神精根字泥丸，眼神明上字英玄……膽神龍曜字威明，皆在心內運天經，晝夜存之自長生』」[132]，如前文所述，《黃庭經》為道教修煉之要籍，孫轂引用《黃庭經》論身體諸神之名及其作用，與〈龍魚河圖〉之說幾乎相同，僅在內容上擴充其說，使體系更為完備。因此從本條注解中，可知孫轂引用《黃庭經》之說，除了用以補充說明讖緯文獻之內涵外，在讖緯文獻與道教經典相互比對之下，更解釋了道教與讖緯祝禱除災之關連與繼承。

　　有關讖緯論諸神名諱，前文提及與讖緯星官說之建立有關，並提及諸神

---

[130] 見《古微書》，頁 590-591。

[131] 見《古微書》，頁 665。

[132] 見唐・梁丘子等注：《黃庭經集釋》第七（北京：中央編譯出版社，2015 年）。

對應的位階與職掌。然而據上文「壓勝除災」的討論，讖緯文獻不僅記載諸神之執掌，且進一步衍申為人民祈求禳災的對象，相較於前文所述星官說的系統，就顯得龐雜，既然天地星辰、山川大地均有諸神，理應各司其職，但讖緯文獻中卻出現呼告諸神名諱即能除災的傾向，這與星官說諸神有固定執掌的論述已有所不同，如《古微書》卷三十四〈龍魚河圖〉云：「東方太山君神，姓圓名常龍。南方衡山君神，姓丹名靈峙。西方華山君神，姓浩名鬱狩。北方恒山君神，姓登名僧。中央嵩山君神，姓軍壽名逸羣，呼之令人不病」[133]，既然讖緯諸神與星官說有關，則由星官說衍申至諸山之神也非不合情理，但認為諸山之神「呼之令人不病」，這相較於前文所說「髮神」等身體各部位之神，山神與人體健康與否似乎關係甚遠，但在讖緯文獻之中卻屢次出現此類論述，這種祈求天地山川諸神以冀望福祐的思想，似乎是上古淫祀的遺形。對於天地各類物候均有神祇、名號的現象，孫瑴以批判的語氣進行反省，其文云：

> 瞀居曰：「神豈有姓若字哉？借有之，孰相呼之？且如天劉翁下降，而張翁竄竊，騎其龍以上，則今之天翁，已非昔天翁矣！千億萬年，仙神亦應乘除，即欲執書策之名而呼之，恐不應也。好異者鈎探亦苦，聊以博聞，其實名類猥多，不勝舉耳！[134]

首先，孫瑴對於讖緯文獻中記載諸神名諱之事表示懷疑，「神豈有姓若字哉」暗示著人為造作的可能。即便眾神真有名諱，又「孰相呼之」？孫瑴進一步質疑，若以人間邏輯推估，自古至今仙神數量增加不知多少，若仙神均有執掌之事務，則當如人間官吏之任免去留般，當今執掌之仙神以非昔日之仙神，因此可能發生「即欲執書策之名而呼之，恐不應也」。所謂創制諸神名

---

[133] 見《古微書》，頁663。
[134] 見《古微書》，頁665。

諱者，孫瑴認為「名類猥多，不勝舉耳」，此處僅孫瑴「好異者」根據讖緯所述以廣求文獻，實則「聊以博聞」而已，並非認為真有其事。

小 結

經過本文之探討，對於《古微書》收錄之讖緯占驗類條文中，有關晷影候氣、星象分野以及道教淵源說進行考證，，從中可歸納出四個現象，以作為本文之結論與貢獻：

(一)《古微書》說明讖緯結合五運六氣說與晷影占驗

透過對於《易緯通卦驗》晷影及候氣之占驗之相互比較與考察，可知在《古微書》之中，雖多為「述而不作」之編纂，但在資料之排比，與作者有意暗示之下，往往能從對應於讖緯本文的注解中，找到跨界結合的可能，更而甚者，如本章闡述孫瑴揭示讖緯晷影候氣之卦氣說與五運六氣之相關，使得讖緯之思想內容得以更進一步獲得闡發，這對於讖緯研究，具有重要意義。因此，經由孫瑴《古微書》中偶而提到「以晷影候病厄，通於《內經》五運六氣」，這類「通於」、「僅刺其要」、「並存」等看似無關緊要的文獻中，經過仔細推敲，便能發現孫瑴當初對於讖緯文獻所開發之觸角，令吾人得以在浩瀚書海中有研究之指南與參考之文獻，如此作品，又怎能說是毫無貢獻？

(二) 漢代星象分野的「尊古」與「變古」，反映出讖緯的時代特色

漢代星象分野說為先秦星象分野說之流裔，無論在天之分野，或在地之郡國分域上，都能明顯看出漢人沿襲前人痕跡。作為「經」之附庸的「緯」，在建立讖緯星象分野說時，主要以「六經」內容作為分野架構，但時移世易，星象分野學說從《左傳》、《呂氏春秋》、《淮南子》、《史記》、《漢書》以來，

乃至讖緯星象分野說，一路不斷被加入新的元素，成為複雜的體系，但也由於星象分野說占驗功能的降低，使讖緯星象分野逐漸「模型」化，少見於漢人實際占驗中，取而代之的，是更能符合大一統帝國需求的日月五星雲氣物候占驗。在內容上，讖緯十二次分野或是九州分野說，其「尊古」與「變古」的雙重性特色，豐富了漢代讖緯星象分野說的內容，也確立了後世論星象分野之型式。

(三) 《古微書》收集《詩緯》占驗之遺文，試圖重新建構《詩緯》占驗體系

孫瑴收集讖緯文獻之時，意識到凡《易緯》、《春秋緯》、《書緯》均有豐富的占驗紀錄，但對於目驗的資料中「獨無及于《詩》者」感到惋惜，並嘗試為《詩緯》占驗之說收羅佚文，雖然因未見《五行大義》等重要典籍，導致收集成果極為有限，但孫瑴透過徵引《漢書》等資料－嘗試為《詩緯》占驗體系勾勒概況，用功亦屬勤奮。筆者在林師金泉之基礎上，嘗試解說與《古微書》收羅《詩緯》占驗體系之相關資料，以求能有益於《詩緯》占驗厄言就，並嘗試完善《古微書》占驗體系之開展。

(四) 《古微書》揭示讖緯與道教神系、服食與禳災之關係

今人著作中，蕭登福《讖緯與道教》首先提出對於讖緯、道教之間的關連，。然而，試想數百年前，孫瑴憑一己之力，苦心搜索，並在讖緯文獻之下，置入與道教相關文獻作為比對，其洞見讖緯、道教二者之關連，已確然可知。又孫瑴在《古微書》中明白指出「顧道釋二藏所稱引名狀各殊，則必皆襲自緯書而後稍汎濫」，對於道教與讖緯之關連，有了明白的揭示。雖然在《古微書》中對於讖緯與道教之淵源著墨雖不多，但透過資料之排比，使讀者能對照前後之關係，進而提供研究之方向，提供了後世研究者許多研究觸發之面向，其功著實不可埋沒。因此，若能對於《古微書》作者編纂之用意加以玩味，則知本書實為讖緯研究之功臣，而不僅止於收羅偽文之缺陷而已。

第九章
清人對《古微書》之接受與批判

　　本論文前面各章中，已針對《古微書》之編纂、詮釋內容及特色、讖緯觀、天文曆法詮釋系統等方面進行論述，對於《古微書》之重要課題已有相當之認識。然而，在讖緯學術史上，《古微書》不僅是做為中國首部讖緯輯佚專著而已，本書在清代讖緯研究上，具有相當程度之影響力，清代輯佚讖緯文獻者，亦多參考《古微書》研究成果。然孫瑴輯佚讖緯本文時，均不標出處，使讀者不能明源流而按圖索驥，於是清人不得不針對該文本進行出處考訂工作。然清人搜尋讖緯條文需有所據，否則歷代諸書援引讖緯條文繁多，若未悉孫瑴所據之底本，則註明出處未可竟全功。因此本章乃在論文第二章對於《古微書》讖緯本文出處考究之基礎上，進而探討清人對於《古微書》接受之面貌，試圖透過本章以探究《古微書》在清代之影響，以做為《古微書》編纂研究之結論，並做為本論文之總結。

　　據〈古微書略例〉，孫瑴文中曾自述所採用書籍：

是集多得之《十三經注疏》、《廿一史》書志，及《太平御覽》、《玉海》、《通典》、《通考》、《通志》，略諸大部。所援引中，或載數段，或數行，或數句，前所見者，俟後續之。後所得者，徵前冠之。中有異同者，詰前後絡之，皆真琼珞，非贗琬琰。蒐羅輯綴，累月窮年，故其首尾都無倫次，正不必苛其端緒，摘其挂漏也。[1]

---

[1] 見〈古微書略例〉，頁 3。

據孫瑴自敘,《十三經注疏》、《廿一史》書志,歷代政書、類書等皆為輯讖緯所採用書籍。然本書輯錄讖緯,誠如孫瑴自敘,存在「首尾都無倫次」、「挂漏」、「前所見者,俟後續之。後所得者,徵前冠之。中有異同者,詰前後絡之」等現象,清人為此,費許多精力為之校對,自前清至晚清,均有學者針對《古微書》文本進行考校,其中針對孫瑴《古微書》進行加註、糾謬、補缺者,以清人錢熙祚《守山閣叢書》本《古微書》、喬松年《緯攟》及姚東升《古微書補闕》三書為主,其中又以《守山閣叢書》本《古微書》、喬松年《緯攟》二書考證最為完備,因此本文引述清人批判之材料,以這兩種文本作為主要參考資料。

有關孫瑴《古微書》版本、輯佚研究,過去曾有李梅訓〈《古微書》版本源流述略〉[2]、《讖緯文獻史略》[3]及普義南〈《古微書》讖緯輯佚研究〉[4],李梅訓先生兩篇著作一共針對《古微書》之創作動機、體例、版本、內容特色及影響進行深入考察,為研究孫瑴《古微書》需參考之必要資料。普義南先生則概述讖緯輯佚流變、《古微書》內容體例、及清人補正等進行論述,可謂針對《古微書》之發展作一縱向考察,並引劉咸炘〈輯佚書糾謬〉一文所提示之「漏、濫、誤、陋」概括《古微書》所犯之錯誤,可謂中肯。然而對於清人對《古微書》之吸收與批判,普義南先生之文乃直接引用《守山閣叢書》本《古微書》及喬松年《緯攟》之成果,並未針對二者之過失加以批判,且文中提及姚東升《古微書補闕》[5],但卻隻字未提及該書內容,以致針對清人接受狀況之介紹稍嫌片面。筆者本文以清人著作為考察對象,分別就清人論孫瑴輯佚之失與清人輯佚校勘之失,分舉數例作為說明,以見清人吸收與批判《古微書》之面貌。

---

[2] 李梅訓:〈《古微書》版本源流述略〉《文獻季刊》2003 年 10 月第 4 期,頁 140-146。

[3] 李梅訓:「讖緯文獻史略」(山東:山東大學博士論文,2003)。

[4] 普義南:〈《古微書》讖緯輯佚研究〉《問學集》第十一期,頁 59-101。

[5] 姚東升《古微書補闕》一書僅存手抄之孤本,今存北京國家圖書館古籍館,筆者曾於 2010 年前往現場目驗並謄錄之。

一、清人對《古微書》接受之例證

清人皮錫瑞在《經學歷史》一書中稱清代為「經學復盛時代」，經學的漢宋之爭乃清代經學的發展中之重要議題，以復興漢代經學為已任的學者必重視漢代經學文本之傳續，然漢代經學式微已久，文字訛脫衍倒、散佚亡失情形嚴重，因此漢學家首要任務即恢復漢代經學文字樣貌。讖緯在東漢被尊為「內經」，與漢代經學有著密不可分的關係，因此讖緯的輯佚同樣為清代學者所關注，其中《古微書》作為首部輯佚讖緯佚文之專書，在清代受到高度關注，清人書籍引用《古微書》，或為之訂補、或不滿《古微書》缺漏，在《古微書》基礎上另行輯佚讖緯者所在多有。筆者歸納清人引用《古微書》之用途，共有引用原文、羅列異說及辨析正誤等三種，加上以《古微書》為基礎另行輯佚讖緯原文者，共計有四種，以下就筆者目驗所及，分項統計清人對《古微書》接受之狀況。

(一) 引用原文

據筆者目驗所及，清人引用《古微書》原文條目有朱彝尊《經義考・毖緯》[6]、錢繹《方言箋疏》一條[7]、胡紹煐《文選箋證》二條[8]、魏茂林《駢雅訓纂》二條[9]、陳立《白虎通疏證》二十九條[10]、陳立《公羊義疏》六條[11]、

---

6 《四庫全書總目・卷六經部六》：「《經義考・毖緯》一門，所引據出觳書者十之八九，則用力亦可謂勤矣。」

7 見清・錢繹：《方言箋疏》卷三「庸、恣、比、伀、更、佚、遞，代也」條。

8 見清・胡紹煐：《文選箋證》卷二十七「昔者司馬喜臏腳於宋」條、卷三十二「經礦鹵」條。

9 見清・魏茂林：《駢雅訓纂》卷五上訓纂十「室爲清廟、爲結蝓」條、卷五上訓纂十「五岳之神」條。

10 見清・陳立：《白虎通疏證》卷一「以其俱命于天」條下兩條、卷二「號之爲皇者」條、卷二「號言為帝」條、卷二「王者往也」條、卷四「五行之性」條、卷四「是以木王、火相、土死、金囚、

陳喬樅《詩緯集證》二條[12]、丁晏《毛鄭詩釋》[13]、桂馥《說文解字義證》一條[14]、桂文燦《孝經集證》二條[15]、郝懿行《爾雅義疏》十條[16]、何若瑤《前後漢書注考證》一條[17]、洪亮吉《春秋左傳詁》一條[18]、胡承珙《小爾雅義證》一條[19]、康有為《孔子改制考》兩條[20]、李貽德《春秋左氏傳賈服注輯述》一條[21]、梁章鉅《文選旁證》三條[22]、劉寶楠《釋穀》一條[23]、阮元《經籍纂詁》

水休」條、卷四「兄死弟及何法」條、卷四「男不離父母何法」條、卷四「女離父母何法」條、卷四「朋友何法」條、卷四「父母生子養長子」條、卷六「天子所以有靈台者何」條、卷六「電之為言合也」條、卷六「德至地則嘉禾生」條、卷六「德至鳥獸」條、卷六「德至淵泉」條、卷六「孝道至則蓂莢生」條、卷八「三綱法天地」條、卷八「君臣者何謂也」條、卷八「五性者何謂」條、卷八「五藏者何也」條、卷八「脾之為言辨也」條、卷八「肺所以義者何」條、卷八「心所以為禮何」條、卷九「日行遲月行疾」條、卷九「月有大小何」條、卷十「贄用雁者」條、卷十「冕所以用麻爲之者」條。

[11] 陳立《公羊義疏》卷一「歲之始也」條、卷三「車馬曰賵，貨財曰賻，衣被曰襚」條、卷五十四「雨木冰者何」條、卷六十一「冬大雨雹」條、卷六十八「異大乎災也」條、卷六十九「雨觀微也」條。

[12] 見清·陳喬樅：《詩緯集證》卷三「治世之音」條、「頌者王道太平」條。

[13] 見清·丁晏：《毛鄭詩釋》卷四〈《詩》序證文〉。

[14] 見清·桂馥：《說文解字義證》卷四十七「阜阜」條。

[15] 見清·桂文燦：《孝經集證》卷三「用天之道，分地之利」條、卷九「故雖天子必有尊也」條。

[16] 見清·郝懿行：《爾雅義疏》卷上之一「靖、惟……」條、卷上之一「矢、雉……」條、卷上之一「尸、職主也……」條、卷上之一「從、申……」條、卷上之一「祿、祉……」條、卷上之又一「功、績……」條、卷上之二「髦、士，官也」條、卷上之二「里，邑也」條、卷中之四「蠨蛸謂之雾」條、卷下之三「釋蟲弟十五」條。

[17] 見清·何若瑤：《前後漢書注考證》後漢書注考證。

[18] 見清·洪亮吉：《春秋左傳詁》卷一「秋八月壬申，御廩災」條。

[19] 見清·胡承珙：《小爾雅義證》卷九「去陰就陽者謂之陽」條。

[20] 見清·康有為：《孔子改制考》卷八「子夏曰仲尼為素王」條、「子夏六十四人」條。

[21] 見清·李貽德：《春秋左氏傳賈服注輯述》卷一「天王使宰咺來歸惠公仲子之賵」條。

[22] 見清·梁章鉅：《文選旁證》卷二十一「白露中夜結」條、卷二十九「今又加君九錫」條、卷三十三「增玉瑛」條。

[23] 見清·劉寶楠：《釋穀》卷三「朮豆」條。

一百四十八條[24]、孫星衍《孔子集語》二條[25]、孫詒讓《札迻》一條[26]、孫詒讓《周禮正義》一條[27]、汪士鐸《汪梅村先生集》二條[28]、王念孫《廣雅疏證補正》一條[29]、文廷式《純常子枝語》一條[30]、夏味堂《拾雅》十條[31]、徐鼐

---

[24] 見清・阮元：《經籍籑詁》卷一上平聲「蟲」、「宮」、「風」、「公」、「虹」、「蟊」條、卷二上平聲「農」、「龍」條、卷四上平聲「詩」、「旗」條、卷四下平聲「脾」、「戲」條、卷五上平聲「旂」條、卷六上平聲「書」、「譽」、「徐」、「旟」條、卷七下上平聲「烏」條、卷八上平聲「齊」、「窺」條、卷十上平聲「（禾鬼）」、「雷」、「災」條、卷十一上平聲「臣」、「仁」、「神」、「麟」、「春」、「脣」條、卷十二上平聲「雲」條、卷十三上平聲「元」、「原」、「魂」條、卷十四上平聲「肝」、「官」條、卷十五上平聲「顏」、「山」條、卷十七下平聲「條」、「潮」、「韶」、「苗」條、卷十九下平聲「膏」條、卷二十下平聲「禾」條、卷二十二下平聲「昌」、「王」、「房」、「常」、「皇」條、卷二十一下下平聲「羊」條、卷二十二下平聲「庚」、「更」、「荆」、「明」、「黥」條、卷二十三下下平聲「并」條、卷二十四下平聲「廷」、「星」條、卷二十五下平聲「陵」、「能」條、卷二十六下下平聲「倅」、「頭」、「幽」、「勾」、「僂」條、卷二十七上半聲「心」條、卷二十八下平聲「男」條、卷三十下平聲「咸」條、卷三十四上聲「水」、「喜」條、卷三十四下上聲「子」、「雉」、「耳」、「珥」、「里」條、卷三十六上聲「汝」、「黍」、「苣」條、卷三十七上聲「雨」、「土」、「鹵」、「斧」、「矩」、「武」條、卷三十八上聲「米」、「濟」條、卷四十上聲「海」條、卷四十一上聲「腎」、「臏」條、卷四十四上聲「旱」條、卷四十六上聲「典」、「兗」條、卷四十九上聲「稻」、「腦」條、卷五十上聲「火」條、卷五十三上聲「景」條、卷五十五上聲「酒」、「口」、「斗」條、卷六十去聲「鳳」、「贈」條、卷六十三去聲「地」、「宁」條、卷六十三下去聲「䄜」、「慧」、「劓」、「熹」條、卷六十四去聲「尉」、「胃」、「渭」條、卷六十六去聲「度」、「霧」、「護」條、卷六十七去聲「歲」、「帝」條、卷七十去聲「肺」條、卷七十五去聲「鴈」條、卷七十六去聲「電」條、卷七十七去聲「廟」條、卷七十九去聲「號」條、卷八十二去聲「葬」、「尚」條、卷八十四去聲「贈」條、卷八十五去聲「就」、「究」條、卷八十七去聲「珍」條、卷九十八聲「木」、「祿」、「鹿」、「畜」、「菽」條、卷九十一入聲「玉」、「粟」條、卷九十二入聲「霅」條、卷九十三入聲「律」條、卷九十五入聲「伐」條、卷九十六入聲「割」條、卷九十八入聲「雪」條、卷九十九入聲「雀」、「洛」條、卷一百入聲「石」、「伯」、「麥」、「魄」、「益」條、卷一百二入聲「墨」、「極」、「北」條、卷一百三入聲「隰」條。

[25] 見清・孫星衍：《孔子集語》卷五六藝四下引《春秋說題辭》、卷十論政九引〈詩含神霧〉。

[26] 見清・孫詒讓：《札迻》卷一〈易緯稽覽圖〉鄭康成注「煌煌之耀，天烏之岡」條。

[27] 見清・孫詒讓：《周禮正義》卷七十七「軫之方也，以象地也。」

[28] 見清・汪士鐸：《汪梅村先生集》卷七〈胡曉庭方言補注敘〉、卷十〈上祁相國論祁氏得姓書〉。

[29] 見清・王念孫：《廣雅疏證補正》「繄，春也」條。

[30] 見清・文廷式：《純常子枝語》卷六「春秋命歷序」條。

《讀書雜釋》一條[32]、嚴可均《全上古三代秦漢三國六朝文》一條[33]、馬國翰《玉函山房輯佚書》[34]、姚振宗《隋書經籍志考證》四條[35]、俞樾《群經平議》一條[36]、張金吾《廣釋名》二十條[37]、張澍《蜀典》一條[38]、鄭珍《遵義府志》一條[39]、周壽昌《後漢書注補正》一條[40]、周中孚《鄭堂札記》一條[41]、馬其昶《莊子故》一條[42]、胡元儀《北海三考》一條[43]、蔣清翊《緯學原流興廢考》一條[44]、杜文瀾《古謠諺》三條[45]。

[31] 見清·夏味堂：《拾雅》卷二拾雅釋二「灌、莫……獻也」條、卷三拾雅釋三「勍、張、荆……」條、卷五拾雅釋五「渒渒、蠢蠢……」條、卷九拾廣釋三「末、元、原，端也」條、「能，耐也」條、卷十拾廣釋四「簡、洬……略也」，「制、繩……度也」條、卷十三拾遺釋三「幽，窈也」條、卷十七拾遺釋七「籍，書也」條、卷十九拾遺釋九「夷庚，要道也」條。

[32] 見清·徐灝：《讀書雜釋》卷十三說文「屬、旱，石也」條。

[33] 見清·嚴可均：《全上古三代秦漢三國六朝文》全上古三代文卷十四「請雨祝」條。

[34] 見清·馬國翰：《玉函山房輯佚書》〈經編緯書類〉收羅《古微書》輯佚條目，並標明出自《古微書》。

[35] 見清·姚振宗：《隋書經籍志考證》卷九經部九「河圖二十卷」條、「孝經鉤命決六卷」條、「孝經援神契」條、「孝經內事」條。

[36] 見清·俞樾：《群經平議》卷十一「攜無日益」條。

[37] 見清·張金吾：《廣釋名》卷一「霜者殺伐之表」條、「彗者天之旗」條、「氣之苞」條、「託立法也」條、「水者天地之包幕」條、「渭之言布也」條、「兗之言端也」條、「幽之言窈也」條、「并之言誠也」條、「益之為言隘也」條、「骨者齒之垣」條、「脾之為言附著也」條、「農者濃也」條、「官之為言宣也」條、「能之為言耐也」條、「又緒也」條、「酒之言乳也」條，卷二「麻之為言微也」條、「又舒也」條、「賵之為覆也」條。

[38] 見清·張澍：《蜀典》卷十二「耆氏」條。

[39] 見清·鄭珍：《遵義府志》卷一「北斗七星分野」條。

[40] 見清·周壽昌：《後漢書注補正》卷七「閏陽」條。

[41] 見清·周中孚：《鄭堂札記》卷四〈顏氏家訓·文章篇〉條。

[42] 見清·馬其昶：《莊子故》卷三〈在宥第十一〉條。

[43] 見清·胡元儀：《北海三考》卷四「挺佐輔」條。

[44] 見清·蔣清翊：《緯學原流興廢考》卷上〈詩緯錄序〉條。

[45] 見清·杜文瀾：《古謠諺》卷一「摛雒謠」條、卷二「孔子述洞庭童謠條條、卷六十六「秦世謠」條。

從以上清人引用《古微書》的狀況，可知《古微書》在有清一代的傳播延續不絕，且具有一定的影響力，這一方面與《四庫全書》收入《古微書》有關，《古微書》的定位得到官方的認可，且《古微書》作為清代讖緯輯佚學之重要參考書，其傳播廣度自然不同一般。另外，如朱彝尊《經義考・毖緯》大量引用《古微書》內容，也為後人引用《古微書》開了先例。然而，以上諸多引用《古微書》讖緯本文者，姑且不論《古微書》未標收羅文獻出自何處，清人在引用時多數並未考慮《古微書》收羅文獻的正確與否，即原樣照搬，其中若有錯誤者，則陳陳相因。即便在考據盛行的清代，這樣的情形也是屢見不鮮，識者有鑑於此，於是興起重新檢討《古微書》文本，如守山閣叢書本《古微書》、喬松年《緯攟》即是。

(二) 羅列異說

在清人著作中，常在輯佚古文，或引用古籍時，羅列各本文字以做比較，其中《古微書》常出現於比較各本文字異同的用途，雖較「引用文字」一項為少，但仍可舉出數條，如武英殿聚珍版叢書本《易緯通卦驗》共六條[46]、魏茂林《駢雅訓纂》五條[47]、陳立《白虎通疏證》二條、[48]梁章鉅《文選旁證》一條[49]、孫星衍《孔子集語》一條[50]、孫詒讓《札迻》二條[51]、吳騫《尖陽叢

---

[46] 見武英殿聚珍版叢書本《易緯通卦驗》卷上「燧皇始出握機矩」條、卷上「權水輕重」條、卷下「小寒合凍」條、卷下「驚蟄雷應北」條、卷下「暑長七尺二寸四分」條、卷下「暑長二尺四分」條。

[47] 見清・魏茂林：《駢雅訓纂》卷五上訓纂十「四海之神」條、卷五上訓纂十「髮神壽長」條、卷五上訓纂十「粟之神曰許給」二條、卷五上訓纂十「推亡遠望弩神」條。

[48] 見清・陳立：《白虎通疏證》卷六「論語讖曰五帝立師，三王制之」條、卷八「性情者何謂也……鉤命訣」條、

[49] 見清・梁章鉅：《文選旁證》卷二「聖皇宗祀」條。

[50] 見清・孫星衍：《孔子集語》卷十五遺讖十三「《易緯通卦驗》：『孔子曰：太皇之先』」條。

[51] 見清・孫詒讓：《札迻》卷一《易緯通卦驗》鄭康成注二條。

筆》一條[52]、徐鼒《讀書雜釋》一條[53]、嚴可均《全上古三代秦漢三國六朝文》一條[54]、張惠言《易緯略義》四條[55]、王鳴盛《蛾術編》一條[56]。「羅列異說」的現象僅出現於比較古籍文字異同，雖不涉及因襲錯誤，但《古微書》中存在的若干錯謬，使清人引用之際，若不經考證，將影響其說法的信度，且異說併陳之時，若發現說法差異過大，自然會產生考辨真偽的需求。因此，清人在《古微書》的接受上，從「引用原文」、「羅列異說」之後，自然而然會走向辨析文獻正誤的路上。

(三) 辨析正誤

如前文所提，清人在援引《古微書》文獻時，若發現與他本文字，出處差異過大，便會進行文字上的校對，以釐清正誤，清代如朱彝尊《經義考》等，均不約而同針對《古微書》進行零星的考證，其中如武英殿聚珍版叢書本《易緯稽覽圖》二條、[57]武英殿聚珍版叢書本《易緯通卦驗》六條[58]、陳立《白虎通疏證》一條[59]、陳喬樅《齊詩翼氏學疏證》二條[60]、梁章鉅《文選旁證》一條[61]、喬松年《緯攟》卷十三〈古微書訂誤〉[62]、趙在翰《七緯》全書

---

[52] 見清・吳騫：《尖陽叢筆》卷四「賈公彥《周禮正義》」條。

[53] 見清・徐鼒：《讀書雜釋》卷五三禮「五歲一祫，三歲一祫」條。

[54] 見清・嚴可均：《全上古三代秦漢三國六朝文》全上古三代文卷十五「遺讖」條。

[55] 見清・張惠言：《易緯略義》卷三「倉陽雲出平」條、「暑長三尺四寸上陽雲霍七星」條、「白陽雲出南」條、「正陽雲出冠」條。

[56] 見清・王鳴盛：《蛾術編》卷二說錄二「讖緯」條。

[57] 見武英殿聚珍版叢書本《易緯稽覽圖》卷上「陰陽和合，其電燿燿也⋯⋯」條、卷上「降陰之雨，潤不破塊」條。

[58] 見武英殿聚珍版叢書本《易緯通卦驗》卷上「此謂冬日至成天文」條、卷上「鼓用黃牛皮」條、卷下「暑長丈三尺」條、卷下「暑長七尺二寸四分」條、卷下「暑長三尺四寸」條、卷下「暑長八尺二寸」條。

[59] 見清・陳立：《白虎通疏證》卷二「鉤命決曰⋯⋯」條。

[60] 見清・陳喬樅：《齊詩翼氏學疏證》卷上「五行動爲五音，四時散爲十二律也」二條。

[61] 見清・梁章鉅：《文選旁證》卷二十一「白露中夜結」條。

63、孫詒讓《札迻》二條[64]、王太岳《四庫全書考證》七條[65]均屬此類。各本或多或少論及《古微書》文本之正誤，或引用《古微書》以增補文字，或校對《古微書》文字之正誤，在某種程度上，已經逐漸對《古微書》所收的文獻進行驗證。以下略舉清人對《古微書》之零星辨析，以做說明：

清人書名	引用卷數	內容	引用性質	備註	古微書正誤
《易緯八種·易緯稽覽圖》	卷上「降陰之雨，潤不破塊」條	按孫彀古微書引此文與「降陰為雨句」相屬，疑以上四語本俱在，「降陽為風，降陰為雨」二語之下，或有倒簡耳	辨析	武英殿聚珍版叢書本	正
《易緯八種·易緯通卦驗》	卷上「此謂冬日至成天文」條	案：以上數段與續漢書律歷志劉昭補注，及孫彀古微書所載俱有異同，蓋注家引用不免刪節其文，而孫彀所集亦從類書中摭拾成文，不盡可據也。	辨析	武英殿聚珍版叢書本	誤

62　見清·喬松年：《緯攟》卷十三〈古微書訂誤〉全卷訂誤。

63　見清·趙在翰：《七緯·總敘》：「在翰少蒙義方，略窺經訓……復取《古微書》，補其闕漏，正其踳駁。」

64　見清·孫詒讓：《札迻》卷一〈易緯通卦驗〉鄭康成注「鼓用革焉」條、卷一〈易緯通卦驗〉鄭康成注「倉陽雲出平」條。

65　見清·王太岳：《四庫全書考證》卷十八《古微書》卷一、《古微書》卷四、《古微書》卷七、《古微書》卷九、《古微書》卷十一條。卷二十《重修廣韻》卷二「聲字」注條、「火字」注條。

清人書名	引用卷數	內容	引用性質	備註	古微書正誤
《易緯八種‧易緯通卦驗》	卷上「鼓用黃牛皮」條	孫瑴古微書引鄭注籥管形象鳥，翼鳥為火，火成數七，生數二，二七一十四，籥之長由此。此本末句脫之字，此字不成句讀，今改正。	辨析	武英殿聚珍版叢書本	正
《易緯八種‧易緯通卦驗》	卷下「晷長丈三尺」條	古微書作「冬至陽雲出箕，如樹木之狀」注亦作「陽雲出箕」，「其」字應作「箕」	辨析	武英殿聚珍版叢書本	誤
《易緯八種‧易緯通卦驗》	卷下「晷長七尺二寸四分」條	古微書引作「正陽雲出如積白鵠」此本疑脫白字。	辨析	武英殿聚珍版叢書本	正
《易緯八種‧易緯通卦驗》	卷下「晷長三尺四寸」條	古微書「小滿上陽雲出七星」，「霍」字疑誤注文末，句亦誤。	辨析	武英殿聚珍版叢書本	正
《易緯八種‧易緯通卦驗》	卷下「晷長八尺二寸」條	古微書作「正陰雲出如冠纓」鄭注亦作「冠纓」，正文脫纓字，今補入。	辨析	武英殿聚珍版叢書本	正
〔清〕陳喬樅《齊詩翼氏學疏證》	卷上「五行動為五音，四時散為十二律也」二條	「事者君子之功，既當急就之，其事勿久流亡」勿舊譌作當	辨析	清刻左海續集本	正

清人書名	引用卷數	內容	引用性質	備註	古微書正誤
		今從古微書引。			
〔清〕孫詒讓《札迻》	卷一《易緯通卦驗》鄭康成注「鼓用革焉」條	「鼓用革焉」官本校云。按孫瑴古微書作「鼓用馬革」案此與後夏至「鼓用黃牛皮」文正相對,孫本是也。	辨析	清光緒二十年籒廎刻二十一年正修本	正
〔清〕孫詒讓《札迻》	卷一《易緯通卦驗》鄭康成注「倉陽雲出平」條	「倉陽雲出平」,張云:「孫瑴古微書引平作氐」案寶典引『平』作『炗』,未詳據。注云:「宿次當爲出尾而言平,似誤者也。則孫引作氐亦非。」	辨析	清光緒二十年籒廎刻二十一年正修本	誤
〔清〕王太岳《四庫全書考證》	卷十八《古微書》卷一、卷四、卷七、卷九、卷十一條	卷一「日有九光」條,「至於桑野,是謂晏食」,刊本「野」訛「謂」,據淮南子改……	辨析（共五條）	清武英殿聚珍版叢書本	誤

二、清人對孫瑴輯佚讖緯之批判

　　透過上表說明,可知清人在引用、羅列《古微書》文字的「文本」接受過程中,已有意識到《古微書》中所出現的若干缺失,但真正針對《古微書》全書進行地毯式考證者,則須待守山閣叢書本《古微書》及喬松年《緯攟》

二書出現，才算真正的全面考察。筆者在二書的基礎上，比對並歸納孫瑴《古微書》錯謬，概言之可分為六者，即「異文合併」、「錯置篇目」、「以非緯為緯」、「以緯為非緯」、「增改文字」、「重出」。筆者據清人研究之成果，與《古微書》原文進行比對，以見清人對《古微書》文本之糾謬與釐清，以下分項敘述。

(一) 異文合併

1. 〈論語摘輔象〉

> 仲尼素王，以顏淵為司徒，子貢為司空。又左丘明為素臣。[66]

此條原文，顧觀光《七緯拾遺》云：「仲尼素王，以顏淵為司徒，子路《御覽》作子貢為司空」[67]，馬國翰同。姚東升《古微書補闕》作「仲尼為素王，左丘明為素臣」[68]，均無「又左丘明為素臣」一句。

錢熙祚守山閣本《古微書》(以下簡稱守本)「司空」下注「御覽二百七」，「素臣」下注「語見杜預左傳集解序」，喬松年《古微書訂誤》以為「又左丘明為素臣」一句「語見杜元凱春秋序，非緯也。孫氏以其類於仲尼為素王，強增一『又』字，攙入摘輔象，大妄。」[69]

筆者按：杜預〈左傳集解序〉云：「仲尼自衛反魯，脩春秋，立素王，丘明為素臣」[70]，然孫瑴見〈論語摘輔象〉有「仲尼素王以顏淵為司徒，子貢為司空」，遂與杜預春秋集解序合併，誠如喬松年所云，此乃「強增一『又』字，

---

[66] 《緯書集成》，頁 311。

[67] 《緯書集成》，頁 1083。

[68] 清・姚東升：《古微書補闕》一書，乃筆者手抄之本，尚未刊行。

[69] 《緯書集成》，頁 1547。

[70] 晉・杜預：《春秋經傳集解》（合肥市：黃山書社，2009 年），頁 3。

摭入摘輔象」，實則「又左丘明為素臣」非緯文。此種現象屢見孫瑴《古微書》中，正如〈古微書略例〉中自述「首尾都無倫次」，然合併非緯之文以作解釋，當置於注下，然孫瑴併於論語緯正文中，非輯佚緯文者所當為。

另外，如孫瑴收〈尚書考靈曜〉：「日月東行而日行遲、月行疾，何君舒臣勞也？日日行一度，月日行十三度十九分度之七」一文，孫瑴原文未注出處，經筆者查考相關古籍，「日月東行」並未與「日行遲、月行疾」等文合併，核對清人校勘成果亦相同，「日行遲、月行疾」非讖緯之語。「日月東行」為〈尚書刑德放〉文，「日行遲、月行疾」為《白虎通》語（見下文考釋），同樣為異文合併現象，諸如此類，於孫瑴輯錄讖緯佚文中屢屢可見。

(二) 錯置篇目

1.〈尚書考靈曜〉

> 日月東行而日行遲、月行疾，何君舒臣勞也？日日行一度，月日行
> 十三度十九分度之七。[71]

清人輯本條，除馬國翰《玉函山房輯佚書》材料取自《古微書》外，殷元正《緯書》無「何君舒臣勞」以下等字[72]，其餘如喬松年《古微書訂誤》、趙在翰《七緯》、喬松年《緯攟》、錢熙祚守山閣本《古微書》、黃奭《通緯佚書考》均作《尚書刑德放》，出處皆《白虎通》，並只錄「日月東行」四字。[73] 喬松年《古微書訂誤》云：「愚按此文見《白虎通》，『日月東行』一句乃引尚書刑德放，『日行遲、月行疾』乃《白虎通》之語，非緯文，孫氏增一『而』

---

[71]《緯書集成》，頁142。

[72] 殷元正錄「日月東行而日行遲、月行疾」，無「何君舒臣勞」以下等字。見《緯書集成》，頁743。

[73] 馬國翰於《尚書刑德放》同時收錄「日月東行」一語，出處作「白虎通德論」，同於趙在翰等人，可見馬氏同時收錄兩種說法，而未加以區別。

字連上文，認作緯文，大誤。目為考靈曜，又誤。」[74]據喬松年推論，孫氏一方面將〈尚書刑德放〉文置為《尚書考靈曜》中，另又誤植《白虎通》語。

2.〈禮稽命徵〉

> 夏無大祖，宗禹而已，則五廟。殷人祖契而宗湯，則六廟。周尊后
> 稷，宗文王武王，則七廟。自夏及周，少不減五，多不過七。[75]

此條原文，殷元正《緯書》錄「夏無大祖」，無「宗禹」以下，輯於《禮王制疏》，但作禮緯未云為稽命徵。錢熙祚守山閣本《古微書》同，但原文據孫氏。喬松年《古微書訂誤》則作「此文見通考九十一，但作禮緯，未指為稽命徵。」[76]馬國翰、黃奭同孫瑴，出處作「禮王制正義」。

筆者按：諸家所輯不盡相同，但可約略分之，一為本於孫氏《古微書》原文，二為但取「夏無大祖」四字。又一為出處作「禮王制」，二為作「通考」（即《文獻通考》）。馬國翰、黃奭二人循孫氏之舊，原文錄於《禮稽命徵》之下，但殷元正、錢熙祚、喬松年等人但作「禮緯」，卻未作「稽命徵」，據筆者目驗《禮王制疏》及《文獻通考》，亦未作稽命徵，故孫氏當為錯置篇目。

(三) 以非緯為緯

1.〈春秋說題辭〉

> 孔子曰：德合元者稱皇。皇象元逍遙術，無文字。德明謚合天者稱
> 帝。河洛受瑞，可放仁義。合者稱王，符瑞應，天下歸往。[77]

---

[74] 《緯書集成》，頁 1537-1538。

[75] 《緯書集成》，頁 255。

[76] 《緯書集成》，頁 1544。

[77] 《緯書集成》，頁 216。

此條原文，黃奭《通緯佚書考》引文同（往作枉）。守本謂「此條見成公八年公羊傳注惟『孔子曰：皇象元逍遙術無文字，德明謚』十五字為春秋說文，餘皆何休語也。孫氏并取之誤」，馬國翰無「德合元者」四字，餘同。[78]喬松年進一步考證，以為「此文見公羊傳何休注」，並指「『孔子曰』三字在『皇象元』之上，『皇象元』至『明謚』十二字，正義解作春秋說文，未指為說題辭。其『德合元者稱皇』一句，及『合天者稱帝』以下各句，皆何休之語。」[79]

筆者按：經比對公羊傳成公八年原文，悉如喬松年所考，疏語並未提及「說題辭」三字，顯見孫瑴徵引無據，引非緯為緯。孫氏輯佚，往往湊合他文，摻入讖緯之中，且未經說明，輒錄於讖緯某條之下，經清人校勘，始知孫氏輯佚貪多務得，妄取雜文之失，若未經校勘辨偽，恐貽誤後人。

2.〈孝經援神契〉

> 郊祀后稷以配天，配靈威仰也。宗祀文王於明堂，配上帝，凡祀配五帝也。[80]

本條原文，馬國翰輯佚引文全同，趙在翰、黃奭引文近似，以「凡配祀」作「氾配」，趙氏注云「禮大傳注。按禮注引作孝經，今經文無『配靈威仰』、『氾配五帝』字，從古微書編入」，黃奭原文照錄趙在翰注文。錢熙祚守山閣本作「禮大傳注引孝經末句作『氾配五帝也』，此鄭氏語，與經文相間，非緯文。」喬松年《古微書訂誤》云：「此文見禮大傳鄭注，未言是緯，孫氏摭作援神契，大妄。且將『氾配』二字訛作『凡祀配』三字，尤疏

---

[78]　馬氏下注云：「公羊傳成八年疏引春秋說，古微書收入此書。」

[79]　《緯書集成》，頁1541。

[80]　《緯書集成》，頁327。

舛。」[81]

筆者按：本文見《禮記大傳注》，乃鄭玄引孝經，然今本孝經無「以」、「配靈威仰」、「氾配五帝」等字，孫瑴當據「孝經」二字，逕指為援神契，未經考證，於理無據，且援引本文又錯謬，誠如喬氏所云「尤疏舛」。

(四) 以緯為非緯

1.〈尚書考靈曜〉

按孔穎達疏云：周天百七萬一千里。[82]

清人輯本條原文，殷元正《緯書》、趙在翰《七緯》、喬松年《緯攟》均作〈尚書考靈曜〉，而非孔疏語，喬松年《古微書訂誤》云：「此句是考靈曜本文孫氏轉認為孔疏語，又誤也。」[83]筆者按：據《禮記月令疏》、《玉海》，「周天百七萬一千里」在「一度二千九百三十二里千四百六十一分里之三百四十八」之下，當為考靈曜本文，孫氏作注文，當誤。

另外，如《禮緯含文嘉》：「四方所瞻，臣子所望」[84]一文，據筆者目驗《公羊傳注疏》，亦為《禮緯含文嘉》正文，然孫瑴誤認為注，且置之宋均注末，喬松年《古微書訂誤》斥其非是也[85]，此亦孫瑴以緯為非緯之失。

---

[81] 《緯書集成》，頁 1548。

[82] 《緯書集成》，頁 139。

[83] 《緯書集成》，頁 1537。

[84] 《緯書集成》，頁 253。

[85] 喬松年云：「此兩句是含文嘉正文，孫氏乃誤認為注，置之宋均注之末」，見《緯書集成》，頁 1543。

(五) 增改文字

1.〈河圖帝覽嬉〉

> 黃道一青道二，出黃道東。赤道二出黃道南。白道二出黃道西。黑
> 道二出黃道北。日春東從青道，夏南從赤道，秋西從白道，冬北從
> 黑道。立春星辰西遊，日則東遊。立夏星辰北遊，日則南遊。春分
> 星辰西遊之極，日東遊之極，日與星辰相去三萬里。夏至則星辰北
> 遊之極，日南遊之極，日與星辰相去三萬里。立秋星辰東遊，日則
> 西遊。立冬星辰南遊，日則北遊。秋分星辰東遊之極，日西遊之極。
> 冬至星辰南遊之極，日北遊之極，相去各二萬里。[86]

清人輯此條，守山閣本《古微書》、黃奭《通緯佚書考》原文（河圖帝覽
嬉）同孫氏。殷元正《緯書》、顧觀光《七緯拾遺》喬松年《緯攟》收錄此文，
均作「黃道一青道二……夏至則星辰北遊之極日南遊之極日與星辰相去三萬
里。」[87]喬松年《古微書訂誤》云：「此文立春春分兩節見月令疏，引作考靈
曜，孫氏列入帝覽嬉誤也。立秋立冬以下月令疏所無，此必孫氏以臆補為之，
妄也。」[88]

筆者按：錢熙祚守山閣本《古微書》原文下注「禮月令疏、爾雅釋天疏」，
然筆者目驗，《禮月令疏》、《爾雅釋天疏》無「立秋星辰東遊，日則西遊。立
冬星辰南遊，日則北遊。秋分星辰東遊之極，日西遊之極。冬至星辰南遊之
極，日北遊之極，相去各三萬里」等字，喬氏以為「孫氏以臆補為之」，所言

---

[86] 《緯書集成》，頁 360。

[87] 三人注出處小異，殷元正注「爾雅釋天疏」，顧觀光注「禮記月令疏、爾雅釋天疏」，喬松年注
「禮月令疏」。

[88] 《緯書集成》，頁 1551。

為是，錢氏但注出處，未辨原文，當誤。然喬氏云：「此文立春春分兩節見月
令疏，引作考靈曜」，據《禮月令疏》、《爾雅釋天疏》，均作〈河圖帝覽嬉〉，
喬氏以為當作〈河圖考靈曜〉，當誤。

另外，如《禮稽命徵》：「春取榆柳之火，夏取棗杏之火，季夏取桑柘之
火，秋取柞楢之火，冬取槐檀之火注云：榆柳青，故春用之；棗杏赤，故夏
用之；桑柘黃，故季夏用之；柞楢白，故秋用之；槐檀黑，故冬用之」，「春
取」至「槐檀之火」為《周禮夏官司爟》疏引此文，謂是鄹子語，孫㲄作稽
命徵誤。又「注云」以下為《論語》邢昺疏語，孫氏既誤採鄹子語作春秋緯，
復增邢昺疏以為注，二者均非緯文，惟義類相合，此乃有意湊合，增贗注於
贗緯文之下，實為可議。

(六) 重出

1. 〈詩汎歷樞〉

「摛雒謠曰：剡者配姬以放賢。山崩水潰納小人。家伯罔主異哉
震」[89]

清人輯此條原文，顧觀光《七緯拾遺》、馬國翰《玉函山房輯佚書》、姚
東升《古微書補闕》均無「摛雒謠曰」，且均作「尚書中候」[90]。守山閣本《古
微書》注「詩十月之交疏以為中候摛雒貳文，已收入第五卷」，喬松年《古微
書訂誤》謂「此文見中候摘洛貳，孫氏已收入彼卷，何故重出？」[91]
筆者按：明人郭子章《六語》錄此文作「詩緯摛雒謠曰：剡者配姬以
放賢，山崩水潰納小人，家伯罔主異哉震」，孫氏輯此語於詩緯或源於此，

---

[89] 《緯書集成》，頁 302。

[90] 顧氏錄於〈中候摘洛戒〉，馬氏錄於〈中候摛雒戒〉，姚氏錄於〈中候摘雒戒〉。

[91] 《緯書集成》，頁 1546。

然《六語》並未作「汎歷樞」。且此文孫氏同錄於〈中候摘洛貳〉，於此重出，如喬松年所言，不知所據為何。

考孫瑴《古微書》緯文重出者甚多，如〈春秋合誠圖〉：「黃帝坐玄扈閣上，與大司馬容光等臨觀鳳皇，玄圖置前，帝再拜而受」，此文已見〈春秋運斗樞〉。〈河圖考靈耀〉「高皇攝正總萬廷，四海歸脉理咸明，文德道化承天精，元祚興隆協聖靈」，此文已入〈龍魚河圖〉，諸如此類多不勝枚舉，文不贅。

三、清人校勘《古微書》之缺失

由上述諸項舉例論述，可知孫瑴《古微書》確實存在諸多謬誤，以致必須針對文本重新考證出處，以及核對文獻正確與否，在這方面的成績，以守山閣叢書本《古微書》與喬松年《緯攟》用力最深，成就最高。經清人批判辨析，指摘疏舛，於讖緯文獻之輯佚，頗有廓清之功。然清人研究，亦非全無疏漏，或指孫氏之失，然未必孫氏有失，或誤認出處，筆者略舉「認緯文為非緯」、「誤認出處」二者以說明。

(一) 認緯文為非緯

在守本與《緯攟》卷十四《古微書訂誤》，時常可發現二者針對《古微書》錯謬之處進行考證，兩者對於《古微書》內容之廓清有著極大的貢獻。然二者進行考證之時，也並未全然正確，偶有發生考證錯誤的狀況，如《古微書》卷七〈春秋元命包〉：「古司怪主卜」，喬松年《古微書訂誤》云：「此語見路史後紀三注內，未言是緯」[92]，認為本文並非讖緯本文，然守山閣本《古微書》注出處為「初學記二十」，經筆者目驗，《初學記》云：「元命苞云：古司怪主卜」，又宋・潘自牧《記纂淵海》作「古司怪主卜」，下注「春秋元命□」，

---

[92] 《緯書集成》，頁 1539。

考讖緯篇目，「元命苞」當為春秋緯之篇目，且讖緯惟春秋緯稱元命苞，其他諸經讖緯均無以「元命苞」名篇者，故知當為〈春秋元命苞〉（苞通包），喬氏以為非緯文誤也。

又如《古微書》卷六〈春秋元命包〉：「文王造之而未遂，武王遂之而未成，周公旦總少主而成之，故曰成王」，喬松年《古微書訂誤》云：「語見《呂氏春秋·下賢》篇，未言是緯。唐類函引作元命包無據，孫氏之誤亦同」，喬氏認為本文出自《呂氏春秋》，孫瑴將之引用為讖緯本文並無依據，然據守本考證出處，則孫氏收羅此文，是根據《藝文類聚》卷十二，筆者考證亦同。且喬氏以為出自《呂氏春秋》便不應是讖緯本文更是謬誤，因讖緯本文中，存在許多引用古籍的狀況，《呂氏春秋》成書早於讖緯產生，讖緯吸收其中文字並不足為奇。

(二) 誤認出處

上文論述清人考證《古微書》收錄非讖緯本文的謬誤之處，除此之外，清人在「誤認出處」一項，更是錯誤屢出，如《古微書》卷五〈尚書中候〉：「紂末年雨石，皆大如甕」，喬松年《古微書訂誤》云：「鄭漁滐《通志》七十四災祥類內，羅長源《路史》發揮石類皆有此語，皆未言是緯」，本文守本無出處，然據筆者考證，本文全同《廣博物志》卷3，出處作〈尚書中候〉，因此就孫瑴引用文獻之出處來說，守本與《緯攟》考證均誤，而孫瑴所以收本文入〈尚書中候〉，也是受到《廣博物志》影響。

另如〈孝經鉤命決〉載「東夷之樂曰眜，南夷之樂曰任，西夷之樂曰侏離，北夷之樂曰禁」[93]，清人輯此條原文，馬國翰《玉函山房輯佚書》文同，後增「東方之舞持矛，助時生也。南方持弓，助時養也。西方持鉞，助時殺

---

[93] 見《緯書集成》，頁342，本文為文淵閣《四庫全書》版本，然守山閣叢書本《古微書》文作「東夷之樂曰眜，持矛助時生。南夷之樂曰任，持弓助時養。西夷之樂曰侏離，持鉞助時殺。北夷之樂曰禁，持楯助時藏。皆於四門之外右辟。」

也。北方持楯，助時藏也。皆於四門之外右僻」等字[94]。守本與黃奭《通緯佚書考》、趙在翰《七緯》、喬松年《緯攟》文近似[95]，出處均作〈孝經鉤命決〉。既是如此，喬松年《古微書訂誤》謂「此文見周禮春官鞮鞻氏疏……見於《白虎通》引樂元語而無末句，非《援神契》也」[96]，然毛詩注疏云：「孝經鉤命決云：東夷之樂曰昧，南夷之樂曰任，西夷之樂曰株離，北夷之樂曰禁。東方之舞助時生也，南方助時養也，西方助時殺也，北方助時藏也」，本作〈孝經鉤命決〉，孫氏《古微書》亦收錄於《孝經鉤命決》，喬氏《緯攟》亦作「鉤命決」，「非援神契」一語當誤。

此外，如《古微書》卷十四〈易通卦驗〉同樣有這類現象，如〈易通卦驗〉載「荔挺不出，則其國多火災」[97]一文，清人輯此條原文，守山閣本注此條云「此易統驗玄圖文，又見後」，筆者比對《易統驗玄圖》確有此文，並注云：「御覽十」，經比對後，《太平御覽》卷一千百卉部第七「荔挺」條下確有此文，可見本條為孫氏輯佚重出之文。喬松年《古微書訂誤》注此條云「此文見《通卦驗》，孫氏立《驗玄圖》之名，只列此一條，妄也」[98]，喬松年批評孫瑴妄立篇名，然實際考察後，確實有本條文自，由此可知喬松年當誤。

---

[94] 馬氏「持矛」下注「持矛及下持弓持鉞持戟持楯，據周禮疏補。」「右僻」下注「詩小雅鼓鐘正義引無『持矛持弓持鉞持楯』及末句。周禮春官鞮鞻氏疏引作『東夷之樂曰昧，持矛助時生。南夷之樂曰任，持弓助時養。西夷之樂曰侏離，持鉞助時殺。北夷之樂曰禁，持楯助時藏』，下接『皆於四門』句。」

[95] 黃奭《通緯》：「東夷之樂曰靺，持矛助時生。南夷之樂曰任，持弓助時養。西夷之樂曰侏離，持鉞助時殺。北夷之樂曰禁，持楯助時藏。皆於四門之外右僻。」注曰：「周禮春官鞮鞻氏疏　詩鼓鐘正義引『東夷之樂曰昧，持矛助時生。南夷之樂曰任，持弓助時養。西夷之樂曰侏離，持鉞助時殺。北夷之樂曰禁，持楯助時藏。』　旄人疏、文王世子正義引『東夷之樂曰侏南夷之樂曰任西夷之樂曰侏離北夷之樂曰僸』，文選東都賦注、魏都賦注同。　禮明堂位正義引『東夷之樂曰昧，南夷之樂曰南』。古微書『靺』作『昧』。」守山閣本「靺」作「昧」。趙在翰《七緯》同錢氏（「昧」作「靺」），《緯攟》「靺」作「昧」，「弓」作「羽」，「鉞」作「戟」，「楯」作「干」。

[96] 《緯書集成》，頁1549。

[97] 《緯書集成》，頁243。

[98] 《緯書集成》，頁1542。

　　若守山閣本所論為確，則孫瑴此文重複收錄於〈易通卦驗〉中即為錯誤，但筆者考《顏氏家訓》卷下引此文作「《易統通卦驗玄圖》云：『荔挺不出，則國多火災』」，此處所引乃「易統通卦驗玄圖」，依照現有篇名，若非《易通卦驗》，則當為《易統驗玄圖》。然而，筆者認為孫氏出處應當參考自楊慎《升菴集》，因《顏氏家訓》另有《通卦驗玄圖》：「苦菜生於寒秋」一條，孫氏並未輯入(升菴集亦無)，然《升菴集》孫氏卻多次引用。《升菴集》卷四十四論本出處作「易通卦驗玄圖」，孫瑴因該條出處之讖緯篇名駁雜，因此將同條分見於兩篇之中。因此守山閣本片面以為本文「此易統驗玄圖文，又見後」，亦非允當。

　　有關守山閣叢書本《古微書》及喬松年《緯攟》考證之失，除以上所論之外，筆者以下簡單以表列其錯謬之處，以證明孫瑴《古微書》所收羅之讖緯本文，並非完全如清人批判一般：

《古微書》卷次	原書條目（守本）	守山閣叢書說	緯攟說	辨析
《古微書·尚書中候》	紂末年雨石，皆大如甕。	無出處	鄭俠漈《通志》七十四災祥類內，羅長源《路史》，發揮石類皆有此語，皆未言是緯。	文全同《廣博物志》卷3，作《尚書中候》，守本與緯攟考證出處錯誤。
《古微書·尚書中候》	太公釣于磻溪，夜夢北斗神，告以伐紂之意。	無出處		文全同《廣博物志》卷2，作《尚書中候》，守本誤
《古微書·尚書中候》	文王廢考，立發為太子	《白虎通·爵篇》。按此句已見上條中。		《古微書》引用《太平御覽》卷146，出處《尚書中候》，守本考證出處誤。
《古微書·尚書	文王曰：我終之	《詩·文王疏》		孫氏引用《太平

《古微書》卷次	原書條目（守本）	守山閣叢書說	緯攟說	辨析
中候》	後，恒稱太子。河洛復告、尊朕稱王	以為《中候我應》篇		御覽》卷146，出處《尚書中候》，守本考證出處誤。
《古微書·尚書中候》	周公旦即攝七年，鸞鳳見，蓂莢生，青龍銜甲，元龜背書。	此《中候摘洛戒》文，又見後		《廣博物志》卷49作《尚書中候》
《古微書·春秋元命包》	文王造之而未遂，武王遂之而未成，周公旦總少主而成之，故口成王。	《類聚》十二「總」作「抱」	語見《呂氏春秋·下賢》篇，未言是緯。唐《類函》引作《元命包》無據，孫氏之誤亦同。	雖《呂氏春秋》卷15下賢篇，未言是緯，然《藝文類聚》卷12引做《春秋元命包》，《緯攟》誤。
《古微書·春秋元命包》	古司怪主卜。	《初學記》二十	此語見《路史·後紀三》注內，未言是緯	《初學記》卷20、《記纂淵海》卷87、《事文類聚前集》卷38、《天中記》卷40、《廣博物志》卷22引《春秋元命包》文，守本為是，《緯攟》誤。
《古微書·易通卦驗》	荔挺不出則其國多火災。	此《易統驗玄圖》文，又見後。	此文見《通卦驗》，孫氏《立驗玄圖》之名，只列此一條，妄也	語出《顏氏家訓》卷下，作「《易統通卦驗玄圖》云：『荔挺不出，則國多火災』」，《升菴集》卷四十四論出處無「統」

《古微書》卷次	原書條目（守本）	守山閣叢書說	緯攟說	辨析
				字，孫氏並取二題，並無錯誤。《太平御覽》卷1000 錄此文，出處作《易統驗玄圖》，筆者以為孫氏參考自《升菴集》，因《顏氏家訓》另條《通卦驗玄圖》「苦菜生於寒秋」一文，孫氏未輯(《升菴集》亦無)，《升菴集》孫氏卻多次引用。《緯攟》以為出自《五禮通考》，然此書為清代書，孫氏未見。黃奭則以為《通卦驗玄圖》文，出自《顏氏家訓‧書證》篇、《太平御覽》一千。
《古微書‧論語比考讖》	又堯在位七十年，將以天下禪舜，乃潔齊修壇場于河雒，率舜等升首山，遵河渚，有五老游焉，蓋五星之精。相謂曰：「河圖將浮于是。」龍銜玉苞，刻版	《文選》宣德皇后令注	此文見《宋書‧符瑞志》，固是采之於緯，而未可指為比考也。	見《天中記》卷十二，出處作「《宋書》、《比考讖》互見星門」，孫氏當抄《天中記》，天中記「精」下有「也」，無「于是」，作「飛流星上上入昴。」

《古微書》卷次	原書條目（守本）	守山閣叢書說	緯攟說	辨析
	題命可卷，金泥玉檢封書，盛知我者重瞳黃姚，視五老，飛為流星，上入昴。			
《古微書·論語比考讖》	殷惑妲己，玉馬走，宋均曰：「女妲己，有美色也。玉馬，喻賢臣奔去也。」任昉牋云：「玉馬駿奔喪喪微子之兆。」	（兆作去）《文選》勸進今上牋注。	（任昉牋云……）此是孫氏注語，當明引任昉勸進牋，乃用「牋云」二字連於宋均之注下，似仕昉為緯作牋，如鄭康成之牋詩者疏謬。	文全抄自《天中記》卷十一(喪作表，兆作去)，非孫氏注語，《緯攟》誤。
《古微書·孝經援神契》	元氣混沌，孝在其中。天子孝，天龍負圖，地龜出書，妖孽消滅，景雲出游。類聚一又九十八太平御覽一又四百十一並以為孝經左契文。庶人孝則澤林茂，浮珍舒怪草，秀水出神魚。初學記十七太平御覽四百十一	《類聚》一又九十八，《太平御覽》一又四百十一並以為《孝經左契》文。	此文是《孝經左契》	全文抄《初學記》卷十七或《大中記》卷二十四，出處作《孝經援神契》無誤，守本、《緯攟》考證出處錯誤。
《古微書·孝經援神契》	祭祀之禮與祭天同注衣服同也		此文在《鉤命決》曰「祭地之禮與祭天同」孫氏將「地」字寫作「祀」字誤也，收入《援神	《禮記注疏》卷十一引此文，出處作《孝經援神契》無誤，《緯攟》誤。

《古微書》卷次	原書條目（守本）	守山閣叢書說	緯攟說	辨析
			契》亦誤也。	
《古微書·孝經援神契》	魯哀公十四年，孔子夜夢三槐之間，豐沛之邦，有赤烟氣起，乃呼顏淵、子夏往視之。驅車到楚西北范氏街，見芻兒摘麟傷其左前足，薪而覆之。孔子曰：「兒來！汝姓為誰？」兒曰：「吾姓為赤誦，名子喬，字受紀。」孔子曰：「汝豈有所見耶？」兒曰：「見一**禽**巨如羔羊，頭上有角，其末有肉。」孔子曰：「天下已有主也，為赤劉，陳、項為輔，五星入井從歲星。」兒發薪，下麟示孔子，孔子趨而往，麟蒙其耳，吐三卷圖，廣三寸，長八寸，每卷二十四字，其言：「赤劉當起，日周亡，赤氣起，火燿**興**，	語見《宋書·符瑞志》、又〈隸釋史晨碑〉引末七字以為《援神契》文與孫氏合	（禽作獸，興作與）此文當入《右契》	干寶《搜神記》卷八、《宋書·符瑞志》或引《搜神記》，均未言是緯。〈然史晨碑〉中有「《孝經援神挈》曰：『玄丘制命，帝卯行』」一文，但《文選》卷四十八引此文作《春秋演孔圖》，《廣博物志》卷四十六引此文略異，出處作《孝經援神契》，孫氏當是綜觀《宋書》、〈史晨碑〉、《廣博物志》三者，斷定為《孝經援神契》。

《古微書》卷次	原書條目（守本）	守山閣叢書說	緯攟說	辨析
	玄丘致命帝卯金。」			
《古微書・河圖絳象》	太湖中，洞庭山林屋洞天，即禹藏真文之所，一名包山。吳王闔閭登包山之上，命龍威丈人入包山，得書一卷，凡一百七十四字而還。吳王不識，使問仲尼，詭云：「赤鳥唧書以授王。」仲尼曰：「昔吾遊西海之上，聞童謠曰：『吳王出遊觀震湖，龍威丈人名隱居，北上包山入靈墟，乃造洞庭竊禹書，天帝大文不可舒，此文長傳六百初，今强取出喪國廬。』丘按謠言乃龍威丈人洞中得之，赤鳥所唧，非丘所知也。」吳王懼，乃復歸其書。		此文雜取〈甄正論〉、《吳越春秋》、《越絕書》、《靈寶要略》成之，孫氏妄作無疑。《甄正論》見《天中記》	文全出自楊慎《山海經補注》，可上溯元趙道一《歷世真仙體道通鑑》卷二(真行子)，未言是緯。《緯攟》論出處誤。
《古微書・河圖考靈曜》	秦王政以白璧沉河，有黑頭公		（無玉字）《太平御覽》八百六	全文抄《事類賦》卷七，引《河

《古微書》卷次	原書條目（守本）	守山閣叢書說	緯攟說	辨析
	從河出，謂政曰：「祖龍來，授天寶。」開，中有尺二玉牘。		引此文作《河圖天靈》	圖考靈耀》，《緯攟》誤。
《古微書·河圖玉版》	倉頡為帝，南巡登陽虛之山，臨于玄扈洛汭之水，靈龜負書，丹甲青文以授之。水經洛水注帝文止二十八字，景刻于陽虛之石室，李斯止識八字曰：「上天垂命，皇辟迭王。」今已不可尋矣無出處		（虛作墟）（文止以下）此是《路史》文，非緯也。孫氏強連於「倉頡為帝」一條之下，摭作《玉版》大誤。《通志》亦有此語，亦未指為《玉版》。	全文見《皇霸文紀》，卷一云：「《河圖玉版》云：倉頡為帝，南巡登陽虛之山，臨于玄扈，洛汭之水，靈龜負書，丹甲青文，以授之。文（木足）二十八字，景刻于陽虛之石室，李斯只識八字」，《路史》卷六載八字云：「李斯辨其八字云：上天作命，皇辟迭王」，守本、兩漢全書以前段引自水經注，未必，以前後文觀之，皇霸文紀較接近。
《古微書·河圖玉版》	少室山其上有白玉骨，一服即仙矣。	《山海經·西山經》注	《格致鏡原》引此文但作《河圖》，未指為《玉版》。	郭璞《山海經傳·西山經第二》云：「《河圖玉版》曰：少室山其上有白玉膏，一服即仙矣」，中山經第

《古微書》卷次	原書條目（守本）	守山閣叢書說	緯攟說	辨析
				五云「此山巔亦有白玉膏，得服之即得仙道，世人不能上也，《時含神霧》云。」出處則守本為是，《緯攟》誤。孫氏收羅緯文，誤將「膏」作「骨」。

四、清人接受《古微書》之討論

　　從以上列舉清人著作對《古微書》之討論，可知《古微書》在清代接受之概況，自清人多家論《古微書》觀之，清代有關《古微書》之輯佚與討論，不可謂不盛，且討論內容與深度之變化，亦隨時代之演進而更為深入。其中清人有從《古微書》之舊者，有糾《古微書》之謬者，從者或兼采他說以存異，糾者亦匡正錯謬而存真，樣貌之多元，反映清代學術之特徵。然清人對《古微書》之接受，可從刊刻之變化，與清人編纂讖緯文獻二者觀察，經清代《古微書》屢次之刊刻，可知清人對《古微書》原文出處之關注愈加深入。由清人編纂讖緯文獻之豐富，亦見清人對讖緯文獻之關注，與對《古微書》輯佚之檢討與批判，其中有支持孫瑴者，如錢熙祚之守山閣叢書本《古微書》，亦有批判孫瑴讖緯輯佚之態度與內容者，如喬松年《緯攟》。讖緯輯佚與《古微書》之討論，至清代可謂盛況空前。以下本文就刊刻《古微書》與清人輯佚讖緯文獻兩者分別論述，以見清人對《古微書》接受與批判之特色。

(一) 刊行由粗而精，漸臻善本

　　《古微書》自明末問世以來，在清代時抄刻不絕，受到一定程度的重視[99]。以李梅訓〈《古微書》版本源流述略〉一文為基礎，進行實地勘驗，證實就現有可見版本中，清代《古微書》之流傳可分為抄本與刻本兩系統，鈔本有官方抄錄之《四庫全書》抄本與個人鈔本，如中國科學院現存之清初鈔本。以目前所存之版本觀察，除《四庫全書》抄本外，在清代流傳最廣者，分別為陳世望對山問月樓刊本、張海鵬輯刊墨海金壺本、錢熙祚《守山閣叢書》本[100]。據筆者目驗，明崇禎刻本、清初抄本[101]、《四庫全書》本文本中均無校勘語[102]，對山問月樓刊本與墨海金壺本則於部分原文後稍加按語。至《守山閣叢書》本出，始全面加注按語，在尊重孫瑴原文前提下註明出處、辨析正誤及羅列異文[103]，使《古微書》之內容變得更為全面，讀者亦可循《守山閣叢書》本對文本進行出處比對工作，因此該本可謂《古微書》之善本。由上述例證中，可發現《守山閣叢書》本針對孫瑴文本之錯誤均有所指正，有別於之前各刊本無辯證文字及考訂出處。以年代觀察，清初流行之明崇禎刻本、清初抄本及《四庫全書》本均不考證文字，待嘉慶年間考據學之興起，對山問月樓刊本與《墨海金壺》本則開始關注文本部分問題，至道光年間錢熙祚《守山閣叢書》本問世，則全面展示《古微書》在清代所呈現之新樣貌。該書所展現之輯佚、校勘及辨偽學，為清代考據學特有之面貌。據筆者目驗，臺灣商務

---

[99] 有關《古微書》版本之研究，可參考李梅訓〈《古微書》版本源流述略〉一文。

[100] 《四庫全書》本為乾隆時刻本、陳世望對山問月樓刊本、張海鵬輯刊《墨海金壺》本為嘉慶年間刻本，錢熙祚《守山閣叢書》本為道光年間刻本。

[101] 明崇禎刻本、清初抄本蓋為同一系統，字體正誤多數相同。

[102] 清初鈔本有朱筆校勘，然字體殊異，非一人所為。《四庫全書》本則多逕改文字，非循原本之舊，且不註明原因。

[103] 《守山閣叢書》本基本上循孫瑴《古微書》原文，然遇孫瑴錯謬較多者，則自行增刪原文，並說明原因，如《孝經鉤命決》：「東夷之樂曰眛，南夷之樂曰任，西夷之樂曰侏離，北夷之樂曰禁」條，即自行增加文字，並註明出處。

印書館出版《守山閣叢書》本多註明緯文出處[104]，少數不知出處者則闕而不注，若文本見於孫瑴所說「《十三經注疏》、《廿一史》書志，及《太平御覽》、《玉海》、《通典》、《通考》、《通志》」等，該本必根據孫瑴之說，詳列該條之篇目。若同見於兩種文獻以上，則該本必兼列各出處。若孫瑴所輯條文不見於以上諸書，《守山閣叢書》本方白行尋找，以註明出處（尋不得出處者除外）。因此，《守山閣叢書》本基於孫瑴輯佚之原則進行原文比對，全面針對孫瑴輯佚條文搜尋出處。因此，從清代《古微書》刊行流布情形，可知清人對《古微書》之內容，由未經分別而直接接受，到釐析訛誤、正本清源的過程。

　　另外，針對《古微書》文本進行補充、考訂者，如喬松年《古微書訂誤》、姚東升《古微書補闕》等[105]，均就《古微書》不足或錯謬處進行增補改定，使《古微書》內容更為完備。其中喬松年《古微書訂誤》校勘精審，由以上例證可知，喬氏針對《古微書》中文字脫漏顛倒、妄增妄改、合併異文、錯置篇目、妄引非緯等狀況，均一一指正，較《守山閣叢書》本更為精細。然二書對《古微書》內容之考訂，一者精，一者博，互見之可更加完備。姚東升《古微書補闕》一書，則針對《古微書》輯佚缺漏之處進行補充，主要貢獻有二：一者收羅更多佚文，二者增補《古微書》篇目，《古微書補闕》在《古微書》91 篇篇目的基礎上，更廣泛地收集讖緯篇目，共收集 115 篇，其中篇目與《古微書》相同者，則改正或增加《古微書》佚文，若為《古微書》所未有者，則為姚氏收羅補充，可說是對《古微書》進行一番增補改正工作[106]。

(二) 另輯讖緯文獻

　　讖緯文獻，自元人陶宗儀輯《說郛》即已有之，至明代，除孫瑴外，尚

---

[104] 王雲五，《叢書集成初編》，《守山閣叢書》本《古微書》四冊（臺北：臺灣商務印書館，1939年初版。）

[105] 清代尚有王家璧《古微書輯補箋注》、陳漢章《古微書補遺》，據書名，當為補充孫瑴輯佚之作，惜未見，然據此可知清人關注孫瑴輯佚之狀況。

[106] 姚東升《古微書補闕》增收之篇目，經筆者目驗統計，表列於論文後之附錄。

有祁承（火業）、楊喬岳等人輯佚讖緯。入清以來，有殷元正輯《緯書》、趙在翰輯《七緯》、、顧觀光《七緯拾遺》、馬國翰《玉函山房輯佚書》、黃奭《通緯佚書考》等書，均參考《古微書》之成果。殷元正《緯書》之編輯，為前清之作，列舉出處較《古微書》為精，然輯佚條文偶有參考《古微書》之處。趙在翰《七緯》斟酌《易緯》八種、《古微書》、《說郛》等書，去讖存緯，其中收羅原文頗有有參考《古微書》之處。如趙在翰等另輯讖緯文獻之人，其動機未必為關注孫瑴《古微書》，實則受乾嘉考據學影響，逐漸重視漢代經說，然漢代經說以鄭玄為集大成者，鄭玄經說又多雜讖緯之說，於是清人開始重視讖緯文獻在漢代經學中之地位，趙在翰等人之輯佚讖緯，其動機在於此。雖諸家輯佚讖緯，並非純粹關注《古微書》，然經由諸家輯佚讖緯，《古微書》之諸多讖緯條文同樣受到關注與糾補，於《古微書》亦有廓清之功。

另外，清人亦有抄錄《古微書》原文而未盡辯證之功者，如馬國翰《玉函山房輯佚書》及黃奭《通緯佚書考》二書即是。由前文諸多例證可知，馬國翰《玉函山房輯佚書》及黃奭《通緯佚書考》二書，在許多讖緯條文中，完全抄錄《古微書》原文，惟附錄出處而已[107]，並未針對《古微書》原文進行出處及條文之考辨。從二書所收之清代讖緯輯佚成果，可知二者與清人大量考辨《古微書》原文諸作為同一時代，既已吸收前人及同時期之研究成果，當加以說明孫瑴條文之正誤，而非一概收錄各家原文而未比較說明。然前修未密，後出轉精，馬氏、黃氏二書既承前人及當代之研究成果，於《古微書》謬誤之處亦非全盤接收，而能兼參各本，予以斟酌得失。於《古微書》謬誤之處，二書收錄原文態度上，或不採用，或兼列於條文之注釋中，以求全存異，與喬松年《古微書訂誤》等斷定《古微書》原文是非態度有所不同。

---

[107] 兩書附錄出處，許多均本於趙在翰《七緯》原文，而非有所發現。

小 結

由清人對《古微書》之接受與批判,可知《古微書》存在許多錯謬之處,其中異文合併、錯置篇目或為孫瑴自述「首尾都無倫次」之失,孫氏亦希望讀者能「不必苛其端緒,摘其挂漏」,固然《古微書》中屢見此兩種狀況,然此種錯誤尚可理解。但孫氏以非緯為緯、以緯為非緯、增改文字及重出等謬誤,讀者顯然不能不「苛其端緒,摘其挂漏」,喬松年《古微書訂誤》對此批判甚力,《守山閣叢書本》亦多指出孫瑴誤收之過。孫氏有意編造或修改讖緯佚文,若不加以釐清,則讖緯之源流不明、真贗之莫辨,學者亦無所考讖緯中漢學之端緒。孫瑴自稱所收讖緯「皆真球琭,非贗琬琰」,經清人考辨後,吾人得知恐非其實!其中偽造者所在多有,不可不詳加辨識。清人於考訂孫瑴錯謬過程中,亦逐步恢復讖緯之原始面貌,故孫瑴之功不在條義正確與否,而在使清人輯佚讖緯有所本,可據此進一步開展讖緯輯佚之學。

其次,清人在《古微書》之基礎上,另行輯錄讖緯異文,一方面擴大讖緯佚文之收錄,另一方面訂正孫瑴之謬,使漢代讖緯面貌更加完備,以利後世學者從事研究漢代學術,《古微書》為讖緯輯佚奠基之功自不容忽視。讖緯之輯佚,自陶宗儀《說郛》開始,至今亦尚未停歇,如日人安居香山、中村璋八編纂《緯書集成》,為現代讖緯輯佚之代表作,所據底本以喬松年《緯攟》為主,然喬松年編纂《緯攟》,於孫瑴《古微書》用力甚多,至書末附以《古微書訂誤》、《古微書存考》二篇,故知《古微書》在讖緯輯佚之地位。2009年山東大學編纂《兩漢全書》,其中讖緯卷即全面收羅漢代讖緯文獻,較之《緯書集成》更為完備,該書所收之文多本清人研究成果,然清人研究讖緯,多半不得不受孫瑴《古微書》之影響,故知《古微書》之編纂,於讖緯文獻之輯佚,具樞紐之要,起承先啟後之功,不可因內容錯謬而忽略其價值。

第十章　結論

　　綜觀讖緯研究史，歷來對於《古微書》文本的研究可說寥寥無幾，對於
《古微書》的正面評價，也多集中在該書是讖緯研究史上，首部對讖緯本文
進行全面輯佚的著作，除此之外，對於《古微書》的評價，多半屬於不注讖
緯本文出處、錯誤百出、體例混亂、掛一漏萬，而缺乏參考價值的讖緯輯佚
著作。筆者博士班論文，之所以將《古微書》作為研究對象，用力於本書之
研究，乃因透過對全書詳細考察後，發現孫瑴無論在引書範圍、詮釋方法、
讖緯觀、機祥理論等方面，均有許多精彩而前人未及發揮之處，但因歷來對
於《古微書》普遍的負面評價，導致人們僅識其陋，而未見其精。對於《古
微書》的忽視，在讖緯研究領域的探索中，不可不謂一大遺憾。

　　筆者既選擇《古微書》作為研究對象，所秉持的態度，即《古微書》一
書中若有任何缺失，就應進一步探討，徹底理解錯誤的成因與用意，若《古
微書》的編纂，隱含作者之深意，而不為後人所知，那更應予以鉤稽考索，
發揮大義。倘能如此，才足以給予這部「讖緯研究史上，首部對讖緯本文進
行全面輯佚的著作」一個客觀公正的歷史評價，而非流於人云亦云的表面印
象。

　　經由筆者以「主題式」的研究步驟進行分章探討，大抵上已得知《古微
書》歷來令人無法理解的幾個現象，即「未詳孫瑴生平及成書」、「注解標注
引書出處，但讖緯本文卻不標注引書出處」、「編排體例混亂」、「摻入諸多非
讖緯條文」、「大量引用古書作為注解，卻不加入個人說明」、「讖緯編排次序
異於前人」、「讖緯排序異於各家」、「僅有羅列注解，缺乏詮釋體系」等議題，
透過本論文分章討論，發現各種難以理解的現象，均牽涉到孫瑴對於讖緯意
涵的看法。孫瑴由於對於讖緯輯佚與詮釋之期待，進而產生出許多「權變」

的編纂體例與詮釋內容。因此本論文分別以「讖緯本文引書考」、「詮釋方法
與特色」、「讖緯觀之內涵」、「建立天文律曆詮釋基礎及相關議題之開展」及
「清人接受考」等五種角度,探討《古微書》引書出處、編書目的、中心思
想、學說闡發及後代接受等議題,試圖較全面地探究《古微書》的面貌。以
下分別就各項研究成果進行說明,以作為本論文研究成果之展現。

一、研究成果

(一) 博覽源自家學,引書收羅宏富

　　本論文重要的研究的命題之一,在於探討《古微書》何以注解標明引書
出處,而讖緯本文反而不注出處的問題。對此問題,首先必須解決的就是讖
緯本文究竟真實的引書面貌為何,因此首先經由第二章孫瑴生平及《古微書》
成書之考證,說明孫瑴得以博覽群書,實肇因於家學淵源,及個人深造有得
之結果。其次,第三章對於《古微書》引用書目的探討,可發現孫瑴輯佚讖
緯時,所採用之書籍遠多於〈古微書略例〉中所說「《十三經注疏》、《廿一史》
書志,及《太平御覽》、《玉海》、《通典》、《通考》、《通志》」等項目,收羅範
圍涵蓋經、史、子、集,時代遍及先秦至明朝。

　　筆者本章研究的根本,是建立在守山閣叢書本《古微書》及喬松年《緯
攟》考證的基礎上,進一步探索《古微書》讖緯本文引書的真相。經反覆比
對後,發現孫瑴所援引的書籍中,出現大量明人典籍,範圍涵蓋明代類書以
及文人著作,類書如陳耀文《天中記》、董斯張《廣博物志》、徐常吉《事詞
類奇》、顧起源《說略》等書。而明人文集中,則集中在引用以明人楊慎之作,
如《丹鉛總錄》、《升菴集》、《古音略例》、《古今諺》、《秇林伐山》、《奇字韻》
等書。

　　孫瑴《古微書》之編輯體例上,除讖緯本文之外,其他引證及參考資料

均有標明引書出處，這是清代輯佚家所不能諒解的。筆者透過比較讖緯本文
與引證參考資料之後，發現兩者引書之範圍不盡相同，彼此並不能相互涵蓋，
因此若將《古微書》注解中所有引書資料一併計算，則孫瑴編纂《古微書》
時，引用的書目就顯得更加可觀。透過第三章針對讖緯本文逐條考察，主要
在對於現今《古微書》引書研究成果進行糾謬，即守山閣叢書本與《緯攟》
的缺失，考察最接近於原書樣貌的引書狀況，以還原《古微書》編書之樣貌。

　　經由孫瑴收羅讖緯條文，未必條條皆如孫瑴所說的「皆真珠珞，非贗琬
球」，其中也存在著不少贗品，但無論孫瑴所採讖緯條文為真或假，可以斷定
的是，孫瑴無論是合併非讖緯條文，或是收集非讖緯條文於某篇讖緯中，凡
是孫瑴認為能夠幫助理解讖緯本文，或讖緯條文間意義接近的，都在他隨意
編輯，「前所見者，俟後續之。後所得者，徵前冠之。中有異同者，詰前後絡
之」的範圍之內，因此產生如第二章〈表一〉、〈表二〉中同條之內多處出處
的情形，這是考察《古微書》引書範圍時所發現的另一現象。

　　綜研究，孫瑴之所以在編輯凡例中僅介紹十三經、正史、知名類書及政
書類，筆者以為是為了增加《古微書》引書之信度，使讀者相信《古微書》
所收均為有所根據之典籍。然而，孫瑴既以這類書為輯佚之引書範圍，又何
以讖緯本文不注出處？從第三章的研究來看，可知孫瑴若僅以〈古微書略例〉
列舉典籍名篇為收集對象，讖緯收集成果必然大打折扣，加之孫瑴當時無緣
得見《開元占經》，也未見《五行大義》等書，因此為求收集之「廣度」，必
須在經典書籍之外，求助於各類書籍，即便涉及「唐宋縹緗所盛傳」、「唐宋
以後耳目近事」，也為孫瑴所吸收採用，但這與《古微書》編纂時宣稱「是集
多得之《十三經注疏》、《廿一史》書志，及《太平御覽》、《玉海》、《通典》、
《通考》、《通志》，略諸大部」的體例有所衝突，因此產生了《古微書》在讖
緯本文不注出處，而注解卻詳細標明出處的情形。這可說是孫瑴為了兼具該
書「信度」及「廣度」所採取的權變之法。

(二) 編輯條例以義相求，偽收緯文詮釋讖緯

從第四章的文本分析中，在編輯條例上，《古微書》的編纂既有引用各家之說的「集注」性質，也有引用他人說法以疏釋「經」、「傳」文字的「注疏」性質，並不純粹以某種體裁進行編纂，這種融合各家編纂體例的現象，在《古微書》中屢見不鮮。究其原因，主要在於幫助讀者理解讖緯意義，若能達到理解讖緯的目的，孫瑴並不拒絕各種體例與注釋方式。

在注解方式上，透過「引注」、「自注」兩項詮釋形式的介紹，以及「解說名義」、「闡釋義理」、「引伸發揮」、「羅列異說」等四項詮釋方法的說明，可知孫瑴在《古微書》的編纂上，對於讖緯的詮釋，有基本的體例與方法，但又偶有出現特例。然而，藉由這些方法的通例與特例，進而期待「使讀者開卷而豁然」，以期讀者較容易理解讖緯的內涵，這是孫瑴編纂《古微書》之苦心所在。

至於《古微書》的詮釋風格中存在著崇尚奇詭與辨偽求真的二元性，既幫助多數讖緯疏釋，又反對部分讖緯內容的面貌，在引注、自注的條例中，呈現出看似矛盾的二元性，此乃因漢代讖緯內容的駁雜與正誤並存，使孫瑴解說讖緯時不得不採用此法。孫瑴《古微書》的編纂，既然用意在於使讀者容易理解讖緯內容，因此除了解釋內容外，還需針對讖緯內容進行評價。因之，在進行逐項進行說解時，針對緯文質量的參差不齊，產生出詮釋內容的二元性是可以理解的。

另外，在《古微書》中存在「收羅求真與偽收緯文」的二元性，這是清人所無法接受的，也是守山閣叢書本與喬松年《緯攟》所大加批判的部分。然而，經過第四章的探討，如刻意「誤收錯置」的情形，在《古微書》中並非巧合，而是必然的安排，除了少數若干條外，可以說每一條「誤收錯置」幾乎均為刻意為之，其目的在使讖緯義理的解釋上更為聚焦，由此也能推知孫瑴本人注重解釋讖緯義理，更甚於遵從編排的原則。孫瑴因「闡釋義理」之需，因而刻意誤收、安排篇目未定者、增減字、置入非緯文以及緯文重出，

但也因這些額外誤收的條文，導致《古微書》的體例大亂。然而，從五種偽收條例中歸納出共同的規律，即《古微書》全書最高指導原則為「解釋讖緯義理」，所有《古微書》編排的形式及方法，最終均需為解釋讖緯義理而服務。

如此終於能理解〈敘刪微〉所謂「**雖非本卷本文之後先，要亦可以大義徵，以文律準**」的意義為何，此即孫瑴在收集讖緯本文採「以義相求」的方式，收羅主題相近、意義相近緯文，並針對該群組進行引注或自注說解。即便其中存在著大量偽收緯文，最終仍以幫助理解讖緯內容為依歸。

然而，既然以解釋義理為依歸，則把諸多偽收緯文納入注解之中進行說解即可，孫瑴將之提高至「本文」的位置，當為意義連貫之需。考察偽收緯文 250 條中，凡在緯文中摻入偽收緯文者，原因幾乎是為了使孫瑴「以類相聚」所收羅的緯文主題，在意義上能夠更為連貫。若比照注解般標注出處，雖顧及體例的完整性與使用的方便，但卻使《古微書》在讖緯義理詮釋上變得殘缺而不連貫，這並非孫瑴編纂此書的目的。《古微書》的編纂，無論是詮釋形式、詮釋方法或是詮釋特色的二元性，目的皆為了使讖緯義理得以彰顯。因孫瑴對於解釋讖緯義理的需求，才採取了本文不注出處，而注文、評語標明出處的「統一體例」。

經由第三章的討論，終於可以理解何以孫瑴「注解標明出處，但讖緯本文不注出處」之因，也發現《古微書》中存在著大量體例混亂的編排方式，這一切的原因，都可歸結為孫瑴編纂《古微書》的目的所在，即「透過編纂讖緯遺文，以闡釋讖緯義理」。

（三）雜揉各說，彰顯讖緯，尊經宗聖，緯以輔經

經由第五章針對《古微書》讖緯觀的探討，得知孫瑴編纂《古微書》時，在體例上呈現出迥異前人的篇章排列、編輯原則、詮釋內容以及讖緯相關論述，使清人難以諒解其謬誤，其實均源自於孫瑴獨特的讖緯觀。透過本章研究，發現孫瑴讖緯觀之特點在於善於雜揉前代各家之說，並加上孫瑴個人判斷，進而產生一有機的讖緯論述方式。無論在讖緯定義、讖緯源流、讖緯編

排次序、讖緯詮釋以及讖緯相關議題討論上，孫瑴的《古微書》所呈現綜合各家，並自有創見的獨特面貌。

經分析，得知《古微書》中劃分緯書、讖書篇章的界線，大抵遵循《隋書·經籍志》的定論，而《隋書·經籍志》又根據鄭玄之說而展開論述，因此可說孫瑴《古微書》的讖緯觀的主要影響，來自於鄭玄。在《古微書》中，無論是對「經」的定型，或對「緯」的初步規模建立，認為均完成於孔子之手。至於讖緯整體的規模，孫瑴則針對歷代各家說法進行折衷的調整，即緯書最初的規模成於孔子，其後由七十子之徒及其再傳弟子增廣之。到了漢代，緯書又摻入漢人之說，這樣融合歷代各家的讖緯源流論，即便時至今日，也是極為罕見的。

此外，針對《四庫全書總目》等清人對《古微書》的爭議說法，逐一考證後，其中若干批評並未正確理解《古微書》所指為何，因此對孫瑴的批評部分實屬誤讀，透過辨證，也更清楚理解孫瑴讖緯觀的內涵。其中值得注意的是，順著《古微書》讖緯觀的論述推論，孫瑴認為經與緯的關係不完全是「緯以配經」，反而有「緯為經源」的狀況。

在讖緯排列次序上，《古微書》反映出的獨特讖緯觀，涉及緯與經的交涉，以及緯學內涵的討論，跳出傳統今古文經學對《六經》次序的論說，首次以「緯」為論說的主體，在以「天」為基礎上，彰顯了「緯」的重要性，在讖緯發展史中有其不可磨滅的地位，惜乎此說僅是空前而絕後，並沒有為清人所重視。在討論清人批評《古微書》編纂錯誤同時，也不應否認《古微書》中所展現特殊價值。

《古微書》對於讖緯觀的落實，展現在，「尊孔」的讖緯觀之上，凡合乎尊孔原則者，即便違反《古微書》本身編書原則，孫瑴同樣以尊孔為先。讖緯觀的另一實踐，即「緯以配經」之說的實現，呈現在《古微書》的內容之中，即所謂「緯以輔經」。孫瑴強調「緯」的功能在於「輔經」，這與清人不斷強調讖緯的價值相似，可以說開清人詮釋讖緯風氣之先。

考察《古微書》的編纂方式，其中既依循孫瑴讖緯觀而行，同時解釋讖

緯內容又偶有違背讖緯觀，這樣既衝突又融合的詮釋面貌，說明了孫穀編纂此書最主要的目的，除了幫助讀者理解讖緯內容，更重要在於還原聖人之說的面貌，使經學、緯學的源流、定位得到安頓，是孫穀讖緯觀主要的精神所在。

(四) 建立天文律曆詮釋系統，作為讖緯詮釋體系之基礎

經由第六、七章討論《古微書》天文律曆之詮釋體系，針對《古微書》天文觀、律曆觀以及星象觀進行探究，對於《古微書》所重視的各種詮釋體系，如災異祥瑞、道教、占驗的討論便能得到落實。《古微書》談論「天」的文獻，以讖緯文獻為本，凡記載之天體運行現象及天文數據，《古微書》均引用大量文獻加以說明，經由比對，得知孫穀於天體運行上雖主張「渾天說」，然此屬「道統」的堅持，實際上讖緯文獻中「七衡六間」等蓋天說理論，也為孫穀所接受，並引用《周髀算經》的蓋天說加以解說。另如天文數據方面，讖緯文獻中渾天說的「天如彈丸」、日有九道等說之數據，混有蓋天說的內容，甚至《古微書》在大多數天文據解說上採《周髀算經》蓋天說理論。孫穀並非實際排斥蓋天說，在讖緯天文數據的實際運算上，仍須藉助《周髀算經》理論作為基礎。在釐清、確立讖緯天體運行之模式與天文數據之基礎後，對於古代曆法的詮釋才能有所本，進而律曆說、星象說才有理論之基礎。以此為本，讖緯文獻的詮釋體系才有形上之根據，這是孫穀認為「學莫大於稽天」之因。最後，在天文的基礎上，建立了星官說，亦即建立天上星宿與人事之對應。經由《古微書》闡明天文觀後，針對「星官說」加以詮釋，以完成《古微書》之天文體系。

在《古微書》天文觀確立後，《古微書》建立詮釋系統的第二步是律曆觀的討論。《古微書》之中存在著許多候氣、占驗文獻，孫穀認為候氣、占驗均需有所本，占驗候之以象，需本之於數，數以曆法為本，在《古微書》中落實在對於律曆觀的考察。經由孫穀對於律曆觀的討論，說明了漢代如何以十二、六十音律為本，並結合曆法，完成占驗、候氣基礎的理論模型，以作為

《古微書》讖緯文獻中候氣、占驗說的理論根源。在曆法的建構上《古微書》以《易緯》為對象，以緯文、注解交互併陳，論述了〈乾鑿度曆〉的架構與德運世軌說的具體運用，使《古微書》的律曆說有具體的落實，與占驗上的實證。

《古微書》在建立天文詮釋體系後，對於天文數據的確立，使得曆法推算有了基礎，因而能探討曆法與音律之關連，因而下生律曆、候氣、占驗之推斷，與道教體系之闡發。在第八章中，論述以天文為基礎的讖緯候氣之說，孫瑴將之結合「五運六氣」說，形成一特殊詮釋內容。在天文關的基礎之下，在《古微書》中同樣論述了星象分野的沿革發展，雖然到了漢代，星象分野不再是占驗的主流，但仍對於後世具有一定的影響力。另外，在《詩緯》的占驗體系上，則根本於讖緯之律曆說，進而開展出一系列「三基」、「四始五際」、「六情」等占驗國運、臣下忠邪之法，亦為讖緯詮釋體系中依據有特色的內容。最後，在星占分野的基礎下，《古微書》一系列地論述讖緯與道教之間的關連性，闡述讖緯之中地理、仙境、神系、服食、禳災等議題與讖緯之緊密關連，為讖緯與道教的研究，做了先導性的開拓。經由本章論述可知，透過天文、律曆體系的建立，派生讖緯各種詮釋體系，是《古微書》對於讖緯內容最有系統的闡釋，也是本文談論詮釋體系的核心。

(五) 清人評論精粗互見，重新評價《古微書》地位

透過第九章列舉清人著作對《古微書》之討論，可知《古微書》在清代接受之概況，清人對於《古微書》討論內容與深度之變化，亦隨時代之演進、學術的變革而更為深入。清人有從《古微書》之舊者，有糾《古微書》之謬者，從者或兼采他說以存異，糾者亦匡正錯謬而存真，樣貌之多元，反映清代學術之特徵。從清代《古微書》刻印傳播之盛行，與清人編纂讖緯文獻二者觀察，經清代《古微書》屢次之刊刻，亦可知清人對《古微書》原文出處之關注，因其流行而展開關注，也因其謬誤而進行改正。

另外，由清人編纂讖緯文獻之豐富，亦見清人對讖緯文獻之關注，與對

《古微書》輯佚之檢討與批判,如錢熙祚之守山閣叢書本《古微書》、喬松年《緯攟》、姚東升《古微書補闕》等書均是。讖緯輯佚與《古微書》之討論,至清代可謂盛況空前,而《古微書》也在此一發展過程中愈加完備。

　　由清人對《古微書》之接受與批判,可知《古微書》存在許多錯謬之處,其中異文合併、錯置篇目或為孫瑴自述「首尾都無倫次」之失,孫氏亦希望讀者能「不必苛其端緒,摘其挂漏」,固然《古微書》中屢見此兩種狀況,然此種錯誤尚可理解。但孫氏以非緯為緯、以緯為非緯、增改文字及重出等謬誤,讀者顯然不能不「苛其端緒,摘其挂漏」,喬松年《古微書訂誤》對此批判甚力,《守山閣叢書本》亦多指出孫瑴誤收之過。孫氏有意編造或修改讖緯佚文,若不加以釐清,則讖緯之源流不明、真贗之莫辨,學者亦無所考讖緯中漢學之端緒。孫瑴自稱所收讖緯「皆真琭珞,非贗琬琰」,經清人考辨後,吾人得知恐非其實!其中偽造者所在多有,不可不詳加辨識。清人於考訂孫瑴錯謬過程中,亦逐步恢復讖緯之原始面貌,故孫瑴之功不在條文正確與否,而在使清人輯佚讖緯有所本,可據此進一步開展讖緯輯佚之學。

　　其次,清人在《古微書》之基礎上,另行輯錄讖緯異文,一方面擴大讖緯佚文之收錄,另一方面訂正孫瑴之謬,使漢代讖緯面貌更加完備,以利後世學者從事研究漢代學術,《古微書》為讖緯輯佚奠基之功自不容忽視。讖緯之輯佚,自陶宗儀《說郛》開始,至今亦尚未停歇,如日人安居香山、中村璋八編纂《緯書集成》,為現代讖緯輯佚之代表作,所據底本以喬松年《緯攟》為主,然喬松年編纂《緯攟》,於孫瑴《古微書》用力甚多,至書末附以〈古微書訂誤〉、〈古微書存考〉二篇,故知《古微書》在讖緯輯佚之地位。2009年山東大學編纂《兩漢全書》,其中讖緯卷即全面收羅漢代讖緯文獻,較之《緯書集成》更為完備,該書所收之文多本清人研究成果,然清人研究讖緯,多半不得不受孫瑴《古微書》之影響,故知《古微書》之編纂,於讖緯文獻之輯佚,具樞紐之要,起承先啟後之功,不可因內容錯謬而忽略其價值。

二、研究價值

(一) 釐清《古微書》讖緯本文引書來源，彰顯明代讖緯輯佚成果

　　在本論題完成之前，過去對於《古微書》出處進行較為全面之考察者，計有《守山閣叢書》本《古微書》、喬松年《緯攟》、安居香山等《緯書集成》、山東大學《兩漢全書》等四種，但筆者考察四種著作，發現四種著作在成果上均無法全面地檢視《古微書》引書來源。筆者在前人的研究基礎上，更進一步考察《古微書》引書之面貌，發現《古微書》實際引用之書，較前人成果更為廣泛。透過本項考察工作，已更真實地還原《古微書》引書狀況。由於《古微書》為明代讖緯輯佚學之代表，透過對於該書讖緯本文引書出處的探討，也同時揭示明代讖緯輯佚之成果與引書之範圍，是為本論題研究價值之一。

(二) 探討《古微書》編書體例，釐清讖緯本文不注出處原因

　　在研究《古微書》引書內容範圍與得失，與讖緯內容之探究的基礎下，進一步論述《古微書》編纂之體例與得失，並從中探討何以《古微書》注解標明出處，而讖緯本文不注出處的原因，得知《古微書》本乎「闡釋讖緯」的指導原則，並不將《古微書》視為單純輯佚著作，使得編排體例、詮釋內容上產生諸多矛盾。經此探討，使《古微書》自面世以來最大的謎團，即何以「讖緯本文不注出處」的問題得以釐清，是為本論題之第二研究價值。

(三) 考察《古微書》內涵，闡發讖緯奧旨

　　在理解《古微書》之編纂，主要在於詮釋讖緯內容之後，進一步探討孫瑴讖緯觀與《古微書》編排之關連性。從孫瑴對於讖緯的觀念與態度，可以

得知何以《古微書》在讖緯本文刻意不注出處之因，以及讖緯淵源、讖緯排序的特殊面貌。在讖緯觀的落實上，也發現孫瑴特別主張「尊孔」與「宗經」的特色，進而產生出許多體例上的矛盾，與「緯以輔經」的讖緯詮釋特色。

同時，以孫瑴之讖緯觀為基礎，亦能進一步考察孫瑴如何透過天文、律曆體系的建立，開展讖緯詮釋之系統。透過針對讖緯最重要的根本，即天文律曆說，做奠基的工作，使讀者能理解讖緯的內涵，是孫瑴《古微書》的重要工作。本文透過《古微書》中所特別重視的「天文觀」、「律曆觀」及各種詮釋體系等方面切入，發現此以天文律曆為基礎的詮釋體系，乃《古微書》闡釋讖緯的主體。透過反覆分析，使《古微書》所欲闡發之讖緯奧旨得以重新被重視，此乃本論題之第三研究價值。

(四) 羅列清人接受狀況，評述《古微書》在清代之影響

由於《古微書》在清代受到相當程度之重視，清人在各種著作中，不斷引用《古微書》內容，其中有沿用成說者，有補充內容者，有匡謬辨誤者，且尚未有針對《古微書》在清代之接受進行全面探討者。因此，在第六章中，根據筆者目驗所及，逐一羅列清人引用《古微書》之狀況，並重新分析清人批判《古微書》之內容，列舉清人批判成果，以及清人錯謬之處，以重新評估《古微書》之價值，使吾人得以重新定義《古微書》之價值所在，是為本論題之第四研究價值。

三、研究展望

經由本論文針對《古微書》進行全面探討後，得出上述研究成果。然而，本文之撰寫，亦有未竟全功之處，如無法就孫瑴全部著作進行交叉比對，以進一步研究孫瑴個人思想，編書之歷程，與孫瑴在當時的實際交遊情形。雖然孫瑴個人資料存世甚少，但仍有跡可尋，如孫瑴詩集《珠樹齋小草》與《孫

璧聯先生文集》等著作,或許可從中得知孫瑴思想與編纂理路,但囿於筆者無緣窺見二書,因此在孫瑴個人生平之探究部分僅能付之闕如。

另外,以共時性的研究來說,在孫瑴同時,尚有明人楊喬岳《緯書》一書,現存日本內閣文庫,雖安居香山等人編纂《緯書集成》實有參考部分內容,但若想實際考察明代讖緯輯佚學,及明代讖緯學之成果,則針對孫瑴《古微書》與楊喬岳《緯書》進行比較,是有其必要性的。

第三,孫瑴《古微書》中,存在許多零星而片段的討論議題,如候氣說、星象分野說、古史說及佛道教相關論述,都是可以加以發揮的命題。但《古微書》屬於「述而少作」之書,要從中探知孫瑴對於若干議題之態度,並建立論述之體系實屬不易。有關這方面的研究,是可以持續進行深入分析的部分。

附錄一
孫瑴《古微書》編書體例分析表

編輯說明：

一、 凡表中標注之卷數、頁碼，均為守山閣叢書本卷數頁碼。

二、 表中「喬氏」即喬松年〈古微書訂誤〉，「守本」及守山閣叢書本。

編號	卷數/頁碼	原書條目（守本）	校記	誤收錯置	篇目未定	增字	非緯文	重出	刻意收入
1	1/3	天如彈丸，圍圜三百六十五度四分度之一。	守本、喬氏考證為禮記注疏月令孔疏語，非緯文。本文刻意收入同一主題。（釋天文度數）				○		○
2	1/6	二十八宿之外，各有萬五千里，是為四游之極，謂之四表。	守本、喬氏考證為禮記注疏月令孔疏語，非緯文。本文刻意收入同一主題。（釋天文度數）				○		○
3	1/13	日月東行，而日行遲、月行疾，何君舒臣勞也？日日行一度，月日行十三度十九分度之七。	喬氏考證「日月東行」後為白虎通語，非緯文。本文刻意收入同一主題。（釋天文度數）	○誤收			○		○
4	2/37-38	春夏民欲早作，故令民先日出而作，	守本、喬氏考證本文為〈尚書帝命驗〉	○					○

編號	卷數/頁碼	原書條目（守本）	校記	誤收錯置	篇目未定	增字	非緯文	重出	刻意收入
		是謂寅賓出日。秋冬民欲早息，故令民候日入而息，是謂寅餞納日。春迎其來，秋送其去，無不順矣。	文。本文刻意收入同一主題。（節候月令）						
5	3/49	天有五號：尊而君之，則曰皇天。元氣廣大，則稱昊天。仁覆閔下，則稱旻天。自上監下，則稱上天。據遠視之蒼蒼然，則稱蒼天。	駁五經異義、周禮注疏、天中記均有此文，作「尚書說」，非緯文。本文刻意收入同一主題。（釋天）				○		○
6	3/50	天宗日月北辰，地宗岱河海也。日月為陰陽宗，北辰為星宗，河為水宗，海為澤宗，岱為山宗。	五經異義、禮記注疏祭法孔疏引古尚書說。本文刻意收入同一主題。（釋天）		○				○
7	3/52	帝者天號也，王者人稱也。天有五帝以立名，人有三王以正度，天子爵稱也，皇者煌煌也。	守本考證初學記九、御覽七十六引尚書緯，又類聚十一、文選西京賦注並以此條為刑德放文。本文刻意收入同一主題。（釋帝）	○					○
8	3/52	唐虞謂之五府，夏謂之世室，殷謂之重屋，周謂之明堂，皆祀五帝之所	守本考證史記五帝紀正義以「唐虞」以下為注文。	○ 誤收			○		

編號	卷數/頁碼	原書條目（守本）	校記	誤收錯置	篇目未定	增字	非緯文	重出	刻意收入
		也。							
9	3/55	堯夢長人，見而論治，舉舜於服澤之陽。	守本考證路史疏仡紀有虞氏注，引書緯。本文刻意收入同一主題。（帝堯）		○				○
10	3/58	禹身長九尺有只，虎鼻河目，駢齒鳥喙，耳三扇，戴成鈐，竅玉斗……玉骭履已世紀云：首戴鈐，虎鼻大口，足文履已。	守本考證為路史疏仡紀夏后氏文，喬氏考證為帝王世紀文，非緯文。本文刻意收入同一主題。（大禹）				○		○
11	3/66	天鼓動，玉弩發，驚天下……賊起蚩，卯生虎注：賊，始皇，虎，高祖，卯金出軫，握命孔符卯金，劉字之別。軫，楚分野之星。符圖，劉所握天命，孔子制圖書。	守本考證出於御覽八十七，引「賊起」二句為帝命驗文，「卯金」二句為考靈曜，孫氏合之誤。本文刻意收入同一主題。（符命）	○					○
12	3/66	秦失金鏡，魚目入珠鄭元曰：金鏡喻明道也，始皇呂不韋子，言亂真也。	守本考證出於初學記廿五、書鈔百三十六、御覽八十六又七百十七，並以為考靈曜文。本文刻意收入同一主題。（符命）	○					○
13	3/66	河圖子提期地留，赤用藏，龍吐珠鄭	守本考證出於初學記九又廿七、御覽	○					○

編號	卷數/頁碼	原書條目（守本）	校記	誤收錯置	篇目未定	增字	非緯文	重出	刻意收入
		注曰：河圖子，劉氏而提起也。藏，秘也。珠，寶物，喻道也。赤漢當用天之秘道，故河龍吐珠也。	八百二，並以為考靈曜文。						
14	4/77	日旁氣白者為虹，日旁赤青者為霓。	守本考證出於御覽十四，以為考靈曜注文。本文刻意收入同一主題。（災異）	○					○
15	4/77	太白經天，水決江。	守本考證出於御覽八百七十五，以為考靈曜文。本文刻意收入同一主題。（災異）	○					○
16	4/78	孔子求書，得黃帝玄孫帝魁之書……以百二篇為尚書，十八篇為中候。	守本考證出於尚書疏序引書緯。本文刻意收入同一主題。（釋尚書）		○				○
17	4/79	火者陽也，烏有孝名，武王卒大業，故烏瑞臻。	守本考證出於類聚九十九、御覽九百廿引書緯。收錄本文為擴充「刑德放」篇幅。		○				○
18	4/80	東方春龍房位，其規仁好生不賊，其帝青表聖明，行趨德。	守本考證出於類聚三引書緯。收錄本文為擴充「刑德放」篇幅。		○				○
19	4/80	涿鹿者，竿人頭也，黃帝殺之涿鹿	守本考證出於路史蚩尤傳注，疑「黃				○		○

編號	卷數/頁碼	原書條目（守本）	校記	誤收錯置	篇目未定	增字	非緯文	重出	刻意收入
		之野，身首異處，故別葬，豈竿其首於涿鹿地乎？	帝」以下乃羅氏語，非緯書本文。收此文乃配合「刑德放」「刑」之主題。						
20	4/81	黑帝亡，二日並出。	守本考證出於御覽三，以為考靈曜文。收錄本文為擴充篇幅，符合「運期授」主題。						○
21	4/81	桀失玉鏡，用其噬虎注云：玉鏡謂清明之道。噬虎喻暴虐也。	筆者考證白氏六帖事類集卷四、初學記卷二十五、北堂書鈔卷百三十六、廣博物志卷三十九作帝命期，北堂書鈔卷二十二、天中記卷十一作尚書帝命驗期，路史卷二十三作尚書帝命驗。收錄本文為擴充篇幅，符合「運期授」主題。	○					○
22	5/85-86	堯即政七十載，稷為大司馬，舜為太尉二句別見御覽二百九。德政清平，比隆伏羲，鳳凰巢於阿閣、驪林。	守本考證出於路史陶唐紀注、又詩卷阿疏引「鳳凰」句，以為中候握河紀文。本文刻意收入同一主題。（帝堯，符命）	○					○
23	5/86	堯即政七十載，鳳	守本考證出於御覽	○					○

編號	卷數/頁碼	原書條目（守本）	校記	誤收錯置	篇目未定	增字	非緯文	重出	刻意收入
		鳳止於庭。伯禹拜曰：「昔帝軒提象，鳳凰巢阿閣。」	九百十五、初學記三十、又左傳昭十七年疏、路史黃帝紀注，並以為中候握河紀文。本文刻意收入同一主題。（帝堯，符命）						
24	5/88	初堯在位七十載矣，見丹朱之不肖，不足以嗣天下，乃求賢以巽於位。至夢長人，見而論治。舜之潛德，堯實知之，於是疇咨於眾，詢四嶽，明明揚側陋，得諸服澤之陽。	（初堯在位）守本、喬氏考證出於路史，但作書緯，未指為中候。（舜之潛德）喬氏考證路史明引墨子。本文刻意收入同一主題。（帝堯，符命）	○			○		○
25	5/88	堯之長子監明蚤死，不得立。監明之嗣封於劉，朱又不肖，而弗獲嗣。	喬氏考證出於路史國名紀，是羅泌語，非緯也。本文刻意收入同一主題。（帝堯，預告劉姓符命）				○		○
26	5/93	又曰：玄鳥翔水，遺卵于流，娀簡拾吞，生契封商。	守本考證出於御覽八十三、又詩生民疏、玄鳥疏並以為中候握契篇。本文刻意收入同一主題。（契，符命）	○					○
27	5/93	契後十三世生主癸，主癸之妃曰扶	喬氏考證出於宋書符瑞志，未言是	○ 誤收			○		○

編號	卷數/頁碼	原書條目（守本）	校記	誤收錯置	篇目未定	增字	非緯文	重出	刻意收入
		都，見白氣貫月意感，以乙日生湯，號天乙。	緯。筆者考證與天中記卷十二文全同，當抄於此，引作河圖。本文刻意收入同一主題。（契，符命）						
28	5/94	天乙在亳，諸鄰國襁負歸德，東觀于洛，習禮堯壇，降三分沈璧降，下也，以厚三分之璧玉沈雒水，退立，榮光不起，黃魚雙躍，出濟於壇魚者無足翼，言桀孤特無黨，可伐也。黃者土色，土所以遏水，今土歸湯，雖祭猶為位，告神故有壇，黑烏以雄黑烏叶光紀之使，以，用也，隨魚亦止，化為黑玉，赤勒文曰：玄精天乙，受神福伐桀，克三年，天下悉合。	守本考證出於類聚十二、御覽八十三又詩商頌譜疏，以為中候雒予命文。本文刻意收入同一主題。（商湯，符命）	○					○
29	5/96	文王遊磻溪之水，呂望釣于涯，王下拜曰：乃今見光景于斯。尚曰：望釣得玉璜，刻曰：姬	守本考證出於類聚十又八十三、御覽八百七、文選勸進今上牋注、又詩大明疏，以為中候雒	○					○

編號	卷數/頁碼	原書條目（守本）	校記	誤收錯置	篇目未定	增字	非緯文	重出	刻意收入
		受命，呂佐旌，德合昌來提，撰爾雒鈐，報在齊原刻脫此十二字，今校增。	師謀文。本文刻意收入同一主題。（周文王，符命）						
30	5/97	周文王為西伯，季秋之月甲子，赤雀銜丹書入鄷郊，止於昌户，乃拜稽首受最最，要言也，曰：姬昌蒼帝子，亡殷者紂也。	守本考證出於類聚十又九十九、御覽廿四又九百廿二、又周禮大祝疏、又詩文王疏、公羊傳隱元年疏，並以為中候我應篇文。本文刻意收入同一主題。（周文王，符命）	○					○
31	5/106	周公踐阼理政，與天合志，萬序咸得，休氣充塞。藩侯陪位……周公視，三公視聖人精明，故先視，其文言周世之事，五百之戒，與秦漢事。	據守本、喬氏考證，（周公…充塞）出處為路史引瑞應圖，以為孝經援神契文，其下為瑞應圖文。收錄本文為擴充篇幅，符合「摘洛戒」主題。	○					○
32	5/108	德合五帝坐星者稱帝。	筆者考證，出於史記五帝本紀卷一正義、禮記注疏卷一、玉海卷二，引鄭注中候敕省圖文。	○ 誤收			○		
33	6/112	黃帝受圖，立五始。元者氣之始，	守本考證，隱元年穀梁傳疏引春秋	·	○				○

編號	卷數/頁碼	原書條目（守本）	校記	誤收錯置	篇目未定	增字	非緯文	重出	刻意收入
		春者四時之始，王者受命之始，正月者政教之始，公即位者一國之始。	緯。本文刻意收入同一主題。（釋春秋之元、始）						
34	6/112	元者端也，氣泉注云：元為氣之始，如水之有泉，泉流之原，無形以起，有形以分，窺之不見，聽之不聞。	守本考證，隱公元年公羊傳疏引春秋說。本文刻意收入同一主題。（釋春秋之元）				○		○
35	6/113	春秋以元之深，正天之端……故先起元，然後陳春矣。	守本考證出於隱公元年公羊傳疏引春秋說。本文刻意收入同一主題。（釋春秋之元）				○		○
36	6/121	成王時，西方獻孔雀。	筆者考證出於類聚卷九十一：「春秋元命苞曰：『火離為孔雀。』周書曰：『成王時西方人獻孔雀。』」孫氏合二文以為元命包說，誤。本文刻意收入同一主題。（周，符命）	誤收			○		○
37	7/138	紫宮之垣：上將建威武，次將正左右……司中主佐理也。	守本考證出於史記天官書，然孫氏列五條緯文，皆紫宮垣，後注「以上皆紫宮星」，可知「紫宮之垣」為孫氏所			○	○		○

編號	卷數/頁碼	原書條目（守本）	校記	誤收錯置	篇目未定	增字	非緯文	重出	刻意收入
			加。本文刻意收入同一主題。（星官）						
38	7/138	北者高也，極者藏也，言太一之星，高居深藏，故名北極。	守本考證出於昭十七年公羊傳疏，引春秋說。本文刻意收入同一主題。（星官）				○		○
39	7/138	立三台以為三公，北斗九星為九卿……下應十二子。	喬氏以為此文引自周禮，誤，守本為是。乃引春秋說，而未指為春秋元命包。本文刻意收入同一主題。（星官）				○		○
40	7/139	左角理物以起，右角將率而動，故曰：左角理，右角將此八字孫氏以意增。攝提之為言提攜也，言，能提斗攜角，以接於下也。	「左角理右角將」孫氏引用漢書天文志，增「故日」二字，非緯文，但與緯文相通。本文刻意收入同一主題。（星官）	○		○			○
41	7/146	人君樹槐，聽訟其下。	守本考證出於文選策秀才文注，此二句已見前卷重出。本文刻意收入同一主題。（物候應天）					○	○
42	8/149	黑精用事，百木共根百枝木共一根，天下共一主之徵也。	守本考證出於御覽九百五十二，以為運斗樞文。本文刻意收入同一主題。（商湯，符命）	○					○

編號	卷數/頁碼	原書條目（守本）	校記	誤收錯置	篇目未定	增字	非緯文	重出	刻意收入
43	8/154	孟子生時，其母夢神人乘雲自泰山來……覆孟子之居焉。	筆者考證出於明岱史卷二引通志說，天中記卷三十九、廣博物志卷十四，未言是緯。本文刻意收入同一主題。（孔孟，符命）				○		○
44	8/155	紫極宮內，諸侯為外蕃，三公為中輔。	守本考證，書鈔五十無「紫極宮內」四字。本文刻意收入同一主題。（天人感應）			○	○		○
45	8/156	伏羲龍身牛首，渠肩達掖，山準日角，蔵日珠衡，駿毫翁鬣，龍唇龜齒，長九尺有一寸，望之廣，視之專。	全抄自廣博物志卷二十五，，「伏羲……龜齒」非緯文。本文刻意收入同一主題。（形貌，符命）	○誤收			○		○
46	8/157	赤帝之為人，視之豐，長八尺七寸。豐下兌上，龍顏日角，八采三眸，鳥庭荷勝，琦表射出，握嘉履翌，竅息洞通。	全文抄自廣博物志卷二十五，因初學記將「赤帝……七寸」出處作春秋合誠圖，故孫瑴以為廣博物志所錄均是，實則「豐下……」非緯文。本文刻意收入同一主題。（形貌，符命）	○誤收			○		○
47	9/170	女媧以下至神農，	守本考證出於禮曲				○		○

編號	卷數/頁碼	原書條目（守本）	校記	誤收錯置	篇目未定	增字	非緯文	重出	刻意收入
		七十二姓。	禮疏，以為宋注文曜鉤文。本文刻意收入同一主題。（帝系）						
48	9/175	黃龍從雒水出，詣虞舜，鱗甲成字，舜令寫之，寫竟去。	守本考證此文又見河圖挺佐輔篇。筆者考證「黃龍從雒水……」類聚 98、文苑英華 85 以為龍魚河圖，御覽 929、玉海 83、事類賦 28 以為河圖。本文刻意收入同一主題。（符命）	○				○	○
49	9/181	四時王者休，王所勝者死，相所勝者囚。假令春之三月木王，水生木，水休木，勝土，土死。木王火相，王所生者相，相所勝者囚，火勝金，春三月金囚。	守本考證出於周禮占夢疏，引春秋緯。筆者考證「王」當作「生」或「生王」。本文刻意收入同一主題。（五行）		○				○
50	9/181	黃金千歲生黃龍，青金千歲生青龍，赤金千歲生赤龍，白金千歲生白龍，玄金千歲生玄龍。	筆者考證藝文類聚卷九十六、初學記卷三十、太平御覽卷九百二十九並作「河圖」，然御覽於此條前云「春秋運斗樞同」，再接「又云」二字，故孫轂取自太平御覽	○				○	○

編號	卷數/頁碼	原書條目（守本）	校記	誤收錯置	篇目未定	增字	非緯文	重出	刻意收入
			可證。守本云又見「河圖挺佐輔篇」誤，當為「河圖握矩記」。本文刻意收入同一主題。（五行）						
51	10/191	君行非是，則言不見從。言不見從，則下不治。下不治，則借差過制度，奢侈驕泰。天子借天，大夫借人，主諸侯借上，陽無以制，從心之喜。上憂下刻，常陽從之。推設其跡。考之天意，則大旱不雨，而民庶大災傷。	守本考證出於續漢書五行志注，以為考異郵文。本文刻意收入同一主題。（天人感應，陰陽五行主題）	○					(○)
52	10/191	國大旱，冤獄結。旱者，陽氣移，精不施，君上失制，奢淫借差，氣亂感天，則旱徵見。	同上（天人感應，陰陽五行主題）	○					○
53	10/191	陰厭陽移，君淫民惡，陰精不舒，陽偏不施陽偏下怨徵也。據志注此六字亦正文。在所以感之者，上奢則求多，求多則下竭，下竭則潰君不仁。	同上（天人感應，陰陽五行主題）	○					○

編號	卷數/頁碼	原書條目（守本）	校記	誤收錯置	篇目未定	增字	非緯文	重出	刻意收入
54	10/191	火者，陽之精也。人合天氣五行陰陽，極陰反陽，極陽生陰，故應人行以災不祥，在所以感之，萌應轉旋，從逆殊心也。	同上（天人感應，陰陽五行主題）	○					○
55	10/192	陰盛臣逆，民悲情發，則水出河決也。	同上（天人感應，陰陽五行主題）	○					○
56	10/192	陰氣之專精，凝合生雹，雹之為言合也。以妾為妻，大尊重；九女之妃，闕而不御，坐不離前，無由相去之心，同與參馳，房衽之內，歡欣之樂，事政失人，施而不博，陰精凝而見滅。九月、十月，日色青，則寒有雪雹。大臣擅法，雨雹。	同上（天人感應，陰陽五行主題）	○					○
57	10/199	立秋，促織鳴，女工急故促之，	守本考證出於御覽二十五又九百四十九文選古詩十九首注，並以下六字為注文。本文刻意收入同一主題。（物候）	○誤收			○		○

編號	卷數/頁碼	原書條目（守本）	校記	誤收錯置	篇目未定	增字	非緯文	重出	刻意收入
58	10/200	火者陽之精也，人火為火天火為災。	（火者陽之精也，人火為火，天火為災）「火者陽之精也」後漢書五行志注、藝文類聚卷八十出處作春秋考異郵。喬氏考證左傳曰：「人火曰火天火曰災」，無有引作緯者。本文刻意收入同一主題。（天人感應）				○		○
59	10/204	劉子、單子折猛入城。天王奔走，尹氏立朝。獻令鈴、大戟五十張。	筆者考證「獻金鈴…」御覽卷三百五十三作「晉陶侃表中語」，與「劉子……立朝」均為御覽卷三百五十三，兩條有數行之隔，當為孫氏誤取或參考版本錯簡嚴重所致。本文刻意收入同一主題。（歷史）	○誤收			○		○
60	11/210	日之將蝕，則斗第二星變色，微赤不明。七日而蝕，日蝕既，君行不常，公輔不修德，夷狄強侵，萬事錯。	續漢書五行志注引春秋緯。本文刻意收入同一主題。（日蝕）			○			○
61	11/210	日食以甲子，夷狄兵起……壬戌，羣	筆者考證本條當出於後漢書五行志六				○		○

編號	卷數/頁碼	原書條目（守本）	校記	誤收錯置	篇目未定	增字	非緯文	重出	刻意收入
		小用事，君子繫。癸亥，王者憂疑。一云大人崩。	注文，及唐李淳風觀象玩占引京房述潛潭巴文，而文略異，孫氏應并二者而成。本文刻意收入同一主題。（日蝕）						
62	11/214	璇星得，則醴泉出。	守本考證出於御覽八百七十三，以為運斗樞文。本文刻意收入同一主題。（天人感應）	○					○
63	11/218	為國家者，亂五行之度，失五常之性，則填星為動而地震矣。地震則陰類應之，人心恐懼，當為寇至，臣專女橫，其災大喪，而社稷憂也。	筆者考證明人天元玉曆祥異賦作「春秋災異曰……為國家者，落亂五行之序，先五常之德，悖陰之氣以傷坤元，則填星為之動而地震矣」，孫氏或參考此文。本文刻意收入同一主題。（天人感應）		○				○
64	11/220	孔子曰：「伏羲作八卦，丘合而演其文，瀆而出其神，作春秋，以改亂制。」孔子作春秋一萬八千字，九月而書成，以授游夏之徒，游夏之徒不能改一字。	守本考證出於公羊序疏、公羊傳疏引春秋說。本文刻意收入同一主題。（孔子撰書）				○		○

編號	卷數/頁碼	原書條目（守本）	校記	誤收錯置	篇目未定	增字	非緯文	重出	刻意收入
65	11/222	廣延曰大鹵。	守本考證出於水經汾水注引廣雅曰：「大鹵，太原也。」孫氏讀誤本《水經》以「雅」為「延」，遂截此五字為說題辭文，失考甚矣。本文刻意收入同一主題。（地理）	○誤收			○		○
66	11/223	盛陽之氣，溫煖為雨，陰氣薄而脅之，則合而為雹。盛陰之氣，凝滯為雪，陽氣薄而脅之，則散而為霰。	筆者考證明楊慎丹鉛總錄卷一，顧起元說略卷一引春秋緯。本文刻意收入同一主題。（天文物候）		○				○
67	11/225	孔子言曰：七變入臼米出甲，謂碪之為糲采也，春之則粺米也，晰之則鑿米也音音普各切齊調春為簪之則毇米也，又糳擇之，賜瑳音蕩遜之，則為晶米無出處。	「孔子言曰」以下，全抄丹鉛總錄卷十六，但言是緯書，喬氏為是。本文刻意收入同一主題。（物候，物產）		○				○
68	11/227	孔子曰：「德合元者稱皇，皇象元逍遙術，無文字。德明謐，合天者稱帝。河洛受瑞，可放仁義，合者稱王，符瑞應，天下歸往。」	筆者考證此文全出自天中記卷十一，然文稱「公羊成公八年傳註疏春秋說」，非緯文。本文刻意收入同一主題。（符命，經義）				○		○

編號	卷數/頁碼	原書條目（守本）	校記	誤收錯置	篇目未定	增字	非緯文	重出	刻意收入
69	12/230	經十有四年春，西狩獲麟，赤受命，倉失權，周滅火起，薪采得麟。孔子曰：「丘覽史記，……刀擊秦，枉矢東流水，神哭，祖龍死。」	守本考證出處，「得麟」下注「公羊序疏引春秋說」。「知命」下注「並公羊序疏引春秋說」。「祖龍死」下注「文選西都賦注」。本文刻意收入同一主題。（符命）				○		○
70	12/231	房、心為明堂，天王布政之宮。	守本考證出處，「之宮」下注「史記天官書索隱以為說題辭文」。本文刻意收入同一主題，並增加篇幅。（星官）	○					○
71	12/233	雩祭禱辭曰：「萬國今大旱，野無生稼，寡人當死，百姓何謗？不敢煩民請命，願撫百姓，以身塞無狀。」	筆者考證，文見後漢書卷三十、六十一，作考異郵篇。又皇霸文紀卷二條目恰為「雩祭禱辭」（下注穀梁傳注）、「請雨祝」，故推測參考自皇霸文紀。本文刻意收入同一主題。（災異）	○					○
72	12/233	請雨祝曰：「昊天生五穀以養人，今五穀病旱，恐不成敬，進清酒搏脯，再拜請雨，雨幸大澍。」	據守本、喬氏，見春秋繁露求雨篇，明梅鼎祚皇霸文紀「請雨祝」下注「春秋緯」。本文刻意收入同一主題。（災異）		○				○

編號	卷數/頁碼	原書條目（守本）	校記	誤收錯置	篇目未定	增字	非緯文	重出	刻意收入
73	12/233	諸侯上象四七，三公寅亮參兩。四七二十八宿也，參兩，天地也。	筆者考證，文全抄明楊慎秋林伐山卷十二，楊慎作「春秋緯」未言是佐助期。本文刻意收入同一主題。（星官，天人感應）		○				○
74	12/234	古語曰：「月麗于畢，雨滂沱。月麗于箕，風揚沙。」	筆者考證，明陳第毛詩古音考卷四引春秋緯，未言是佐助期，楊慎古今諺亦有。本文刻意收入同一主題。（星官，天人感應）		○				○
75	12/238	太白入軫，兵大起。又五星有入軫者，皆為兵大起。	守本考證出處續漢書天文志注，引春秋緯。本文刻意收入同一主題。（星官，天人感應）		○				○
76	12/239	天門山上有蔥，所種畦瓏悉成行，人拔取者悉絕。若精誠而求，即不拔自出，奇異辛香。	守本考證出處類聚八十二、御覽九百七十七，並以為元命包文。本文刻意收入同一主題。（物候，天人感應）	○					○
77	12/239	凡黍為酒，陽據陰乃能動，故以麥釀黍為酒。麥，陰也。是先漬麴，黍後入，故曰陽相感皆據陰也。相得而	守本考證出處初學記廿六、御覽八百四十三，引春秋緯。本文刻意收入同一主題。（物候，天人感應）		○				○

編號	卷數/頁碼	原書條目（守本）	校記	誤收錯置	篇目未定	增字	非緯文	重出	刻意收入
		沸，是其動也。凡物陰陽相感，非為作酒。							
78	12/239	不當華而華，易大夫；不當實而實，易相室。	守本考證出處漢書五行志，非緯文。本文刻意收入同一主題。（物候，天人感應）				○		○
79	12/239	天皇、地皇、人皇皆九人，分為九州，長天下。	守本考證出處初學記九、類聚十一、御覽七十八，引春秋緯。本文刻意收入同一主題。（符命，帝系）		○				○
80	12/240	女媧氏命娥陵氏制都梁管，以一天下之音。命聖氏為班管，以合日月星辰，名曰充樂。又令隨作笙簧。	筆者考證，丹鉛總錄卷十六、升菴集卷四十八，引「緯書」。本文刻意收入同一主題。（符命，帝系）		○				○
81	12/240	黃帝坐於扈閣，鳳凰銜書至帝前，其中得五始之文焉。	守本考證出處隱元年左傳疏，引春秋緯，無「天」字。本文刻意收入同一主題。（符命，帝系）		○				○
82	12/241	漢賊臣名孫登，大形小口，長七尺九寸，巧用法，多技方，詩書不用，賢人杜口也。	守本考證出處後漢書翟酺傳注，以為保乾圖文。本文刻意收入同一主題，增加「握誠圖篇	○					○

編號	卷數/頁碼	原書條目（守本）	校記	誤收錯置	篇目未定	增字	非緯文	重出	刻意收入
			幅」。						
83	12/241	江充之害其萌，反舌鳥入殿。一作保乾曜篇。	筆者考證，玉燭寶典卷五作春秋保乾圖、藝文類聚卷九十二作、天中記卷五十九作春秋保乾、廣博物志卷四十五作春秋保乾曜，故孫氏必引用廣博物志。喬氏為是。本文刻意收入同一主題，增加「握誠圖篇幅」。	○					○
84	12/243	神農地過日月之表。	筆者考證出自升菴集卷四十二，引春秋緯。本文刻意收入同一主題，增加「春秋內事篇幅」。（帝系，制度）		○				○
85	12/243	黃帝師于風后原刻脫此六字依單行本補入，風后善於伏羲之道，故使推衍陰陽之事。陰宅以日奇，陽宅以月耦。陰宅先內男子，當令奇；陽宅先內女子，當令耦乃吉。陰宅內男子三人，陽宅內女子二人。	守本考證出自後漢書張衡傳注、路史黃帝紀注，按原刻末有「當天天官也」五字，乃羅氏語，孫氏誤取之，今依單行本刪去。本文刻意收入同一主題，增加「春秋內事篇幅」。（帝系，制度）			○	○		○

編號	卷數/頁碼	原書條目（守本）	校記	誤收錯置	篇目未定	增字	非緯文	重出	刻意收入
86	12/243-244	夏后氏金行，初作葦茭，言氣交也。殷人水德，以螺首，慎其閉塞，使如螺也。周人木德，以桃為梗，言氣相更也。今人元日以葦插户螺，則今之門鐶也。桃梗，今之桃符也。	筆者考證丹鉛總錄卷二十六、升菴集卷七十一錄此文，「更也」下有「莊子曰：挿葦於户，布灰其下，童子入不畏而鬼畏之，是鬼之智不如童子也」未言是緯。本文刻意收入同一主題，增加「春秋內事篇幅」。（帝系，道教）				○		○
87	12/244	太黃負山，能動天地氣者，孔甲遇之是為天襪。	守本考證出自廣韻三鍾（衣逢）字下。筆者考證楊慎奇字韻卷一言「出緯書」，未言何緯。本文刻意收入同一主題，增加「春秋內事篇幅」。（帝系，道教）	○					○
88	13/245	自開闢至獲麟，二百二十七萬六千歲，分為十紀，每紀為二十六萬七千年，凡世七萬六百年。一曰九頭紀，二曰五龍紀，三曰攝提紀，四曰合雒紀，五曰連通紀，六曰叙命紀，七曰	守本考證出自小司馬補三皇紀引春秋緯。比找考證出自文獻通考卷百七十四，文小異。本文刻意收入同一主題。（帝系）	○					○

編號	卷數/頁碼	原書條目（守本）	校記	誤收錯置	篇目未定	增字	非緯文	重出	刻意收入
		循蚩紀，八曰因提紀，九曰禪通紀，十曰疏仡紀。							
89	13/246	天地初立，有天皇氏十二頭，澹泊無所施為，而俗自化。木德王，歲起攝提，兄弟十二人，立各一萬八十歲。地皇十一頭，火德王，姓十一人，興於熊耳、龍門等山，亦各萬八千歲。人皇九頭，乘雲車，駕六羽，出谷口宋均注：九頭，兄弟九人，分長九州，各立城邑，凡一百五十世，合四萬五千六百年。	守本考證出自小司馬補三皇紀，云出河圖及三五歷，非命歷序文」。 喬氏考證「人皇九頭乘雲車五句，分見於初學記九，御覽七十八，曹子建洛神賦注、說郛皆作尚書璇璣鈐」。本文刻意收入同一主題。（帝系）	○ 誤收	○				○
90	13/259	入元三百四歲為德運，七百六十歲為代軌，千五百二十歲為天地出符，四千五百六十歲為七精反初。以文命者，七九而衰，以武興者，六八而謀，天人相應，若合符節。	據守本、喬氏考證出自路史栢皇紀跋尾，引緯文。本文刻意收入同一主題。（帝系，德運）		○				○
91	13/262	桀無道，地吐黃	筆者考證全抄廣博	○				○	○

418
《古微書》研究
以編纂與天文曆法詮釋體系為對象

編號	卷數/頁碼	原書條目（守本）	校記	誤收錯置	篇目未定	增字	非緯文	重出	刻意收入
		霧。夏隕霜，冬下露。	物志卷三，注曰：「命歷序以下霧」，孫氏誤將上文併為命歷序文。守本考證「桀無道地吐黃霧」已見尚書中候篇。本文刻意收入同一主題，增加者提篇幅。（帝系，天人感應）						
92	14/274-275	冬至，人主不出宮，寢兵。從樂五日，擊黃鐘之磬，公卿大夫列士之意得，則陰陽之晷如度數。夏至之日，如冬至之禮。	守本考證出處續漢書律曆志注，引易緯。本文刻意收入同一主題（律曆，天人感應）	○					○
93	14/281	立春元日：萬民聞雞鳴，皆翹首結帶，正衣裳。	守本考證出處御覽九百十八，並無「立春元日」四字。本文刻意收入同一主題（節令）			○	○		○
94	14/283	又曰：條風至而楊柳津。景風至而搏勞鳴，蝦蟆無聲。涼風至而鶴鳴。閶闔風至而蜻蜓吟。日至而泉躍。	筆者考證出自明焦竑焦氏筆乘續集卷五、楊慎升菴集卷四十四、丹鉛總錄卷二十四，「又曰」作「易通卦驗亦載節候而其書今亡，類書所引若」，孫氏當據此誤引。本文刻意收入同一主	○ 誤收			○		○

編號	卷數/頁碼	原書條目（守本）	校記	誤收錯置	篇目未定	增字	非緯文	重出	刻意收入
			題（節令，候氣，災異）						
95	15/295	天地成位，君臣道生，粵有天皇。天皇氏之先，與乾曜合元，君有五期，輔有三名宋均注：君之用事五行更王者亦有五期，二輔、公、卿、大夫也。地皇出於熊耳、龍門之嶽。人皇出於刑馬山，提地之國。	「天地成位…粵有天皇」，守本考證本文為通卦驗文。「天皇氏之先……出於刑馬山提地之」文抄廣博物志卷七，僅「熊」作「雄」，出處作易緯通卦驗。由此可知孫瑴引用廣博物志。本文刻意收入同一主題。（帝系，符命）	○					○
96	15/296	遂皇始出，握機矩，是法北斗而成七政。表計真圖，其刻曰：「蒼渠通靈注：燧皇謂燧人，在伏羲前始王天下也。矩，法也。言遂皇持斗機運轉之法，指天以施政教。蒼牙通靈。」此即蒼渠通靈之異文，不當複載。昌之成運，孔演命，明道經冥時無書，刻石而謂之其文曰：蒼牙渠肩之人，能通神靈之	守本考證為易緯通卦驗文。孫瑴並錄「蒼渠通靈」、「蒼牙通靈」二者，七緯文小異，以為本文為通卦驗文。喬氏「遂皇…立七政」、「孔演命明道經」作通卦驗文。本文刻意收入同一主題。（帝系，符命）	○					○

編號	卷數/頁碼	原書條目（守本）	校記	誤收錯置	篇目未定	增字	非緯文	重出	刻意收入
		意。蒼牙則伏羲也，昌則文王也，孔則孔子也。							
97	15/296	伏羲方牙精，作易無書，以畫事，此畫之始。	筆者考證廣博物志卷三十錄此文，無「方牙精」，以為本文為通卦驗文。故知孫氏參考御覽、路史、廣博物志三文而成。本文刻意收入同一主題。（帝系，符命）	○					○
98	15/296	伏羲立九部而民易理蓋九州之始也	守本考證出自路史太昊紀注，「蓋九州之始也。」乃羅氏語，非易緯本文，御覽七十八引此文亦無下一句。本文刻意收入同一主題。（帝系，符命）	○ 誤收			○		○
99	15/297	堯以甲子天元為推術，甲子為蔀首，起十月之朔。	守本考證出自路史陶唐紀注，以為乾鑿度文。本文刻意收入同一主題，作為前條「至德之萌，日月若連璧，五星若編珠」之解釋。（帝系，符命）	○					○
100	15/298	帝者天號也，德配天地，不私公位，	殷元正緯書以為「帝者」以下見說		○				○

編號	卷數/頁碼	原書條目（守本）	校記	誤收錯置	篇目未定	增字	非緯文	重出	刻意收入
		稱之曰帝。天子者，繼天治物，改正一統，各得其宜，父天母地，以養生人，至尊之號也。大君者，君人之盛也。初學記九御覽七十六引易緯	郊，又見乾鑿度小異。七緯拾遺「不私公位」前有「在政」，並以為「帝者天號…稱之曰帝」出自禮曲禮上疏，誤，守本為是。喬氏「帝者…」出處作「御覽七十六引易緯」。本文刻意收入同一主題。（帝系，符命）						
101	15/298	易之帝乙為成湯，書之帝乙六世王，天之錫命，疏可同名。	守本考證出處為禮檀弓下注引易說、孔疏以為乾鑿度文。孫氏云：「其說出乾鑿度，已錄於中候篇」，見卷五。本文刻意收入同一主題。（帝系，符命）					○	○
102	15/299	三王之郊，一用夏正，各郊所感帝。	守本考證出處周禮典瑞疏引易緯，又大司樂疏引上二句以為乾鑿度文。本文刻意收入同一主題。（帝系，符命）	○					○
103	15/299	正其本，萬事理，差之毫釐，謬以千里，故君子必謹其始。	筆者考證出處，文全抄楊慎古音略例，出處作逸易。本文刻意收入同一主題。（經解，慎				○		○

編號	卷數/頁碼	原書條目（守本）	校記	誤收錯置	篇目未定	增字	非緯文	重出	刻意收入
			始）						
104	15/299	孔子曰：「雷之始發大壯始，君弱臣強從解起。」	守本考證出處後漢書郎顗傳，不云是易緯文。本文刻意收入同一主題。（經解，慎始）				○		○
105	15/300	古語曰：「一夫兩心，拔刺不深。」又曰：「躓馬破車，惡婦破家。鸒必匹飛，鴟必單栖。」	筆者考證出處，「鸒必匹飛…」楊慎古音略例以為易緯通卦驗文。（古語曰……破家）楊慎古今諺錄全文，出處作易緯。本文刻意收入同一主題。（經解，慎始）	○	○				○
106	15/302	桐枝濡毳而又空中，難成易傷，須成器而後華。	守本考證出處初學記二十八、御覽九百五十六引易緯。喬氏出處作俞安期唐類函引易緯。		○				
107	16/303	龜取生數一、三、五、七、九，筮取成數二、四、六、八、十。	周禮校人疏生數為一二三四五，成數為六七八九十。文全抄楊慎升菴集卷六十五、丹鉛總錄卷二十二，未言是緯。本文刻意收入同一主題。（論易數之本於河圖）				○		○
108	16/303	一與六同宗，二與七為朋。	筆者考證，語見太玄經卷十：「一與				○		○

編號	卷數/頁碼	原書條目（守本）	校記	誤收錯置	篇目未定	增字	非緯文	重出	刻意收入
			六共宗，二與七共明」宋陳淳北溪大全集卷十一：「故河圖之位，必以一與六同宗而居乎北，二與七為朋而居乎南」。本文刻意收入同一主題。（論易數之本於河圖）						
109	16/303	東方、南方，生長之方，故七為少陽，八為少陰。西方、北方成熟之方，故九為老陽，六為老陰。	守本考證，周禮校人疏文，非緯文。筆者考證出自丹鉛總錄卷二，升菴集卷四十二文後云：「皆本於河圖也」。本文刻意收入同一主題。（論易數之本於河圖）				○		○
110	16/303	五運皆起於月初，天氣之先至，乾知大始也。六氣皆起於月中，地氣之後應，坤作成物也。	筆者考證出自丹鉛總錄卷三、升菴集卷七十五，未言是緯。本文刻意收入同一主題。（論易數之本於河圖）				○		○
111	16/312	精氣謂七八，遊魂謂九六。	守本考證出處鄭氏易繫辭傳注，非緯文。本文刻意收入同一主題。（曆數）				○		○
112	16/313	聰明蔽塞，政在臣下，婚戚干朝，君	守本「貫日」下注「續漢書五行志引	○					○

編號	卷數/頁碼	原書條目（守本）	校記	誤收錯置	篇目未定	增字	非緯文	重出	刻意收入
		不覺瘄，虹蜺貫日。君舒怠，臣下有倦，白黑不別，賢不肖並，不能憂民急，氣為之舒緩，草不搖。	易讖」，「不搖」下注「續漢書五行志注引讖文」。喬氏緯攟「聰明…貫日」，出處作「通考二百八十四引易讖」。本文刻意收入同一主題。（運厄）						
113	16/313	主失禮煩苛，則旱之，魚螺子變為蝗蟲。	筆者考證出自後漢書五行志引「讖曰」，無「子」字。本文刻意收入同一主題。（運厄）		○				○
114	16/313314	三統是為元歲，元歲之閏陰陽災此十三字係漢志語，孫氏并取之誤。初入元百六，陽九。次三百七十四，陰九初入元百六歲有戹者，則前元之餘氣也，若餘分為閏也。易文有九、六、七、八，百六與三百七十四，六乘八之數也。六八四十八，合為四百八十歲也……凡四千六百一十七歲與一元終。經歲四千五百六十，災歲五十七	守本、喬氏考證出處為漢書律曆志，「初入元」前有「易九戹日」四字，非緯文。本文刻意收入同一主題。（運厄）				○		○

編號	卷數/頁碼	原書條目（守本）	校記	誤收錯置	篇目未定	增字	非緯文	重出	刻意收入
		經歲從百六終，陽三也。得災歲五十七，合為一元四千六百一十七歲。							
115	17/318	禮有三起：禮理起于太一，禮事起于遂皇，禮名起于黃帝。	守本、喬氏考證出自皇氏禮記疏語，非緯文。本文刻意收入同一主題。（帝系，禮制）				○		○
116	17/322-323	禹耳三漏，是謂大通，興利除害，決河疏江。皋陶烏喙，是謂至誠，決獄明白，察於人情。湯臂三肘，是謂柳翼，攘去不義，萬民蕃息。文王四乳，是謂至仁，天下所歸，百姓所親。武王望羊，捄楊盯目，陳兵天下富昌。周公背僂，是謂強俊，成就周道，輔於幼王。孔子反宇，是謂甫邱，德澤所興，藏元通流。	白虎通德論卷六引「禮曰」，非緯文。本文刻意收入同一主題。（帝系，禮制，功勳，相貌）				○		○
117	17/326	明堂者八牕四闥，牕通八卦之氣，布政之宮，在國之陽面三室，四面十二，法十二月也。	守本、喬氏考證出自御覽五百三十三，引作注語，孫氏認作正文誤矣。喬氏云：「又				○		○

編號	卷數/頁碼	原書條目（守本）	校記	誤收錯置	篇目未定	增字	非緯文	重出	刻意收入
		天子孟春上幸於南郊，懸十二月之政，還藏于祖廟。月取一政，班于明堂也。諸侯以孟春之月朝于天子，受十二月之政，藏于祖廟。月取一政行之。閏月無常數，則闔門而居之。	按：唐王方慶議明堂引此文，但未指為緯。」本文刻意收入同一主題。（禮制）						
118	17/329	刑法格藏，世作頌聲，封於太山，考績柴燎。禪於梁甫，尅石紀號，英炳巍巍，功平世教。	文全出自大戴禮記卷三注，守本為是，孝經鉤命決文為「刑罰藏，頌聲作，鳳凰至，麒麟應，封泰山，禪梁甫」，喬氏誤。本文刻意收入同一主題。（禮制）	○					○
119	17/330	周爵五等：凡南面之君五者，法五行之剛日。凡北面之臣五者，法五行之柔日鄭注：是其總法五行也。分之則五剛甲、丙、戊、庚、壬。其諸侯之臣法五柔乙、丁、己、辛、癸是也。	「南面之君五者，法五行之剛日。北面之臣五者，法五行之柔日」為禮王制疏文，孫氏增「周爵五等凡」字進行解說。「鄭注」以下，為禮王制疏引春秋元命包「周爵五等法五精」文之鄭玄注。喬氏小誤。本文刻意收入同一主題。（禮制）	○誤收		○	○		○

編號	卷數/頁碼	原書條目（守本）	校記	誤收錯置	篇目未定	增字	非緯義	重出	刻意收入
120	17/331	禮有九錫，一曰車馬，二曰衣服，三曰樂則，四曰朱戶，五曰納陛，六曰虎賁，七曰弓矢，八曰鈇鉞，九曰秬鬯，皆所以勸善扶不能。	守本考證出自春秋公羊傳注疏卷六，然未言是緯。毛詩注疏卷十六、禮記注疏卷一出處作含文嘉，但無「皆所以勸善扶不能」，孫當合二者採用。緯文之下引用注文有「四方所瞻臣子所望」為讖緯本文，喬氏為是。本文刻意收入同一主題。（禮制）	○ 誤收			○		○
121	18/341	三皇三正，伏羲建寅，神農建丑，黃帝建子。至禹建寅宗伏羲，商建丑宗神農，周建子宗黃帝，所謂正朔三而改也。	筆者考證，楊慎升菴集卷四十八「神農本草」，前有「考緯書謂」。本文刻意收入同一主題。（帝系，禮制）		○				○
122	18/341	天有三統，物有三變，故正色有三。天有三生三死，故土有三王，王特一生死。周以至動，殷以萌，夏以牙。	筆者考證孫氏將「周以至動」繫於「天有……生死」文下，考古籍唯尚書大傳卷五並之，故知孫氏引自尚書大傳，非禮記、御覽或公羊傳，此文非緯文可知。本文刻意收入同一主題。（帝系，禮制）				○		○

編號	卷數/頁碼	原書條目（守本）	校記	誤收錯置	篇目未定	增字	非緯文	重出	刻意收入
123	18/342	天子、三公、諸侯，皆以三帛以薦玉。三帛者高陽氏之後用赤繒高辛氏之後用黑繒其餘用白繒其餘謂堯舜之後也。	「天子……薦玉」，守本考證為含文嘉文。見禮記注疏卷四、卷六，非緯文，喬氏、守本為是。本文刻意收入同一主題。（帝系，禮制）	○ 誤收			○		○
124	18/342	舜以十一月為正，尚赤。堯以十二月為正，尚白。……女媧以十二月為正，尚白。伏羲以上，未有聞焉。	守本考證禮檀弓疏語，非緯文。喬氏考證路史後紀九注文，通典引崔靈恩之言亦相同，非緯文。本文刻意收入同一主題。（帝系，禮制）				○		○
125	18/344	士四尺，樹以槐。庶人無墳，樹以楊柳。	守本考證「周禮冢人疏以為春秋緯，又白虎通崩薨篇引作春秋含文嘉，然含文嘉乃禮緯，非春秋緯也，疑有誤字。」實則有春秋含文嘉，孫氏誤置。本文刻意收入同一主題。（禮制）	○					○
126	18/344	祭天犢角繭栗，社稷牛角握，六宗五嶽四瀆之牛角尺。	筆者考證僖公三十一年穀梁傳疏：「何休以為郊天牛角繭栗，三望之牛角尺，其文出於稽命徵」，僖公三十一			○	○		○

編號	卷數/頁碼	原書條目（守本）	校記	誤收錯置	篇目未定	增字	非緯文	重出	刻意收入
			年公羊傳疏：「禮祭天牲角繭栗，社稷宗廟角握，六宗五嶽四瀆角尺」，故孫氏或併二文，以為稽命徵文。本文刻意收入同一主題。（禮制）						
127	18/344	執圭：天子純玉，尺二寸。公、侯九寸四，玉一石。伯、子、男三，玉二石。	守本考證「考工記玉人疏引禮緯」。本文刻意收入同一主題。（禮制）		○				○
128	18/346	春取榆柳之火，夏取棗杏之火，季夏取桑柘之火，秋取柞楢之火，冬取槐檀之火注云：榆、柳青，故春用之。棗、杏赤，故夏用之。桑、柘黃，故季夏用之。柞、楢白，故秋用之。槐、檀黑，故冬用之。	筆者考證，並注文觀之，唯論語注疏卷十七符合，故孫氏當引自論語注疏，非周禮。喬氏考證「孫氏擄作稽命徵，真大妄也」、「孫氏又引注語一段亦是論語邢昺疏語，可見是有意妄作，非誤采也。」本文刻意收入同一主題。（禮制）				○		○
129	18/346	古者以五靈配五方。龍，木也。鳳，火也。麟，土也。白虎，金也。神龜，水也。……故曰：視明禮修麒麟來，游思睿信立白虎馴	喬氏考證出自丹鉛錄，經比對後為是，文全同楊慎丹鉛總錄卷二，未言是緯。（丹鉛母作母，擾作優）本文刻意收入同一主題。				○		○

編號	卷數/頁碼	原書條目（守本）	校記	誤收錯置	篇目未定	增字	非緯文	重出	刻意收入
		擾，言從文成而神龜在沼，聽聰正知，而名川出龍，貌恭體仁，鳳凰鳴桐。	（天人感應，瑞應）						
130	18/351	起於太素十一月闕逢之月，歲在攝提格之紀，是云作樂制禮。	守本考證，此御覽一引鄭注樂動聲儀文轉引稽命徵也。「是云制禮作樂」六字乃鄭氏語，孫氏並取之誤。本文刻意收入同一主題。（禮制）	○ 誤收			○		○
131	19/363	又君致尊而制命，則日月貞明。	守本考證，類聚一以為含文嘉文。本文刻意收入同一主題，作為「人君乘土而王」條之解釋。（天人感應，瑞應，五行）	○					○
132	19/378	顓頊有三子，生而亡去為疫鬼……以桃弧、葦矢、工鼓且射之，以赤丸、五穀，洒掃以除疾殃。	守本「瘧」作「疫」，「瘧鬼」下注「御覽引作瘧鬼」。守本、喬氏考證出處俱為「御覽五百三十引禮緯」。		○				
133	20/382	六律：黃鍾十一月、太簇正月、姑洗三月、蕤賓五月、夷則七月、無射九月。六呂：大	守本考證出處，初學記十五引樂緯，其十一月、正月等字並以為注文。本文刻意收入同一主		○				○

編號	卷數/頁碼	原書條目（守本）	校記	誤收錯置	篇目未定	增字	非緯文	重出	刻意收入
		呂十二月、夾鍾二月、仲呂四月、林鍾六月、南呂八月、應鍾十月。陽為律，陰為呂，總謂之十二月律。	題。（律曆，天人感應）						
134	20/384-385-386	夫聖人之作樂，不可以自娛也，所以觀得失之效者也……常以日冬至成天文，日夏至成地理。作陰樂以成天文，作陽樂以成地理。陽樂黃鍾也，陰樂蕤賓也。	據喬氏考證，孫氏併漢書禮儀志、丹鉛總錄語，並附以楊慎說，喬氏為是。	○誤收			○		
135	20/391	先王制樂，所以節百事。	見漢書藝文志十，非緯文。兩漢全書引作《唐類函》卷九十六引作《樂緯》，當是。本文刻意收入同一主題。（律曆，天人感應）		○				○
136	20/391	受命而王，為之制樂，樂其先祖也。	守本考證「白帖制樂引樂緯」。本文刻意收入同一主題。（律曆，天人感應）		○				○
137	20/391	作樂所以防隆滿節喜盛也	守本考證「書鈔百五引樂緯」。本文刻意收入同一主		○				○

編號	卷數/頁碼	原書條目（守本）	校記	誤收錯置	篇目未定	增字	非緯文	重出	刻意收入
			題。（律曆，天人感應）						
138	21/406	冬至陽氣應則樂均清，景長極，黃鍾通，土灰輕而衡仰。夏至陰氣應則樂均濁，景短極，蕤賓通，土灰重而衡低。	喬氏考證，後漢書律曆志有此文，通考一百三十亦有之，皆未言是緯。本文刻意收入同一主題。（律曆，天人感應）				○		○
139	21/406	春宮秋律，百卉必凋。秋宮春律，萬物必勞。夏宮冬律，雨雹必降。冬宮夏律，雷必發聲。	筆者考證，本條全同丹鉛總錄卷二十二，未言是緯，故孫氏引自此。本文刻意收入同一主題。（律曆，天人感應）				○		○
140	21/407	天效以景，地效以響，律也。天有五音，所以司日，地有六律，所以司辰。	(天效以景地效以響律也)出自漢書律曆志(天有五音所以司日地有六律所以司辰)出自新唐書曆志。丹鉛總錄卷二十二、升菴集卷六十五併二文為一，未言是緯，孫氏抄此。本文刻意收入同一主題。（律曆，天人感應）				○		○
141	22/416	角致發明身仁，徵致焦明身禮，商致鷫鸘身義，羽致幽	禮運疏僅引「樂緯云：宮致鳳皇身信，羽致幽昌身	○	○	○			○

編號	卷數/頁碼	原書條目（守本）	校記	誤收錯置	篇目未定	增字	非緯文	重出	刻意收入
		昌身智，宮致鳳凰身信。	知」，孫氏與他本不同，應為增字。本文刻意收入同一主題。（天人感應，瑞應）						
142	22/416	鎮星不逆行，則鳳凰至。焦明至為雨備焦明水鳥。	守本、喬氏考證兩語均為樂緯動聲儀篇。本文刻意收入同一主題。（天人感應，瑞應）	○					○
143	22/416	國安其主好文，則鳳凰來翔。	喬氏考證，（凰作皇）宋書符瑞志有此語，來翔作居之，帝王世紀作鳳皇翔，未言是緯。本文刻意收入同一主題。（天人感應，瑞應）				○		○
144	22/417	鱗蟲三百六十，龍為之長。羽蟲三百六十，鳳為之長。毛蟲三百六十，麟為之長。介蟲三百六十龜為之長。倮蟲三百六十，聖人為之長。	守本考證，「禮月令疏引樂緯」。本文刻意收入同一主題。（天人感應，瑞應）	○					○
145	22/419	君臣之義生於金，父子之仁生於木，兄弟之序生於火，夫婦之別生於水，朋友之信生於土。	御覽卷八百十一作「樂說稽熠嘉曰君臣之義生於金」，卷四百一十九作「樂嘉耀稽曰仁者			○	○		○

編號	卷數/頁碼	原書條目（守本）	校記	誤收錯置	篇目未定	增字	非緯文	重出	刻意收入
			有惻隱之心本生於木。」可參考下條緯文。本條應為孫氏湊合稽耀嘉與孟子滕文公：「父子有親、君臣有義、夫婦有別、長幼有敘、朋友有信」二文，並附以五行配五常。本文刻意收入同一主題。（經義，五行）						
146	22/422 誤收	仁者有惻隱之心，本生於木，仁生于木，故惻隱出於自然也。	守本考證，御覽四百十九以下二句為注文。孫瑴云：「此下當有義禮智三段，今無可考」。本文刻意收入同一主題。（經義，五行）	○ 誤收			○		○
147	22/422-423	召公賢者也，明不能與聖人分職，常戰慄恐懼，故舍於樹下而聽斷焉。勞身苦體，然後乃與聖人齊，是周南無美，而召南有之。	守本考證，初學記十七、御覽四百二並以為動聲儀文。本文刻意收入同一主題。（經義）	○					○
148	22/427	東夷之樂持矛舞，助時生也。南夷之樂持羽舞，助時養也。西夷之樂持戟舞，助時煞也。北	守本考證，白虎通禮樂篇引樂元語。本文刻意收入同一主題。（四方之樂）				○		○

編號	卷數/頁碼	原書條目（守本）	校記	誤收錯置	篇目未定	增字	非緯文	重出	刻意收入
		夷之樂持干舞，助時藏也。							
149	22/427	南夷之樂曰任，西夷之樂曰禁，北夷之樂曰昧，東夷之樂曰離。	筆者考證毛詩注疏卷十三、文選卷一文近，小異，出處作孝經鉤命決。本文刻意收入同一主題。（四方之樂）	○					○
150	23/443	北極天皇大帝，其精生人注：稱皇者，皆得天皇之氣也。	守本考證，禮曲禮上疏以為宋注含神霧文稱皇者云云乃孔疏語。本文刻意收入同一主題。（符命）	○ 誤收			○		○
151	23/443-444 重出	玄鳥翔水，遺卵流（女戎），簡狄吞之，生契封商。	守本考證，此四句已見尚書中候篇。本文刻意收入同一主題。（符命）					○	○
152	24/453 誤收	關雎知原冀，得賢妃，主八嬪嬪，婦也，八嬪正于內，則可以化四方矣。	守本考證，御覽百四十五以下二句為注文。	○ 誤收			○		
153	24/458	陽氣終，白露為霜。	守本考證，御覽十二以為含神霧文。本文刻意收入同一主題。（節令物候）	○					○
154	24/459	詩曰：「煜煜震電，不寧不令」，此應刑政之大暴也。故震電驚人，使天下不安。	守本考證，初學記二十、御覽六百三十五並以為含神霧文。本文刻意收入同一主題。（天人	○					○

編號	卷數/頁碼	原書條目（守本）	校記	誤收錯置	篇目未定	增字	非緯文	重出	刻意收入
			感應，災異）						
155	24/467	彗孛出箕，東夷有為亂者。	（慧孛…）觀象玩占卷十一云：「彗孛出箕，若守東夷下濕冥，水軍將為亂」，本文前條末有「詩含神霧曰」五字，孫氏當引此，誤置為汎歷樞文。本文刻意收入同一主題。（星占，賢臣叛離）	○ 誤收			○		○
156	24/468	摛雒謠曰：「剗者配姬以放賢，山崩水潰納小人，家伯罔主異哉震剗指艷妻也。孔穎達曰：「剗、艷古今字耳」。	明郭子章輯《六語》卷一載「【詩緯摛雒貳謠】昌受符，厲倡變，期十之世權在室，剗者配姬以放賢，山崩水潰納小人，家伯罔主異哉震剗者指艷妻也。孔穎達曰：剗、艷古今字耳。」，孫氏或參考此文，繫之於詩緯汎歷樞下。結合下條緯文參看。本文刻意收入同一主題。（星占，賢臣叛離）					○	○
157	24/468	昌受符，厲倡變，期十之世權在室。	同上					○	○
158	25/473	聖王御世，河龍負	守本考證，文選薦		○				○

編號	卷數/頁碼	原書條目（守本）	校記	誤收錯置	篇目未定	增字	非緯文	重出	刻意收入
		圖書出。	譙元彥表注引作河龍負卷舒圖。本文刻意收入同一主題。（符命）						
159	25/478	子路與子貢過社，社樹有鳥，子路搏鳥，社神牽，子路、子貢說之乃止。	守本、喬氏考證，見博物志卷八，非緯文。本文刻意收入同一主題。（仲尼弟子）				○		○
160	25/480	子路感雷精而生，尚剛好勇，親涉衛難，結纓而死。孔子聞而覆醢。每聞雷鳴，乃中心惻怛，故後人忌焉，以為常也。	守本、喬氏考證，文見王充論衡，非緯文。本文刻意收入同一主題。（仲尼弟子）				○		○
161	25/481	五帝立師，三王制之。	守本考證，白虎通辟雍篇引論語讖。本文刻意收入同一主題，為下條「黃帝師力牧」做解。（聖人師承道業）	○					○
162	25/481	黃帝師力牧，帝顓頊師錄圖，堯師務成子，帝舜師尹壽，禹師國先生，湯師伊尹，文王師呂望，武王師尚父，周公師虢叔，孔子師老聃。	喬氏考證，此文見白虎通引傳曰，未指為緯，因上文「五帝立師三王制之」一條，孫氏誤認為連文。本文刻意收入同一主題。（聖人師承道業）	○ 誤收			○		○
163	25/484	孔子讀易，韋編三	筆者考證，明萬曆		○				○

編號	卷數/頁碼	原書條目（守本）	校記	誤收錯置	篇目未定	增字	非緯文	重出	刻意收入
		絕，鐵擿三折，漆書三滅。	刻本天中記卷三十七作論證讖（當為論語讖）、楊慎古音略例作論語讖。本文刻意收入同一主題。（聖人師承道業）						
164	25/484	孔長彥、孔季彥兄弟聚徒數百，故時人為之語曰：「魯國孔氏好讀經，兄弟講誦皆可聽，學士來者有聲名，不過孔氏那得成。」	文出續博物志卷四，本文前有「陶淵明云：事見論語摘輔象」，焦氏類林卷一引之以為出自論語摘輔象文，誤，孫氏當沿用焦氏之誤，且又錯置篇目，置於比考讖中。本文刻意收入同一主題。（孔門道業）	○ 誤收			○		○
165	25/484-485	黃帝受地形，象天文以制官，爰有九州之牧。一作軒轅知地利，九牧倡教。	守本考證，禮記疏序路史黃帝紀注並無「轅」字，「軒轅知」後見論語疏序，「爰有九州之牧」當在「九牧倡教」之下，「爰」作「既」。			○			
166	25/485	伏羲已前雖有官名，未必具立官位，至黃帝名位乃具。	喬氏考證，此文見周禮序，是賈公彥之語，因在所引譔考「黃帝受地形象天文以制官」之	○ 誤收			○		○

編號	卷數/頁碼	原書條目（守本）	校記	誤收錯置	篇目未定	增字	非緯文	重出	刻意收入
			下，孫氏遂連上文，認此文亦是誤考，誤也。守本同。本文刻意收入同一主題。（帝系，禮制）						
167	26/493	仲尼素王，以顏淵為司徒，子貢為司空。以左丘明為素臣。	守本考證，「司空」下注「御覽二百七」。「素臣」下注「語見杜預左傳集解序」，「仲尼」至「司空」，見北堂書鈔卷五十二設官部四、廣博物志卷二十，「子貢」作「子路」，出處作論語摘輔象。守本出處誤。喬氏考證非摘輔象亦誤。			○	○		
168	26/504-505	叔孫氏之車子曰鉏商，樵于野而獲麟焉，眾莫之識，以為不祥，棄之五父之衢……夫子曰：「吾道窮矣，乃作歌曰：唐虞之世麟鳳游，今非其時來何由？麟兮麟兮我心憂。」	守本、喬氏考證語見孔叢子，非論語讖文。本文刻意收入同一主題。（天人感應，瑞獸）。				○		○
169	27/512	又曰：在外衡牽牛之初，冬至之日。	守本考證，書鈔百五十六引孝經緯。本文刻意收入同一		○				○

編號	卷數/頁碼	原書條目（守本）	校記	誤收錯置	篇目未定	增字	非緯文	重出	刻意收入
			主題。（天文）						
170	27/516	地以舒形，萬象咸載。	守本考證，文選遊天台山賦注、頭陀寺碑注並以為鉤命決文，筆者考證天中記卷七亦以為鉤命決文。本文刻意收入同一主題。（地理）	○					○
171	27/516	伏羲氏畫地之制，凡天下山五千三百七十，居地五十六萬四千五十六里。出水者八千里，受水者八千里。出銅之山四百五十七，出鐵之山三千六百九。	筆者考證，全文抄路史卷三十二，未言是緯。「出水者」之後文出管子地數篇，乃管子言，非緯。孫氏此條引書後云「以此緯綜貫天地，故兼錄及之」。本文刻意收入同一主題。（地理）	○誤收			○		○
172	27/519	月三日成魄，八日成光，二八十六日，轉而歸功於日，晦至朔旦受符復行。	「月三日成魄」白虎通卷八出處作孝經援神契無誤，然原文作「八日成光，二八十六日，轉而歸功，晦至朔旦，受符復行，故援神契曰：月三日成魄也」，孫氏擔前文繫為援神契文，誤也。本文刻意收入同一主題。	○誤收			○		○

編號	卷數/頁碼	原書條目（守本）	校記	誤收錯置	篇目未定	增字	非緯文	重出	刻意收入
			（天文）						
173	27/519520	故勅以天期，四時節有晚早，趣勉趣時，無失天位，皆由此術。	守本、喬氏考證，周禮馮相氏注引孝經說。本文刻意收入同一主題，作為前條「仲春……」解釋。（節令政事）				○		○
174	27/522	臣者堅也，守節明度，修義奉質也。	守本考證，御覽六百二十一引孝經說「質」作「職」。本文刻意收入同一主題。（天人感應，禮制）				○		○
175	27/530	周千八百諸侯，布列五千里內。	守本考證，禮王制注引孝經說。				○		
176	28/533	神農長八尺有七寸，弘身而牛頭，龍顏而大脣，懷成鈐，戴玉理。	據守本考證，文引廣博物志卷二十五，誤引上文出處「援神契」三字。本文刻意收入同一主題。（符命，相貌）	○誤收			○		○
177	28/538	郊祀后稷以配天，配靈威仰也。宗祀文王於明堂，配上帝，凡祀配上帝也。	守本、喬氏考證，禮大傳注引孝經末句作「汎配五帝也」，此鄭氏語，與經文相間，非緯文。本文刻意收入同一主題。（禮制）			○	○		○
178	28/539	明堂，文王之廟，夏后氏世室，殷人	守本考證，此五經異義引古周禮孝經				○		○

編號	卷數/頁碼	原書條目（守本）	校記	誤收錯置	篇目未定	增字	非緯文	重出	刻意收入
		重屋。周人明堂，東西九筵，筵九尺，南北十筵，堂崇一筵五室。凡室二筵，蓋之以茅。周公所以祀文王于明堂，以昭事上帝。	說，非緯書本文。本文刻意收入同一主題。（禮制）						
179	28/543	土地廣博，不可徧敬，故封土以為社，而祀之以報功也。五穀眾多，不可徧祭，稷乃原隰之中，能長五穀之祇，故立稷而祭之。	筆者考證，「稷乃原隰之中能長五穀之祇」，見通典卷四十五，引自孝經援神契無誤，但「土地……徧祭」及「故立稷而祭之」為風俗通義卷八引孝經說語。本文刻意收入同一主題。（禮制）			○	○		○
180	28/544	郊祀后稷以配天地，祭天南郊，就陽位。祭地北郊，就陰位。后稷為天地主，文王為五帝宗。	守本考證，通典四十五以為鉤命決文。本文刻意收入同一主題。（禮制）	○					○
181	28/544	封乎泰山，考績燔燎，禪乎梁父，刻石紀號，垂度示典，功平致教。	守本考證，（乎作於）文選王元長曲水詩注序注、書鈔九十一，並以為鉤命決文。喬氏以為「孫氏既收之於含文嘉，又收之於援	○				○	○

編號	卷數/頁碼	原書條目（守本）	校記	誤收錯置	篇目未定	增字	非緯文	重出	刻意收入
			神契，更收之於左契，而皆無據也。」本文刻意收入同一主題。（禮制）						
182	29/555	易建八卦，序六十四卦，轉成三百八十四爻，運機布度，其氣轉易，故稱經也。	筆者考證，喬氏出處作「易正義序論引易緯。」應為周易注疏序引孝經緯。本文刻意收入同一主題。（經義，符命）		○				○
183	29/560	孔子作春秋，制孝經既成……向北辰而拜。告備于天曰孝經四卷、春秋、河洛凡八十一卷，謹已備……孔子跪受而讀之曰寶文出劉季握卯金刀在軫北字禾子天下服	「孔子作春秋……北辰而拜」，守本考證出處作孝經援神契，然「孔子作春秋」至文末全抄宋書符瑞志，孫以為宋書後段語同樣為孝經援神契原文。本文刻意收入同一主題。（經義，符命）	○誤收			○		○
184	29/562	麟中央也。軒轅，大角獸也。孔子備春秋者，禮修以致其子，故麟来為孔子瑞。	喬氏考證，左氏疏引左氏者其言如此，定非緯文，禮運疏所引亦同，孫氏擄作援神契大妄。本文刻意收入同一主題。（經義，符命）				○		○
185	30/576	孔子曰：「三皇設	守本考證，襄二十				○		○

編號	卷數/頁碼	原書條目（守本）	校記	誤收錯置	篇目未定	增字	非緯文	重出	刻意收入
		言民不違，五帝畫象世順機。三王肉刑揆漸加，應世點巧姦偽多多音絞，加音姬。	九年公羊傳疏引孝經說。本文刻意收入同一主題。（禮法）						
186	30/576	三皇無文五帝畫象三王肉刑注曰畫象者上罪墨象赭衣雜屨中罪赭衣屨下罪雜屨而已	據守本、喬氏考證，乃周禮外史疏司圜疏語，闌入讖緯之中。本文刻意收入同一主題。（禮法）	○誤收			○		○
187	30/579	堯夢乘青龍上泰山，舜夢擊鼓，桀夢黑風破其宮，紂夢大雷擊其首。	筆者考證，全抄廣博物志卷十，未言是緯。本文刻意收入同一主題。（符命）				○		○
188	30/581	性者生之質也，若木性則仁，金性則義，火性則禮，水性則智，土性則信也。	據守本考證，為禮王制疏引孝經說，非緯文。孫氏改字，據喬氏，「智」與「信」當互換。本文刻意收入同一主題，為下條「情生於陰」解說。（性情）			○	○		○
189	30/585	胸應矩是謂儀古。又仲尼龜脊。又孔子海口言若含澤	筆者考證（胸應矩，是謂儀古）太平御覽卷三百七十一以為論語摘輔象文（孔子海口，言若含澤）藝文類聚	○					○

編號	卷數/頁碼	原書條目（守本）	校記	誤收錯置	篇目未定	增字	非緯文	重出	刻意收入
			卷十七以為孝經援神契文。本文刻意收入同一主題。（符命，相貌）						
190	31/596	大角為坐候宋筠曰：坐帝坐也。	守本考證，史記天官書索隱以為援神契文。本文刻意收入同一主題，為前條「王者敬諸父」解說。（天人感應，星占）	○					○
191	31/597	斗曲杓橈象成車，房為龍馬，華蓋覆鈞，天罡八魁神不獨居，故驂駕陪乘，以道跚蹋宋注曰：房星既體蒼龍，人象駕駟馬，故兼言之也。覆鈞既覆且鈞曲，似蓋也。天罡八魁，又似御陪乘。	守本考證，續漢書輿服志注以為援神契文。本文刻意收入同一主題。（天人感應，星占）	○					○
192	31/598-599	歲星守心則年穀豐。鎮星舍房符明道興太白合表四夷從服之象。黃氣抱日輔臣納忠。	（歲星守心則年穀豐）後漢書郎顗傳以為孝經鉤命決文，御覽卷五以為援神契文（鎮星……從服之象）御覽卷八百七十二以為孝經援神契文（黃氣抱日，輔臣納忠）御覽卷八百	○				○	○

編號	卷數/頁碼	原書條目（守本）	校記	誤收錯置	篇目未定	增字	非緯文	重出	刻意收入
			七十二以為孝經援神契文，已見彼卷。本文刻意收入同一主題。（天人感應，星占）						
193	31/600	失義不德，白虎不。出禁或逆，枉矢射，山崩，日蝕。天子失仁，太白經天。日食修岸，山崩理惑。	守本考證，續漢書天文志注、五行志注並以為鉤命決文。本文刻意收入同一主題。（天人感應，星占）	○					○
194	31/602	彗，五彗也。蒼則王侯破，天子苦兵。赤則賊起，強國恣。黃則女害色，權奪於后妃。白則將軍逆，二年兵。大作黑則水精賦河，河決，賊處處起。	續漢書天文志注以為宋注鉤命決文。本文刻意收入同一主題。（天人感應，星占）	○					○
195	32/608	又曰：元氣無形，洶洶蒙蒙。偃者為地，伏者為天。	守本考證，御覽一又三十六引河圖。本文刻意收入同一主題。（宇宙論）		○				○
196	32/608	元氣闓陽為天，積精為日。	守本考證，後漢書方術傳注、御覽一引河圖，又書鈔百四十九、類聚一以為河圖叶光篇文，，但孫未立叶光紀。本文刻意收	○					○

編號	卷數/頁碼	原書條目（守本）	校記	誤收錯置	篇目未定	增字	非緯文	重出	刻意收入
			入同一主題。（宇宙論）						
197	32/612	凡天下有九區，別有九州，中國九州，名赤縣神州，即禹之九州也。上云九州八柱，即大九州也，非禹貢赤縣小九州也。	守本考證，初學記五引河圖。本文刻意收入同一主題。（地理）	○					○
198	32/614	崑崙之墟有五城十二樓，河水出焉，四維多玉。	守本考證，類聚七引河圖、又御覽三十八以為河圖始開圖文。本文刻意收入同一主題。（地理，崑崙）	○					○
199	32/614	崑崙有柱焉，其高入天，即所謂天柱也，圍三千里，圓如削，下有仙人九府，治與天地同休息。其柱銘曰：「崑崙銅柱，其高入天，圓周如削，膚體美焉。」	據喬氏考證，此文見神異經，非緯也，天中記引之，亦未言是緯。本文刻意收入同一主題。（地理，崑崙）				○		○
200	32/618	崑崙山北地轉下三千六百里，有入玄幽都，方二十萬里，地下有四柱，廣十萬里，地有三千六百軸，犬牙相舉。	守本考證，博物志一以為河圖括地象文。本文刻意收入同一主題。（地理，崑崙）	○					○

編號	卷數/頁碼	原書條目（守本）	校記	誤收錯置	篇目未定	增字	非緯文	重出	刻意收入
201	32/623-624	黃河出崑崙東北，流千里，折西而行，至於蒲山。南流千里，至於華山之陰。東流千里，至於桓雍。北流千里，至於下津。河水九曲，長九千里，入於渤海。	守本考證，郭茂倩樂府九十一引「河圖」。孫氏說明本條參考自楊慎著作，出處作絳象。本文刻意收入同一主題。（地理，黃河）					○	○
202	32/625626	太湖中，洞庭山林屋洞天，即禹藏真文之所，一名包山……吳王懼乃復歸其書	筆者考證，文全出自楊慎山海經補注，可上溯元趙道一歷世真仙體道通鑑卷二(真行子)，未言是緯。本文刻意收入同一主題。（地理）				○		○
203	33/630	日月兩重暈者，饑之祥也。	守本考證，御覽三十五引河圖。本文刻意收入同一主題。（災異，星占）	○					○
204	33/630	蟾蜍去月，天下大亂。	守本考證，御覽九百四十九引河圖。本文刻意收入同一主題。（災異，星占）	○					○
205	33/630	月犯房，天子有憂，四足之蟲多死。月犯心後星，亂臣在旁。	守本考證，續漢書天文志注引河圖。本文刻意收入同一主題。（災異，星占）	○					○

編號	卷數/頁碼	原書條目（守本）	校記	誤收錯置	篇目未定	增字	非緯文	重出	刻意收入
206	33/630	青雲刺月，五穀不熟。傍多赤雲如人頭，大戰。月旁有白雲如杵者三貫月，六十日內有兵戰。月始出，有黑雲貫，名激雲，不出二日大雨。	守本考證，御覽八百七十七引河圖。本文刻意收入同一主題。（災異，星占）		○				○
207	33/630	彗星出胃奎，庫兵悉出，禍在強侯，外夷胡應，逆首謀也。	守本考證，續漢書天文志注引河圖。本文刻意收入同一主題。（災異，星占）		○				○
208	33/630-631	枉矢東流，大下恐。	守本考證，御覽八百七十五引河圖。本文刻意收入同一主題。（災異，星占）		○				○
209	33/632	黃黑氣掩日，是為日薄。凡日食皆於晦朔，不有於晦朔者為日薄，雖非日月同宿，時陰氣盛，掩日光也。占類日食。	守本考證，晉書天文志、宋書五行志引河圖占。本文刻意收入同一主題。（災異，星占）		○				○
210	33/632-633	月犯心有亂臣，王者惡之。又宮中有亂，又有大喪。犯中星為人主，犯前星為太子，犯後星為庶子當之。	筆者考證，見觀象玩占卷十，未言是緯。宋書卷二十三天文志，文略異、武備志卷百五十三，文略異，未言				○	○	○

編號	卷數/頁碼	原書條目（守本）	校記	誤收錯置	篇目未定	增字	非緯文	重出	刻意收入
			是緯。本文刻意收入同一主題。（災異，星占）						
211	33/635636	月暈而珥，六十日，兵起。不暈而珥，人主有喜，兵在外亦喜。月不暈有四璚者，臣有謀，不成。月暈三重，天下受兵。赤雲貫之，其下亡地。月暈四重，其下亡國凶。月暈六重，其下亡國。月暈九重，其下兵起流亡。五月中暈有九重以上者，道上有熱死人，地將動。月犯太白，其野受兵戰，不勝。又云：所守之國兵起。月暈太白，與日共其分，主憂。星出月陰，負海國勝。列星貫月，陰國可伐。占經十二又十三又十五	(月暈而珥……謀不成)武經總要後集卷十六太陰占（月暈三重……其下亡地）天元玉曆祥瑞賦引宋志，武經總要引河圖帝覽嬉作「暈三重主兵」，孫氏或合二者。（月暈四重其下亡國）武經總要後集卷十六太陰占。（月暈六重其下亡國），當為孫氏筆誤，見武經總要後集卷十六太陰占。（月暈九重其下兵起流亡）武經總要後集卷十六太陰占。（月犯太白……國兵起）武經總要後集卷十六太陰占犯作暈。(星出月陰負海國勝)觀象玩占卷二引河圖（星貫月陰國可伐）見武經總要後集卷十六。孫氏未見開元占經，守本誤。				○		○

編號	卷數/頁碼	原書條目（守本）	校記	誤收錯置	篇目未定	增字	非緯文	重出	刻意收入
212	33/639	錄圖曰：「潭潭嶤嶤，棽棽雉雉，萬物盡化。」	筆者考證，玉海卷百九十六，於本文前有「風后受河圖」，孫氏當據此引為河圖文。本文刻意收入同一主題。（帝系，符命）	○ 誤收			○		○
213	33/639	天授元始，建帝號，黃龍負圖，鱗甲成字，從河中出，付黃帝，令侍臣目寫，以示天下。	守本考證，類聚九十八、御覽七十九並以為龍魚河圖文。本文刻意收入同一主題。（帝系，符命）	○					○
214	33/639	堯時與群臣賢者到翠嬀之川，大龜負圖來投堯，堯勅臣下寫，取告瑞應，寫畢歸還水中。	守本考證，類聚九十九、御覽八十並以為龍魚河圖文。本文刻意收入同一主題。（帝系，符命）	○					○
215	33/640	舜以太尉即位，與三公臨觀，黃龍五采，負圖出置舜前，以黃玉為柙，白玉為檢，黃金為繩，黃芝為泥，章曰天黃帝符璽。又曰黃龍從雒水出，詣虞舜，鱗甲成字，舜令寫之，寫竟去。舜以土德，故一曰黃帝。一作文竟龍去。	守本考證，「舜以太尉……天黃帝符璽」出處初學記六又三十、類聚九十八、御覽九百二十九，引河圖。「又曰黃龍……一作文竟龍去」並引河圖、龍魚河圖。本文刻意收入同一主題。（帝系，符命）	○	○				○

編號	卷數/頁碼	原書條目（守本）	校記	誤收錯置	篇目未定	增字	非緯文	重出	刻意收入
216	33/640	禹治水功大，天帝以寶文大字賜禹，佩渡北海，免弱水之難。	初學記九引河圖。本文刻意收入同一主題。（帝系，符命）		○				○
217	33/643	燧人之世，大跡出雷澤，華胥履之而生伏羲。	喬氏考證，此文見御覽，但作河圖，未指為握矩起。本文刻意收入同一主題。（帝系，符命）		○				○
218	33/643	一云：伏羲在亥，得人定之時。	喬氏考證，此文御覽路史皆引作孝經河圖。本文刻意收入同一主題。（帝系，符命）						○
219	33/643	伏羲禪於伯牛，鑽木作火。	守本考證，御覽七十八引河圖，按此文已見挺佐輔篇。本文刻意收入同一主題。（帝系，符命）	○				○	○
220	33/643	又黃帝母曰地祇之子，名附寶。之郊野，大霓繞北斗樞星，耀感附寶，生軒轅。	喬氏考證，此文見御覽一百三十五，但作河圖，未指為握矩起。本文刻意收入同一主題。（帝系，符命）		○				○
221	33/644	令訾野中有玉虎，晨鳴雷聲聖人感，期而興。又黃帝以雷精起。虎晨鳴，雷聲也。	守本考證，「玉虎晨鳴雷聲也」此句已見上文重出。喬氏考證，說郛引此文作括地象。本文	○				○	○

編號	卷數/頁碼	原書條目（守本）	校記	誤收錯置	篇目未定	增字	非緯文	重出	刻意收入
			刻意收入同一主題。（帝系，符命）						
222	33/644	大星如虹，下流華渚，女節意感，生白帝朱宣朱宣少昊氏。	守本考證，文選策秀才文注、後漢書賈逵傳注、初學記一、御覽七又七十九，引河圖。本文刻意收入同一主題。（帝系，符命）		○				○
223	33/644	瑤光之星，如蜺貫月正白，感女樞於幽房之宮，生黑帝顓頊，首戴干戈，有德文。	孫氏無「首戴干戈有德文」等字，同於初學記卷二十四，孫氏當抄錄自此。然初學記出處作河圖著命，孫氏於河圖著命已收此文，此處重出。本文刻意收入同一主題。（帝系，符命）	○				○	○
224	33/644	又曰：帝乾荒擢首而謹耳，豲喙而渠股，是襲若水。取蜀山氏曰樞，是為河女所謂淖子也。淖子感搖光於幽防，而生顓頊。	守本、喬氏考證，見路史高陽紀，非緯文。本文刻意收入同一主題。（帝系，符命）				○		○
225	33/644	扶都見白氣貫星，感生黑帝湯。	守本考證，御覽八十三引河圖「星」作「月」。本文刻意收入同一主題。（帝系，符命）		○				○

編號	卷數/頁碼	原書條目（守本）	校記	誤收錯置	篇目未定	增字	非緯文	重出	刻意收入
226	33/644	姜原履大人之跡生后稷，大姒夢大人死而生文王。	守本、喬氏考證，見詩生民疏、禮祭法疏引河圖。本文刻意收入同一主題。（帝系，符命）		○				○
227	33/645-646	少昊秀外龍庭月縣通頤，顓頊渠頭併幹，通眉帶午。帝嚳駢齒方頤，麗覵珠庭，仳齒戴干。一本帝俈駢齒，上法日參，秉度成紀，以理陰陽。	守本、喬氏考證，文分見於路史後紀、高辛紀，非緯文。本文刻意收入同一主題。（相貌，符命）				○		○
228	33/646	蒼帝方面，赤帝圓面，白帝廣面，黑帝深面。黃帝廣頭龍額。	守本、喬氏考證，文見御覽引此文，但作河圖未指為握矩記。本文刻意收入同一主題。（相貌，符命）		○				○
229	33/646	黃帝兌頤，黑帝修頸，蒼帝並乳。	守本考證，御覽三百六十八又三百六十九又三百七十一引河圖。本文刻意收入同一主題。（相貌，符命）		○				○
230	33/646	蒼帝望之大，視之博。白帝望之明，視之義。	守本考證，書鈔一引河圖。本文刻意收入同一主題。（相貌，符命）		○				○
231	33/646	風后曰：「予告汝帝之五旗，東方法	守本考證，初學記二十二、御覽三百		○	○	○		○

編號	卷數/頁碼	原書條目（守本）	校記	誤收錯置	篇目未定	增字	非緯文	重出	刻意收入
		青龍曰旗，南方法赤鳥曰旟，西方法白虎曰典，北方法玄蛇曰旆，中央法黃龍曰常。」	四十引河圖，「旗」作「旂」，「典」作「旟」。喬氏考證，無「法白虎」三字。本文刻意收入同一主題。（方術）						
232	33/647	黃帝曰：「凡人生一日，天帝賜算三萬六千，又賜紀二千。聖人得三萬六千七百二十，凡人得三萬六千。一紀主一歲，聖人加七百二十。」	守本考證，初學記十七、御覽四百一引河圖。喬氏考證，說郭引此文作洛書甄耀度。守本為是。本文刻意收入同一主題。（方術，推算）		○				○
233	33/647	孝順二親，得算二千，天司錄所表事，賜算中功。	守本考證，初學記十七引河圖。本文刻意收入同一主題。（方術，推算）		○				○
234	33/647	黃金千歲生黃龍，青金千歲生青龍，赤金千歲生赤龍，白金千歲生白龍，玄金千歲生玄龍。	初學記三十、類聚九十八、御覽九百二十九引河圖。本文刻意收入同一主題。（方術，推算）		○				○
235	33/648	黃帝生，先致白狐。	筆者考證，守本非，類聚九十九應做「皇帝」，但作河圖，未指為握河記。本文刻意收入同一主題。（帝系，符命）		○				○

編號	卷數/頁碼	原書條目（守本）	校記	誤收錯置	篇目未定	增字	非緯文	重出	刻意收入
236	33/648	秦距之帝名政，虎口日角，大目隆鼻，長八尺六寸，身大七圍，手握兵執矢。	守本考證，御覽八十六引河圖。本文刻意收入同一主題。（帝系，符命）		○				○
237	33/648	怪目勇敢兩瞳，天雨刀於楚之邦。	守本考證，御覽八十七又三百四十五又四百三十三引河圖。本文刻意收入同一主題。（帝系，符命）		○				○
238	33/648	帝劉季日角戴勝，斗胸，龜背，龍眼，長七尺八寸，明聖而寬仁好生，主軫。劉受紀，昌光出軫，五星聚井。	守本考證，史記高祖紀正義、御覽八十七引河圖並無好生主軫四字按此文又見提劉篇。本文刻意收入同一主題。（帝系，符命）		○			○	○
239	33/649	黃帝起大蚓見。	喬氏考證，御覽九百四十七引作河圖說徵，天中記、格致鏡原皆引之。本文刻意收入同一主題。（災異，符命）	○					○
240	33/651	高皇攝正總萬廷，四海歸脉理威明，文德道化承天精，元祚興隆協聖靈。	筆者考證，當為龍魚河圖（初學記九、御覽八十七、天中記十二）本文刻意收入同一主題，增加「河圖考靈曜」篇幅。（帝					○	○

編號	卷數/頁碼	原書條目（守本）	校記	誤收錯置	篇目未定	增字	非緯文	重出	刻意收入
			系，符命）						
241	33/652	河圖曰：「漢高祖親祀汶水，見一黃金，却驚。反化為一翁，責言：『劉季何不受河圖？』」	守本考證，類聚七百五十七，此文但作河圖。本文刻意收入同一主題。（符命）		○				○
242	33/652	河圖龍文曰：「鎮星光明，八方歸德。赤九會昌，十世以光，十一以興。九名之世，帝行德，封刻政。」	守本考證，「河圖龍文……歸德」出於文選三都賦序注、效白馬篇注、石闕銘注。「赤九……以興」出於後漢書曹褒傳律曆志引河圖。「九名……刻政」出於續漢書律曆志，又祭祀志以為河圖合古篇文。筆者考證，孫未立河圖龍文，僅因文中有「會昌」，率置於此。過去引用之書中，另有會昌符文，但此處失收嚴重，可見到後面編排十分混亂。本文刻意收入同一主題。（符命）	○	○				○
243	33/653	倉頡為帝，南巡登陽虛之山，臨于玄扈洛汭之水，靈龜負書，丹甲青文以	筆者考，全文見皇霸文紀，卷一云：「河圖玉版云：倉頡為帝，南巡登陽			○	○		○

編號	卷數/頁碼	原書條目（守本）	校記	誤收錯置	篇目未定	增字	非緯文	重出	刻意收入
		授之。帝文止二十八字，景刻于陽虛之石室，李斯止識八字曰：「上天垂命，皇辟迭王」，今已不可尋矣。	虛之山，臨于玄扈，洛汭之水，靈龜負書，丹甲青文，以授之。文（木足）二十八字，景刻于陽虛之石室，李斯只識八字」，路史卷六載八字云：「李斯辨其八字云：上天作命，皇辟迭王」，守本、兩漢全書以前段引自水經注，未必，以前後文觀之，皇霸文紀較接近。八字孫氏自行於路史補入。本文刻意收入同一主題。（地理，符命）						
244	34/655	古越俗祭防風神，奏防風古樂，截竹長三尺，吹之如嘷，三人披髮而舞。	筆者考，見述異記卷上，未言是緯。本文刻意收入同一主題，為前條「禹平治天下」解說。（災異，符命）				○		○
245	35/675	洛水者，地理陰精之官，帝王明聖，龜書出文，天以與命，地以授瑞。接河合際，居中護羣，王道和洽，吐圖佐神。逆名亂	守本考證，初學記六以為河圖文。本文刻意收入同一主題。（符命）	○					○

編號	卷數/頁碼	原書條目（守本）	校記	誤收錯置	篇目未定	增字	非緯文	重出	刻意收入
		教，摘亡弔存，故聖人觀河洛也。							
246	35/677-678	天皇頎羸三舌，驤首鱗身，碧盧禿揭。……人皇別長九州，離艮地精，生女為后，夫婦之道始此。	喬氏考證「天皇……九圍」均路史語，編入靈準聽為誤。「人皇……祇車」，此文見春秋命歷序。「人皇……始此」此是摘六辟文。本文刻意收入同一主題。（符命）	○				○	○
247	35/678	厲山氏產山谷，分布元氣，蓋即烈山氏。	守本考證，此路史炎帝紀注引開山圖文。本文刻意收入同一主題。（符命）	○					○
248	35/678	皇道缺，故帝者興。	初學記九、御覽七十六引洛書。本文刻意收入同一主題，承先啟後。（符命，先皇後帝）		○				○
249	35/679	赤帝之為人，視之豐，長八尺七寸，豐下兌上，龍顏日角，八采三眸，鳥庭荷勝，琦表射出，握嘉履翌，竅息洞通。	喬氏考證，此是合誠圖之文，孫氏重出於此無據。本文刻意收入同一主題。（符命，相貌）				○	○	○
250	35/679	舜長九尺，太上員首，龍顏日衡……故曰舜而原曰重	守本考證，語見路史有虞紀，非緯文。本文刻意收入				○		○

編號	卷數/頁碼	原書條目（守本）	校記	誤收錯置	篇目未定	增字	非緯文	重出	刻意收入
		華。	同一主題。（符命，相貌）						
251	35/679	禹身長九尺有六，虎鼻河目，駢齒鳥啄，耳三扇，載成鈐，襄玉斗，玉骭履已。	喬氏考證，此是合誠圖之文，孫氏重出於此無據。本文刻意收入同一主題。（符命，相貌）				○	○	○
252	35/683	湯臂有四肘，在亳，能修其德……又有黑龜，並赤文成字，言夏桀無道，湯當伐之。	守本考證，語見宋書符瑞志，非緯文。本文刻意收入同一主題。（符命，相貌）				○		○
253	35/683	檮杌之神見于邳山，有神牽白狼銜鉤而入商朝。金德將盛，銀自山溢，湯將奉天命放桀，夢及天而舓之，遂有天下。	守本考證，語見宋書符瑞志，非緯文。本文刻意收入同一主題。（符命）				○		○
254	35/685	有人雄起戴玉英，祈旦失篝，亡其金虎，東南紛紛注精起，昌光出軫已圖之。	筆者考證，太平御覽卷七引帝命驗，此條已見尚書帝命驗篇。本文刻意收入同一主題。（符命）	○				○	○
255	35/685	有鳳凰銜書，游文王之都書，文曰：「殷帝無道，虐亂天下，皇命已移，不得復久。靈祇遂離，百神吹去，五	守本考證，語見宋書符瑞志，非緯文。本文刻意收入同一主題。（符命）				○		○

編號	卷數/頁碼	原書條目（守本）	校記	誤收錯置	篇目未定	增字	非緯文	重出	刻意收入
		星聚房，昭理四海。」							
256	35/687	以成草木之長而順天時，水澤不內舟，以成魚鱉之長。……土不失其宜，萬物不失其性，天下不失其時。	守本、喬氏均批判此條，自「以成草木之長」以下並御覽八十四引周書語。檢逸周書文傳解與此大同，非緯文也。孫氏并取之誤。本文刻意收入同一主題，為前文「蒼帝姬昌」解說。（符命）				○		○
257	35/687688	文王獨坐，屏去左右，深念遠慮，召太公望曰……太公曰：「因其所為，但興其化，上知天道，中知人事，下知地理，乃可以有國焉。」	守本考證，此御覽八十四引周書語，非緯文。本文刻意收入同一主題，為前文「蒼帝姬昌」解說。（符命）				○		○
258	35/688	武王伐紂度孟津，中流白魚，躍入王舟……遂東伐紂，勝於牧野，兵不血刃而天下歸之。	守本考證，語見宋書符瑞志，非緯文。本文刻意收入同一主題。（符命）				○		○
259	35/689	蒼帝起天雨粟。	守本考證，類聚八十五引洛書。本文刻意收入同一主題。（符命）	○					○
260	35/689	有白雲出自蒼梧，	守本考證，類聚九	○					○

編號	卷數/頁碼	原書條目（守本）	校記	誤收錯置	篇目未定	增字	非緯文	重出	刻意收入
		入於大梁。	十八引洛書。本文刻意收入同一主題。（雲氣物候占）						
261	35/689	有氣象人，青衣無手在日西，天子之氣象也。	守本考證，史記天官書索隱、御覽十五引洛書。本文刻意收入同一主題。（雲氣物候占）		○				○
262	35/689	蒼帝起，青雲扶日。赤帝起，赤雲扶日。黃帝起，黃雲扶日。白帝起，白雲扶日。	守本考證，初學記一、御覽八引洛書。本文刻意收入同一主題。（雲氣物候占）		○				○
263	35/690	太白守心，後九年大饑。熒惑守心，逆臣起。	守本考證，續漢書天文志注引洛書。		○				
264	35/690	王者不藏金玉，則紫玉見之深山。服飾不踰祭服，則玉英出。	守本考證，初學記二十七、御覽八百五引洛書。本文刻意收入同一主題。（天人感應，物候）		○				○
265	35/690	靈龜者玄文五色，神靈之精也。上員法天，下方法地，能見存亡，明於吉凶。王者不偏黨，尊耆老則出。	守本考證，初學記三十、御覽九百三十一引洛書，喬氏考證初學記引作甄耀度。本文刻意收入同一主題。（天人感應，物候）	○					○
266	35/693	鰼：鰼魚狀如鵲，食之不癉，出涿光之山。	守本考證，御覽九百三十九引洛書。本文刻意收入同一		○				○

編號	卷數/頁碼	原書條目（守本）	校記	誤收錯置	篇目未定	增字	非緯文	重出	刻意收入
			主題。（天人感應，物候）						
267	35/694	陪臣執命，王公望風，謀始合，臺下並附，諸侯歸心，則月舉足垂爪。	武備志 153「月生足：陪臣執命，王公望風謀反，臺下並附，諸侯歸心」，未言是緯。				○		
268	36/696	推廣九道，百七十一歲進退六十三分，百四十四歲一超次，與天相應。	守本考證，此乃續漢書律曆志，言九道進退之術本於河洛非謂此二十七字即緯書本文。本文刻意收入同一主題。（天文）				○		○
269	36/707	孔子曰洛書摘六辟曰建紀者歲也成姬倉有命在河聖孔表雄德庶人受命握麟徵易歷日……黑期火戌，倉精受命，女正昌効紀，承餘以著當火戌午部也，午為火，必言火代者，木精將生，為之將相代上也。又當為火子，又使其子為木闕塞水，是助倉精絕股之象。字或作之滅，闕動効承餘，以著所當，文王所出云，今入元者是	喬氏考證，因上文有引摘六辟之語而誤連之。	○誤收		○	○		

編號	卷數/頁碼	原書條目（守本）	校記	誤收錯置	篇目未定	增字	非緯文	重出	刻意收入
		也。							
270	36/708	有人卯金握天鏡。	筆者考證，文選廣絕交論注、天中記卷十二，引此文作春秋孔錄法。本文刻意收入同一主題。（符命）	○					○

附錄二
《古微書》與《古微書補闕》篇目異同表

　　本表以姚東升《古微書補闕》之篇目順序為主，並將《古微書》各緯篇目順序拆散，配合《古微書補闕》經緯排列順序，以見各緯篇目之增減。

	孫瑴《古微書篇目》	姚東升《古微書補闕》
易	《易通卦驗》	《易通系卦》
	《易坤靈圖》	《萬形經》
	《易稽覽圖》	《乾文緯》
	《易通統圖》	《易通統圖》
	《易河圖數》	《易制靈圖》
	《易筮謀類》	《易萌氣樞》
	《易九厄讖》	《易九厄讖》
	《易辨終備》	《易秫》
	《易萌氣樞》	《易運期讖》
	《易中孚傳》	《易傳太初篇》
	《易運期》	《易合文嘉》
	《易統驗玄圖》	《考靈緯》
		《易合靈孕》
		《易八墳文》

		《垂皇策》
易		《易稽命徵》
		《易卦氣圖》
		《易內戒》
		《易狀圖》
		《乾元序制記》
		《易〔類或繫〕書大傳》
書	《尚書考靈曜》	《尚書帝驗（或作命）期》
	《尚書帝命驗》	《尚書運期援》（一作授）
	《尚書五行傳》	《尚書雒書》
	《尚書璿璣鈐》	
	《尚書刑德放》	
	《尚書運期授》	
禮	《禮含文嘉》	《禮記默房》
	《禮稽命徵》	《禮稽命曜》
	《禮斗威儀》	《禮元命包》
		《禮瑞命記》
		《禮統》
		《禮稽命圖》

樂	《樂叶圖徵》	《樂五鳥圖》
	《樂動聲儀》	
	《樂稽耀嘉》	

春秋	《春秋元命苞》	《春秋孔錄法》
	《春秋演孔圖》	《春秋包命》
	《春秋合誠圖》	《春秋命秝序》
	《春秋文耀鉤》	《春秋考曜文》
	《春秋運斗樞》	《春秋推（一作握）誠圖》
	《春秋感精符》	《春秋玉版讖》
	《春秋考異郵》	《春秋句命決》
	《春秋潛潭巴》	《春秋緯》
	《春秋說題辭》	《春秋含文嘉》
	《春秋漢含孳》	《春秋災異》
	《春秋佐助期》	《春秋錄圖》
	《春秋保乾圖》	《春秋括地象》
	《春秋握誠圖》	《春秋內事》
	《春秋內事》	《春秋少陽篇》
	《春秋命歷序》	《春秋撰命篇》
		《春秋文（通典作大）義》
		《春秋瑞應傳》
		《春秋河圖揆命篇》
		《春秋璇璣樞》
		《樂元語》
論語	《論語比考讖》	《論語摘輔象》
	《論語譔考》	《論語素王受命讖》
	《論語摘輔象》	《論語摘象衰聖承進讖》

論語	《論語摘衰聖》	《論語記（一作糾）滑讖》
	《論語陰嬉讖》	《論語崇爵讖》
		《論語陰嬉讖》
		《論語比考讖》
		《論語撰考讖》
		《論語讖》

孝經	《孝經援神契》	《孝經左契圖》
	《孝經鉤命訣》	《孝經右契圖》
	《孝經中契》	《孝經中契》
	《孝經右契》	《孝經雌雄圖》
	《孝經左契》	《孝經河圖》
	《孝經威嬉拒》	《孝經中黃讖》
	《孝經內事圖》	《孝經雜緯》
河圖	《河圖括地象》	《河圖秘記》
	《河圖始開圖》	《河洛內記》
	《河圖絳象》	《河圖》
	《河圖稽耀鉤》	《河圖錄運法》
	《河圖帝覽嬉》	《河圖赤伏符》
	《河圖挺佐輔》	《河圖會昌符》
	《河圖握矩記》	《河圖說徵示》
	《河圖秘徵》	《河圖帝視萌》
	《河圖帝通紀》	《河圖期運授》（一作援）

河圖	《河圖著命》	《河圖帝紀通》（或作帝通紀）
	《河圖真紀鈎》	《河圖皇參持》
	《河圖要元篇》	《河圖闓苞受》
	《河圖考靈耀》	《河圖考曜文》
	《河圖提劉篇》	《河圖內元經》
	《河圖稽命徵》	《河圖龍文》
	《河圖會昌符》	《河圖八文》
	《河圖玉版》	《河圖提劉子》
	《龍魚河圖》	《河圖真鈎》
		《河圖著命》
		《河圖天靈》
		《河圖緯象》
		《河圖叶光圖》
		《河圖合古篇》
		《河圖秘微（一作徵）篇》
		《河圖始開篇》
		《河圖要元篇》

洛書	《雒書靈准聽》	《洛書寶號命》
	《洛書甄曜度》	《洛書錄運期》
	《洛書摘六辟》	《洛書稽命曜》
	《洛書錄運法》	《洛書摘亡辭》
雜讖	《洪範緯》	《老子河洛讖 》

緯	《孔子河洛讖》	《五行鉤命訣》（一作五帝）
	《錄運期讖》	
	《甄曜度讖》	
中候	《尚書中候》	《尚書中候考河命》
	《中候握河紀》	《中候摘雒戒》（戒一作貳一作摘維戒）
	《中候考河命》	《中候握河紀》
	《中候摘洛戒》	《中候握契》
	《中候運行》	《中候霸免》
	《中候洛予命》	《中候苗興》
	《中候擿雒貳（戒）》	《中候敕省圖》
	《中候義明》	《中候雒予命》
	《中候勅省圖》	《中候運衡篇》
	《中候稷起》	《中候合符后》
	《中候準纖哲》	《中候稷起》
		《中候我應篇》 （周禮正義作我膺公羊疏作我應瑞）
		《中候雒師謀》
		《中候義明篇》
		《中候覬期》
		《中候準纖（一作讖）哲》
詩	《詩含神霧》	
	《詩推度災》	
	《詩汎歷樞》	

參考引用書目

一、輯佚著作

1. 元・陶宗儀：《說郛》，收錄於《緯書集成》中。

2. 明・孫瑴：《古微書》，明萬曆刻本，北京國家圖書館抄錄。

3. 明・孫瑴：《古微書》，清初抄本，中國科學院抄錄。

4. 明・孫瑴：《古微書》，《文淵閣四庫全書》本。

5. 明・孫瑴：《古微書》，守山閣叢書本，收錄於《叢書集成初編》（臺北：臺灣商務印書館，1939 年。）

6. 明・孫瑴：《古微書》，對山問月樓本，收錄於《緯書集成》中。

7. 明・孫瑴：《古微書》，清朱絲欄舊抄本，影印自臺灣國家圖書館。

8. 清・殷元正：《集緯》，收錄於《緯書集成》中。

9. 清・陳喬樅：《詩緯集證》，收錄於《緯書集成》中。

10. 清・趙在翰：《七緯》，收錄於《緯書集成》中。

11. 清・喬松年《緯攟》，收錄於《緯書集成》中。

12. 清・顧觀光：《七緯拾遺》，收錄於《緯書集成》中。

13. 清・馬國翰、王仁俊，《玉函山房輯佚書及補遺》（京都，中文出版社，1990 年。）

14. 清・黃奭，《黃氏逸書考》（京都，中文出版社，1986 年。）

15. 清・姚東升：《古微書補闕》，北京國家圖書館古籍館抄本。

16. 日本・安居香山、中村璋八編：《緯書集成》(石家莊市：河北人民出版社，1994 年。)

17. 《兩漢全書》（濟南：山東大學出版社，2009 年。）

18. 《緯書集成》（上海：上海古籍出版社，1994 年。）

二、古籍

1. 漢・趙爽等注：《周髀算經》（臺北：臺灣商務印書館，1965 年。）

2. 漢・劉安等編著：《淮南子》（上海：上海古籍出版社，1989 年。）

3. 漢・司馬遷：《史記》（北京：中華書局，1959 年。）

4. 漢・揚雄著，劉韶軍注：《太玄校注》（武昌：華中師範大學出版社，1996 年。）

5. 漢・史晨：〈史晨前後碑〉（臺北，華正書局，1989 年。）

6. 漢・班固：《漢書》（北京：中華書局，1962 年。）

7. 漢・鄭玄：《駁五經異義》（臺北：藝文書局，1972 年。）

8. 漢・班固等：《白虎通》（臺北：臺灣商務印書館，1966 年）

9. 漢・皇甫謐：《帝王世紀》（北京：中華書局，1985 年。）

10. 漢・應劭：《風俗通義》（臺北：世界書局，1963 年。）

11. 漢・孔鮒：《孔叢子》（上海：上海古籍出版社，1990 年。）

12. 三國・張揖：《廣雅》（和肥：黃山書社，2009 年。）

13. 晉・張華：《博物志》（臺北：臺灣商務印書館，1965 年。）

14. 晉・郭樸：《山海經》（臺北：臺灣商務印書館，1967 年。）

15. 晉・宗懷：《荊楚歲時記》（北京：中華書局，1991 年。）

16. 晉・葛洪：《抱朴子》（臺北：世界書局，1958 年。）

17. 晉・陶潛：《集聖賢群輔錄》，收錄於《類書薈編》第一輯（臺北：文光出版社，1974 年。）

18. 後魏・酈道元：《水經注》（臺北：臺灣商務印書館，1967 年。）

19. 後魏・賈思勰：《齊民要術》（臺北：臺灣商務印書館，1976 年。）

20. 劉宋・范曄：《後漢書》（北京：中華書局，1965 年。）

21. 南朝梁・蕭統：《昭明文選》（臺北：文化圖書公司，1975 年。）

22. 南朝梁‧任昉：《述異記》，收錄於《文津閣四庫全書》348 冊（北京：商務印書館，2005 年。）

23. 南朝梁‧沈約，《宋書》，（臺北，鼎文書局，1975 年。）

24. 北齊‧顏之推著，蔡宗陽校注：《新編顏氏家訓》（臺北：國立編譯館，2002 年。）

25. 北周‧庾季才：《靈臺秘苑》，收錄於《文津閣四庫全書》267 冊，（北京：商務印書館，2005 年。）

26. 唐‧房玄齡，《晉書》，（臺北，鼎文書局，1976 年。）

27. 唐‧魏徵等，《隋書》，（臺北，鼎文書局，1983 年。）

28. 唐‧釋道世：《法苑珠林》（北京：中國書店，2009 年。）

29. 唐‧劉知幾：《史通》（和肥：黃山書社，2009 年。）

30. 唐‧杜佑：《通典》（和肥：黃山書社，2009 年。）

31. 唐‧虞世南：《北唐書鈔》（臺北：文海出版社，1962 年。）

32. 唐‧歐陽詢：《藝文類聚》（京都：中文出版社，1980 年。）

33. 唐‧徐堅等撰：《初學記》（臺北：臺灣商務印書館，1983 年。）

34. 唐‧白居易：《白氏六帖事類集》，收錄於董治安主編：《唐代四大類書》（北京：清華大學出版社，2003 年。）

35. 唐‧瞿曇悉達：《開元占經》（鄭州：中州古籍出版社，1994 年。）

36. 唐‧李淳風：《乙巳占》，收錄於《四庫未收術數類古籍大全》第二集（揚州：揚州古籍出版社，1995 年。）

37. 唐‧李淳風：《觀象玩占》，收錄於《四庫全書存目叢書》，子部，術數類，59 冊（臺南：莊嚴文化出版社，1997 年。）

38. 宋‧郭茂倩：《樂府詩集》（臺北：世界書局，1961 年。）

39. 宋‧趙全陽：《歷世真仙體道通鑑》（臺北：自由出版社，1989 年。）

40. 宋‧羅泌：《路史》（臺北：臺灣商務印書館，1979 年。）

41. 宋‧鄭樵：《通志》（臺北：臺灣商務印書館，1987 年。）

42. 宋‧李昉等奉敕纂：《太平御覽》（臺北：臺灣商務印書館，1968 年。）

43. 宋‧王應麟：《玉海》（京都：中文出版社，1986 年。）

44. 宋‧陳元靚編：《歲時廣記》（臺北：新文豐出版社，1984 年。）

45.宋・曾公亮：《武經總要》（上海：商務印書館，1935 年。）

46.元・馬端臨：《文獻通考》（臺北：臺灣商務印書館，1987 年。）

47.宋・李石：《續博物志》（臺北：臺灣商務印書館，1966 年。）

48.宋・朱熹：《儀禮經傳通解》（臺北：臺灣商務印書館，1983 年。）

49.宋・楊復：《儀禮經傳通解續》（北京：商務印書館，2005 年。）

50.宋・王應麟：《困學紀聞》，收錄於《四部叢刊續編》，94 冊（臺北：臺灣商務印書館，1966 年。）

51.明・俞安期：《唐類函》（臺南：莊嚴文化出版社，1997 年。）

52.明・陳第：《毛詩古音考》（揚州：江蘇廣陵古籍刻印社，1990 年。）

53.清・紀昀等奉敕撰：《四庫全書總目》（臺北：藝文書局，2004 年。）

54.明・董斯張：《廣博物志》（臺北：臺灣商務印書館，1983 年。）

55.明・徐常吉：《事詞類奇》（臺南：莊嚴文化出版社，1995 年。）

56.明・陳耀文：《天中記》，收錄於《文淵閣四庫全書》（臺北：臺灣商務印書館，1983 年。）

57.明・梅鼎祚：《皇霸文紀》，收錄於《文淵閣四庫全書》（臺北：臺灣商務印書館，1983 年。）

58.明・楊慎：《丹鉛總錄》，收錄於《中國歷史地理文獻輯刊》68 冊（上海：上海交通大學出版社，2009 年。

59.明・楊慎：《升菴集》，收錄於《文淵閣四庫全書》1270 冊（臺北：臺灣商務印書館，1983 年。）

60.明・楊慎：《秕林伐山》，收錄於《叢書集成初編》335 冊（北京：中華書局，1985 年。）

61.明・楊慎：《古音略例》，收錄於《叢書集成初編》1242 冊（北京：中華書局，1985 年。）

62.明・楊慎：《奇字韻》，收錄於《叢書集成初編》1243 冊（北京：中華書局，1985 年。）

63.明・顧起元：《說略》，收錄於《四庫全書珍本》十二集，150-153 冊（臺北：臺灣商務印書館，1981 年。）

64. 明・焦竑:《焦氏類林》收錄於《叢書集成初編》189-193 冊(北京:中華書局,1985 年。)

65. 明・李淑通:《五行類事占徵驗》,收錄於《四庫全書存目叢書》,子部,術數類,68 冊(臺南:莊嚴文化出版社,1997 年。)

66. 明・佚名:《天元玉曆祥異賦》,收錄於《四庫禁燬書叢刊補編》33 冊(北京:北京出版社,2005 年。)

三、專書

1. 能田忠亮:《東洋天文史論叢》(東京:恆星社,1943 年。)

2. 侯外廬:《中國思想通史》(北京:人民出版社,1957 年。)

3. 安居香山、中村璋八:《緯書の基礎的研究》(東京:漢魏文化研究會,1966 年。)

4. 安居香山:《緯書》(東京:明德出版社,1969 年。)

5. 中村璋八:《五行大義の基礎的研究》(東京:明德出版社,1975 年。)

6. 安居香山:《預言與革命》(東京:探求社,1976 年。)

7. 安居香山:《緯書之成立及其發展》(東京:國書刊行會,1979 年。)

8. 周予同:《周予同經學史論著選集》(上海:上海人民出版社,1983 年。)

9. 任繼愈:《中國哲學發展史》(北京:人民出版社,1983 年。)

10. 安居香山:《讖緯思想之綜合研究》(東京:國書刊行會,1984 年。)

11. 陳遵媯:《中國天文學史》(臺北:明文書局,1984 年。)

12. 安居香山:《緯書與中國的神秘思想》(北京:北京人民出版社,1991 年。)

13. 林金泉:《易緯歷數闡衍》(臺南:華淋出版社,1991 年。)

14. 馮友蘭:《中國哲學史》(臺北:臺灣商務印書館,1993 年。)

15. 王步貴:《神秘文化——讖緯文化新探》(北京:中國社會科學出版社,1993 年。)

16. 李中華:《神秘文化的啟示——緯書與漢代文化》(北京:新華出版社,1993

年。）

17. 丁鼎、楊洪權：《神秘的預言——中國古代讖言研究》（太原：山西人民出版社，1993 年。）

18. 劉韶軍：《占星術述評》（臺北：雲龍出版社，1994 年。）

19. 鍾肇鵬：《讖緯論略》（臺北：洪葉文化事業有限公司，1994 年。）

20. 劉韶軍：《中華占星術》（臺北：文津出版社，1995 年。）

21. 王玉德：《中華占候術》（臺北：文津出版社，1995 年。）

22. 劉韶軍：《太玄校注》（武漢：華中師範大學出版社，1996 年。）

23. 冷德熙：《超越神話——緯書政治神話研究》（北京：東方出版社，1996 年。）

24. 王令樾：《緯學與文學》，南京師範大學 1996 年博士論文。

25. 劉師培：《劉師培全集》（北京：中共中央黨校出版社，1997 年。）

26. 金春峰：《漢代思想史》（北京：中國社會科學出版社，1997 年。）

27. 謝貴安：《中國謠讖文化研究》（海口：海南出版社，1998 年。）

28. 易玄：《讖緯神學與古代社會預言》（成都：巴蜀書社，1999 年。）

29. 柏蓮子：《中國謠讖文化——古代預言全書》（吉林：時代文藝出版社，1999 年。）

30. 江曉原：《星占》（香港：中華書局，2000 年。）

31. 鄭均：《讖緯考述》（臺北：文史哲出版社。2000 年。）

32. 蕭登福：《讖緯與道教》（臺北：文津出版社，2000 年。）

33. 黃復山：《東漢讖緯學新探》（臺北：臺灣學生書局，2000 年。）

34. 鄒雲湖：《中國選本批評》（上海：上海三聯書店，2002 年。）

35. 李梅訓：《讖緯文獻史略》，(山東：山東大學博士論文，2003 年。)

36. 徐興無：《讖緯文獻與漢代文化構建》（北京：中華書局，2003 年。）

37. 謝貴安：《從謠言到預言：流傳千年的中國謠讖文化》（臺北：未來書城，2003 年。）

38. 劉樂賢：《馬王堆天文書考釋》（廣州：中山大學出版社，2004 年。）

39. 馮時：《中國古代的天文與人文》（北京：中國社會科學出版社，2006 年。）

40. 黃復山：《漢代尚書讖緯學述》（臺北：花木蘭出版社，2007 年。）

41. 殷善培：《讖緯中的宇宙秩序》（臺北：花木蘭出版社，2008 年。）

42. 殷善培：《讖緯思想研究》（臺北：花木蘭出版社，2008 年。）

43. 吳守賢、全和鈞：《中國古代天體測量學與天文儀器》（北京：中國科學技術出版社，2008 年。）

44. 陳美東：《中國古代天文學思想》（北京：中國科學技術出版社，2008 年。）

45. 蕭宏恩：《易緯文化揭秘》（北京：中國書店，2008 年。）

46. 黃國禎：《董仲舒《春秋繁露》與緯書《春秋緯》之關係研究》（臺北：花木蘭出版社，2009 年。）

47. 陳槃：《古讖緯研討及其書錄解題》（上海：上海古籍出版社，2010 年。）

48. 任蜜林：《漢代內學 —— 緯書思想通論》（成都：巴蜀書社，2011 年。）

49. 呂凱：《鄭玄之讖緯學》（臺北：臺灣商務印書館，2011 年。）

四、單篇論文

1. 小柳司氣太：〈讖緯學を論ず〉，《哲學雜誌》，1910 年第 25 冊第 284 號。

2. 陳延杰：〈讖緯考〉，《東方雜誌》，1924 年 21 卷第 6 號。

3. 杉本忠：〈讖緯說と陰陽五行說〉，《史學》，1933 年第 12 卷第 4 號。

4. 杉本忠：〈讖緯說の起源び發達〉（一、二），《史學》，1934 年第 13 卷第 2、4 號。

5. 沈訒：〈緯書與古天文學之關係〉，《國專月刊》，1935 年 3 月第 1 卷第 1 號。

6. 佐藤文四郎：〈我邦に行はれる讖緯說の一考察〉（1，2），《斯文》，1936 年 18 編 5、8 號。

7. 鄭學韜：〈讖緯起源及其學說之興替〉，《國專月刊》，1937 年 1 月第 4 卷第 5 號。

8. 佐藤文四郎：〈讖緯說の成立と前漢末期の世相〉，《斯文》，1938 年第 20 編第 5 號。

9. 久野升一：〈讖緯說の成立と前漢末に漢火德說の稱へらゎたる理由に就いて〉（上、下），《東洋學報》，1938 年第 25 卷第 3、4 號。

10. 久野升一：〈四始五際の思想に就いて〉，《東洋學報》，1941 年第 28 卷第 3 號。

11. 中村璋八：〈日に殘存せる緯書佚文の新資料〉，《日本中國學會報》，1960 年第 12

集。

12. 安居香山：〈圖讖の形成とその沿用についての考察〉，《東方學》，1964 年第 27 輯。

13. 張以仁：〈緯書集成河圖類針誤〉，《中央研究院歷史語言研究所輯刊》，1964 年第 35 本。

14. 日原利國：〈災異と讖緯〉，《東方學》，1972 年第 43 輯。

15. 黎凱旋：〈《易緯》中的河圖洛書〉，《中華易學》，1980 年第 1 卷第 3 期。

16. 王友三：〈兩漢讖緯神學與反讖緯神學的鬥爭〉，《學術月刊》，1981 年 1 期。

17. 趙雅博：〈讖緯中的思想〉(1-6)，《中華易學》，第 18 卷第 7-10 期(1981)，第 19 卷第 1-2 期(1982)。

18. 丁培仁：〈《易‧乾鑿度》思想初論〉，《四川大學學報》，1982 年第 3 期。

19. 李煥明：〈《易緯‧乾鑿度》初探〉，《中華易學》，1983 年第 4 卷第 7 期。

20. 劉修明：〈經、緯與西漢王朝〉，《中國哲學》，1983 年第 9 輯。

21. 黃開國：〈論漢代讖緯神學〉，《中國哲學史研究》，1984 年第 1 期。

22. 中村璋八：〈漢碑裡的緯書說〉，《孔孟月刊》，1985 年第 23 卷第 6 期。

23. 林金泉：〈齊《詩》學之三基四始五際六情說探微〉，《成功大學學報》， 20 卷(1985 年 7 月)。

24. 鍾肇鵬：〈讖緯神學與宗教及自然科學的關係〉，《宗教學研究》，1985 年第 1 期。

25. 孫欽善：〈漢代的緯學與緯書〉，《文獻》，1985 年第 4 期。

26. 林金泉：〈《詩緯》星象分野考〉，《成功大學學報》（人文篇），1986 年第 21 卷。

27. 安居香山：〈緯書形成問題和緯書思想研究動向〉，《孔子研究》，1986 年第 2 期。

28. 金德建：〈論《春秋繁露》是緯書起源〉，《浙江學刊》，1986 年第 3 期。

29. 安居香山：〈道教的形成與讖緯思想〉，《世界宗教研究》，1987 年第 3 期。

30. 蕭洪恩：〈從氣體到氣用——《易緯》的宇宙演化論初析〉，《中國哲學史研究》，1987 年第 1 期。

31. 蕭洪恩：〈易緯、易讖以及易緯與河圖、洛書和錄、符、候的關係〉，《齊魯學刊》，1988 年第 5 期。

32. 林金泉：〈《易緯》「六十四卦流轉注十二之辰」表研究〉，《漢學研究》 第 6 卷第

2 期 總第 12 期(1988 年 12 月)。

33. 朱銳:〈科學史札記:星占、讖緯、天文及禁令〉,《自然辨證法通訊》,1989 年 1 期。

34. 李鵬舉:〈漢代緯書中的古代相對性原理問題〉,《自然科學史研究》,1989 年 1 期。

35. 錢劍夫:〈試論《說文》和《緯書》的關係〉,《古漢語研究》,1989 年第 2 期。

36. 冷德熙:〈河洛之學源流略記〉,《中國文化》,1991 年第 5 期。

37. 王鐵:〈論緯書〉,《華東師範大學學報》,1991 年第 5 期。

38. 鄭先興:〈論讖緯〉,《南都學壇》,1991 年第 3 期。

39. 王清淮:〈兩漢讖緯透視〉,《遼寧大學學報》,1992 年第 6 期。

40. 呂錫深:〈論讖緯的思想歸屬〉,《求索》,1992 年第 1 期。

41. 王利器:〈讖緯五論〉,收錄於《國學今論》(遼寧市:遼寧教育出版社,1992 年。)

42. 黃開國:〈論讖緯神學的產生〉,《江西社會科學》,1992 年第 3 期。

43. 徐興無:〈讖緯與經學〉,《中國社會科學》,1992 年第 2 期。

44. 王寧:〈《河圖》、《洛書》篇目輯說〉,《古籍整理研究學刊》,1993 年第 5 期。

45. 劉澤華:〈漢代緯書中神、自然、人一體化的政治觀念〉,《文史哲》,1993 年 1 期。

46. 冷德熙:〈政治神話與緯書研究〉,《北京大學學報》,1993 年第 1 期。

47. 鍾肇鵬:〈讖緯與齊文化〉,《管子學刊》,1993 年第 3 期。

48. 方志平:〈談讖緯文獻〉,《文獻》,1993 年第 4 期。

49. 董平:〈論漢代讖緯之學的興起〉,《中國史研究》,1993 年第 2 期。

50. 陳其泰:〈兩漢之際陰陽五行說和讖緯說的演變〉,《孔子研究》,1993 年第 4 期。

51. 周玟慧:〈讖緯韻譜〉,《中國文學研究》,1995 年第 9 期。

52. 史鑒:〈讖緯中的文字運用〉,《語言建設》,1995 年第 7 期。

53. 葉崗:〈漢〈郊祀歌〉與讖緯文學〉,《文學評論》,1996 年第 4 期。

54. 李學勤:〈《漢書·李尋傳》與緯書的興起〉,《杭州師範學院學報》,1996 年第 2 期。

55. 李建國:〈讖緯與經學訓詁〉,《河北師院學報》,1996 年第 3 期。

56. 蕭巍:〈讖緯及其思想效應〉,《雲夢學刊》,1997 年第 1 期。

57. 張廣保:〈緯書與漢代政治〉,《原道》,1998 年第 5 輯。

58. 張廣保：〈緯書的遠古聖王及其文化創造〉，《華學》，1998 年第 3 輯。

59. 潘志峰：〈試論西漢時期神仙方術及陰陽災異思想與讖緯的興起〉，《河北學刊》，1998 年第 6 期。

60. 孫曙光：〈讖緯與漢代政治的神秘性〉，《社會科學戰線》，1998 年第 2 期。

61. 韓永賢：〈對河圖、洛書的研究〉，《內蒙古社會科學》，1998 年第 3 期。

62. 張濤：〈略論《易緯》的易學思想〉，《河北學刊》，1999 年第 2 期。

63. 黃金鵬：〈緯書與漢魏六朝文論〉，《北京大學學報》，1999 年第 4 期。

64. 索安：〈國之重寶與道教密寶：讖緯所見道教的淵源〉，《法國漢學》，第 4 輯(1999 年 12 月)。

65. 張廣保：〈緯書對經書的闡釋〉，《中國哲學》，2000 年第 22 輯。

66. 雷漢卿：〈緯書詞語零拾〉（一、二），《漢語史研究集刊》，2000 年第 2、3 輯。

67. 賈樹新：〈劉勰的緯書說〉，《松遼學刊》，2000 年第 1 期。

68. 張俊峰：〈讖緯與東漢社會思潮略議〉，《河北學刊》，2001 年第 3 期。

69. 蕭洪恩：〈《易緯》的自然史觀研究〉，《周易研究》，2001 年第 1 期。

70. 王博：〈子思五行說與傳統五行說的關係〉，收錄於《簡帛思想文獻論集》（臺北：臺灣古籍出版有限公司，2001 年。）

71. 高懷民：〈《易緯·乾鑿度》殘篇文解析〉，《周易研究》，2001 年第 1 期。

72. 林忠軍：〈《易緯》宇宙觀與漢代儒道合流趨向〉，《哲學研究》，2002 年第 10 期。

73. 楊權：〈論兩漢章句的讖緯化〉，《現代哲學》，2002 年第 4 期。

74. 向晉衛：〈論漢代的讖緯之學〉，《廣西社會科學》，2002 年第 5 期。

75. 賈立霞：〈讖書與緯書的產生〉，《管子學刊》，2003 年第 1 期。

76. 王煥然：〈讖緯的流行及其對漢賦的影響〉，《內蒙古社會科學》，2002 年第 5 期。

77. 楊清之：〈論劉勰〈正緯〉的理論價值〉，《海南師範學院學報》，2002 年第 3 期。

78. 李梅訓：〈讖緯文獻的禁燬與輯佚〉，《山東大學學報》，2002 年第 1 期。

79. 普義南：〈《古微書》讖緯輯佚研究〉，《問學集》第十一期，2002 年 6 月。

80. 黃復山：〈《古微書》的讖緯文獻價值及評議〉，《海峽兩岸古典文獻學學術研討會》，2002 年。

81. 李梅訓：〈《古微書》版本源流述略〉，《文獻季刊》，2003 年 10 月第 4 期。

82. 李申：〈「五經六緯」說正誤〉，《中國社會科學院院報》，2003 年 10 月 9 日。

83. 余治平：〈董仲舒的祥瑞災異之說與讖緯流變〉，《吉首大學學報》，2003 年第 2 期。

84. 鄭杰文：〈齊派今文經學與讖緯關係的初步考察〉，《齊魯學刊》，2003 年第 5 期。

85. 鄭杰文：〈古佚書整理中的讖緯輯佚研究〉，《山東大學學報》，2003 年第 1 期。

86. 史少博：〈讖緯與孔子〉，《山東理工大學學報》，2003 年第 4 期。

87. 徐公持：〈論詩緯〉，《求是學刊》，2003 年第 3 期。

88. 張廷銀：〈讖緯及道教對玄言詩興起的影響〉，《西北師大學報》，2003 年第 4 期。

89. 阿辻哲次：〈緯書字說考〉，《文教資料》，2003 年第 4 期。

90. 劉彬：〈《易緯》八卦卦氣思想初探〉，《周易研究》，2004 年第 6 期。

91. 黃復山：〈孫星衍的讖緯思想〉，《中國哲學》，2004 年第 25 輯。

92. 王克奇：〈齊地的方士文化與漢代的讖緯之學〉，《管子學刊》，2004 年第 4 期。

93. 丁鼎：〈試論「當塗高」之讖的作者與造作時代〉，《煙台大學學報》，2004 年第 4 期。

94. 孫蓉蓉：〈《正緯》與讖緯〉，《南京大學學報》，2004 年第 4 期。

95. 徐復觀：〈陰陽五行及其相關文獻的研究〉，收錄於《中國思想論集續篇》（上海：上海書店出版社，2004 年。）

96. 邊家珍：〈兩漢之際的讖緯論略〉，《遼寧師範大學學報》，2004 年第 4 期。

97. 劉彬：〈《易緯·稽覽圖》「一爻直一日」卦氣術考〉，《周易研究》，2005 年第 5 期。

98. 舒懷：〈《說文解字》取資緯書說〉，《湖北大學學報》，2005 年第 6 期。

99. 曾德雄：〈讖緯中的帝王世系及受命〉，《文史哲》，2006 年第 1 期。

100. 曾德雄：〈讖緯中的孔子〉，《人文雜誌》，2006 年第 1 期。

101. 任蜜林：〈百年來中國讖緯學的研究與反思〉，《雲夢學刊》，2006 年第 2 期。

102. 任蜜林：〈論《易緯》對《周易》經傳的闡釋〉，《周易研究》，2006 年第 3 期。

國家圖書館出版品預行編目(CIP)資料

《古微書》研究：以編纂與天文曆法詮釋體系為
對象 / 戴榮冠著. -- 初版. -- 臺北市：元華
文創，民107.04
　　面；　　公分

ISBN 978-986-393-971-9(平裝)

1.古微書　2.研究考訂

097　　　　　　　　　　　　　　　　107002922

《古微書》研究
—— 以編纂與天文曆法詮釋體系為對象

戴榮冠　著

發 行 人：陳文鋒
出 版 者：元華文創股份有限公司
聯絡地址：100 臺北市中正區重慶南路二段 51 號 5 樓
電　　話：(02) 2351-1607
傳　　真：(02) 2351-1549
網　　址：www.eculture.com.tw
E - m a i l：service@eculture.com.tw
出版年月：2018（民 107）年 04 月 初版
定　　價：新臺幣 630 元

ISBN：978-986-393-971-9 (平裝)

總 經 銷：易可數位行銷股份有限公司
地　　址：231 新北市新店區寶橋路 235 巷 6 弄 3 號 5 樓
電　　話：(02) 8911-0825　　傳　　真：(02) 8911-0801